中世びとの信仰社会史

大喜直彦

法藏館

序文　大喜直彦氏の「信仰社会史の提唱」

峰岸純夫

浄土真宗にかかわる歴史研究のあゆみは、真宗教団史の研究から始まり、開祖親鸞や中興の祖蓮如の生涯の歩み、その著作「教行信証」や「御文」などの聖教研究、この二祖に導かれた教団の展開などが明らかにされてきた。その後、教団が関係する一向一揆の研究に関心が集まり、戦国史研究のなかに一向一揆を位置づけ、民衆運動史や階級闘争史として評価し、織田信長の統一政権確立に抵抗する民衆の政治的一揆として検討されてきた。

大喜氏は、このような研究動向のなかに身をおきながらも、次第に中世人の信仰の原点ともいうべき個人が神仏に接する行為や観念に着目しその研究を志すようになって来た。この問題は、個々には注目する研究者はあっても体系的に研究されてこなかった研究史上の盲点ともいうべきものであった。

一九九〇年代初頭に、本願寺関係文書の研究に従事していた大喜氏が最初に手がけたこの種の研究は、「仏像の焼失」（『歴史学研究』六七五号、一九九五年、本書第Ⅱ部第一章）であろう。仏像が事故で焼失し、あるいは本尊以外の仏像を意図的に焼く場合の思考を考察したものである。これ以来、相次いで本書を構成する諸論文を発表し、ここにこのような一書にまとめ世に問うことになったのである。

その後になされた研究は、個人の身体部位と信心の関係を論じた、手と自筆、頸と守り、頭と枕元、顔と人、生命・身体と遺骨などと続き、木像と遺体、などなど本書第Ⅰ部の構成要素となっている。

第Ⅱ部では、前記の「仏像の焼失」をはじめとして、子どもと神仏の関係、人と数珠、寿命や生と死にからむ信仰儀礼の問題を豊富に論じている。この問題は、近年民俗学では、板橋春夫『誕生と死の民俗学』（吉川弘文館）などの成果が生まれているが、板橋氏の研究と対比してみると、この研究は歴史民俗学の方法ともいってもよいであろう。さらの信仰の経済的側面にも光を当て、僧位・僧官の売買の問題や仏像や重宝の値段の問題など聖なるものと俗とのかかわりをも追及している。

大喜氏の研究は、真宗関係の史料を中心とするものの、その他の諸史料をも駆使して問題の核心に迫っており、タイトルに掲げた「中世びとの信仰社会史」にふさわしい内容になっていると思う。宗教史研究の幅を広げることに寄与する本書刊行の意義ははなはだ大きく、それ故に推薦の意をこめて序文を書かせていただいた次第である。

二〇一一年八月十一日

東日本大震災の五か月後、亡くなられた二万余の方々への慰霊をこめて

中世びとの信仰社会史　目次

第Ⅱ部　神仏と人とのかかわり

中世びとの信仰社会史

序論　「信仰社会史」へのアプローチ

第一章　日本仏教史成立の頃

一　日本仏教史研究成立の背景

明治に入ると仏教は、廃仏毀釈という大きな波に飲み込まれることになる。近世を生きぬいてきた仏教ではあるが、ここで否定の立場に立たされたのであった。やがて明治一〇～二〇年代になると、キリスト教禁教令の廃止などとともに、キリスト教側が親鸞など鎌倉新仏教の開祖を再発見していった。彼らは布教を広めるに際し、日本人が新しい宗教を受け入れる素質を有するか否かを証明するため、日本史上に新しい宗教の発生を探ったのである。その結果として鎌倉新仏教が再発見されたのであった(1)。

この視点を受け日本の近代史学の研究者は、明治三〇年末から四〇年頃にかけて、鎌倉新仏教を西欧の宗教改革に比して評価した説を成立させた(2)。これは近代化（西欧化＝脱アジア）を目指す明治政府の政策に沿った見方で、西洋の社会発展と日本の社会発展が同じ経緯をたどっているということを、仏教史の立場から論証したものであった。

この時期を遡ること約一〇年前、明治二二年（一八八九）六月、文科大学（旧帝国大学文学部、のちの東京大学）に「国史科」が設置され、近代日本史学が確立される。そして日本史は「国史」が正式名称となり、大学の学科として初めて成立する。同年には和文学科（古典研究のことで歌文創作もあった。教官には横山由清・黒川真頼・小中村清矩・本居豊頴など、国学の伝統を受け継いだ人々が在籍）が、国文学科と改称され、雑誌『日本文学』も発刊された。同誌は翌年には『国文学』と改題された。この時期には多く「国」を冠する学科が出現したのであった。

明治二〇年代は、鹿鳴館時代の政府の皮相的な欧化主義に対する反省から、徳富蘇峰・三宅雪嶺などの国粋主義者が登場した時期であった。また同二二年には帝国憲法が発布され、日本は近代的な国民国家の形を整え、独立国としての位置を確立した時期であり、そして自由民権運動が方向を見失い、民権論から国権論へと転換する時期でもあった。

国史・国文学の出現は、新しい国家意識＝ナショナリズムの抬頭を背景として成立してきたのであった。日本における仏教史の本格的雑誌である『仏教史林』の発刊もこの時期であった。つまり日本仏教史も国粋主義時代に成立した学問であった。おりしも同雑誌の発刊が日清戦争の年にあたっているのも、偶然ではなかろう(3)。

同期の日本仏教史の研究の一つをあげれば、星野恒「徳川家康一向一揆ノ処分」(4)がある。星野は文科大学教授であり、この研究は家康の真宗政策に対する事実確認＝史料批判が中心となっている。「一向一揆」をテーマとして取り上げてはいるが、実質は仏教史というより、政治と宗教の関係を扱っており政治史の分野に入るものである。

政治史の一分野のごとくの仏教史研究は、辻善之助の大著『日本仏教史』、さらに国家と宗教、国家仏教と民衆仏教、一向一揆と階級闘争など、現在までも続く仏教史の大きな潮流となっている。

日本仏教史の研究の潮流にはもう一つある。明治以後の近代日本社会のなかで、仏教が生き残っていけるか、封建的な諸々の打破すべきものとして、一緒に仏教もつぶれてしまうのではないか、という深刻な危機感を教団側は持っていた。それゆえ教団は近代化を目指したのであった。鎌倉新仏教の系譜を引く教団のなかには、先覚者が教団内に出現し、宗教がいかに近代化したかを調査するため、西欧の宗教視察を行った。たとえば西本願寺では明治五年（一八七二）正月に、島地黙雷らを西欧に派遣している。

その結果、教団の改革指導者は、鎌倉仏教を西欧の宗教改革と比較させ類似性を見出すことで、鎌倉新仏教の祖師たちを、堕落・腐敗した貴族仏教を改革する旗手と位置づけた。そして祖師の精神にもう一度立ち返らなければならない（＝祖師回帰論）を合い言葉に、近代化を進めようとした。

彼らがこの時期に祖師回帰論に走ったのは次の事情によるものである。日本人が影響を受けた西欧の近代思想では、宗教というものは、世界や人間存在をどうとらえるかという問題を中核として理解すべきものとされることが多かった。そしてさらに日本人のキリスト教・イスラム教に対する知識が、教義を中心にした、観念的なものにとどまって具体性を欠いていることが多かったために、仏教について考える時にも、根本仏教の思想とは何か、日本仏教各宗派の教義にはいかなる差異があるかなどに焦点が絞られることになったのである。

したがってこの方向性から導き出される仏教史は、祖師の歴史的実像・確実な伝記であり、祖師たちの思想を知的に客観的に理解するものであった。そのため雑多な内容を含み、時には神仏混淆の混沌としたありようを示す儀式・行事を含んでいた近世までの日本人の「仏法」を、明らかにすることをかえりみない仏教史が呈されることになったのである。

この研究は教団教派史とも称されるもので、本山史やその教団史、さらに思想史が多く（親鸞の思想など、開祖の思想研究）、現在まで続く仏教史研究の一つの方向性である。ただ思想史といっても、「史」でなく思想の構造に力点が置かれている。そこには親鸞などの祖師の著作物を取り上げ、教学的、解釈的な研究が多いように思える。これでは哲学・仏教学の類の思想研究であって、思想「史」にはならない。「史」である以上、その思想がなぜ成立したのか、その必然性、変遷、社会における意義などを通じて、当該社会・国家などを明らかにする方向性が必要であろう。(5)

このように日本仏教史は大別して、明治期の日本の政治的課題として成立してきた（政治史・経済史などの一分野としての）仏教史と、教団の近代化とともに成立してきた（教団教派史、本山史・教団史・思想史など）仏教史の二つの流れがあるといえよう。

二　本格的雑誌の趣旨からみる日本仏教史――仏教史研究の目的の変遷――

日本仏教史の成立を考える時、村上専精『日本仏教史綱』(6)が、近代の仏教史の学術書としてまず取り上げられるべきであろう。(7)村上は金字塔的著書を出版する六年前の明治二七年（一八九四）、日本において仏教史研究の本格的雑誌『仏教史林』を創刊した。ここではその雑誌を含め、仏教史研究の代表的雑誌の設立趣旨を分析し、そこから仏教史研究の目的などを探ってみたい。これらの趣旨には当時の仏教史研究者の目的や研究意義が示されているはずであり、仏教史とは何であったのかを考える上で有益な資料になると考えるからである。

さて村上は『仏教史林』の趣旨を「史論」という形で、次のように述べている。(8)

仏教は広大の歴史を有するものなり、広大の歴史を有する仏教……仏教は、歴史上之を論すれは、日本、支那、印度、其他各邦にありて、文学に美術に政治に風俗につき古今最大なる関係を有する仏教なり、又宗教上より之を見れは、現今と雖も全世界人口の三分の一已上を信徒となし、殊に日本国の如きは殆と全数を信徒となせる仏教なり……日本の国史は材料の上より公平の観察を下せは、三分中の一は仏教史を以て塡めさるへからすと、是を以て、読者は国家の為に仏教史攷究の要務なると共に亦以て仏教史編成の容易からさることを思ふへし……一に仏教史は日本の国史に至大の関係あるか故に国家を思ふ忠義心に指導せらるゝと二に仏教史は吾身の栖息する自家の経歴なるか故に仏教其者を思ひ祖先其人を思ふ義務心に勧誘せらるゝとに由るものなり

村上の主張は次のごとくである。仏教は歴史が古くその広がりもあり、美術・政治などに多大なる影響を及ぼしている。その仏教は日本の「国史」上でも多く影響を与えており、「国家」研究のためには、「要務」なるものとしている。ここには直接記されていないが、対極に「西洋」「キリスト教」の存在が意識されていることは明らかである。彼は「国史」「国家」という表現を使用しており、先述した明治二〇年代にみられる国粋主義運動の影響をうけていることがわかる。つまり学術的な日本仏教史は、新しい国家意識＝ナショナリズムの擡頭を背景に成立したということである。ここには西欧に対抗して、独立国としての日本を明らかにするための仏教史の重要性が説かれている。

同じく当時の政治学者・思想家の加藤弘之（天保七年〈一八三六〉～大正五年〈一九一六〉）も同雑誌に寄稿して、以下のように述べている(9)。

仏教の歴史は甚た不十分……西洋の如きは、凡百の学術、又は宗教に於て、其進歩発達、盛衰消長の跡に就て研究することは、頗る重要のこと、するか故に、哲学にまれ、法律学にまれ、物理学にまれ、其他何種の学術、又は宗教にまれ、古来の歴史は悉く完備せることなり、それ故に古来の進歩達発を知ること、決して難からざるなり……釈尊以来既に二千九百年の久しき其間、仏教の盛衰消長を知るに最も必要なる歴史の殆と寥々として見るべきものなきは、最も恠むへく、且つ歎すへきこと、云はさるを得さるなり

加藤は、当初、天賦人権論に立脚した平等思想の啓蒙に努めたが、やがて自由民権運動の進展に対応する形で進化論の影響を受け、その立場を転回させ、人権思想の否認に傾斜、反天賦人権論説を唱え民権論を攻撃する立場をとるようになる。

彼は西洋が宗教などその発展の歴史を完備していることを指摘しつつ、日本の場合、仏教の歴史がないことを嘆き、その重要性を主張している。これは日本を知る上での仏教史の必要性を説いたものと思われる。これは先の村上と同じく西欧に対抗・独立の意識からの言葉であろう。

彼らの主張は日本を理解するために、仏教の歴史研究が不可欠であり、それは宗教のみでなく、政治・文学・芸術など広く研究の分野に及ぶものとしている。彼らの日本を知るための仏教史研究とは、当時抬頭してきた国家意識に裏づけられた日本研究であるものの、日本社会に及ぼした仏教の役割、その研究が日本社会の理解に不可欠との見解は非常に重要な点である。

このような立場は以後続けられ、明治末期に刊行された『仏教史学』という雑誌の創刊号で、井上哲次郎〔安政二年〈一八五五〉～昭和一九年〈一九四四〉〕は次のように述べている(10)。

東洋文明の真相を了解しやうと云ふならば、仏教の影響を度外視しては、其の目的を達することは出来ません……日本丈に就いて云ひましても、仏教の影響の尋常でないと云ふことが明であります……仏教渡来の結果、吾が日本民族の思想の内容を豊富にした次第であります……あらゆる日本の文学に影響して居る……芸術は、仏教渡来の結果として発展して来た……法律制度の起こつて来たのも……仏教が大に関係してをります……日本の文明を研究しやうと云ふのには……仏教の関係を免るゝことは出来ません。

井上は明治期の代表的哲学者で、キリスト教を反国体として攻撃し、「国民道徳概論」（大正元年〈一九一二〉）で国民道徳を主張するなど、一貫して天皇制国家主義のイデオローグとして活躍した人物である。ここで彼は仏教が日本民族に与えた影響は大きく、思想など多方面に及んでいるゆえ、日本仏教史の研究が必要と主張する。さらに東洋文明・日本の文明とあるように、彼も西洋に対する独立国としての日本の分析のため、仏教史を重要なテーマと考えていることがわかる。

ここまでの日本仏教史の立場は、西欧に対する独立国である日本を学術的側面より明らかにすることであった。しかし太平洋戦争直前に発刊された『日本仏教史学』創刊号の、石田茂作ほかによる「趣意書」[11]では、次のように記されるようになる[12]。

仏教は東洋に興つた学術、芸術、宗教を含む人類文化の一大宝庫である。……やがて大乗仏教こそが、長く全人類救済の教法として最適の素因を有つこと……日本民族の性格、日本国家の本質が、大乗仏教的なるものに於てあるからであつて、もと〳〵大日本は神国なりといふ此の国に、独り仏教が真に民衆の精神的血液となり、国家活動の麗しき荘厳となつてゐる所以である。……今や我が国民は東亜の指導者として、世界新秩序の構成に奮闘しつゝある……崇き精神と文化とは、我々の先祖が……此国土に発華せしめし大乗仏教の精神、教義、行法、荘厳、信仰、伝説、習俗等を今一度この新しき理念と構想との下に見直して、その真生命を一層力強く我々の生活の上に躍動せしむることである。是れが新世界の建立を以て一世が勇しく奮ひ立つてゐる際に、仏教研究者たるものが当に進むべき唯一の針路ではあるまいか。

太平洋戦争前夜という社会状況もあり、「東亜の指導者」「世界新秩序」「日本民族」などの表現や、「新世界の建立」に努めることが、仏教研究者の役割のように記されている。ここにはもはや西欧への対抗・独立ではなく、アジアの支配者としての日本民族・日本国家、さらに日本文化の優越性を理解するための日本仏教史研究の立場が色濃く出ている。まさに日本仏教史は日本帝国主義の立場を学術的側面から補強するものとなっている。

明治期、独立国日本を明らかにするために成立した日本仏教史の立場は、ここに大きく転回するのであった。ではこのような立場は戦後どうなるのであろうか。戦後発刊された『仏教史学』創刊号の、石田茂作ほかによる「発刊の辞」では次のように主張されている。(13)

仏教は発祥以来凡そ二千五百年、その間東洋諸国に流通して、諸民族の物心両面の生活を指導し、絢爛たる文化を構成してきた。……東洋に於て世界に誇り得る文化は、仏教をおいて外に存しないと云つて、敢て過言ではないであらう。……数年前に成立した日本仏教史学会並に支那仏教史学会を発展解消し、新に諸家の参加をも求め、仏教の全域に亘る歴史的研究を成就せんと念願してゐる。……今や第二次世界大戦が終息して既に四年、万国の間には恒久平和が強調され、わが国は文化国家として再建が要請されてゐる。この時に当り、文化の宝庫として東洋民族に恩恵を施し、平和の慈光を以て、彼等が育成して来た仏教の過ぎ来し方を回顧究明し、更に将来を示唆せんとする仏教史学の研究は深く考慮されなければならない。

この文章と先の戦前の「趣意書」を比較すると、実に近似していることがわかるであろう。この文章は骨格は従来の形を維持しつつ、東亜の指導者とか、世界新秩序やその建設といった、戦後には不都合な文章を抜き、「恒久平和」などの言葉を入れたにすぎないということである。次の一文をみてもらいたい。

われらはさきに日本国憲法を確定し、民主的で文化的な国家を建設して、世界平和と人類の福祉に貢献しようとする決意を示した。

この一文は昭和二二年（一九四七）三月公布の「教育基本法」の抜粋である。ここにみられるように戦後の日本国の方向は、「民主的で文化的な国家」の建設であった。「発刊の辞」にも「文化国家」の再建とあり、その文化を「回顧究明」することが仏教史の課題としている。「発刊の辞」はおそらく教育基本法の影響を受けて作成されたのであろう。

「発刊の辞」では仏教史がいつのまにか文化の研究に位置づけられ、その上、研究がさも平和への貢献のように主張されている。しかし戦前、日本「文化」が民族の優位性を示すため、国策との関連で利用されたことを問題とすることなく、文化を戦後平和と同義語のごとく理解する点には問題があろう[14]。その結果、文章には戦時下での日本仏教史が果たした役割や反省、それに基づく仏教史の立場を明確にしえなかったのであろう。ここに仏教史は文化史の一分野に転身したのである[15]。

ちなみにこの「発刊の辞」の発起人は、石田茂作・日下無倫・禿氏祐祥・花山信勝・塚本善隆・結城令聞で、この六人中、前から四人は戦前の「趣意書」に名を連ねた人物である。ここにも戦前とあまり変わらない要因があるのかもしれない。

このように日本仏教史は、明治期に新しい国家意識＝ナショナリズムの擡頭を背景に成立し、当初の目的は独立国としての日本や日本研究に不可欠なテーマという問題意識であった。しかしその後は帝国主義の国策を学術的に補強する立場に転換し、さらに戦後、平和な文化国家建設のための研究の、文化史のスタンスに転じたのであった。しかし戦後の文化国家を建設するため、とはどういうことか、わかったような、わからないような表現で、何をいいたいのであろうか[16]。

三　書名からみる日本仏教史

ここでは明治八年（一八七五）～大正三年（一九一四）の間に刊行された、日本仏教史関係の著書の書名より日本仏教史の研究史を考察しようというものである。書名はその著書の最も本質的な内容を端的に表現しているはずであろう。したがって書名をみれば、当時いかなるものが〝日本仏教史〟と考えられていたかがよくわかると考える。

ここでの仏教史の書名は、『日本仏教史学』創刊号（一九四一年八月）に収録された著書の年表をベースに、『仏教史林』などを参考に収録した。この年表は昭和一五年（一九四〇）一一月六日龍谷大学で開催された史学会の展観目録に多少の増補を行ったもので、初版のみを掲載したという。

調査した同期間の日本仏教史の著書数は二〇〇件であった。その書名は次のように大別できる。①本願寺など寺院の名称を冠した著書、②親鸞など個人名を冠した書名、③書名に「日本仏教史」のように「仏教史」の名称を付けた著書、④高祖・高僧などを付けた書名、⑤国家・社会に関する名称を持つ著書、⑥上記以外、である。

全事例は紙幅の都合上あげられないので、ここでは①〜⑥の代表的各事例の書名をあげれば、次のようになる（（　）内のM＝明治、T＝大正、数字は年を示す）。

①寺院関係

大谷略譜（M8）・薬師寺縁起（M11）・本願寺論（M25）・曹洞宗史要（M26）・南禅寺偉観（M28）・皇朝天台略史（M29）・大谷派本願寺誌（M34）・日蓮宗各本山名所図絵（M36）・仁和寺要誌（M40）・浄土宗史要（M43）・成田山通志（M44）・長谷寺（T1）・東山建仁寺誌（T2）

②個人関係

親鸞聖人旧跡縁起（M9）・日蓮深密伝（M23）・聖徳太子御伝（M26）・蓮如上人縁起慧の燈（M26）・釈迦種族論（M30）・聖空海（M31）・本願寺派歴代宗主伝（M33）・釈月性（M34）・聖徳太子追恩録（M36）・明如上人遺芳録（M36）・道元禅師（M37）・一休和尚伝（M37）・白隠禅師伝（M37）・親鸞聖人（M38）・伝教大師言行録（M41）・法然上人法蹟集（M42）・空海（M43）・仏教史談西行法師（M43）・日蓮上人（M44）・永光白厳禅師遺録（T2）

③「〜仏教史」

日本仏教略史（Ｍ17）・日本仏教史（Ｍ18）・三国仏教略史（Ｍ23）・仏教小史（Ｍ27）・大日本仏教史（Ｍ30）・大日本史綱（Ｍ31）・通俗仏教歴史問答（Ｍ35）・日本仏教史（Ｍ37）・日本仏教通史（Ｍ43）・日本仏教小史（Ｍ44）

④高祖関係

真宗列祖称号（Ｍ10）・続日本高僧伝（Ｍ17）・融通念仏宗三祖伝略（Ｍ20）・勅諡十八大師略伝（Ｍ27）・真宗七高僧（Ｍ30）・各宗高僧伝（Ｍ33）・仏教各宗続高僧伝（Ｍ36）・日本高僧之人格（Ｍ39）

⑤国家・社会関係

史的研究日本の経済と仏教（Ｔ１）・明治天皇と仏教（Ｔ２）

⑥その他

明治妙好人伝（Ｍ17）・西南の仏教（Ｍ22）・仏教各宗門派興廃一覧（Ｍ36）・五山文学小史（Ｍ38）・仏教辞林（Ｔ２）

数値的にいえば、全数二〇〇件の内、①五四件、②九〇件、③二五件、④一四件、⑤二件、⑥一五件となっている。数値上では②の個人関係が圧倒的に多く、続いて①の五四の寺院関係で、この二種で全体の約七割を占めている。つまり書名からみる限り、仏教史研究といえば、個人史と寺院史であったということがわかる。

さらに全体数の約五割近くを占める②を、個人の件数別にみると、日蓮一八、親鸞一一、蓮如九、聖徳太子八、空海六と続いている。日蓮を冠する書名が最も多く、続いて親鸞となっている。両者で②全体数の約一割強を占めている。彼らは鎌倉新仏教の祖師たちで、その研究が個人関係で多いのは、明治期に入り新仏教の祖師たちが再発見された影響を受けた結果であろう。さらに個人関係の書名を持つ書物が多いのは、明治期での研究の方向性が祖師の確実な伝記や歴史像、教義・思想にあったことを物語っている。

さらに個々の寺院史が多いのも、研究自体が個別的になされ、横のつながりや普遍的に寺院史を考える視点を持たなかったことを示していよう。また祖師以後、各宗派が寺院化することが多いことから、個人（祖師）の歴史の延長線上にこの研究があるのであろう。

上述してきたように、日本仏教史が独立国としての日本や民族の優位を示すための研究との目的でなされてきたわりには、実際の研究は、個人史・寺院史という個別史であったのである。いわゆる教団教派史である。戦前の研究目的でいえば、⑤系統の書名が多いように思えるのだが、意外な結果である。

これはあくまでも書名という表面的結果ではある。当然各雑誌の論文を取り上げれば、少なからず異なった傾向がでる可能性もあるが、著書は論文などを収録して、一つの体系的な形にしたものゆえ、その書名を付ける場合、おおむね象徴的なタイトルを付すはずである。したがってその結果が本論の傾向であろうから、これが当時の仏教史を体現していると考えてもよかろう。

戦後は学問・思想の自由が認められ、社会発展史、階級闘争史の研究が自由となった結果、現在の私たちがつける書名といえば、中世社会と真宗とか、国家と仏教、近世社会における仏教など、⑤系統のものが増加したと考えるが、いまだ全体的に通覧すれば、仏教史の著作はやはり戦前の研究の流れが続いていると思われる。

四　日本仏教史とは何だろうか

明治二〇年代、新しい国家意識の抬頭とともに成立した日本仏教史は、太平洋戦争時では民族の優位性を明らかにすることが主な研究目的となった。いわば国家のための仏教史であった。この方向性から研究されるテーマは、国家と仏教・政治史・経済史の変形形態の歴史であろう。しかし出版された書名からみると、政治史や経済史ではなく、大部分の研究が個人史（祖師史・中興史）・寺院史＝教団教派史・思想史（祖師の）であった。したがってこの二大潮流が日本仏教史と考えてよいであろう。

戦後は平和のシンボル的研究としての文化史の領域に入れられたものの、戦前の流れは大きくは変わらない状況であった。ただし国家との関係は、戦後民主主義の展開のなかで、国家の補完的研究ではなく、国家とは何かを探る目的へと変化している。しかし研究が政治史などの一分野であることにはかわりない。

以上が従来の日本仏教史であろう。しかし政治史や教団教派史、さらには都合により入れられた文化史での、日本仏教史でよいのであろうか。日本仏教史とはいったい何だろうか。この問題に答えをだすことはむずかしいが、この点、大隅和雄氏の『日本の文化をよみなおす[17]』での仏教史に対する指摘は一つの大きな視座になると思う。そこで次の一文を紹介して本章を終えたい。

日本人が影響を受けた西欧の近代思想では、宗教というものは、世界や人間存在をどうとらえるかという問題を中核として、理解すべきものとされることが多かったために、仏教について考える時にも、根本仏教の思想とは何か、日本仏教各宗派の教義にはいかなる差異があるか、といった議論ばかりが先行し、近世までの日本人の間にあった「仏法」というものを明らかにすることは、かえりみられなかった。……さらに、日本人のキリスト教・イスラム教に対する知識が、教義を中心にした、観念的なものにとどまって具体性を欠いていることが多かったために、また、近代的な立場で宗教を理解しようとした人々の間では、儀式や行事の意味が軽視されることが多かったために、雑多な内容を含み、時には神仏混淆の混沌としたありようを示す儀式・行事を無視して、仏教史を考える傾向が助長されることになった。……「仏法」は、仏像・寺院・僧・行事というような、人々が見聞しそれに接することのできる、具体的なものを指すことばであった。……一般の日本人にとって仏法とは、まずは寺院とそこに住む僧たちのことであり、毎日繰り返される行事や、造寺造像の功成った時に行われる供養の法会、また日々僧たちがつとめている作法などとして、認識され、存在していたのである。……そういう面から考えてくれば、仏教のさまざまな行事、作法を細部にわたって具体的に知り、仏法についての豊かな知識を持つことは、広い視野のなかで日本の仏教史、文化史を考えるために、不可欠であることであることが、了解されるであろう。他方、仏教の理解は、まずは教理・経論からという立場に立つとすれば、年中行事や、儀式作法は、仏教の本質からは遠いことがらであり、それについて考えるのは、民俗学などの仕事であるということになろうか。仏教史、文化史の理解を豊にするためには、儀式や行事の中に思想を読みとるだけでなく、儀式や行事そのものを直視し、「仏法」ということばで考えられていたものが何であるのかを明らかにすることが、必要なのではあるまいか。（一七七〜一七九頁）

　日本史の研究上では、これまで宗教というものを、まずは教典や教義の面からだけ考えて、さまざまな面を持つ宗教活動に目を向けることを避け、宗教の歴史を、主に教義と教団の歴史として考えて、信心と信仰の歴史を多面的・具体的に捉えようと努力することに欠けていた。歴史の中で重要な役割を果たす宗教の問題を、教義の歴史としてしか考えなかったり、教団の消長としてしか見なかったりするのでは、浮かび上がってくるのは、思想史と政治史や経済史に関わる痩せ細った宗教史でしかないだろう。宗教の歴史は、もっと複雑で豊なものであるに違いない。（二〇六頁）

日本仏教史の研究の目的はその研究を通して、豊かな日本史像を構築することにあるだろう。そのためにも従来の政治史や経済史の変形形態、また「思想」史、教義、祖師史、寺院史（＝教団教派史）ではない視点を打ち立てるべきであろう。この点で大隅氏の前記指摘は大いに役立つものと思う。

大隅氏の指摘に学びつつ、私は名もない人々が日常の生活のなかで見聞きし感じ取っていた「信仰」をより具体的に明らかにすべきものと考えている。この「信仰」とは、どれが仏教でどれが神道という区別ではなく、中世びとの身近な日常生活での通常の行動や意識などにみられる宗教的なものをいうのである。これらを明らかにすることが、仏教史の目的の一つと考える。それでこそ「複雑で豊かな」信仰世界が明らかにできるのである。

おそらく従来の「仏教史」の枠にこだわればこだわるほど、豊かで多様な中世びとの信仰世界を解くことはできなくなるように思えるのである。(18)

註

（1）本章は全体において、おおむね大隅和雄「鎌倉仏教とその改革運動」（『岩波講座　日本歴史』中世一、岩波書店、一九七五年）・「中世仏教の諸相」（『中世思想史への構想』、名著出版、一九八四年）・「仏教の儀礼と信仰」（『日本の文化をよみなおす』、吉川弘文館、一九九八年）を参考としている。特にこれらの論文については以後明示しない。

（2）原勝郎「東西の宗教改革」（『芸文』第二年第七号、一九一一年）。

（3）「国史」「国文」の成立と新しい国家意識などについては、東京大学百年史編集委員会編『東京大学百年史』部局史一（東京大学出版会、一九八六年）・黒田俊雄「『国史』と歴史学」（『思想』七二六、一九八四年。のち『黒田俊雄著作集』第八巻〈法藏館、一九九五年〉に再録）・斎藤孝『昭和史学史ノート』（小学館、一九八四年）・西川長夫「日本人論・日本文化論を問う」（『地球時代の民族＝文化理論』、新曜社、一九九五年）を参考とした。

（4）『史学会雑誌』（後の史学雑誌）第一巻第九号、一八九〇年。同雑誌第一巻第三号で、星野は「織田信長の僧徒に対する処置」という論文を執筆している。これも本文と同じ視点によるものである。

（5）ちなみに「思想史」というと、著名人の著作物が分析対象になっていることが多い。確かにある社会の考え方などを分析する時に、対象資料がこのようなものとなることはやむを得ないとは思うが、これでは著作物を遺さない者たちの思想は明らかにすることはできないし、うがった見方をすれば、著作物を遺さない者には、思想がないようにもとれる。さらに著名人の著作物のみで、その社会のものの考え方を代表させることができるのか、という疑問もある。

またこのような思想は、ある社会では特定の人々に受け入れられていた程度ではないかとさえ思える。私は創作者も判明し、体系化された思想・イデオロギーを研究するのではなく、「ごく普通の人びとの日常的な、ものの考え方、感じ方」「人間の『こころ』のありよう」をむしろ対象とするべきではないかと考える。これについては、二宮宏之「参照系としてのからだとこころ」（『歴史学再考』、日本エディタースクール、一九九四年）を参照。

（6）金港堂、一八九八年。

（7）戦前では花山信勝「日本仏教史学の回顧と展望」（『日本仏教』、三省堂、一九四四年）で、戦後では黒田俊雄「顕密体制論と日本宗教史論」（『日本中世の社会と宗教』、岩波書店、一九九〇年）で高く評価している。

（8）村上専精「史論」（『仏教史林』第一編第一号、一八九四年）。

（9）加藤弘之「仏教史林に贈る」（『仏教史林』第一編第三号、一八九四年）。

(10) 井上哲次郎「仏教史研究の必要」(『仏教史学』第一編第一号、一九一一年)。
(11) 石田茂作ほか「趣意書」(『日本仏教史学』創刊号、一九四一年八月)。
(12) なお「日本仏教史学会同人」(趣意書発起人)は、以下の通りである。
石田茂作・惠谷隆戒・大久保道舟・大屋徳城・景山堯雄・可西大秀・木村武夫・日下無倫・西光義遵・昇塚清研・圭室諦成・禿氏祐祥・徳重浅吉・中田法壽・長沼賢海・硲慈弘・花山信勝・藤島達朗・藤本了泰・藤原猶雪・水原堯榮・源豊宗・宮崎圓遵・宮本正尊
(13) 石田茂作ほか「発刊の辞」(『仏教史学』創刊号、一九四九年七月)。
(14) 戦前・戦後の文化・文化国家についての問題は、西川長夫「国家イデオロギーとしての文明と文化」(『思想』八二七、一九九三年)参照。
(15) これは文化史が何か平和な感じを受けるからであろうか。大学の講義での文化史は、絵画や仏像、建築、茶などの文化財的内容が多いように思える。文化史が平和のシンボルのごとくに感じるのは、政治的・経済的関係が直接的にはみえない文化財を対象とするからであろうか。このような文化財を対象とする文化史はいわば「文化財史」にすぎず、文化史というには抵抗感がある。しかし多くの人は文化史といえば、文化財を思い浮かべるであろう。この問題は仏教史の問題のみでなく、文化史とは何かにも通じるものであろう。
(16) 戦前の「日本仏教」については、末木文美士「日本仏教への一視角」(『日本仏教史』、新潮社、一九九二年)・「『日本仏教』を再考する」(『季刊仏教』四、法藏館、一九八八年)も参照。
(17) 註1前掲第三番目論文。
(18) なお「序論第二章」も参照。

第二章　信仰史の立場

一　神仏と人とのかかわり

人間は自らの努力で〝進歩〟していくという確信が、否応なしに揺いできた。人間による自然の法則の理解に基づくその開発、そこから得られた生産力の発展こそ、社会の〝進歩〟の原動力であり、それに伴っておこる矛盾をこうした生産力の担い手が克服し、〝進歩〟を実現していく過程に、人類の歴史の基本的な筋道を見出そうとする見方は、もはやそのままでは通り得なくなった。そうした自然の開発が、自然を破壊して人類社会の存立を危うくし、そこで得られた巨大な力、あるいは極微の世界が人類を死滅させる危険を持つにいたったのである。このような事態そのものが、さきのような〝進歩〟史観の持つ根本的な問題を表面化させており、それを徹底的に再検討し、〝進歩〟の名の下に切り捨てられてきたものに目を向けつつ、歴史を再構成することが、必須の課題になってきたといわなくてはならない(1)。

この文章は網野善彦氏が旧来の進歩史観を批判した箇所である。私が日本史研究を始めた時、学界での主流な研究テーマは社会経済史であり、まさに網野氏の指摘する進歩史観真っ盛りの時期だった。

中世史でいえば、名田体制、農業生産力、農業経営体（大経営・小経営）、小農民の自立、荘園制、奴隷制、農奴制、社会構成体、封建制などに対する研究であり、その目的は社会発展の歴史的段階としての封建社会を追求することにあった。これには戦後の政治的対立や労働運動など、当時の社会主義運動のなか、いかに資本主義から社会主義へ社会は発展するか、という課題が根底にあった。また理論的にはマルクス主義の影響が大きかった。

信仰史を含んでいた日本仏教史研究は、このような研究状況に影響され、国家論・政治史・制度史・社会経済史の従属形態、変形形態として研究がなされていたように思う。またもう一方には社会・国家論にはまったく無関係に教団教派史の研究も存在した（もちろんこの研究においても私たちは偉大な業績を享受しているが）。

どの立場であっても、名もない人の生活に根ざす信仰の歴史は、従来の日本仏教史で語られてきたのであろうか。民衆仏教と称される研究でも、親鸞や法然などの思想・行状などの研究が主で、民衆側の信仰形態はあまり明らかにされたとは思えない。民衆仏教を研究すれば、民衆の信仰を明らかにした、または民衆史を研究したと思いこみをしているだけでないだろうか。

特に従来の仏教史が民衆の信仰の実態に迫れなかった原因を、大隅和雄氏は「鎌倉仏教と民衆(2)」で「鎌倉新仏教の成立を、日本の宗教改革として見ることは、祖師の生涯と思想の理解にとっては、有効な点が少なくなかったが、鎌倉時代の民衆の間にあった信心の実態を、視野に収めとるうえでは、必ずしも有効な視点にはならなかった」と指摘する。

さらに氏は「祖師の思想と民衆の信心の間には、容易に埋められない落差」がある点を指摘する。思想研究が民衆信仰に直接つながらないとし、「ここ一世紀の間の鎌倉新仏教論では、祖師の思想にすべての問題を読み込んできた」と、従来の仏教史が祖師の思想研究へ傾倒していることにその原因を求めている。

素朴に考えて中世社会においては、民衆レベルでは宗教を、これが仏教これが神道などと区別したり、難しい経典や教義を理解していたとはとうてい考えにくい。これは民衆を愚民視しているのではない。そのようなことを区別したり、理解したりせずとも、当時の庶民生活は成立しえた、といいたいのである（これは大きくいえば、近世社会でも変わらなかったであろう）。もちろん宗教がまったく必要なかったというわけではない。ただ知識人を除き中世びとは、生活すべてが宗教的な雰囲気に包まれており、あえてそれを区分する必要がなかったということである。ある時は仏の力、またある時は神のご加護なのである。

例えば、落雷については『看聞日記』応永二三年（一四一六）正月九日条には「天魔所為勿論」と、雷自体を「天魔」と表現したり、また狂言の「神鳴」(3)には、雷の神が天から落ちてくる話があることをみても、雷が何か不思議なもの、人知に及ばないものと理解されていたことがわかろう。これは中世びとの周辺がいつでも宗教的なものに包まれていたことを示している。

子どもの着る着物の背に背守りがあったり(4)、枕元に守刀を置いたりすることも、中世びとが日常生活上、ごく自然に宗教とかかわっていることを示す事例であろう。

「付喪神《つくもがみ》」は器物が一〇〇年を経過すると、そこに精霊が宿り、人に危害を加えるという俗信だが、これは器などの「モノ」にも不思議な力があると考える事例である(5)。植物の場合でも延命草という草を植えると、「善を招て悪をさり、寿命ひさしく延」と理解されている(6)。これは植物にも神仏のごとくの不思議な力が宿っているという、当時の人々の観念をよく物語る例であろう。また近世の『和漢三才図会』(7)所載「延命草」項では、この草と弘法大師との関係が指摘され、植物と宗教が関係づけられている。

数珠も中世には、僧侶に限らず庶民クラス（子ども・老人も含む）にも普及している。これは日常生活のなかに仏教がとけ込んでいたことを示している[8]。

このような事例は枚挙にいとまがない。これらから考えて中世の人々が生活に密着した宗教を、これが何宗何派の仏教、どこどこの神などと、厳密に区別してきたとはとても思えない[9]。したがって私はあえて「仏教史」などを意識して研究するつもりはない。ことさら「〜史」という枠組みにはこだわらない。研究は問題（課題）とそれを解く論証過程、そして導かれた結論が重要で、枠組みは便宜的なものにすぎないと思うからである。その結果が仏教的なものであれば、「仏教史」といわれてもかまわないし、「宗教史」と称されても一向に差し支えない。

枠組みにこだわれば、従来の枠組みに入らない研究はどうなるのであろうか。無理にどこかの枠に入れられるのであろうか。それでも入らない研究は価値がないのであろうか。「私は仏教史」と規定してしまうと、従来の枠組みに入らないテーマに取り組むことのできない状況もでてくるのではないかと思う。これでは自由な研究にむしろ足かせとなり、研究の広がりや展開を妨げるように感じる。

現在従来の枠組みの日本史研究を見直すために、大きな取り組みがなされている。特に一九八〇年代に社会史が導入され、それが決定的となったといえる。その結果、新たな成果が次々と生まれてきている。このような潮流のなか、日本仏教史・宗教史はいかなる対応を示すべきであろうか[10]。

例えば、民衆仏教は鎌倉時代に在地領主層に抑圧されていた農民層を基盤にしている、ということを以前よく耳にしたが、現在では百姓は農民ではなく、非農業民を多分に含む概念であることが明らかにされつつある[11]。さらに従来いわれている、民衆仏教は農村を基盤とする説に対しても、新仏教は商業・金融と深く関係し都市を基盤にするとの見解も提起されている[12]。これだけでも旧来の民衆仏教のイメージを大きく見直すべき指摘だろう。

この指摘はそれだけではとどまらない。戦後労働運動の展開のなか、社会発展論と階級闘争の研究として積極的になされてきたテーマの一揆、特に仏教史の関係でいえば、一向一揆の研究もこの民衆像の変化に対応して、新たな像の構築を迫られるだろう(13)。

百姓や民衆も彼らの基盤とする村々は、独自の武力を持ち権力と戦う側面を確かに持ってはいるが、そこに住む人々は、天災・災害など厳しい自然環境にさらされ、村同士の紛争解決の手段としての私戦・喧嘩など、実力による私的な報復を正義とする慣習が存在する（暴力の反復や多くの犠牲をともなう）＝自力救済社会のなかで、強く「生きている」実態が、近年明らかにされている(14)。

このような民衆の姿が浮き彫りにされつつある昨今、従来の救われる対象であった民衆像も大きく見直さざるをえない。さらに民衆の生活世界にまで立ち入って考えると、見直しの必要性が一層理解できる。例えば、言葉や文字についても、いままであまり問題とならなかったが、平仮名と片仮名の機能的相違、識字率の広まりなどを視野に入れると、やはりその像の再考は避けられない(15)。

つまり従来文字を書くことを前提に中世社会像を構築してきたが、支配層や一部の知識人を除き、民衆の世界では文字を書かない、読めない世界（正しくはその必要が特になかったのだろう）が依然広がっているとすれば、鎌倉仏教の各祖師たちは少なくとも、教義などの教えを文字のみで伝えることはなかったということになる。例えば、真宗の場合、一般的には文字で書された名号（南無阿弥陀仏など）を礼拝の対象として信仰を広めたといわれているが、無文字世界が広がっているなら、民衆側は文字の意味から、名号を理解したわけではないということになる。とすれば、名号による信仰の広まりは別の原理で考える必要があろう。

信仰拡大が文字によらないとすれば、あと想定しえるのは言葉による伝達であろう。しかしこれにも重大な問題がある。現在でも方言を聞くとなかなか理解しづらい現状であるのに、当時の会話は地域性なく通じていたのか、などという疑問も生まれてくる。

実際、『徒然草』には信濃前司行長が「平家物語」を東国生まれの生仏に教えたとあるが、その生仏の声は「生れつきの声」（東国なまり）＝「板東声」であったとある。また「吾妻人」（東国人）の僧堯蓮の声が「うちゆがみ」（東国なまり）とも記述されている。(16) ここから明らかに方言や地元言葉が存在し、京都などの「都」の言葉とは異なっていたことがわかる。このような発音や言葉の状況から、いかに地域性のある言葉を越えて、教えがいかに伝えられたか、今後積極的に研究すべき課題であろう。(17)

また戦後の国家と仏教の研究は戦前の反省もあり、さらに国家に対置される民衆の視点も相まって、戦後の社会発展論（社会構成体論）や封建制の問題とともに活発な研究がなされてきた。(18)

この中世の国家論は、日本を単一国家とみる立場でなされてきたように思われる。現在では日本国家や民族を単一とみない視点がクローズアップされている。単一国家が現在の日本列島に成立するのは近代以降であり、古代・中世・近世では現在の日本列島から北海道（蝦夷）や沖縄（琉球王国）を除いた、本州・四国・九州での国家が対象となる。その国家も例えば、鎌倉時代の日本列島には、鎌倉幕府による関東の国家と京都の朝廷の国家が併存する見解もある。

したがって従来いわれてきている「鎌倉」（時代の）仏教といっても、日本列島の北海道や沖縄には鎌倉時代は存在しないゆえ、この概念はほぼ本州にしか適応できないものである。また日本列島はフォッサマグナを境として、古くから東国と西国では言語・民俗・社会組織など、人類学的な相違があることが明らかになってきた。(19) この事実に則して考えれば、同じ宗派でも、具体的な実態としては関東と関西の違いがあるはずであろう。

このように従来の日本史研究が明らかにしてきた中世社会像は、再度検討を迫られる現状にある。したがってこのような歴史像の変化は、これまでの研究に基づき構築された、国家と仏教や民衆仏教などにも、当然、見直しを迫るものとなろう。

本書は網野氏が指摘した日本史学が発展や進歩の名の下に切り捨ててきた課題を、私なりに理解し設定したものである。特に旧来の進歩史観の批判から、新たな視点を切り開いてきた社会史の役割に注目し、その視点を取り入れた。

ちなみに本書でいう社会史とは、日常的生活世界のなかにある身近な問題を対象とした歴史で、従来の政治史・経済史・文化史などの枠に入らないテーマを研究するものと考えている。社会史については多くの批判もある。それに対しては塚本学氏が『生きることの近世史』[20]の「はじめに」で次のごとく的確に反論されている。

無名の民の日常些事の歴史への着目……市井の雑事を対象にとりあげ、身辺の歴史を追う社会史について、天下国家の大事を回避し、趣味の領域にとどまって、問題関心のあいまいな末梢史観であるといった批判が当初から加えられ、これを容認する側でも、せいぜい歴史像にいわば色どりを与える程度にしかみない風潮があって、最近の若い研究者のなかには、一時の流行現象視する言説もみえる……天下国家の歴史から些事とみなされるような、無名の民の日々の生こそが、人類の歴史の内容であったはずである。ひとびとが日常生活のなかで選択をせまられる問題は個々に多様であることが、各人にとっての重大な問題を天下国家の些事とするのだろうか……日常生活での些事は、ひとつの時代の共通問題であることが多い。（八頁）

さらに本書では、阿部謹也氏が『社会史とは何か[21]』で提起されている次の視点を特に持ちたいと考えている。

一見したところ何も目立つこともせず、何でもないような生活をして一生を送った人の生涯は、歴史の中に描かれることがありませんでした。ところが実際にわたしたちの大部分は、そういう生活を営んでいますので、庶民といわれる人々が、どのように生きて死んでいったかということも、歴史を学ぶ人間として知りたいわけです。（四四頁）

私はこれら両氏の指摘のごとく、日常のそして普通の生活の事象を対象とすること（身近な歴史学というべきか）が社会史の課題と考えている。

本書で「信仰」をテーマ（信仰史）としたのは、上述したように、それが中世びとの生活のなかにまったく自然にとけ込み、当時の人にとって日常最も身近かな事象といえ、まさに社会史の課題としてふさわしいと考えたからである。

それでは「仏教史」や「宗教史」でもよかったのではないか、なぜ「信仰史」なのかという疑問もあると思う。本書であえてそれらを用いなかったのは、以下の理由に依るものである。

日常生活において中世びとが神仏を区別して生きていたとはとうてい考えにくく、むしろ日常レベルでは意識されることはあまりなかったと考える。本書が取り上げた個々の課題はまさに日常レベルの事象で、従来の「仏教史」などの枠組みには入りにくいもので、これは従来の問題意識からすると、些末で無意味なもの、「切り捨てられてきたもの」であった。

しかし日常レベルでは本書の課題がむしろ重要なのであり、近代史学が形成した「仏教史」（第一章参照）や「宗教史」という従来の枠組みでは、これらの課題を包括するのはむずかしく、真の意味での多様な歴史像の構成には不適当と考え、特に新しい表現ではないが、「仏教史」「宗教史」より妥当な表現と考えて「信仰史」としたのである。

ただ信仰とは心の問題、観念の世界の問題であるともいえ、その歴史を追うことは困難な側面も多い。本書では「神仏と人のかかわり」というテーマを設定し、仏像・数珠という聖なるモノと人とのかかわり、またこれは次節の身体論とも関連するが、命や人間の死後の世界、信仰からは縁遠いと感ずる経済とのかかわりを研究した。

本書ではこれら研究を進めるに当たり、資料も古文書や日記ばかりではない、近代史学からいえば、どちらかといえば、斬り捨てられてきた、絵画・物語・由緒・伝承などを多く取り上げた。

確かにこれらは全体的に荒唐無稽なものも多い。その点では古文書・日記が事実を伝える第一級資料であることはいうまでもない。しかし問題は事実の有無ではなく、荒唐無稽のなかに当時の人々の願いや希望が込められている点であり、それこそが豊かな歴史像構築の可能性を開くものである点である。

二　身体論の可能性について

本書の中核テーマの一つである身体論についても、信仰や社会史との関係を少し言及しておかなければならないであろう。身体はほぼ不変あるいは所与のものであり、身体がそもそも歴史的な研究対象となるのか、という根本的な疑問がある。これについては樺山紘一氏が次のように明快に述べている(22)。

人間のからだそのものは、歴史時代をとおしてさして変化はないし、民族ごとの差異もわずかである。だが、その身体が特定の時代の文化のなかではたす役割や、これに託された意味は、はるかに大きなバリエーションがある。したがって、身体の歴史はまず身体観の歴史として論じられねばならない。これまで、身体を論じた医学・哲学上の教説は数多く、そのいくつかについては、おもに思想史、科学史のテーマとして研究されてきた。……しかし、身体観の歴史的考察は、それらのうえに立ってより総合的で比較的な視点をもうけ、広範な議論をよびおこす必要があろう。

荻野美穂氏も「身体史の射程[23]」でも次のように述べている。

人間における身体とは超歴史的普遍的な生物学的与件などではなく……社会的、文化的構築物であることが徐々に認識され、身体を『正統な』歴史研究のテーマとして取り上げることが許容されるようになってきたのは……ほぼ一九八〇年以降……最も中心的な役割を果したのが……社会史、および女性史であった……身体の歴史がかくも長いあいだ不在であったのは、歴史学という学問そのものが依拠してきた概念枠組みのあり方とけっして無関係ではない。政治史、経済史、思想史を中核として形成される歴史学を支えてきたのは、世界を公と私、政治と日常、生産と再生産、抽象と具体、文化と自然といった一連の二項対立図式によって分類し、このうち前者のみを真に重要な領域とみなして学問研究の対象としての価値を認めるという前提である。……身体があまりにも自分にとって身近な存在であるために、ともすれば身体＝生物学的・解剖学的与件＝不変、もしくは自明という思いこみから出発しがちである。

両氏が指摘するように、不変と理解されがちの身体は、実は各社会の意味が付与されており、社会的、文化的構築物であったのである。したがって身体を通じて、当該社会の分析は十分可能であり、他の研究分野と何ら変わることはないのである。身体は人間に最も身近なモノで、本書の趣旨に合致する課題であったのである。このような身体に視点を向けさせたのはやはり社会史の登場であった。

解剖学・人類学で著名な鈴木尚氏は「日本人の身体形質は、時代の推移とともに、ゆっくりと変化したことが、古人骨の研究からわかっているが、これを日本人の小進化と呼んでいる」[24]と、発掘される人骨から、確かに前記したように、身体が大きな進化を遂げたとはいえない＝いわば不変的との結論を導いている。

身長についてこの点を確認しておこう。鈴木氏によると、縄文人の身長は一五〇センチ台、古墳時代一六〇センチをわずかに越えるとし、さらに氏の徳川将軍の遺骨研究によると、二代将軍秀忠の身長は一五八センチ、六代将軍家宣一六〇センチ、一二代家慶一五四・四センチ、一四代家茂一五六・六センチと報告されている[25]。

同じく鈴木氏がてがけた、昭和二五年（一九五〇）奥州藤原氏の発掘調査の報告[26]によれば、清衡一五九センチ、基衡一六五センチ、秀衡一五八センチ、計算式に多少の考慮を加え、およそ三体とも一六〇センチ以上と推定されている。昭和三四・三五年（一九五九・六〇）に東北関東の近世のミイラを調査した報告[27]では、舜義一五八・三センチ（茨城県岩瀬町妙法寺）、全海一五七・四センチ（新潟県鹿瀬町観音寺）、忠海一五六・六センチ（酒田市海向寺）、真如海一五六・九センチ（山形県朝日村大日坊）としている。

これら学術調査から身長のみをみると、日本列島人は確かに一六〇センチ前後で近世まできており、特別大きな変化はない。これを不変的、ないし「小進化」と呼んでも間違いはないだろう。

しかし医学的・生物学的に「小進化」であっても、身体に付与される意味は単純ではない。例えば、『平家物語』

巻第八「緒環」[28]には、豊後国緒方三郎維義の先祖話で、彼の先祖大太は大蛇（日向国高知尾大明神）であったと説明しつつ、彼が「十歳にもみたざるに、せいおほきにかほながく、たけたかかりけり、七歳にて元服せさせ」たとなっている。

これは元服の基準の一つが、年齢のみではなく身長であった側面を示す事例といえる。身長と元服の関係は、結城陸郎氏も「元服の条件とされた身長四尺五寸（一四八センチ）」[29]と指摘している。これは特に珍しくない人間の生物学的成長と社会的成長段階との関係にかかわる事例だが、それのみではなく、身体には特殊なこと——この場合、神仏の申し子の身体は成長が速い——が存在すると、当時の人が理解していた事例でもある。

「瓜姫物語」[30]は、子どものない老夫婦が「仏神の御はからひ」で瓜から誕生した瓜姫を得た話だが、瓜姫は「いくほどなく、年十四、五にも見え」たと、その成長の速さが強調されている。これは瓜姫＝神仏の申し子＝成長が速いという事例である。また『竹取物語』[31]のかぐや姫は誕生当時三寸だったのが、わずか三カ月で「よきほどなる人になりぬれば」と成人したとある。これは月の住人＝異界の人の成長が速い事例で、上記と同様な例である。

これらは身体の成長に神仏がかかわる事例であるが、これら以外にも身体と神仏が関係する事例は多くみられる。『義経記』巻第一「吉次が奥州物語の事」[32]には、奥州の豪族安倍貞任・宗任兄弟の身体について、貞任「九尺三寸」（約二・八メートル）、宗任「八尺五寸」（約二・六メートル）として「兄弟、丈せい骨柄、人にも越え」るという。ここでは二人の常識はずれた身体を「人にも越え」と表現している。「人にも越え」とは「人ではない」＝神仏を含む人間を越えたものを意味している。つまり大豪族である彼らの力や能力を人ならぬ身体に求めた記述である。身体自体に神仏を含む世界があることを理解させる表現である。[33]

また剛力で知られる弁慶は、誕生時、すでに長髪、大きな奥歯・向歯を持ち、二、三歳にみえたという。ここでは彼のことを「鬼神」と表現している。貞任と同様、弁慶の剛力は「鬼神」＝神仏の世界に属するものであることを物語るとともに、誕生時の異常出産から彼が異児＝神仏の申し子であることがわかる。(34)

これらから中世社会においては、人間のなかに神仏の身体を持つ人物がいると理解されていたことがわかる。さらにこれを進めると、次のような結論も導ける。本願寺第八世蓮如は、父が存如＝人間で、母が近江石山寺の観音菩薩であったという。(35)つまり蓮如は人間と仏のハーフであり、そのような者が中世社会では存在すると考えられていたことになる。このようなたぐいの話は他にも多くある。

いままでの事例からいえることは、中世とは人間と聖なる者の融合がありえる、聖なる身体を持つ者が存在する、さらには身体には神仏が取り巻いていると考えられていた社会であったのである。これらは、生物学的、医学的にもあり得ないことだが、中世では中世びとの身近に普通に存在していたのである。

まさに何ら変化がないと考えられる、最も身近な身体は神仏の世界と密接にかかわっていたのである。つまり身体の研究は、神仏や信仰の研究のみならず、人間観そのものの研究にもつながるのである。(36)それは次の事例でも理解できる。

「東山《とうざん》往来」第二六条「弥陀三尊中以地蔵不加条」(37)には「所謂、人在母胎時、至第廿七七日、人相皆備」「而則造仏、取一□手半者、胎内等身也」などとあり、そこには懐妊して二七週（一八九日）になると、人体の諸機能を具備するまでに発育し、三八週（二六六日）になると出生するとし、胎児の成長を仏像造立時の大きさに関連させ述べてある。(38)「東山往来」は平安後期の成立で、京都東山の清水寺別当定深の著である。これは京都の習俗を含む日常生活を多面的に伝え、古往来の主要なものの一つという。

ここより身体が生命誕生時から仏の世界と関係すると理解されていたことがわかる。つまり身体と神仏のかかわりは、決して特別な人物（高僧など）にみられることではなく、誰でも誕生時点からかかわっていると認識されていたのである。

現代人は医学的・生物学的にある程度、自身の身体を理解している。これに対し中世びとは身体の機能を深く理解しているとはいえず、身体に何かの神秘性を感じていたはずである。そこには現代人と異なる身体に対する独自な理解が成立していたと考えられる。つまり中世的な身体観である。それはまさに神仏が取り巻く世界だったのである。

したがって身体の研究は決して生物学的、医学的だけではない。まして不変、所与のものでもなく、その社会を十分反映したもので、歴史学研究の対象に十分なりうるテーマである。本書は身体が研究すべき十分な対象となることを認識した上で、最も身近な事象として身体を選択し、身体と信仰という課題で研究を進めたものである。

註

（1）網野善彦「人類社会の壮年時代」（『「日本」とは何か』00、講談社、二〇〇〇年）、一三頁。
（2）大隅和雄『中世仏教の思想と社会』、名著刊行会、二〇〇五年。
（3）『狂言集』、日本古典文学全集三五、小学館、一九七二年。
（4）斎藤研一「中世に見る子どもの御守り」（『月刊百科』四一三号、一九九七年）。
（5）「付喪神記」（横山重ほか編『室町時代物語大成』第九、角川書店、一九八一年）。
（6）『平治物語』上「唐僧来朝の事」（日本古典文学大系三一、岩波書店、一九六一年）。
（7）島田勇雄ほか訳注、第一六巻、東洋文庫、平凡社、一九九〇年。
（8）拙稿「数珠の緒が切れると……」（『日本歴史』六四二、二〇〇一年、本書第Ⅱ部第三章）。
（9）仏教と神道が融合することになった源泉は、仏教受容の仕方にある。仏教公伝時、倭国の豪族たちは、仏教をる。以降、日本での習合は「融合とも混合とも異なる。神も仏もそれぞれの立場を尊重しながら、相互が日常的に提携しあうのである。それはきわめて賢明な文化の受容方法であった」と、林屋辰三郎氏は指摘している（「仏法と王法」〈『週刊朝日百科四二　日本の歴史』古代二、朝日新聞社、二〇〇三年〉）。

（10）　社会史の代表的研究者は、まずヨーロッパ中世史研究者の阿部謹也氏があげられるであろう。氏の一連の研究には、『ハーメルンの笛吹き男』（平凡社、一九七四年）・『中世を旅する人びと』（平凡社、一九七八年）・『中世の星の下で』（ちくま文庫、筑摩書房、一九八六年）・『中世賤民の宇宙』（筑摩書房、一九八七年）・『甦える中世ヨーロッパ』（日本エディタースクール、一九八七年）・『社会史とは何か』（筑摩書房、一九八九年）・『西洋中世の罪と罰』（弘文堂、一九八九年）・『ヨーロッパ中世の宇宙観』（学術文庫、講談社、一九九一年）がある。また二宮宏之氏の『歴史学再考』（日本エディタースクール、一九九四年）・『全体を見る眼と歴史家たち』（平凡社ライブラリー、平凡社、一九九五年）・「戦後歴史学と社会史」（歴史学研究会編『戦後歴史学再考』、青木書店、二〇〇〇年）も、大変有益な研究である。

日本史関係でいえば、網野善彦ほか編『日本の社会史』全八巻（岩波書店、一九八七～八九年）が刊行されたことは、従来の日本史研究にとって、画期的な意義を持つものである。また近年刊行された、『岩波講座　日本通史』全二五巻（岩波書店、一九九三～九六年）にも、社会史の視点が盛り込まれている。

（11）　網野善彦氏の一連の研究、「遍歴と定住の諸相」（網野善彦編『日本民俗文化大系　漂泊と定着』第六巻、小学館、一九八四年）・「日本列島とその周辺」（『岩波講座　日本通史』一、岩波書店、一九九三年）・「日本社会再考」（谷川健一編『日本民俗文化大系　海と列島文化』別巻、小学館、一九九三年）・『日本社会の歴史』上中下（岩波新書、岩波書店、一九九七年）・註1前掲書など参照。

（12）　これについては、網野善彦「真宗の社会的基盤をめぐって」（本願寺史料研究所ほか編『講座　蓮如』、平凡社、一九九六年）・「中世都市民と宗教」（『中世都市研究』四、一九九七年）・『日本中世に何が起きたか』（日本エディタースクール出版、一九九七年）参照。

（13）　近年の一向一揆の研究については、神田千里『一向一揆と真宗信仰』（吉川弘文館、一九九一年）・『信長と石山合戦』（吉川弘文館、一九九五年）・『一向一揆と戦国社会』（吉川弘文館、一九九八年）、金龍静『一向一揆論』（吉川弘文館、二〇〇四年）などのすぐれた業績がある。
(14)　これについては藤木久志『豊臣平和令と戦国社会』（東京大学出版会、一九八五年）・『雑兵たちの戦場』（朝日新聞社、一九九五年）・『村と領主の戦国世界』（東京大学出版会、一九九七年）・『戦国の村を行く』（朝日新聞社、一九九七年）・『飢餓と戦争の戦国を行く』（朝日新聞社、二〇〇一年）など、一連の研究があげられる。自然環境については、例えば、峰岸純夫『中世災害・戦乱の社会史』（吉川弘文館、二〇〇一年）などがあげられる。
(15)　網野善彦「日本の文字社会の特質をめぐって」（『列島の文化史』五、一九八八年）。
(16)　『徒然草』第二二六段・一四一段（日本古典文学全集二七、小学館、一九七一年）。
(17)　音声については、千々和到「中世日本の人びとと音」（『歴史学研究』六九一、一九九六年）、また伝達の問題については、酒井紀美『中世のうわさ』（吉川弘文館、一九九七年）が大変参考になる。
(18)　黒田俊雄氏の、天皇と宗教、国家と宗教、寺社勢力を組み込んだ権門体制論などは、まさに偉大な業績である。これらは『黒田俊雄著作集』全八巻（法藏館、一九九四〜九五年）に集成されている。
(19)　例えば、網野善彦『東と西の語る日本の歴史』（そしえて、一九八二年）・「日本史における東と西」（網野善彦ほか編『日本歴史の再発見』、南窓社、一九八五年）・「東国と西国、華北と華南」（村井章介ほか編『アジアのなかの日本』Ⅳ、東京大学出版会、一九九二年）が代表的研究である。
(20)　平凡社選書、平凡社、二〇〇一年。
(21)　註10前掲書。
(22)　『歴史学事典』第二巻「身体観」項（弘文堂、一九九四年）。
(23)　『日本史研究』三六六、一九九三年。
(24)　「プロローグ」（『骨は語る　徳川将軍・大名家の人びと』、東京大学出版会、一九八五年）。
(25)　註24前掲書
(26)　「遺体の人類学的観察」（朝日新聞社編『中尊寺と藤原四代』、朝日新聞社、一九五〇年）。
(27)　小片保「入定ミイラの解剖学的・人類学的研究」（日本ミイラ研究グループ『日本ミイラの研究』、平凡社、一九九三年)。
(28) 日本古典文学全集三〇、小学館、一九七五年。
(29) 「伝統文化を背負う貴族の子ども」(結城陸郎編『日本子どもの歴史　乱世の子ども』、第一法規、一九七七年)。
(30) 『御伽草子集』、日本古典文学全集三六、小学館、一九七四年。
(31) 日本古典文学全集八、小学館、一九七二年。
(32) 日本古典文学全集三一、小学館、一九七一年。
(33) 『園太暦』貞和五年(一三四九)四月二三日条に「強力女人」による「破石」の「施芸」の記述がある。宮田登氏によると、日本社会においては、力は神仏により与えられると考えられていたという(「力」項『日本史大事典』第四巻、平凡社、一九九三年)。例えば、足利尊氏が六波羅攻めの決意時、丹波国篠村八幡宮で祈願すると、当初二万騎であった軍勢は五万騎にもふくれたという(『太平記』巻第九「高氏被籠願書於篠村八幡宮事」、日本古典文学大系三四、岩波書店、一九六〇年)。これは神への祈願により、大勢＝強力を得た事例といえるだろう。出陣時に神仏へ祈願する「武運長久」は、この事例と同じといえるだろう。
(34) 註32資料巻第三「弁慶生まるる事」。
(35) 実悟(蓮如第一〇男)撰「拾塵記」(『真宗史料集成』第二巻、同朋舎出版、一九七七年)。
(36) 養老孟司氏は『日本人の身体観の歴史』(法藏館、一九九六年)で、「『身体をどう見るか』という身体の規定は、その社会が『人間をどのように考えているか』、それを明確に示す。すなわち、身体規定は人間規定の一部となっている」(四九頁)と、社会における人間自体の追求になると説いている。
(37) 『続群書類従』消息部。
(38) この事例は註29前掲論文、竹内明「武家の子どもの成長と教育」(註29前掲書)で説明されている。

第I部

身体と信仰

第一章　「手」と「自筆」——聖なるモノとしての文字——

はじめに

自筆とは本人が自ら書くこと、またその筆跡を意味することはいうまでもなく、あえて問い直す必要がないように思える。しかしよく考えると、意外に私たちは自筆に対し独特な観念を持っていることに気づく。例えば、印刷だけの年賀状では何か冷たく感じるが、そこにわずか一行でも差出人の一筆があると嬉しく感じるとか、また某大学ではワープロが普及しはじめてもなお修士論文は自筆以外認めず、訂正には訂正印を用いなければならない、というものである。前者の例は私たちが自筆に本人自身を感じていることを、後者は大学当局が自筆＝証拠との認識を有してることを物語るものである。

このような観念は歴史的過程を経て形成されたのであろうが、自筆をも研究対象とすべき古文書学は、上記の観念について必ずしも満足のいく回答をしてきたとはいえない(1)。確かに自筆＝証拠力と位置づけてきたものの、なぜ自筆が証拠と観念されるのか、その根本的な点を明確にしてはいない。従来の古文書学は、このような文書に対する観念・慣習などの研究が比較的手薄であったと思う。

ではなぜ手薄な状況となったのか。それは古文書学成立期に示された研究の方向性に原因があると思われる。古文書学は明治期に黒板勝美・久米邦武[2]などにより成立し、当時の社会状況や歴史学の実証主義的態度[3]に影響を受け、黒板勝美の「古文書学の目的は古文書の真偽を鑑定するにあり[4]」との発言のごとく、「考証学的方法による歴史事実の追求をめざしていた[5]」。この目的達成の方法が様式論研究であった。様式論とは、古文書を蒐集比較し書式などから、下文・御教書などと分類する方法である。この研究の方向性が、現在までの古文書学を規定したといっても過言ではない[6]。

もちろん現在では、文書の料紙・封式・文体などの形態論や機能論の研究分野が設定されている[7]が、古文書を取り巻く観念・慣習などに対して研究が手薄であることは否めない。「真偽を鑑定」する古文書学成立期の目的や方法としての様式論は、封建的関係や迷信・習俗などから脱却すべきという、当時の日本の近代化から成立した研究の立場であろうが、そのあまり古文書を当時の社会から切り離し、書式のみで考えるという研究の方向を規定したことには問題もあろう。

いうまでもなく、古文書は作成当時から古文書であるわけではなく、当該社会で生きていた「文書」である。この点から考えれば、古文書を「文書」として研究するには、古文書学成立期に切り離され背後に追いやられた、古文書のかかわってきた世界＝古文書を取り巻く観念・慣習などを対象とすべきと考える[8]。従来の古文書学が様式・形態・機能論の分析に主眼を置いてきた点を考えれば、上記の世界を対象とする研究領域を開きにくかったことも無理からぬことである。したがってこの領域を開くには従来の古文書学に、現在、歴史学の大きな潮流となっている社会史の視点の導入が有効と思われる。つまり社会史的分析論の設定である。

そこで本章は「自筆」が「手」「手跡」とよく表現されている点に注目し、「手」という身体の視点から、中世における「自筆」に対する観念を考察してみようというものである。現在、身体論や身体観の研究は進展しつつある(9)。本章はこの成果を積極的に取り入れ考察していきたい。したがって本章は身体論研究の一環であると同時に、古文書学と社会史の接点を探る試みでもある。

一　自筆と証拠力

ここでは、従来の古文書学で指摘されてきた、自筆＝証拠力についてまず考えてみたい。

〈事例1〉建長七年（一二五五）九月一三日「鎌倉幕府裁許状(10)」

一、肥前国藤木村内屋敷・名田事

右、対決之処、如長明申者、行元譲与件屋敷・名田於氏女之後……長明申云……次後家（継母藤原氏）所帯建長四年四月十日（行元）譲状者、云手跡、云判形、相違也、構謀書……建長四年状為謀書之由、長明雖申之、比校両方承伏之行元自筆状等之処、云手跡、云判形、無相違之間、難処謀書

これは藤木行元女子藤原氏代塚崎長明と継母藤原氏代藤木行重の肥前藤木村の所領相論に対する裁許状である。相論のなかで長明は「後家所帯建長四年四月十日譲状者、云手跡、云判形、相違也」と、後家所持の建長四年（一二五二）の行元譲状を「謀書」と訴えたため、同譲状が自筆か否かが争点となった。そして鎌倉幕府の鑑定に持ち込まれ、両方が自筆と承伏した（認めた）行元の状などと問題の譲状を「比校」したところ、「云手跡、云判形、

無相違」となった。

〈事例2〉文永二年（一二六五）閏四月一八日「鎌倉幕府裁許状[11]」

右、対決之処、如為泰申者、件両所者、宝蓮相伝之所領也……為泰申云、後家幷女子等所帯弘長四年二月十七日和字状者、非宝蓮自筆、以他筆所相学宝蓮自筆也、其上同状奥書仁津満里天不書得之間、判二仕之由、書載之処、端判者書乱之間、為自筆否不見及之、奥判刑（「形」以下、同ジ）者不似端判、判刑以外仁明白也、津満里天端判不分明者、争奥判可明白哉、然者、云手跡、云判刑、共以非宝蓮自筆・判刑、後家尼等所構出謀書也……彼十七日状者、非父宝蓮自筆・判刑之上、判刑二箇所有之、端判者不分明之処、奥判明白也、顕然謀書之由、為泰雖申之、十七日状令比校両方承伏宝蓮自筆類書等処、云手跡、云判刑、同筆之由所見也、次判刑二箇所内、端判不分明之処、奥判明白由、為泰同雖申之……判二仕之由、書載之処、彼手跡為宝蓮自筆之間、不及疑殆歟

これは中野為泰と中野宝蓮の後家尼・女子藤原氏養子中野長能との宝蓮遺領をめぐる相論の裁許状である。相論では後家尼など所持の「弘長四年二月十七日和字状」が、宝蓮自筆か否かが争点になり、為泰はこれを「謀書」と訴えた。これも鎌倉幕府の鑑定に付され、両方が承伏した宝蓮自筆類書などと「十七日和字状」を「比校」したところ、「云手跡、云判刑、同筆之由」という結論となり、後家尼など提出の和字状は自筆と認められた。

〈事例3〉『古今著聞集』巻第五「二一四　前右大将頼朝、自筆の和歌にて下文を賜る事[12]」

某尼が四天王寺内の五智光院参詣中の源頼朝に、押領を受ける和泉国の相伝所領のことを訴えた。頼朝は扇に

歌一首を書き、三浦義連に加判させ尼に与えさせた。結果、尼は元のように所領支配ができた。その後、実朝の時、この尼の娘が再び訴訟を起こし、この扇を提出した。そして「年号月日なきよし奉行いひけれども、かの自筆そのかくれなきによりて安堵しにけり」となった。最後にこの話の著者は「年号月日にもおよばず、右大将殿自筆の御書下しなれば、子細にやおよぶ」と結ぶ。

この事例は扇であっても頼朝の自筆で書いてあれば、安堵状と同機能を果たす例である。つまり文書が正式な様式を整えていなくても、自筆であれば、証拠力となったことを示す好例であろう。

上記の三例からわかるように、まず問題となるのは証拠として提出された文書が自筆かどうかである。これは自筆であることが、訴訟における最も有効な証拠力と考えられていたことを示すもので、自筆主義といえるものである。この自筆主義は当時の訴訟関係文書にはよくみられる[13]。

さらに上記の例で注目すべきは、鎌倉幕府が文書鑑定能力を有していた点である。幕府は先の「比校両方承伏之行元自筆状等」のように、「比校[14]」し自筆か否かを決定している。また父有信（禅法）の遺領をめぐり、伊佐信行代舜賀と伊佐幸信との相論に対する鎌倉幕府裁許状[15]には、舜賀が幸信提出の禅法自筆譲状を謀書と訴えたことに対し、幕府が禅法譲状を自筆か否かを確かめるため、相手側が自筆と認めた文書を「彼状」と「比校」した結果、「筆勢無相違」としたことがみえる。この場合の判断基準は「筆勢[16]」であった。

幕府がこのように一定の判断方法と基準を有し鑑定していたことは、鑑定能力が幕府にとって不可欠な能力であったことを意味する。これは訴訟において、それだけ自筆か否かが問題とされることが多く、自筆を最高の証拠力とする慣習が広く存在していたことを示すものである。したがって譲状などを書置く場合には、自筆であることを意識的に記すのである。その例を『遺文』よりあげてみよう。

〈事例4〉延慶四年（一三一一）二月二五日「相良蓮道（長氏）置文[17]」

いつれもこのをもむき《趣》をそんち《存知》して、たかい《互》にふしん《不審》あらせしため《為》に、ミくるし《見苦》けれとも、しひつ《自筆》にかきおく《書置》
ところ《所》也

この例では譲状などを書置く場合、「たかいにふしんあらせしために」＝後の証拠のために、意識的に「しひつ」で記したという。さらにこのことを端的に示すのが、次の事例である。

〈事例5〉元徳二年（一三三〇）三月一八日「長快譲状[18]」

此譲状、以他筆令書之間、為後証、以自筆和字、所加裏書也、早守此状、可令知行之、仍譲状如件
　元徳弐年三月十八日　　沙弥長快（花押）

〔裏書〕
「このゆつりしやう《譲状》、のち《後》のため《為》に、しひつ《自筆》をもん《以》てうらかき《裏書》をするところ《所》なり《也》
けんとく《元徳》二ねん《年》三月十八日
　ちやうくわい《長快》（花押）
」

このように「以他筆令書」＝他人に書かせた場合、「後証」のためわずか一筆でも自筆を加えるという事実は、当時いかに自筆が最高の証拠であったか、またその慣習の存在がわかるであろう。

二　「手跡」

1　「手跡」と自筆

次になぜ自筆に証拠力があると当時観念されたのか、その成立の根拠を考えてみよう。現在でも自筆は証拠力と観念され何となく理解できるためか、この点はことさら問題とされてはこなかった。ここではこの点を解くため、事例1・2にみられる「手跡」に焦点をあてて考えてみたい。まずその「手跡」を概括的にみてみよう。

「手跡」は『遺文』を通覧すれば、比較的みられる語句だが、必ずしも中世から用いられたものではない。早くは平安初期の『文徳実録』[19]巻一、嘉祥三年（八五〇）五月壬辰条に橘逸勢への追贈の記事に「尤妙隷書、宮門榜題、手迹《(跡)》見在」と、筆跡の意で「手迹」が用いられている。平安中期の例では、『新猿楽記』での能書「太郎主」があげられる。そこでは彼を「縦云腐骨骸於土下、猶以留手跡於世上」と、太郎主が死んでその身が土中で腐っても、彼の「手跡」は世に残ると評している。この場合も「手跡」は筆跡という意味である[20]。

鎌倉期の例として、『才葉抄』[21]の「行成《(藤原)》の手跡は、筆に任せてか、れたるとみえたり」があげられる。これも筆跡の意である。室町期の例では『実隆公記』大永四年（一五二四）六月六日条に、実隆が「浄花院開山手跡」をみたとの記事がある。この場合も「手跡」は筆跡の意である。

このように「手跡」は平安初期からみられるが、他の事例と照らし合わせれば、中世を通じ多くみられるようである。そしてその意味は広く筆跡として用いられていた。さらに「手跡」を事例2から詳しくみてみよう。先述したが、これは宝蓮子息為泰と後家尼との宝蓮所領をめぐる相論で、問題化しているのは、後家尼所持の「弘長四年二月十七日和字状」が宝蓮自筆か否かであった。為泰は他筆である点、そして端と奥の二つの花押の内、端の方が不分明ゆえ、奥の方も自判か疑わしいとの二点をあげ、「云手跡、云判刑、共以非宝蓮自筆・判刑」＝謀書と主張する。しかし幕府はこの点について「彼手跡為宝蓮自筆之間、不及疑殆歟」と裁決した。

為泰の「云手跡、云判刑、共以非宝蓮自筆・判刑」に注目すれば、「云手跡、云判刑」の部分が、次では「宝蓮自筆・判刑」と言い換えられ、また幕府も「彼手跡」を「宝蓮自筆」と言い換えている。したがってこの場合「手跡」が「宝蓮自筆」を指すことは明らかで、つまり「手跡」とは自筆を含む表現ということになる。

また事例1では、継母側が所持する藤木行元「譲状」の真偽が問題となり、相手方の女子側と継母側の「両方」が「承伏」した「行元自筆状等」と、問題の「譲状」を「比校」したところ、「云手跡、云判形、無相違之間」ということになった。この場合、「譲状」が「行元自筆状等」の「手跡」や「判形」（花押）と相違が無いということゆえ、やはりこの場合も「手跡」が自筆の意を含む表現であることがわかろう。さらに次の事例をみてもらいたい。

〈事例6〉元弘三年（一三三三）五月二七日「道秀譲状[22]」

為後、自筆仁雖書置候、手跡悪候之間、真名仁一本書候、後判之譲状にて候之間、加様候、為後譲状如件

元弘三年五月廿七日　　　　沙弥道秀（花押）

これは、道秀が安芸厳島神領などを子息親頼に譲った時の譲状の一部で、彼は譲状を後のため「自筆仁」「書置」

たが、「手跡悪」（悪筆の意）ため、「真名」（漢字）で一本書いたとしている。つまりここでは「手跡」と「書置」た「自筆」とが同意で使用されていることがわかろう。

つまり「～手跡」と表現されていても、文意上「～自筆」という意で用いられたり、また自筆と言い換えられたりしているのである。この点より「手跡」とは広くは筆跡の意だが、実際には自筆の意で用いられる表現であったといえよう。そこで次に問題となるのは、中世において自筆をなぜあえて「手跡」と称したかである。

「手跡」は、「手」と「跡」という文字の組合せで成り立っている。「跡」は「あとかた・あと」という意であり、この点から考えれば、「筆跡」は「筆」の「あとかた・あと」という意となり、文字・筆に関するものとは簡単に想像はつく。対する「手跡」は、「手」の「あとかた・あと」ということになるが、それではこの「手」には、自筆と関連する「筆」「文字」などの意があるのであろうか。そこで「手」と文字・筆などに関する事例をみてみよう。

『源氏物語』「帚木」[23]には文字を書いたという意で、「手を書きたる」との表現がある。また『大鏡』「太政大臣実頼」[24]には、大三島の神が社の額字を藤原佐理に書いてもらう語のなかに、筆跡の意で用いられる「手」の表現が多くみられる。それは「世の手書の上手」＝筆跡がすぐれている、「なべての手して」＝ありふれた書き手、「日本第一の御手」＝日本第一の能筆家などである。

これらの例から「手」と筆跡・文字とは、平安期より密接な関係があったことは明らかであり、むしろ筆跡・文字は、「手」と表現されることが多かったといえるのでなかろうか。[25]

2 「手」の中世的意味

次にその「手」の中世的意味を考えよう。「手」に関する優れた論考として、中田薫「法制史に於ける手の働き」[26]が戦前に発表されている。氏は「手」を人間の「重要なる活動の機関」とし、「手」が①人格、②支配（権）、③保護、④信の観念を象徴的に表すといい、そしてこれらの観念で最も中心的なものは①の人格という。

氏によると、人間は相互に人として生存を確認する。その確認は活動をもって表される。その活動を最もよく表すのが「手」で、したがって「手」＝人格そのものという。そして氏は「手」が活動や人を意味する例を下記のABのごとくあげ、また「手」に関するCの儀式[27]をあげ、「手」と活動そして人格との関係を述べる。

A「手」が活動を表す語
hand＝「手」から生まれた語→行為すること＝handeln（ドイツ語）・handle（英語）
日本→手腕・手柄・手並

B「手」が人を表す語
英語→allhands（諸人）・goodhand（上手）・badhand（下手）・oldhand（熟練者）＝「手」を用い「人」を表した語
日本→射手・相手・上手

Cヨーロッパ主従契約儀式コムメンダチオ（commendatio）
①授手の式（オマージュ）→従者が自己の両手を組合わせて主君の手中に置く
②宣誓の式→従者が忠実な奉仕を宣誓する

③贈与授受の式→主君が従者に対し武器や乗馬などを授与して、その保護・扶養の意志を表明する

Cは組み合わせた従者の両手が従者自身を表し、そしてそれを包む主君の手が主君自身を表しているという。この行為は、保護・被保護の関係をシンボリックに表した儀式である。

このように戦前からすでに、「手」が人格を表す点が指摘され、現在の研究でもこの点は深化させられている。例えば、網野善彦「未進と身代」[28]・同執筆平凡社『日本史大事典』「手」項によれば、延喜式にみられる「造筆手」「造御櫛手」「染手」や、平安末期~中世にかけてみられる「作手」の例から、「手」を「人間そのものを指す語」であったとする。さらに「塩手米」「塩手麦」「山手」「河手」などもあげ、交易・交換と手の関係にも言及する。また保立道久氏は「やれ打つな蠅が手をする……」[29]で、「特定の人的関係が『手』という語素を含む言葉によって表現された」、「『造筆手』『造紙手』など……その本来的語義は、人間自身であった」、そして作手について「いずれにせよ、この言葉が単なる耕作権ではなく、人間自身に強く付着する権利を意味していたことは……『作手』が、人間自身を指称するものであった」と述べる。

事例的に確認すれば、『宇治拾遺物語』巻第八「敏行朝臣の事」に、敏行なる者が生前に起こした不浄の罪で地獄で苛まれ、三井寺の僧に夢中で救済を求めたところ、僧が供養として「手づからみづから」四巻経を書いてあげたという談がある。ここでの「手づからみづから」とは、「自分自身」「みずから」という意である。

このような例は『太平記』巻第二六「芳野炎上事」[30]にもある。この段には、蔵王権現造立の経緯が「役ノ優婆塞ト天暦ノ帝ト、各手自二尊ヲ作副テ、三尊ヲ安置シ奉玉フ」と記され、役行者と村上天皇が「手自」（てづから）二尊を作したとある。ここでの「手自」も「みずから」という意である。[31]

このように「みずから」という意に、「手」という文字が用いられているところから、確かに「手」には本人自身という意が含まれていたことは間違いない。したがって網野・保立両氏の「手」が人格・人間自身を表すという指摘は、正鵠を射たものといえよう(32)。

「手」が上述のように観念されていたとすれば、「手跡」もおのずから理解できる。「手」に文字の意があり、さらにその「手」が人の人格・自身を意味するところから、「手跡」すなわち「手」の「あとかた・あと」とは、自筆した本人の「あとかた・あと」の意、つまり記主自身が文字として紙面に宿ったことを表現したものであったのである。このように「手跡」が記主自身と観念されていたため、「自筆」があえて「手跡」と称されていたのである。

このように「手跡」が観念されていたなら、自筆がなぜ最高の証拠力とされていたかも理解できる。つまり自筆＝「手跡」が本人自身を文字として紙面に宿したものなら、そこに書かれたことは本人が述べたことと同様で、自白・白状とでもいうべきものである。自筆＝最高の証拠力という観念の根拠はここにあったのである。

このように文字に、その記主自身が宿ると観念されていた例として、『古今著聞集』巻七「能書」にみられる空海の額字事件をあげることができる。それは空海が書いた内裏の門の額字を、「美福門は田広、朱雀門は米雀門」と短い詩で嘲けった小野道風が、「やがて中風して、手わななきて手跡も異様なりけり」という状態になった事件である。そのため朝廷は、この額字を修復する際に、担当者に空海像前で祭文を読ませ、空海に修復の許しを乞うたという。

修復するのに、わざわざ空海像に許しを取り付けようとすることは、問題の額字に空海自身が宿っていると認識していたからにほかならず、この例からも、やはり文字には記主が宿るとの観念があったことは首肯されよう。

三　無文字社会のなかの文字――聖なるモノとしての文字――

1　無文字社会の広がり

あまり現代人が持たないような、文字に人格が宿るとの観念が存在するとすれば、中世びとの文字に対する認識も、少しみておく必要もあろう。ここでは瀬田勝哉「神判と検断」[33]、網野善彦「日本の文字社会の特質をめぐって」[34]を参考に考えてみたい。瀬田氏は言霊思想に基づいた宣命などが文字化され、宣命体などになった時、その文字には強い霊力がこもっていたとする。網野氏はさらにそれを発展させ、片仮名の世界が口頭の世界と通じていること、文字が「聖なる世界」につながる記号とした。これら両氏の論考は、多岐にわたり簡単にいいつくせるものではないが、文字に対する当時の認識を考える上で重要な視点を与えてくれる。

また網野氏は、当時文字の普及を「平仮名交りの文書は鎌倉期までも、われわれの予想を大きく上廻る量に達することは間違いないところであり、文字の普及も……十三世紀後半には、侍の下層はもとより、平民百姓の上層まで、すでに及びつつあったと見てよかろう。そして、南北朝期から室町期にかけて、それが爆発的といってもよいほどの増加、普及を見せる」とされ、文字の普及をかなり積極的に評価されている。

網野氏の主張のように文字は広く普及していたと考えられるが、「遺文」をみると、文字が書けないことを示す事例も意外にみられる。その事例の一つとして、①正和四年（一三一五）六月二日「鎮西下知状」と②年月日未詳「白魚行覚申状」を取り上げてみよう[35]。これらは、白魚（青方分家）行覚と峯（松浦）貞との松浦郡小値賀内浦部島所領相論[36]に関するものである。

青方家高《あおかたいえたか》（覚円《がくえん》）—〔白魚《しらい》〕弘高《ひろたか》—時高《ときたか》（行覚《ぎょうかく》）→（相論）← 平戸《ひらど》　松浦直《まつらなをす》—連《つらぬ》—〔峯《みね》〕湛《ただう》—答《こたう》—貞《さだし》

白魚・松浦略系図

①には無沙汰を理由に、湛（貞の祖父）から弘高（行覚の父）が代官を改替され、「捧自筆怠状」たと、貞が主張したのに対し、行覚が「就和漢、弘高不足右筆之間、自筆之段不実也[37]」と反論した箇所がある。その反論では、弘高は「和漢」「不足右筆」とあるが、これを②では「弘高本自不通和漢之間、自筆事不実也」と言い換えているところより、「和漢」「不足右筆」とは、漢字・平仮名が書けない（「不通」[38]）という意であろう。この相論を起こしているのは、著名な松浦党のものたち、いわゆる在地領主クラスのものたちである。つまり在地領主クラスものでさえ、「和漢」に「不通」＝文字を書けない状況にあったということである（書けないということは、読めない可能性も十分考えられる）。

次に元徳三年（一三三一）五月八日「近江儀俄本新両荘下司名田畠等所務契状[39]」をみてみよう。これは、源頼仲が小二郎左衛門尉秀氏跡の下司名田畠の内、半分を秀氏嫡子薬師丸に去渡すことなどを契約したもので、彼は契約を確かなものにするために奥書している。そこには「このてう〳〵さう井なく候、物をゑかゝす候あひた、人にかゝせて候へとも、おくにしひつにてかき候」と、頼仲は「物をゑかゝす」のため、この契状を人に書かせたという。「物をゑか、す」とは、彼が平仮名で奥書している点よりみて、漢字が書けないという意であろう。頼仲は下司の名田などを知行していた点から、在地領主クラスと考えられ、やはりこのクラスの者でも漢字は書けなかったのである。

〈事例7〉『細川両家記』(40)

尹賢（細川）連々讒言申され、香西（元盛）失うべき工み有ける折節、香西が内の物書矢野宗好と言者あり、香西文盲仁にて、常に判紙を十枚廿枚、宗好に渡し置れ書札相調候処に……尹賢、宗好を相頼み、内々知行過分に可遣など、約束にて、かの判紙少々残候を以、澄元（細川）、其外方々へ謀叛企る作状を調

これは細川高国の近臣香西元盛が、政敵細川尹賢の讒言で生害させられた話である。当時の室町幕府の管領細川家は政元の後、養子たちの澄之、澄元、高国が対立していた。

その高国家では元盛と同じく家臣の細川尹賢と対立していた。元盛は「文盲仁」=文字の読み書きができない人のため、「物書矢野宗好」に「判紙」（花押のみを据えた料紙）を常に渡し置き、必要に応じ書札を作成させていた。それに目を付けた尹賢は、宗好を知行分加増で味方に引き込み、宗好に「判紙」を用いさせ、元盛が細川澄元に内通しているような状を作らせたという。香西は讃岐の国人衆で、その彼が「文盲仁」であったのである。つまりこの事例は文字が書けない国人層（在地領主層）の存在を示すものである。

この「判紙」については、橋本政宣氏が「未完文書としての『判紙』について」(41)で、戦国大名上杉謙信や景勝などの「判紙」を紹介し分析している。この研究から戦国当時間違いなく「判紙」が存在していたことは確かで、し

図1　音の世界
稲田草庵の場面。親鸞の話を聴く人々はメモを取っていない。耳学問の社会、無文字社会の一端が垣間見られる（康永本『親鸞聖人伝絵』第三巻、東本願寺蔵）。

たがって事例7は事実とみてよいだろう。

さらに『沙石集』巻第九―四「強盗法師の道心ある事」には、「中比南都に悪僧ありけり、武勇の道をのみ好みて一文不通なりける」と、「一文不通」＝文字の書けない僧侶の存在が確認できる。また室町期の例だが、本願寺八世蓮如が庶民向けに教えを記した「御文」(42)にも、上記と同じ表現で「一文不知の尼・入道なりしといふとも」とあり、依然、室町期に至っても文字を知らない庶民の存在がうかがえる。

鎌倉時代後期の成立と考えられる『親鸞聖人伝絵』(43)（図1）には、笠間の草庵で親鸞が人々に布教している様子が描かれるが、そこでは聴聞する人々がメモをとる様子はみられない。これは親鸞の場合のみではない。同じく鎌倉時代成立の『法然上人絵伝』(44)でも、法然が配流された高砂の浦で布教している場面で、話を聴く人々はメモをとっていない。

現代の我々から考えれば、貴重な話や大切な話はメモをとるのが常識といえるのだが、中世の人々はそうではない。これは文字を書かない世界の当たり前の光景なのであろう。いわば現代では学問は目から入ってくるのに対し、中世では耳から入ってくる「耳学問」の時代であったのであろう。[45] ここから考えるに、文字を持たざる社会では、おそらく記憶が重要な役割を果たしていたと思われる。

これらからみて、中世社会では文字を持たざる世界が大きく広がっていたとみてよかろう。網野善彦氏が、「とくに中世後期になると、越前国江良浦のような海村で『在所』に『いろは』の字を知るものが少ないので、旅の僧を寺庵に置き、浦が養って字を教えさせている」と指摘する箇所がある。[46] 氏の指摘からみると、中世後期になるまで無文字社会が展開し、以後、文字を必要とする時代の到来により、徐々に文字が普及していったと理解できそうである。

この無文字社会については、大隅和雄氏も「僧の姿をしていても、文字の読めないものは、珍しくなかった。中世のほとんどの人は、文字と無縁の暮らしをしていた[47]」と指摘する。

2　聖なるモノとしての文字

網野氏の主張のように、文字の普及は大きく展開していたと考えられるが、みてきたように書けない者の存在も確かである。平仮名は書けるが、漢字は書けない者も多かったのではないか。文字の普及、文字を有する世界は広がりつつ、一方では文字を持たざる世界もやはり存在していたであろう。文字を持たざる世界が存在して初めて、文字が「『聖なる世界』につながる大切な記号として」受けとめられた[48]のではないだろうか。したがって中世においては、文字はやはり「聖なるモノ」と認識されていたと考えてもよかろう。

当時、文字には何か不思議な力がある（「聖なるモノ」）と考えられていた事例を示してみよう。事例8は中原康富が「多武峯御告文清書」を申し付けられ、世尊寺行賢より「書様口伝」された記事、事例9は本願寺八世蓮如筆名号が焼けた時の話である。

〈事例8〉『康富記』嘉吉二年（一四四二）一〇月九日条

不吉之字ハ墨を薄く細く可書也、吉字ハ墨黒に可書之、仮令不吉字者、火災、禍難、灰燼、死、兵乱、病、此等之類也、吉字は福徳、寿命などの字類也、命などの字は分よりも長く可書也

ここにみられるように、文字には吉と不吉があり、吉の場合は墨を濃くして書し、不吉はその逆に薄く細く書せとある（このような行為は現在でも行われている）。これは文字を薄く細くすることで、その不吉なことの現実化を防ごうとしたものにほかならず、また「命」を「分」より長く書くとは、「命」を長い形で書くことで長生きできると考えたからに違いない。したがってこの事例は、書くことで吉・不吉となったり、長寿が現実化すると考える、つまり文字が現実化するとの観念の存在を示すものである[49]。

〈事例9〉「蓮如上人一語記」一〇条[50]

法敬坊、上人《蓮如》へ申サレ候、アソハサレ候御名号焼申候ガ、六体ノ仏ニナリ玉ヒ申候、不思議ナル御事ト申サレ候、前々住上人、其トキオホセラレ候、ソレハ不思議ニテモナシ、仏ノ仏ニ御ナリ候ハ、不思議ニテモナク候

文字である名号（南無阿弥陀の六字名号）が焼け、六体の仏体と変化したこの事例は、名号が単なる文字ではなく、文字一つ一つが仏体であると観念されていたことを物語っている。これは文字を「聖なるモノ」ととらえた好例で、「ソレハ不思議ニテモナシ、仏ノ仏ニ御ナリ侯」（＝文字であった仏が仏体になっただけで、文字でも他の形でも仏は仏、不思議ではない）の一文は、その観念をよく示している[51]。

また日蓮が書状[52]などで、「法華経を読奉り候なは、御経の文字は六万九千三百八十四字、一一の文字は皆金色の仏也」や「妙の文字は、花のこのみとなるかことく、半月の満月となるかことく、変して仏とならせ給文字也……此妙字は、仏にておはし候也」と主張する、文字＝仏の思想も上記と同観念と位置づけることができよう。

また細川頼有が後小松天皇より受けたと伝える、著名な「錦の御旗」には、赤地の錦の布上に丸い日、その下の向かって左側「八幡大菩薩[53]」、右側「天照皇太神」の神号が金箔で箔押されている。錦の布上に箔押された神号は、単なる文字ではなく、当然それ自体神と考えられていたはずである。つまり錦の布の上に神が来臨しているということである。これも文字自体が不思議な力を有すという事例であろう。これは起請文の罰文に記される神仏が文字でありながら、紙面に神仏が来臨しているとの観念の存在を考えれば、理解できるであろう。

このように中世びとにとって文字が「聖なるモノ」として認識されていたとすれば、「文字には人格が宿る」という観念が存在していても何ら不思議ではない。このような観念は、おそらく前記のような文字観を背景に成立したのだろう。

おわりに

以上、考察してきた自筆について明らかとなった諸点をまとめておこう。現在でも自筆には証拠力があると考えられているが、鎌倉期の例からわかるように、少なくともその観念は中世にまで遡るものであった。特に訴訟においては、まず自筆か否かが問題とされていた。これは自筆を最高の証拠力とする考えを示すものであった（自筆主義）。

この自筆は史料上多くは「手跡」と記されていた。つまり中世において自筆とは「手」の「あと」であった。そこで「手」に注目し、中世での「手」の意味を考えれば、「手」には文字の意があり、この点で「手跡」は文字の「あと」だが、さらにこの「手」には人格・人間自身をシンボリックに表していたのであり、この点から「手跡」とは、記主自身の「あと」という意であった。

つまり中世において自筆＝「手跡」は、本人自身が文字として紙面に宿っているとの観念を表現していたのであり、まさに本人自身であり、自白・白状なのであった。したがって自筆を証拠力とする根源は、自筆＝本人自身との観念にあったのである。

最後に「手」といえば、すぐに想起される手印の文書について言及しておこう。これは墨・朱を塗った掌を文書上に押しつけた手形で、後白河法皇・後鳥羽上皇・後醍醐天皇（図2）・鑁阿などの手印の文書など、著名なものが多い。(54)この手印は「強烈な信念の吐露をあらわす(55)」とされているが、なぜ手印が「強烈な信念」の吐露なのかは、従来必ずしも明確な説明がなされてきたわけではない。そこで本章で指摘した「手」＝人格との点からみれば、文

図2　後醍醐天皇手跡
強烈な信念を表わす手跡。そこには本人自身が宿る（四天王寺蔵）。

書に「手」の形を残すことは、その人自身を文書に宿す行為と理解できる。つまり手印の文書が「強烈な信念」を表すといわれるのは、記主自身が文書に宿るという観念を背景にしているのであろう。

「はじめに」で述べた、年賀状の差出人の一筆や修士論文での自筆重視は、私たちが自筆に何となく本人自身や証拠力を感じていることを示すものと指摘したが、これは自筆＝「手跡」＝本人自身が紙面に宿る、という独自な中世的観念を背景に成立していたものであった。ただ私たちは、紙面に本人が宿るとの観念はほとんど持ってはいない。にもかかわらず現在でも自筆に本人自身や証拠力と感じるのは、時を経るにつれ、「手跡」における「手」（＝人格）の意味が失われ、その成立背景を失いながらも、本人自身や証拠力という観念のみが現在に残ってしまったためと考えられる。この変化の過程は「手跡」より筆跡への過程であり、「手跡」＝自筆に人格が宿るという中世的観念から、それを単なる記号（文字）としてみる現在の観念への歴史的転換を示すものではなかろうか。

註

（1）自筆に関する研究は、まず相田二郎『日本の古文書』上巻（岩波書店、一九四九年）があげられる。そこで氏は香宗我部重通が他筆で作成した譲状に、彼が後日の証拠のため、奥に自筆の誡文を付記した点に言及し、「自筆を染めることが証拠力を持つと考へてゐたからである」（六二頁）と述べ、自筆を証拠力として位置づけている。佐藤進一『古文書学入門』（法政大学出版局、一九七一年）でも、自筆の付年号について、「後の証拠として自筆で付年号を書き加え、その旨を、これまた自筆で追而書に記した」（二五八頁）と、自筆と証拠の関係を指摘している。また日本歴史学会編『概説古文書学』古代・中世編（吉川弘文館、一九八三年）の「証文類」で、担当執筆者勝俣鎮夫氏は、譲渡者が作成する譲状に証文としての証拠力を最大限に持たすための手段として、「譲渡者本人の自筆の譲状が作成された。譲状の文面にわざわざ自筆の譲状であることを明記したり、また部分的にでも後の証拠のため自筆を加えた譲状がみられる」（一八八頁）と述べている。

（2）黒板勝美『虚心文集』第六（吉川弘文館、一九四〇年）、久米邦武『久米邦武歴史著作集』第四巻（吉川弘文館、一九八九年）参照。

（3）この点については、岩井忠熊「日本近代史学の形成」（『岩波講座　日本歴史』別巻一、岩波書店、一九六三年）。

（4）黒板註2前掲書一六頁。

（5）高橋正彦「古文書学誕生のころ」（『日本古文書学論集』総論Ⅰ、吉川弘文館、一九八六年）。

（6）これは黒板の「様式は古文書に於ける骨格」という表現にも表れている（註2前掲書、一二頁）。様式論の最たる研究は相田註1前掲書上下（岩波書店、一九四九・一九五四年）であるが、日本歴史学会編註1前掲書「序説」（瀬野精一郎執筆）では、「あまりに細分化された様式分類が、古文書の相互関連により発生する機能を見失わせる」と批判もなされている。

（7）上島有氏の一連の研究や佐藤註1前掲書参照。

（8）この点を阿部謹也氏は『中世の星の下で』（ちくま文庫、筑摩書房、一九八六年）で、市民階級がヨーロッパの近代化過程で「理知的・合理的認識」を武器に非合理を批判し、世界を合理的にとらえようとした反面、「メルヘンや迷信の世界は市民がそこから自己を解放した否定されるべき世界として、市民の学問の視野の背後にひっそりと残されていた。また身振りや手振りと労働の喜びの世界も……非合理的な世界として無視され」た（三三一・三三二頁）と、切り捨てられた世界の研究の必要性を指摘する。古文書を取り巻く観念・慣習などを取り上げた研究がまったくなかったわけではない。あげておけば、笠松宏至「『日付のない訴陳状』考」(『日本中世法史論』、東京大学出版会、一九七九年)、千々和到「『誓約の場』の再発見」(『日本歴史』四二二、一九八三年)、西谷地晴美「中世的土地所有をめぐる文書主義と法慣習」(『日本史研究』三三〇、一九八九年)、上杉和彦「中世の文書をめぐる意識と行動」(『遥かなる中世』一〇、一九八九年)、菅野文夫「本券と手継」(『日本史研究』二八四、一九八六年)、網野善彦「日本の文字社会の特質をめぐって」(『列島の文化史』五、一九八八年)、保立道久「絵巻に描かれた文書」(五味文彦ほか編『絵巻に中世を読む』、吉川弘文館、一九九五年)などがある。

(9)　例えば、樺山紘一氏は『歴史学事典』二「身体観」項(弘文堂、一九九四年)で、「身体観の歴史的考察は……より総合的で比較的な視点をもうけ、広範な議論をよびおこす必要があろう」と、身体観研究の必要性を説く。また荻野美穂氏は「身体史の射程」(『日本史研究』三六六、一九九三年)で、身体は「社会的、文化的構築物である」「『正統な』歴史研究のテーマとして取り上げる」べきと、その研究の必要性を主張する。

(10)　『鎌倉幕府裁許状集』上No.九七(以下、『裁許状集』と略す。またNo.～は、同資料集の史料番号を示す)。

(11)　『裁許状集』No.一一四。

(12)　新潮日本古典集成、新潮社、一九八三年。

(13)　例えば、『鎌倉遺文』史料番号三〇三二一(以下本文・註とも『遺文』史料番号と略す)嘉暦三年(一三二八)七月二三日「関東下知状」は、熊谷直満の遺領をめぐり、その子直経と継母真継(代理人了心)との相論に対し下された鎌倉幕府の裁許状であるが、この訴訟での争点も直満状が自筆か否かであった。

(14)　註13の熊谷直経の場合、幕府は「可被校合彼判之由、直経申之間、比校之処、筆勢・点画相違畢」と花押を「比校」し判定している。やはり幕府の判定方法は「比校」であった。その他「比校」の例は、『遺文』一七四八〇・一九一九六、『裁許状集』No.一四二・一八六・二〇七があげられる。

(15)　『裁許状集』No.一八六　正応四年(一二九一)六月八日「鎌倉幕府裁許状」。

(16)　註13の熊谷直経の場合も、幕府が花押を比校した際の基準は「筆勢・点画」で、やはり筆勢がその内の一つとなっている。つまり当時の判断基準の一つは「筆勢」であったことがわかる。

(17)　『遺文』二四二二六。

(18)『遺文』三〇九七七。
(19)『新訂増補 国史大系』。
(20)東洋文庫四二四、平凡社、一九八三年。
(21)『古事類苑』文学部三、三九「書」。
(22)『遺文』三三二一四。
(23)日本古典文学全集一二、小学館、一九七〇年。
(24)日本古典文学全集二〇、小学館、一九七四年。
(25)これ以外の例は『宇治拾遺物語』巻第一四―四「魚養の事」(日本古典文学全集二八、小学館、一九七三年)に、文字を上手に書いたことを「手をめでたく書きけり」と表現している箇所がある。
(26)『法制史論集』第二巻、岩波書店、一九三八年。
(27)これについては、中田薫「『コムメンダチオ』と名簿捧呈の式」(『法制史論集』第三巻下、岩波書店、一九四三年)参照。
(28)網野善彦ほか編『中世の罪と罰』、東京大学出版会、一九八三年。
(29)『中世の愛と従属』、平凡社、一九八六年。
(30)日本古典文学大系三六、岩波書店、一九六二年。
(31)これ以外の例は『古今著聞集』巻第一一「蹴鞠」、『沙石集』巻第二―六「地蔵菩薩種々利益の事」(岩波文庫、岩波書店、一九四三年)などにもみられる。
(32)「手」＝人格の観念については、阿部謹也『甦える中世ヨーロッパ』(日本エディタースクール、一九八七年)一二一頁、池上俊一『歴史としての身体』(柏書房、一九九二年)一〇三頁、樺山紘一『歴史のなかのからだ』(筑摩書房、一九八七年)六九頁など、中世ヨーロッパ社会史研究で多く言及されている。つまり「手」＝人格を表すという観念は、洋の東西を問わないということである。
(33)朝尾直弘ほか編『日本の社会史』五、岩波書店、一九八七年。
(34)網野註8前掲論文。

(35)　①②は、順に『遺文』二五五二七・二五五三〇。
(36)　これらについては、瀬野精一郎「肥前国御家人白魚九郎入道行覚に就いて」(『九州史学』創刊号、一九六五年)、網野善彦「青方氏と下松浦党一揆」(『歴史学研究』二五四、一九六一年)など参照。
(37)　『遺文』二五五二八 正和四年六月二日「鎮西下知状案」では、同箇所を「わかんにつきて、ひろたかいうひつにたらさるあひた、しひつのたん、ふしち」と平仮名で記している。したがって当時、当該箇所は上記のように読まれたのであろう。
(38)　この場合「右筆」とは、高い身分の人の代筆の「右筆」でなく、「筆を執って書く」(小学館『日本国語大辞典』「右筆」項)という意である。
(39)　『遺文』三一四二四。
(40)　『群書類従』巻第三八〇。
(41)　『古文書研究』一一号、一九七七年。
(42)　金沢市二俣本泉寺所蔵。本文書は、千葉乗隆ほか編『蓮如上人御文』(同朋舎出版、一九八二年)に写真版で収録されている。
(43)　真宗史料刊行会編『大系真宗史料』特別巻 絵巻と絵詞、法藏館、二〇〇六年。
(44)　小松茂美編、続日本絵巻大成二、中央公論社、一九八一年。知恩院所蔵。
(46)　網野善彦『「日本」とは何か』、講談社、二〇〇〇年、二三四頁。
(47)　『〈日本の中世2〉信心の世界、遁世者の心』、中央公論新社、二〇〇二年、二五二頁。
(48)　参考までに、宮本常一氏が『家郷の訓』(岩波文庫、岩波書店、一九八四年)の「母親の躾」で、自分の祖父・母親の思い出などを回想しつつ、文字について言及した箇所がある。そこには「文字を持たざる世界にあって文字はこの上なく尊いもの」「昔の人は文字には絶対真理が含まれているものと考えた」「祖父は私に文字のかかれてある紙で絶対に鼻をかんではならぬ、また尻をふいてはならぬと戒めた」などとあり、宮本氏が子どもの頃までは、依然文字が尊いものと認識されていたことをよく伝えている。
(49)　「命」を「分」より長く書けとは、当然、墨書した場合の「命」の字を指している。つまり「命」を長く書くとは、墨書した終筆部分を、次のように下に長く引き延ばせということであろう。①②が通常の「分・命」のくずし字、③が終筆を長くした「命」。

① ② ③

(50)『真宗史料集成』第二巻、同朋舎出版、一九七七年。
(51)この子細は、拙稿「仏像の焼失」(『歴史学研究』六七五、一九九五年、本書第Ⅱ部第一章)参照。
(52)『遺文』一二〇〇五　建治元年(一二七五)八月日「日蓮書状」・一三九五一　弘安三年(一二八〇)五月四日「日蓮書状」。
(53)錦の御旗に関しては、伊東正子「中世の御旗」(『歴史評論』四九七、一九九一年)参照。
(54)手印については、相田註1前掲書八三七頁、佐藤註1前掲書二三三頁、中村直勝『日本古文書学』下(角川書店、一九七七年)六〇四〜六一八頁に詳しい。
(55)佐藤註1前掲書二三三頁。

第二章　頸に懸けるモノ――「守」をめぐって――

はじめに

保立道久氏は「絵巻に描かれた文書」[1]で、頸に文書を懸ける風習から、文書のフェティシズム（呪物崇拝）に触れ、「護符や『守り』の問題を宗教意識・民俗意識の問題として捉えるのみでなく、社会一般に浸透している文字・文書へのフェティシズム、あたかも文書自身が社会的力を持っているかのような関係の特殊な現象形態としても捉えていく必要がある」と、問題提起をされた。

氏は文書のみを問題とされたが、頸に懸けるモノはそれだけではなく、後述の遺骨・本尊・守（いわゆるお守〈護〉り）[2]などがある（表1）。文書を含め、これらが頸に懸けられていることは、そこに何かの共通性があるのだろう。

そこで本章では氏の問題提起を受けつつ、それをさらに進め、中世ではいかなるモノが頸に懸けられていたのか、また頸で結ばれたこれら懸けられたモノは、いったいどのような性格であったのか、そして中世の「頸」とは何であったのかを考察してみたい。

現代人とは異なり中世びとは身体をあまり理解しておらず、そこに神秘性を感ずるという、中世独自な理解が成立していたはずである。頸に懸けられたモノ、懸ける行為を分析すれば、おのずから中世の頸に対する理解も明確になるものと考える。したがって本章は「頸」をキーワードにした中世の身体観の一考察である。

身体観に関する研究は、千々和到「中世民衆の意識と行動」[3]「『誓約の場』の再発見」[4]「中世民衆的世界の秩序と抵抗」[5]での五官の問題、黒田日出男「中世民衆の皮膚感覚と恐怖」[6]で毛穴、皮膚感覚の問題、また「こもる・つつむ・かくす」[7]での王の身体などがあるが、始まったばかりとみて大過ない。中世びとが自身の身体をいかに認識・意識していたかを明らかにすることは、中世の世界観を知る上で重要な研究テーマである。

なお本研究に関連する先行研究には福田博美「守袋の変遷」、高橋秀榮「『頸に懸ける』考」がある。両研究は概説的研究であるが、収集資料や視点は拝聴すべきものがある。本研究には大変参考となった[8]。

またこのような問題にアプローチするには、多面的に資料を取り上げる必要がある。そこで本章では、従来よく利用される古文書・日記などに加え、宗教関係資料や物語などの文学作品を積極的に取り上げた。むろん宗教関係資料などには、ある程度の誇張や粉飾など、一定のリスクは当然予想される。しかしそこには当時の人々の意識・認識・慣習などが反映・投影されていることは間違いない。したがってこれらに注意を払い検討すれば、上記資料はこの分野の研究に有益なものとなろう[9]。

一　頸に懸けるモノ

1　概観

頸に懸けるモノを、管見の範囲で中世初期〜戦国期の資料より収集し整理一覧化したものが表1である。同表には「頸に懸ける」と資料上表現されているモノ、またはそう判断できるモノのみを掲載した[11]。これらの事例がすべてではないが、一応の傾向を読みとることは可能であろう。収集した諸事例は、文書系・遺骨系・本尊系・その他に大別できる。これらは頸を接点に何らかの共通性があると思われる。

以下、表1より全体的傾向をみていこう。まず「頸に懸ける者」項からである。通覧すれば、頸に前記のモノを懸けている者は、「帝」(天皇)から在地の住人クラスの「紀四郎泰成」など、公家・武家・寺家、女性、子どもなどの諸身分に至るまで、広範囲であることがわかる。これはこの習俗が広範囲であることを示している。また頸に懸ける行為を掲載する資料が、日記や諸物語・軍記物・御伽草子など、広範囲にみえることもそれを裏づけている。

次に懸けるモノ自体をみてみよう。文書系では大部分が宣旨・院宣などの天皇関係文書である。これは資料収集の仕方も多少影響しているかもしれないが、文書系の一つの特徴ではないだろうか。絵巻の『石山寺縁起』巻五[12]にも、東国の武士が頸に懸けていた安堵の院宣を川に落とした場面がある。このように絵巻に描かれることは、当時この行為が比較的なされていたことを物語っている。

遺骨系は、天皇や公家という身分の高い人の遺骨が多いが、在地の住人と思われる藤九郎守綱が父阿仏房の遺骨(舎利)を頸に懸け身延山に納骨した例や、本願寺九世実如の遺骨を越中国の女性が、そして父敦盛の遺骨を小敦盛が、また鬼界が島で没した俊寛の遺骨を有王が各頸に懸けた事例など、名もない女性や子どもが懸ける事例もある。したがって頸に懸ける遺骨は、多様な身分の人々の遺骨であり、懸ける者も限定されないようである。この習俗の広がりは、荼毘・納骨などとの展開とのかかわりが大きいだろう[13]。

事例最多の本尊系で注目すべきは、資料上「守」(蓮の実・三笠山の松の枝)として記載されている点、また守の機能をしているモノ(経)が多い点である。おそらく本尊や名号を頸に懸けている場合は「守」である可能性が高

図3　懸守1
四天王寺に伝来する七つのうちの一つ。平安後期作、国宝。檜材で胎地を作り各種の錦で包む。上部両端に銀製金具を鋲留めにして、ヒモが付けられるようにしてある。頸に懸け膚の守としたもの（四天王寺蔵）。

いと思われる。これは民衆への仏教信仰の広がりと深く関係しているであろう。大阪四天王寺には平安後期の作とされる、錦の生地で包まれた木製懸守が七つ所蔵されている（図3）[14]。この懸守の実例からも、古くから守は頸に懸けるモノであったといえよう。さらにこれを裏づけるように、絵巻でも数多く頸に懸守を懸ける事例が確認できる（図4・5）。

『大鏡』中「太政大臣兼通」に「御文を、守のやうに首にかけて」と表現する箇所がある。「守のやうに首にかけ」から守が古くから頸に懸けるモノであったことがわかる[15]。また絵巻に懸守が広範に確認できることは、懸守の習俗の広がりを直接示す証左である。絵巻をみる限り、懸守が女性に多いのも何か理由があるのかもしれない。次に各系を詳細にみて、その特徴をとらえてみたい。

2　文書系をめぐって

〈事例1〉　建治二年（一二七六）一〇月一〇日「賀茂氏久置文写」[16]

後鳥羽法皇御宸筆の御書四通之内……家の重宝……この御書みまいらせん時は、手口をあらひ、白衣ならすして見まいらすへき也……この御書ハ、文蔵に納めおく家要撰第一櫃のうちに、あかうるしの小櫃に、黄地の錦

図４　懸守２
顔を覆う女性の胸元に懸守がみえる。懸守には色が着いており、錦で覆われていると思われる（『法然上人絵伝』巻九、知恩院蔵）。

図５　懸守３
幼い子どもの胸元に懸守がみえる。着色された懸守の絵から、錦で覆われていると思われる（『北野天神縁起』〔承久本〕巻二、北野天満宮蔵）。

袋にいれまいらせたる也

ここでは天皇関係文書が当時いかに認識されていたかを考えていこう。事例1は後鳥羽法皇御宸筆御書の取り扱いについて申し置いた賀茂氏久の置文である。そこには御書をみる時は、手口を洗い白い衣を着せとある。[17]

〈事例2〉『平家物語』巻第五「福原院宣」[18]

法皇やがて院宣をこそくだされけれ、聖（文覚）これをくびにかけ、又三日といふに伊豆国へくだりつく……兵衛佐（源頼朝）、院宣ときくかたじけなさに、手水うがひをして、あたらしき烏帽子、浄衣着て、院宣を三度拝して、ひらかれたり

事例2は源頼朝が勅勘赦免の院宣を受けた時の話である。彼は院宣をみる時、手を洗いうがいをし、さらに「浄衣」（白色の衣服）を着したという。この行為は事例1の法皇御書をみる時と同様であることがわかろう。手・口を洗う[19]や浄衣[20]・白衣を着す行為は、身の清浄を保つ行為であることは明らかである。つまりこのようにしてみる文書とは、最も清浄な文書と意識されていたといえるだろう。

〈事例3〉『中右記』永久二年（一一一四）正月一六日条

入宸筆宣命袋、以生白絹、以清浄女令縫、路間入宣命懸我頸也

事例3は、藤原宗忠が伊勢公卿勅使に任命された時、宣命の扱いを受けた記事である。宸筆宣命を入れる袋に注目すれば、その袋は「生白絹」（白色系）で「清浄女令縫」（清浄な女性に縫わしたもの）であった。宣命を入れる袋が白色系は、先の「白衣」などにつながり、清浄な女性による製作は袋自体を清浄に保つためであろう。つまり宣命自体が清浄な文書であるということである(21)。

身を清め清浄を保ち扱う行為から、院宣などの天皇関係文書は聖なるモノと意識されていたと考えてよい。ではその聖なるモノとは何か。足利尊氏出家の動きに、弟直義などが「敵ノ膚ノ守リニ入テ候シ綸旨」として、偽綸旨を作り、翻意を促す話が『太平記』巻第一四「矢矧、鷺坂、手超河原闘事」にみえる。また同記巻二〇「義貞自害事」に新田義貞が藤島の戦いで討ち死にした時、義貞の「ハダニ懸テ候ツル護リ」（これは「金襴ノ守」「膚ノ守」とも称されている）のことが記載され、その守を開くと「吉野ノ帝ノ御宸筆」（綸旨か）があったという(22)。

ここで注目すべきは、「膚ノ守」（おそらく袋）のなかに綸旨が入れられていた点である。普通、守には御神体というべきモノ（例えば、護符・護札）が入っている。この場合、綸旨が「膚ノ守」の御神体として入れられていた可能性が高い。むろん本来の御神体が入っている「膚ノ守」に、綸旨を入れた可能性も否定はできない。次の事例はこの点を明らかにするものである。

〈事例4〉『平家物語』巻第五「福原院宣」

此（勅勘赦免の）院宣をば、錦の袋にいれて、石橋山の合戦の時も、兵衛佐殿（頼朝）、頸にかけられたりけるとかや

これは源頼朝が石橋山の合戦に、勅勘赦免の院宣を錦袋に入れ頸に懸け出陣した話である。なぜ頼朝は院宣をこ

のようにして出陣したのか。これは院宣を守として頸に懸けて出陣したと解釈するのが自然であろう。つまりこの場合、錦袋が先の「膺ノ守」の袋で、院宣が守の御神体である。したがって前述の綸旨も、このように守の御神体として入れられたと考えるべきであろう。

『愚管抄』第五に源義経が都落ちする際に、「ハカ〴〵シク勢モナクテ、宣旨ヲ頸ニカケ(23)」という一文があるが、宣旨を頸に懸けたことも、頼朝の院宣と同じく守の機能と思われる。

これらからみて綸旨・院宣＝天皇関係文書は、古文書学的にいう安堵などの機能だけではなく、守（護符）という呪力的、宗教的機能を有していたようである。(24)

〈事例5〉『太平記』巻第一「資朝・俊基、関東下向事付御告文事(25)」

（斉藤）利行、俄ニ眩、衄タリケレバ、読ハテズシテ退出ス、其日ヨリ喉下ニ悪瘡出テ……血ヲ吐テ死ニケリ

……君臣上下ノ礼違則ハ、サスガ仏神ノ罰モ有ケリ

事例5は正中の変に際し、後醍醐天皇が弁解した「告文」を開封した、鎌倉幕府方斉藤利行が死去した話である。「告文」の開封と「仏神ノ罰」というように、ここにも天皇関係文書の呪力が意識されている。

また鎌倉幕府は義経をかくまった咎で勧修坊の強行捕縛を計画。そのために宣旨発給を要請、それを聞いた勧修坊は「上古は宣旨と申しければ、枯れたる草木も花咲き実なり、空飛ぶ翼も落ちけるとこそ承り伝へし」と、往古の宣旨の力を引き合いに出し、現在の行為の不当さを訴えた話がある。(26)この宣旨の力に対する表現は誇張もあるが、一面では他の文書に比して宣旨が独自な力（呪力）を有す、という意識が背景にある表現ではなかろうか。(27)

以上からみて中世びとは、天皇関係文書に呪力の存在を感じていたと考えてよかろう。またその呪力に期待して、守としても機能していたのである。天皇関係文書による安堵や命令の機能の源泉は、呪力、フェティシズムにあるのではなかろうか。

3　遺骨系をめぐって

次に遺骨に対する意識などを探っていこう。平安後期頃より浄土教の浸透とともに、遺骨尊重がなされるようになるという。例えば、遺体上への堂建立（いわゆる墳墓堂、中尊寺金色堂ほか）、火葬骨埋葬と卒塔婆の建立、また高野山への納骨などは、その現われであるという[28]。このように平安後期から、遺骨に対する独自な意識が形成されつつあった。これがやがて遺骨に対する信仰へつながってゆくものと思われる。

〈事例6〉『慕帰絵詞』巻第一〇第二段[29]

遺骸を拾へりしに、葬するところの白骨、一々に玉と成りて仏舎利のことく五色に分衛す、これをみる人は、親疎ともに渇仰して信伏し、これを聞人ハ、都鄙みな乞取て安置す

〈事例7〉「空善記[30]」

御拾骨の事は……御上様（本願寺九世実如）御取骨めされ候て、後人々火屋へ入候て取候間、はい（灰）をも、土をもほりとり候て、国々へ帰候也

事例6は観応二年（一三五一）正月二四日の本願寺三世覚如の荼毘の、事例7は明応八年（一四九九）三月二六日の本願寺八世蓮如の荼毘の記述である。事例6は覚如の白骨が玉となり仏舎利と意識され、さらに人々が遺骨を渇仰（仏徳を深く信じる）し信伏（服従する）して安置したと伝える。事例7の蓮如の場合、人々は遺骨のみでなく、灰やその土まで持ち帰ったという。ここには遺骨への強い信仰がうかがえる。

真宗高田派本山三重県津市専修寺には、親鸞の遺骨が所蔵されている。その遺骨は鎌倉期の作という巾着風の錦袋に納められており、その外包紙と思われる料紙には、「鸞聖人御骨　顕智ノ御マホリ」と親鸞直弟顕智の筆跡で墨書されている（図6）[31]。この墨書により、顕智が親鸞遺骨を守の御神体としていたことがわかる。親鸞遺骨が信仰され、さらにそれが守として使用されていたことは、遺骨が一種の呪力を持つものと意識されていたことを物語っている。

真宗の例をもう一例あげよう。実如の遺骨をもらった、越中国の志の深い女性がいた。彼女は「越前ノ州五本ト云所」まで下ったが、この地域は真宗信仰がまったくなかった。そこで彼女はその遺骨を分骨したところ、遺骨が光る奇瑞が起こり、結果この地域はすべて真宗門徒になったという[32]。この事例は、人々の信仰を結集させる方法としての遺骨の役割をよく物語っている。

〈事例8〉『太平記』巻第七「先帝船上臨幸事[33]」

主上船底ヨリ御出有テ、膚ノ御護ヨリ、仏舎利ヲ一粒取出サセ給テ　御畳紙ニ乗セテ、波ノ上ニゾ浮ラレケル、龍神是ニ納受ヤシタリケン

もう一例あげてみよう。事例8は後醍醐天皇が隠岐から脱出する際、船への風向きを良くするため、天皇が「膚ノ御護ヨリ、仏舎利」を取り出した話である。ここから「膚ノ御護」に「仏舎利」が御神体として納められており、遺骨が信仰の対象として、その呪力への期待が読み取れる。(34)これらからみる限り、遺骨は信仰の対象・呪力を持つモノと意識されていたと考えてよかろう。

図6　遺骨と錦
親鸞遺骨の外包紙とそれを納めた錦の包袋。包紙・包袋とも鎌倉時代のもの。直弟顕智が包紙に「御マホリ」と墨書。遺骨が「守」であったことを示す希有の事例（専修寺蔵）。

ではその骨とはどの部分なのか。室町・戦国期の拾骨をあげてみよう。永正一五年（一五一八）九月五日蓮如妻蓮能の拾骨の際には「首骨ヲ拾フ」「首骨ノ桶」（「蓮能葬中陰記」）、天文一九年（一五五〇）八月二四日蓮如子息蓮淳拾骨では「首骨ハ三位、恵光寺両人ヒロウ」（「蓮淳葬送中陰記」）、天文二〇年（一五五一）閏正月二〇日蓮如息実孝拾骨では「首骨ヲ机ノ香呂ノサキニ置」（「実孝中陰記」(35)）、永禄七年（一五六四）六月五日、蓮如息実従拾骨では「首骨ヲヒロヒテ桶ニ入」（「順興寺実従葬礼幷中陰記」(36)）と、各記述されている。

少例だが、これらをみると、拾骨は「首骨」が基本といえそうである。あえて「首骨」を拾骨することは、「首」に何らかの意味があったと考えるべきであろう。中世ではすでに喉仏を本山などへ納骨する風習があったというが、(37)この「首骨」はこの喉仏ではなかろうか。いずれにしても首骨には、何らかの特別な意味があったことは間違いない。

以上、遺骨は尊重され、それは呪力や守の機能をも有して、信仰を喚起させるものであった。特に「首骨」の拾骨には、頸自体に身体的に特別な意味があったことをうかがわせるものである。

4　本尊系をめぐって

〈事例9〉『明徳記』[38]上

柿屋モ滑良モ諸共、弥陀ノ名号ト阿字（種字）本来ノマンダラトヲ、錦ノ袋ニ入テ、頸ニ懸

〈事例10〉「観心本尊抄[39]」

一念三千を識らざる者に、仏、大慈悲を起して、五字（妙法蓮華経＝曼荼羅）の内に此の珠を裹み、末代幼稚の頸に懸けさしめたまふ

〈事例11〉「横笛草子[40]」

（滝口）とるものもとりあへず、本尊を頸にかけ

次に本尊系を分析してみたい。まず本尊関係をみてみよう。事例9のごとく名号・曼荼羅を頸に懸けている事例や、事例10の曼荼羅に珠を裹み頸に懸ける行為も確認できる。また事例11のように、滝口時頼が投身した横笛の元に駆け付ける場面でも、彼は本尊を頸に懸けている。それでは名号など、本尊に関するモノが頸に懸けられるのは、いかなる意味があったのか。

〈事例12〉（文永一二年）二月一六日「新尼御前返事(41)」
此五字《妙法蓮華経》の大曼荼羅を身に帯し心に存せば、諸王は国を扶け、万民は難をのがれん

〈事例13〉（建治元年）八月二五日「妙心尼御前御返事(42)」
をさなき人の御ために、御まぼりさづけまいらせ候……このまんだらを身にたもちぬれば、一切の仏・神等のあつまりまぼり、昼夜にかげのごとくまぼらせ給法にて候

事例12で日蓮は「大曼荼羅」を「身に帯」せば、諸王は国を扶け、万民は難をのがれるといい、事例13では「まんだら」を「まぼり」（守）とし、一切の仏・神などが集まるといっている。事例12と13の曼荼羅は両方とも同じ意味で用いられていると思われ、つまりこれらの曼荼羅は守であったのである。特に「身に帯」「身にたも」つ表現から「膚ノ守」というものであろう。また「身に帯」などは事例9・10からみて、おそらく頸に懸ける行為をさすとみてよかろう。これらから頸に懸けた名号などは、それらの本来の機能（礼拝など）ではなく、守の機能を果たしていたといえる。

義経が北の方を稚児姿にさせて落ちる時に、彼女に「紺地の錦の袋に、法華経を入れて懸けさせ給ふ(43)」というように、経も頸に懸けられるモノであった。経を頸に懸けるとは、どのような意味があるのか。

これにヒントを与えてくれる話が、『宇治拾遺物語』巻第一〇―一〇「海賊発心出家の事(44)」にある。これは「経袋首にかけて」いた「ひはづなる僧」が舟をおそった海賊により、海に投げ込まれたが、僧はこの経のおかげで沈まなかったという話である。経のおかげで沈まなかったことから、この場合、経自体が読経などの本来の機能では

ない、守の機能を果たしていたことになる。

〈事例14〉『太平記』巻第三「赤坂城軍事[45]」

正成ガ年来信ジテ、奉読観音経ヲ入タリケル膚ノ守ニ、矢当テ……矢崎留リケルコソ不思議ナレ

これは楠木正成が「膚ノ守」に入れた観音経に矢が当たり、矢先が身体にとどかず命拾いをした話である。この事例は明らかに経が守の機能をしていたことを示すものである。

これらの事例は経が本来の機能と異なった、守の機能を有していたことを示す。先の義経の北の方が法華経を頸に懸けたことも、義経をかくまった咎で、鎌倉へ勧修坊が召された時に、法然が「紺地錦の経袋より、一巻の法華経を取り出たし、勧修坊に参らせ給ふ[46]」という、袋入りの経もおそらく守として機能する経であったのであろう。

以上の事例から本尊・経自体が、本来の機能と異なり、守の機能として頸に懸けられていたことがわかろう。とすれば、上述の天皇関係文書・遺骨・本尊などは守としての機能を有する点で一致している。したがって次に考えるべきは、中世の守とは何かという問題が浮上する。

二　守について

1　守袋には何が入っているのか

〈事例15〉『愚秘抄』鵜末[47]

帝王御即位の時、御笠山の松の枝をとりて、長さ五寸……にけづりて、是に御まもりを書きて朱にて書く也、御頸にかけさせまゐらせて、御即位はて丶後……高き山にうづみ納む

事例15は歌論書で「おがたまの木」について述べた箇所である。ここには天皇が即位の際に「御まもり」を頸に懸けたことがみられる。このように守が頸に懸けられていたかをまず確認しておこう。

資料から守の事例を集め整理した表2の「頸に懸ける場合」項をみれば、帝（天皇）から在地の住人クラス紀四郎泰成、子ども、女性まで、また僧・武家も含め身分的に広い範囲で、守が所持され・頸に懸けられていたことがわかる。

また「頸に懸ける場合」に限定せず、「守のみの場合」を含め、全体にみていくと、帝・後醍醐天皇の天皇が守を所持していることを始めとして、西園寺公宗の公家、楠木正成などの武士、胡蝶（女性）、またおさなき人、村落での強盗とされる百姓(48)なども所持しており、守・膚の守所持事例は増加する。

また守刀は安徳天皇や源頼家の誕生時など、生まれた時点、また子どもの頃より所持されており、これが大人となっても所持されるのであろう。源義経自殺の時には、「判官の少人にての時、守刀(49)」で自害したという。これは幼少期の守刀を大人になっても、所持していたことを示す好例である。

「守のみの場合」項での各守は、資料上頸に懸けたとの記載はないが、これらも基本的には頸に懸けられていたと考えてよかろう。先述した四天王寺所蔵の平安後期の懸守（木製）や、絵巻からなどの頸に懸けている懸守の場面から、古くから守は懸けるモノであったと考えてよい。このように守・膚の守は、天皇・武家・公家・寺家・百姓・女性・子どもなどの諸身分・諸階層にわたり、年齢も幼少から大人に至るまで、かなり広範囲で懸けられ所持

されていたのであった。頸に懸ける守は前述の『大鏡』「御文を、守のやうに首にかけ」の話と一致する。
守は頸に懸けるモノとしたが、新田義貞の討ち死の際、彼は「ハダニ懸テ候ツル護リ」を所持していたという。[50]この場合の「懸テ」も頸に懸けるとみてよいが、それをここでは「膚ノ守」とも表現している点は注目すべきである。表2の「守のみの場合」項の守は、多く「膚の守」と表現されている（図7）。つまり資料上、単に「膚の守」と表現されていても、それは頸に懸ける守であったろう。したがって逆に資料上、「守」「守袋」とあった場合でも、当時では「膚の守」とも称されていたと考えられる。

さらに注意すべきは守刀である。表2「守刀」項の西方備中の子弥九郎の場合をみると、彼は「九寸五分自身の膚の守」で自害したという。この「九寸五分自身の膚の守」とは守刀をさしていることは間違いないが、守刀を膚の守と表現している点は見逃せない。なぜなら守刀が、前記の守・膚の守と同一のものとなるからである。「和泉式部」には、和泉式部に捨てられた子ども（道命）が、添えられた守刀を懸けた話がある。[51]ただ守刀がすべて頸に懸けられたとは思えないが、少なくとも機能的には守・膚の守と同じで、当時おそらく「膚の守」と意識されていたといえよう。

つまり守＝膚の守＝守刀の関係にあり、守刀はやや不確定だが、守は基本的に頸に懸けるモノであったと考えて間違いなかろう。

さて最も興味があるのが、守・守袋には一体何が入れられているかであろう。この点をさらに考えてみよう。保立道久氏は「日蓮聖教紙背文書、二通」[52]で、「かすか（春日）」が養女「こてう（胡蝶）」に、「いち《（市）》か女かうりけん《（売券）》を、まもりふくろ《（守袋）》ニいれ《（入）》」譲与したという、守袋のなかに売券が入れられた資料をあげられた。これに関して氏は「文書それ自体が御守となる文書の呪物化[53]」と評されている。

しかし氏の引用された資料を見ると、「うりけんを、まもりふくろニいれ」と、守袋に売券を入れたのみで、売券自体がその守袋の御神体とは記していない。この場合、当初からその守袋には御神体が入っており、その上にさらにこの売券が入れられたと解すべきではなかろうか。つまりこの場合、守袋内には守袋本来の御神体と売券が、共存する状態であったのでなかろうか。氏の場合と同じ事例と思われるものを、数例あげておこう。

図7　懸守4
琴を弾く女性の胸元に懸守がみえる。家のなかでも懸けるところから、膚身離さない「膚の守」か（『春日権現験記絵』巻第十、東京国立博物館蔵 Image:TNM Image Archives Source:http://TnmArchives.jp/）。

〈事例16〉『沙石集』巻第六―九「正直の女の事[54]」

奥州の或山寺の別当なる僧、本尊を造立せんと、年来思い企てて、金を五十両、守の袋に入れて、頸にかけて上洛

〈事例17〉『太平記』巻第一三「北山殿謀叛事[55]」

（公宗）上原・石上・流泉・啄木ノ秘曲ヲ被書タル琵琶ノ譜ヲ一帖、膚ノ護ヨリ取出シ玉テ

事例16は山寺の僧が本尊造立のため、上洛する時、「守の袋」に「金を五十両」入れた話である。この場合、守袋に入れられた金は、守袋の御神体ではなかろう。どちらかといえば、貴重なモノゆえ、守袋に金を入れたと考えるべきであろう[56]。

事例17は西園寺公宗が謀叛により殺害される際、妊娠中の北

の方に、生まれてくるわが子への忘れ形見として、西園寺家伝来の秘曲の「琵琶ノ譜」を、膚の守から取り出し与えたという話である。この場合の琵琶の譜も、それ自体が守の御神体とは考えにくく、やはり貴重なモノゆえ、膚の守に入れていたと考える方が妥当であろう。

つまりこれらの事例は保立氏の売券の話と同様で、守袋内には守本来の御神体があり、その上に金・琵琶の譜が入れられたと解すべきと思う。この守袋内の売券・家の秘曲の譜・金はどちらかといえば、重要・貴重なモノで、守本来の御神体としてではなく、むしろ守のなかに入れることで、それらを守護してもらう意識で納入されたのでなかろうか。

しかし保立氏のいう文書の呪力性は確かに存在する。事例4でみた源頼朝が院宣を錦袋に入れ頸に懸け、守として石橋山の合戦に出陣した話はその好例である。この場合、院宣が守の御神体、錦袋が守袋なのである。[57]このような院宣以外に、どのようなモノが守の御神体となっているのだろうか。

『撰集抄』巻八第三五「紀四郎泰成粉川利生事」[58]に次の話がある。粉川観音の信仰者紀四郎泰成が病気となり、夢中の観音から「小さくまろなる物を三つ賜は」った。彼は内二つ呑み、一つ取り落とし夢が醒めたが、すぐに取り落とした一粒の薬を探した。それは堅く小さな蓮の実で、非常に芳しい香がしていた。そこで彼は「これを錦のふくろに縫ひくゝみて、守にかけてけり」という。この場合、蓮の実が守の御神体、錦袋が守袋であろう。

事例15には天皇が即位の際、「御笠山の松の枝」を取り削り、「御まもりを書きて（朱にて書く也）」頸に懸けたとある。これは松の木に書いたモノ（呪文か）が守の御神体となっている。

先述の専修寺所蔵親鸞遺骨の場合で考えれば、親鸞遺骨が守の御神体、巾着風の錦袋が守袋であろう。事例8の場合では後醍醐天皇の「膚ノ御護」のなかには「仏舎利」が御神体として納入されていた。事例14の楠木正成の

「膚ノ守」の場合では、命を救った観音経が守の御神体であった[59]。事例12・13の曼荼羅も「諸王は国を扶け、万民は難をのがれん」とか、神仏が「昼夜にかげのごとくまぼらせ」とあるように、曼荼羅自体も守の御神体であった[60]。

さらに守袋には入ってはいないが、『義経記』『曾我物語』の義経や箱王の守刀は、柄・鞘を錦で巻いてあった。上述のように守袋は錦袋が多かったが、柄・鞘を錦で巻くことも錦袋と同機能とみることはできないだろうか。もしこれが首肯されれば、刀身が守の御神体に相当し、錦で巻くことが守袋に相当することになろう。

以上、守袋のなかにある御神体また守の御神体は、天皇関係文書（院宣・綸旨・宸筆）、仏から賜わった蓮の実、遺骨（舎利）、名号・本尊・曼荼羅・経などであった。これらはすべて聖なるモノである。一般的に守には護符・護札が入っているが、これら事例からはそれを確認できなかった。むしろ中世では聖なるモノであれば、このように守の御神体になることができたのではなかろうか。つまり中世の守はバラエティーに富んでいたということである。

2　守・膚の守は何を守るのか

それでは一体守とは何を守るのか。事例4では源頼朝が院宣を守として合戦に出陣したが、この場合、守の機能は戦勝と命の保護であると考えてよい。このような例は数多くみることができる。事例14での楠木正成が観音経により命拾いした話、事例8での後醍醐天皇が仏舎利により隠岐脱出成功の話も戦勝と命の保護の話である。

先述の『太平記』巻第一四では、敵の膚の守に入れられた綸旨の話、同記巻第二〇にみえる、新田義貞所持の膚の守内の後醍醐天皇の宸筆、すべて合戦関係である。これらも戦勝と命保護のために所持されていたものであろう。

また『とはずがたり』[61]巻四に熱田神社の草薙剣の話がある。そこには日本武尊へ草薙剣を与える時の天照大神の神託が「『(天照大神) これを敵のために攻められて、命限り思はん折、開けてみるべし』とて賜ひし」と語られている。「命限り思はん折、開けてみるべし」という以上、この剣も守刀で戦勝・命保護の機能をしていたといえよう。

守の機能の第一は、資料の合戦物という性格も影響していようが、戦勝と命の保護であった。特に命の保護は合戦のみではなく、一般的な機能であろう。しかし守の機能はこのような場合ばかりではない。先述の病気の紀四郎泰成が夢中で観音より受けた蓮の実を守とした話は、守が病気治癒の機能を期待されている事例である。

事例12・13で、日蓮は守である曼荼羅を身に帯し心に存していれば、「一切の仏・神等のあつまりまぼり、昼夜にかげのごとくまぼらせ」といい、「諸王は国を扶け」と国土安寧と、「万民は難をのがれん」と除災の機能を説いている。これは権力者 (王) と万民とで、守の機能 (守に期待するもの) が異なることを物語っている。

事例15に天皇が即位時に持つ守が、御笠山の松の枝を取り守を書いた話がある。この御笠山は大和三笠山をさすと思われ、そこには平城京鎮護の官社の春日大社が創建されている。その場所の松の枝を取り守として即位時に使用することは、この場合の守が国土安寧などを願ったものと考えてよいであろう。先の紀四郎泰成の病平癒と比べれば、天皇 (権力者) との守への期待の差異がうかがえる。ちなみに一般的に松自体が神の来臨する霊木であることも、御神体として用いられた理由があるのかもしれない。

表2の「守刀」項をみれば、安徳天皇誕生の護剣・源義経の守刀・敦盛の稚児 (小敦盛)・捨子の守刀など、事例は多く確認できるが、これは先述のように誕生時・幼少期から大人になっても所持されているものである。つまり守刀は当然身を守るのみでなく、むしろ息災無事な成長が期待されていたと考えられる。中世はいうまでもなく、生活や医療水準も低く社会保障などは何も期待できず、生き延びること自体が困難な社会であった。だからこそ守

刀を持たせ、神仏の力で生きる＝命を守ってもらおうと考えたのであろう。それは捨子であっても同じことである。例えば、小敦盛や和泉式部の子道命は捨子であったが、守刀が添えてあった。本当に死ぬことを期待して捨てられたなら、守刀は置かないであろう。ここには捨てる側の捨てた子に対する、息災な成長の期待を読みとることは不可能ではなかろう。また誕生時に守刀が用意されることもこれを裏づける。

守袋・膚の守の所持は広範囲になされていた行為であった。注目すべきは、守袋のなかには重要なモノと院宣などの聖なるモノが入れられていた点である。守の御神体は一種に限定されていなかったのである。この守の機能は戦勝・命の保護があり、特に命保護が基本であった。また民衆レベルでは病気平癒もあった。さらに息災成長もみられ、特に権力者の場合は国土安穏もあった。

資料をみると、守を「膚の守」と表現することがしばしばある。なぜ守が「膚」を守ると称するかだが、上記してきたように、守が命を守ることから考えれば、次のように推測できる。「膚ノ守〔護〕」は「身に帯し」「身にたもち」と表現されるように、「身」と一体化することが重要と理解されていたことがわかる。

つまり「膚の守」の「膚」とは「身」＝「身体」そのものであり、それは「命」そのものとなる。したがってまさに「膚」＝「身」＝「命」を守るものとして「膚の守」は妥当な表現だったのである。したがって「膚」は決して現代でいうところの「皮膚」を意味しないのである。

三　袋とは何か

1　頸に懸けるモノからみる袋

頸に懸けるモノで特徴的なことは、それらが多く袋に入れられている点である。この袋と頸に懸けるモノの関係を考えてみよう。袋は小泉和子氏の指摘するごとく移動収納具である。[62]そして超歴史的に存在するが、その袋のイメージや機能を歴史的に考えようとする研究が近年みられる。

保立道久氏は「袋持・笠持・壺取」[63]「娘の恋と従者たち」[64]「『大袋』の謎を解く」[65]で、袋持は、主人の衣類などを袋に入れて持ち運ぶ従者（賤視される）、負袋に大黒天の存在（福神）のイメージ（聖視される）がみられるとされ、また「大袋」を拉致誘拐道具とし、中世領主（主人）の陰湿な暴力装置を指摘された。

さらに「絵巻に見る商人と職人」[66]では、旅する商人の出で立ちにみる腰袋＝火打袋を、成人の証と位置づけられ、「日蓮聖教紙背文書、一通」[67]「絵巻に描かれた文書」[68]では、文書と袋との関係に注目、文書のフェティシズムの問題をも提起された。

藤木久志氏は「村の隠物・預物」[69]で、戦国期の危機管理の作法として、重要なモノの預けなどの習俗を研究された。そこで袋の役割をも指摘された。また湯浅治久氏は『日本中世史研究事典』[70]の「袋」項で、上記研究を総合的にまとめ、文書袋が緊急時の避難道具である点を指摘した。そして袋の研究が今後の歴史資料としての課題である点をも提言された。

上記研究をみると、袋を持つイメージや袋と文書の関係を考えようとする方向性にあるように思えるが、本章でみてきたように、袋に入れられたモノは文書のみではない。院宣・遺骨など、頸に懸けるモノからみて、それらを入れる袋には、中世独自のイメージや意識があったとみて大過ない。したがってこの中世の袋に対する意識などを垣間みてみたい。

頸に懸けるモノにみえる袋には、いかなるものがあるかを表3で確認しておこう。表3は資料上にみえる袋の種類を基準に、「A頸に懸けるモノの場合の袋納入物」と、「B頸に懸けるモノ以外の場合の袋納入物」に区分した表である。絹袋・錦のごとく素材・織り方が重視された場合と、文書袋・経袋・守袋のごとく、入れるモノでの表現＝袋の機能を重視する場合とに大別できる。前者は袋の機能は問題ではなく、後者では袋の素材などは不明である。

したがって資料上、経袋とあれば、経を納める機能の袋であることはわかるが、その素材が錦などかは不明となる。しかし「紺地錦の経袋」[71]というように、織り方と機能の両種が統一的に表現されている場合もある。

表3をみれば、Aの種類は、絹袋・織物袋・文書袋（文袋）・守袋（膚の守）・錦袋・経袋・曼荼羅がある。このうち最も多いのが錦袋である。錦袋に入っているモノは、院宣・遺骨・名号・蓮の実などである。絹袋は素材がわかるが、それ以外の文書袋（文袋）・守袋（膚の守）・経袋は、どのような素材などであったのだろうか。

まず守袋（膚の守）を考えよう。事例4は院宣を御神体、それを入れた錦袋は守袋とした。専修寺所蔵の親鸞遺骨が守の御神体であり、納入されていた巾着風錦袋が守袋であるとした。また『撰集抄』の紀四郎泰成の蓮の実を御神体として入れた守袋が錦であった。これらの事例から当時の守袋は錦であったと考えてよい。

これと類似の例として、奈良西大寺の騎獅文殊菩薩像の胎内に納入されていた、蓮の実製舎利容器（舎利三粒納入）がやはり錦で包まれていた例[72]や、図3で示した四天王寺所蔵の錦の生地で包まれた懸守（この例より古くから守は、錦で包まれていたことがわかる）をあげることができる。さらに頸に懸けるモノではないが、『とはずがたり』

巻四でみた草薙剣は守刀で、これは錦袋に納められていた[73]。草薙剣は古代のことだが、これは鎌倉期の草薙剣の理解を知る貴重な事例である。

上記の事例から守袋は錦が基本的と考えてよいのではないだろうか。素材などの明記のない事例16での守袋も錦ではなかろうか。保立道久氏が「日蓮聖教紙背文書、二通」[74]で取り上げられた売券を入れた守袋や、『太平記』巻第一四「矢矧、鷺坂、手超河原闘事」の綸旨を入れた「敵ノ膚ノ守」もおそらく錦袋であったろう。ただし新田義貞が、藤島の戦いで討ち死にする『太平記』巻第二〇「義貞自害事」には、義貞が懸けていた「膚ノ守」は「金襴ノ守」とも称され、彼の守袋は「金襴」であったようである。金襴は錦と同一ではないが、錦と同様な意味で用いられたのでなかろうか。

つまり守袋は頸に懸ける、懸けないにかかわらず、ほとんどが錦袋と考えてよいのでなかろうか。それでは文書袋・文袋はどうであろうか。事例4の頼朝が院宣を錦袋に入れ頸に懸け出陣した例からみて、文書袋も錦袋が多かったのではないだろうか。

頸に懸けた例ではないが、事例1の後鳥羽法皇宸筆御書も家の重宝として、黄地の錦袋に入れられている。前掲した『石山寺縁起』巻五には、東国武士が橋上で院宣を川に落とし、その院宣が鯉の腹中から出てきた場面が描かれている。院宣を入れた袋をみると、袋には何らかの模様がみえ、絹袋などでなく一種の織物のようである。おそらくこれも錦と思われる。これらからみても文書袋は錦が多かったと考えて大過ない[75]。

遺骨を頸に懸ける事例は数多いが、資料上、それを包む袋などの記述は少ない。その少ないなかの事例だが、『後深心院関白記』応安七年二月一五日条では「旧院(後光厳院)御骨入箱、■以錦、裹之」、『親長卿記』文明三年正月九日条では、後花園院の拾骨に際し「(元応寺)長老恵忍上人、入錦袋、被懸頸」と、錦あるいは錦袋で包むことは確認できる。前述の顕智所持の親鸞遺骨が、巾着風の錦袋に納められていた点と考え合わせても、遺骨も錦で包まれる、または錦袋に納められることが多かったとみてよいのではなかろうか。

先掲の奈良西大寺の騎獅文殊菩薩像胎内納入の蓮の実製舎利容器や京都東福寺大明国師像胎内納入品の舎利壺は錦で包まれた、あるいは包まれていたと思われる事例である。(76) この舎利容器などは舎利（釈迦の遺骨）を入れる容器で、上記遺骨と同様の意味を有するといえる。とすれば、この例は遺骨を錦袋に入れる場合が多かった証左といえるであろう。(77)

本尊・名号・経などを懸ける場合はどうであろうか。『義経記』巻第七「判官北国落ちの事」に、義経が北の方へ「紺地の錦の袋に、法華経を入れてかけさせ」た事例がある。また頸に懸ける事例ではないが、同記巻六「関東より勧修坊を召さるる事」に、鎌倉へ召される勧修坊に、法然が紺地錦の経袋より、法華経一巻を取り出した話がある。これらは経が錦袋に入れられている例である。

さらに倉田文作氏によれば、『法隆寺縁起白拍子』に法華・維摩・勝鬘の三経を漆の箱に入れ、それを錦袋に包み古仏の金銅救世観音像の胸の間に納入した記事があるという。やはり経を錦で包んでいる事例である。(78) このように経も、錦袋に包まれている場合が多かったと考えてよいのではないだろうか。本尊関係も同じく事例9から、名号などを錦袋に入れる事例が確認できる。(79)

このように経も名号なども、やはり錦袋に納められていることがわかろう。以上からみてすべてではないにしろ、頸に懸けるモノを入れる袋は錦袋が多かったといえるであろう。

次に考えるべきは、なぜ頸に懸けるモノが多く錦袋に入れられているかであろう。表3のBの「錦袋」項から、この点に迫ってみよう。同項から錦袋納入物が、後鳥羽法皇御書・親鸞遺骨・草薙剣など、ほとんどが聖なるモノであり、それらが譲与や家に相伝されるモノであることがわかる。

またそれ以外にも重宝というモノもある。考えてみれば、聖なるモノ・相伝のモノが重宝であることは当たり前であり、いわば聖なるモノ・相伝のモノと重宝は共通している。上記項のモノと表3のAの「錦袋」項のモノを比すれば、天皇関係文書（院宣と宸筆と御書・笛）、遺骨（天皇遺骨と親鸞遺骨）、本尊・御影関係（弥陀名号と天神御筆御影）、法華経など非常に共通している。つまりこれら両項の錦袋は聖なるモノで共通しているのである。

また守・膚の守の袋は基本的に錦袋と考えたが、この守に入っているモノとABの「錦袋」項のモノとの共通性はどうか。表3の「守」「膚の守」項と、上記の「錦袋」項とを比してみれば、天皇関係文書（綸旨・宸筆と宸筆御書）、剣（守刀と草薙剣）、経（観音経と法華経）、家相伝関係（売券・秘曲琵琶の譜・白旗）、遺骨（舎利、親鸞遺骨）などと、やはり聖なるモノで共通している。また錦袋と守袋に入っているモノが共通することは、袋自体も共通しているとみてよい。つまり守袋もやはり錦袋であろう（図8）。

このように錦袋（守袋）に納められているモノは、ほとんど聖なるモノで、錦袋とは聖なるモノを入れる袋であったといえそうである。『とはずがたり』巻五に「会《（法会）》の日は、左右の舞・青く赤き錦の装束、菩薩の姿に異ならず」という話がある。これをみれば、錦の装束と菩薩のイメージとが重なり、錦が菩薩（仏）を包むモノ（装束）と意識されていることが理解できる。この例からも、錦が聖なるモノを包むモノと意識されていたとみて大過ない。

2　袋の機能

それでは聖なるモノを包む錦袋あるいは錦とは、当時どのような機能を有すと意識されていたのであろうか。むろん上記みてきたように、家伝の「重宝」、高価なモノを包むものとの想定はできる。しかし遺骨を入れる袋、御神体などを入れる守袋を錦袋とするのは、単に高価という理由だけでは理解できないように思える。
まず論理的に考えられるのは、天皇関係文書・遺骨など、聖なるモノを包む以上、錦自体に聖なるモノの保護機能があったのではないかという点である。天皇関係文書は前述のように、拝見時に手を洗ったりして穢さない作法があった。とすれば、その穢やすいモノを入れる錦袋とは、穢をシャットアウトする機能を有していたと考えられないだろうか。

図8　懸守５
高貴な少年の胸元に懸守がみえる。着色された懸守の絵から、錦で覆われていると思われる（『浦島明神縁起』、宇良神社蔵）。

これに関する直接の事例は持ち合わせていないが、日食・月食の妖光を天皇・将軍の身体にあてないため、御所を席で裹む作法が一つのヒントを与えてくれる。[80]これは天皇・将軍の身体が聖なるモノ、最も清浄なるモノであり、自然や社会の秩序を体現していると考えられており、その保護のための作法であった。この席で裹むとは聖なるモノを穢から守る作法にほかならず、錦袋で包むとはこれと同様の関係にあると考えられないだろうか。

平安期の事例だが、『宇津保物語』「俊蔭」[81]に、俊蔭が阿修羅・天女から受けた不思議な力を持つ琴について、娘に遺言した話がある。それは「この弾く琴の同じさまなる琴、錦の袋に入れたる一と、褐の袋に入れたる一、錦のは、なむ風、禍のをば、はし風といふ、その琴、わが子とおぼさば、夢たふ〳〵に人に見せ給フな……幸極めんときニ、禍極まる身ならば……いみじき目見給ヒぬべからん時に、この琴をばかき鳴らし給へ」というものである。

これは錦袋に入れた琴を、わが子でない場合は人にみせるなということゆえ、基本的に琴が錦袋に包まれた状態であることがわかる。また災いの際に弾けということはこの琴が一種の守で、さらにこれは袋から出せということで、袋から出すことにより守の効力が発揮されることがわかる。

現在一般的に守は開けては効力がなくなるとよく聞くが、ここではまったく逆である。事例8は後醍醐天皇が隠岐を脱出する際、「膚ノ御護ヨリ、仏舎利ヲ一粒取出」して、追手から逃れた話であった。この場合もやはり「膚ノ御護」を開けることで、守の効力が最大限に発揮されている。先述の『とはずがたり』の錦袋に納められた草薙剣は、「命限り思はん折」開けろという天照大神（伊勢神宮）の神託があった。最大の窮地に開ける点から、これも開けることで、守の効力が最大に発揮されると意識されていた事例である。

とすれば錦袋あるいは袋とは、これでみる限り守の効力を一時的に保護していたといえる。しかし効力が袋によりまったく保護されたままなら、守は膚に付けていても、開けない限り役に立たない。つまり普段は役に立たないことになる。事例14は楠木正成が観音経を入れた「膚ノ守」に矢が当たり、命拾いをした話である。膚ノ守とは当然袋であろうが、これは袋から出さずとも正成の命を救ってくれた事例ゆえ、袋のままでも守の効力は発揮される事例である。

これらからいえるのは、守の効力は袋のままでも、また開いても効力が発揮されると意識されていたことである。今この整合性を明快にはしえないが、しいていえば、袋から取り出し用いる方が一層効力を発揮すると意識されていたのでなかろうか。ただ少なくとも、袋はその効力を封じ籠める力はあったと考えてよいであろう。
「普賢延命御修法記」[82]には「赤鬼神来、奉取（後鳥羽）上皇御魂、入赤袋、持去之由」という記事がある。後鳥羽上皇の魂を赤鬼神が「赤袋」に入れることも、袋が一種の封じ籠める呪力有すると、意識されていた事例であろう。

もう少し錦袋の機能について考えてみよう。錦でまず思いつくのは「錦の御旗」ではなかろうか。錦の御旗については、伊東正子氏が「中世の御旗」[83]で子細に分析されている。それによると、熊本大学付属図書館永青文庫に、細川頼有が後小松天皇より受けたと伝える錦の御旗が現存する。これは縦三八三センチ、横七七センチで、赤地の錦の布の上に丸い日、その下の向かって左側に「八幡大菩薩」、右側に「天照皇太神」の神号が金箔で箔押しされている。これは『梅松論』にみられる錦の御旗の図柄と一致するという。

錦の布上に箔押しされている神号は単なる文字ではなく、それ自体神と考えられ、つまり錦の布に神が来臨していると意識されていたと思われる。これは紙本や絹本に書された南無阿弥陀仏の名号が単に文字ではなく、それ自体仏であると認識されていた[84]ことや、また起請文にも諸神仏を記すが、これは紙面に諸神・仏を勧請していることと同様である。したがってこの場合、錦の布は神の御座所ということになる。

『とはずがたり』巻三に「御簾の中、繧繝二畳の上に、唐錦の茵を敷きて、内《（帝）》の御座とす」「唐錦の茵を敷きて、公《（帝）》の御座とす」話がある。ここでは唐錦ではあるが、錦が天皇の御座所であることが表現されている。いうまでもなく、天皇は現世での聖体として最たるものである。したがってこれは上記の神の御座所と同様な意味とみてよい。つまり錦は聖なる者の御座所となる物＝錦自体が聖なるモノということである。

また仏像の胎内納入品が、錦袋に納められていることがよくある。[85]さらに『実隆公記』享禄二年三月八日条には、

「温泉寺炎上、本尊御頭引落之時、御頭破裂、其内有錦袋、其中此経等、埋置之子細載之、仍堀出之云々」と、経などの埋置の子細を載せたものが錦袋に納められていた記事もみえる。

これらの場合の袋は仏像＝聖体のなかに入れる諸品を、包み納める重要な機能を有している。したがって納入品を包む袋は普通の布では意味をなさず、聖体にふさわしい聖なる布でなければならないだろう。錦袋自体がまさに聖なるモノであったのであろう。

聖なるモノと理解できる錦の例をさらにみておこう。『宇治拾遺物語』巻第二―一「清徳聖奇特の事」に次のような話がある。清徳聖には人の目にはみえないが、餓鬼・畜生などが後についていた。人には清徳聖が食べているようにみえても、実は彼がその食物を餓鬼などに食べさせていたのであった。その餓鬼などは「四条の北なる小路に穢土（糞）」をした。それゆえ「下種などもきたながりて、その小路を糞の小路とつけたりけるを、帝聞かせ給ひて……（帝は）『さらばこれをば、錦の小路といへかし、あまりきたなきなり』など仰せられける」という話である。

ここでは、下種（も汚がる）＝糞の小路↔帝＝錦の小路という関係、つまり下種（身分の低い者）と糞、天皇（最も身分の高い、最も清浄な者）と錦との対立関係で表現されている。最も汚い糞に対する錦は最も清浄なモノで、最も清浄な天皇の織物ということになる。先述の『とはずがたり』巻五で示した錦は菩薩＝仏を包むモノ（装束）とされていたのは、まさにこの事例と同じである。このように錦袋は聖なるモノを穢から守り、守の効力を保護する力を持ち、またそれ自体が聖性を有すると意識されていたのであった。

おわりに――中世における頸――

以上、本章でみてきたことを確認しておこう。頸に懸けるモノは、文書、遺骨、本尊の各系などがあった。これらを懸ける行為は広範囲で行われる習俗であった。文書系は特に天皇関係文書が大部分であった。天皇関係文書・遺骨は、清浄性、呪力の存在が意識され、守としても機能していた。本尊も名号・経など、本来の機能とは異なった守として用いられていた。

膚の守とも称された守（守刀も含む）を懸けることや所持も、当時は相当広範囲になされた行為であった。この守袋に入っている御神体は護符・護札はみられず、むしろ上記の院宣・経・遺骨・本尊などであった。したがって中世の守とは聖なるモノであれば、守の御神体になるのであった。これら守の機能は、命の保護、戦勝、病気平癒、息災成長、権力者には国家安寧などがあった。

頸に懸けるモノの諸特徴に基づいて、最後に本章の目的である、なぜ頸に懸けるのかを大胆ではあるが、考えてみよう。すぐ思いつくのは、頸にしか懸ける場所がないという点であろう。しかし中世の絵巻には腰に火打袋を付けたり、袋を担ぐ事例がある。したがって頸に懸けられるモノも腰に付けてもよさそうなものである(86)。つまり必ずしも頸しかないから、天皇関係文書などを頸に懸けているわけではなく、あえて頸にかける、相応の理由があるということである。

頸に懸けるモノが基本的に守として機能していた点からみて、懸ける頸もそれに近い場所と考えられないだろうか。それを示唆する事例をあげてみよう。

〈事例18〉『三国伝記』巻第一〇第六「依一首歌、盲鶏開眼事(87)」

伊豆ノ三島ノ社頭ニ鶏多有ケル中ニ、盲鶏一隻アリ……修業者ノ有ケルガ、此ノ盲鳥ノ痩痛ミ飢渇セルヲ見テ……硯ヲ乞テ、其ノ鳥ノ頸ニ短冊ヲ付タリケレバ、鳥ノ眼忽ニ開テ見ヲ物コト自在也、社人等惟ンデ、之《（短冊）》ヲ見レバ……此《（短冊）》歌、神感ニ達シケル故也

〈事例19〉『沙石集』巻第一―五「神明慈悲知恵のある人を貴び給ふ事」

解脱上人……閑居の地をしめて、（春日）明神を請じ奉り給ひければ、童子の形にて、上人の頸にのりて渡らせ給ひけり

事例18は修業者が盲鶏の頸に短冊を付けると、開眼したという話である。社人はこの状況を見て、短冊の歌が「神感」に達したからだと理解した。頸に付けられた歌が「神感」に達したところから、この場合神の力（「神感」）は、鶏の頸から入ったと考えられないだろうか。つまり頸は神仏の霊力の通り道と意識されていたのでなかろうか。事例19は春日明神が、解脱の頸に乗り渡ってきたという話である。神が頸に乗るということは、頸が神仏の鎮座する場所、聖なる場所であったことを暗示させるものであろう。

これらからみると、頸は霊力の通り道、神仏の宿る場所であったと考えられよう。聖なるモノ（天皇関係文書・遺骨など）を頸に懸けるのは、身体上、頸が最も神聖な場所と認識されていたためで、まさに頸は聖なるモノを懸けるのにふさわしい場所であった。

院宣・遺骨・本尊などはほとんど守＝「膚ノ守（護）」で、「身体」＝「命」を守るため、身体に密着させることが

重要であった。身体と一体化すること、それが「懸ける」であり、その場所が聖なる場所の頸であったのである。したがって拾骨で「首骨」を拾うのも、頸が聖なる場所とかかわっているためと考えれば、よく理解できるのではなかろうか。

なぜ人間はこのように頸に懸ける行為をするようになったのだろうか。この点に少し言及しておきたい。重い物は頭・背に乗せ、ぶらぶらした物や長い物は肩や手や腰に吊し下げたり差したりする、というように身体の各部位にはそれに応じての機能がある。したがって頸にも機能があったはずである。

頸は前側からみて眼や手によってガードされ、他から奪われにくい。そこに貴重品を袋へ入れ紐でキープし懸ければ、人間にとって最も安全な状態であったと思われる。人間はこの機能を経験的・本能的に認識していたと思われる。頸に懸ける行為の源泉は、安全性の経験的認識にあると思われる。その安全性が歴史的経過を経ることで、やがて神仏や呪力などの保護と、文化的な意味づけがなされてくるのであろう[88]。

そして頸に懸けるモノはほとんど袋に、特に錦袋・錦に入れられていた。この錦も聖なるモノであり、それゆえ御神体など聖なるモノを入れる袋として利用されたのである。

つまり守とは、聖なるモノ（院宣・遺骨他）を聖なるモノ（錦）で包み、聖なる場所（頸）に懸けて成立するものであったのである。

近世に入ると、「膚の守」は「胸守」という表現に変化してくる。「むねのまほり、こん地[89]」という表現は室町期にもみられるが、実際には近世に多くみられるようになる[90]。これは単なる表現変化ではなく、「膚」=身体全体から、「胸」=ある特定の部位へと、守の意味の縮小と考えられないだろうか。すでに近世社会における神仏の権威の低下が主張されている[91]。このように低落していく神仏への信仰が、守に対する信仰も同時に後退させ、このような表現となっていくのではないだろうか。

「はじめに」で述べたように、現代の私たちは医学・生物学的にある程度、自身の身体の機能などを理解している。対して中世びとは、自身の身体に何らかの神秘性を感じていたに違いない。その一つが本章でみた頸であったのである。彼らは身体上の理解できない頸に神的世界、身体の大宇宙（マクロコスモス）を感じていたのである(92)。頸に懸ける行為には、現代の私たちと異なる、中世独自の身体に対する理解が集約的に表現されていたのであった。

表1　頸に懸けるモノ・者表

	懸ける者	懸けるモノ	懸けるモノ収納袋など	出典
文書系	藤原宗忠	宸筆宣命	生白絹袋	中右記　永久二年正月一六日
	齢七十計なる入道	文書	文書袋	平治物語「信頼降参の事幷に最後の事」
	平資盛雑色	宣旨		吉記　寿永二年七月二一日
	源義経	宣旨		愚管抄　第五
	雑色	平清盛のゆるし文	文袋	平家物語「足摺」
	文覚	院宣		平家物語「福原院宣」
	源頼朝	院宣（守）	錦袋	平家物語「福原院宣」
	雑色	院宣	文袋	平家物語「征夷将軍院宣」

	下人（東国武士）	院宣	袋（錦か）	石山寺縁起　巻五
	新田義貞	後醍醐天皇宸筆（綸旨、守）	金襴の守・膚の守	太平記「義貞自害事」
遺骨系	参議藤原正光	一条天皇遺骨		小右記　寛弘八年七月九日
	大蔵卿相公藤原正光	一条天皇遺骨		権記　寛弘八年七月九日
	右中弁藤原章信	藤原道長遺骨		栄花物語「鶴の林」
	左中弁藤原経輔	後一条天皇遺骨		類聚雑例　長元九年五月一九日
	美濃守高階業敏	藤原道長妻遺骨		定家朝臣記　天喜元年六月一一日
	中宮大進高階重仲	藤原師実妻麗子遺骨		中右記　永久二年正月一六日
	定助得業	西御方遺骨		中右記　保安元年九月二七日
	宰相藤原長実	白河法皇遺骨		中右記　大治四年七月一五日
	権中納言藤原長実	白河法皇遺骨		長秋記　天承元年七月九日
	右京大夫藤原長輔	近衛天皇遺骨		兵範記　久寿二年八月一日
	琳猷	源頼朝弟希義の鬢・髪		吾妻鏡　文治元年三月二七日
	文覚など	源義朝・鎌田正清の首		吾妻鏡　文治元年八月三〇日
	大輔房源性	源頼家の子一幡遺骨		吾妻鏡　建仁三年九月三日
	明恵	舎利（守）		明恵上人夢記　建仁三年一〇月

系	人物	聖遺物	包み	出典
遺骨系	有王（召使いの童）	俊寛の遺骨		平家物語「僧都死去」
遺骨系	文覚	源義朝の首		平家物語「紺掻之沙汰」
遺骨系	文覚弟子	鎌田正清の首		平家物語「紺掻之沙汰」
遺骨系	帥中納言中御門経任	後嵯峨上皇遺骨		吉続記　文永一〇年六月二一日
遺骨系	藤九郎守綱	父の舎利		（弘安三年）七月二日「千日尼御返事」
遺骨系	（不明）	伏見上皇遺骨		伏見上皇御中陰記　文保元年九月一日
遺骨系	助光	日野俊基遺骨		太平記「俊基被誅事幷助光事」
遺骨系	藤原能茂	後鳥羽上皇遺骨		増鏡「藤衣　後鳥羽院崩御」
遺骨系	元応寺長老恵忍	後花園上皇遺骨	錦袋	親長卿記　文明三年正月一九日
遺骨系	上卿中納言甘露寺元長	後土御門天皇遺骨		和長卿記　明応九年一一月一二日
遺骨系	越中国の女性	本願寺九世実如遺骨		蓮如上人仰条々　一九六
遺骨系	小敦盛（平敦盛の子）	父敦盛膝の遺骨		小敦盛
	——	懸守（七つ）	錦生地で包む	大阪四天王寺所蔵
	生蓮	水精塔（たすきがけ）	守袋	沙石集「仏舎利感得の人の事」
	僧	経（守）	経袋	宇治拾遺物語「海賊発心出家の事」
	紀四郎泰成	蓮の実（守）	錦袋	撰集抄「紀四郎泰成粉川利正事」
	一念三千を識らざる者	珠	曼荼羅	観心本尊抄

本尊系			
良弁	観音小像（守）	褚	元亨釈書「釈良弁」
娘（少女）	観音経（守、膚の守か）	袋	長谷寺霊験記
帝王（天皇）	削った松の枝（守）		愚秘抄・鵜本
柿屋・滑良（武士）	弥陀名号・阿字（種字）本来の曼荼羅	錦袋	明徳記・上
源義経北の方	法華経（守）	錦袋	義経記「判官北国落ち事」
百姓	二月堂の牛玉（守）		多聞院日記　天文一二年二月一六日
滝口時頼	本尊		横笛草子
さよひめ	法華経（守）	膚の守	さよひめ
関白	尊勝陀羅尼経（守）	膚の守	付喪神記
和泉式部の子（捨子道命）	守刀		和泉式部
遊女	懸守		鶴岡放生会歌合
少女	懸守		北野天神縁起
女性	懸守		年中行事絵巻
女性（遊女か）	懸守		一遍上人絵伝
旅装束の女性	懸守		一遍上人絵伝

本尊系			
旅装束の女性1	懸守		石山寺縁起
旅装束の女性2	懸守		石山寺縁起
被衣姿の女性1	懸守		法然上人絵伝
被衣姿の女性2	懸守		法然上人絵伝
被衣姿の女性3	懸守		法然上人絵伝
被衣姿の女性4	懸守		法然上人絵伝
女性（高貴か）	懸守		法然上人絵伝
被衣姿の女性5	懸守		法然上人絵伝
被衣姿の女性	懸守		融通念仏縁起
被衣姿の女性（庶民か）	懸守		融通念仏縁起
被衣姿の女性	懸守		大江山絵詞
被衣姿の女性	懸守		松崎天神縁起
女性1	懸守		弘法大師行状絵詞
女性2	懸守		弘法大師行状絵詞
女性（高貴か）	懸守		西行物語絵巻
女性（高貴か）	懸守		九相詩絵巻
琴をひく巫女	懸守		春日権現験記絵

	童子1	懸守（たすきがけ）		春日権現験記絵
	童子2	懸守（たすきがけ）		春日権現験記絵
	童子	懸守（たすきがけ）		稚児観音縁起
	童子	懸守（たすきがけ）		芦引絵
	少年（少女か、高貴）	懸守		浦島明神縁起
その他	藻壁門院（後堀河中宮）の棺に左右候する人々	瓮	絹袋	明月記　天福元年九月三〇日
	山寺の別当なる僧	金五〇両	守袋	沙石集「正直の女の事」
	遍照寺の承仕法師	殺した鳥		徒然草　第一六二段
	盲鶏	修行者の和歌短冊		三国伝記・下「依一首、盲鶏開眼事」

註

・「懸けるモノ」項は、袋などに納められている場合には、その納められているモノを記した。資料上、「経袋」とのみあっても、袋内には経が納められていると判断し、同項には「経」と記した。
・「守」と判断できる場合は（守）と記した。
・（　）内は、当該事項の参考記事である。
・文書系・遺骨系など各系は、頸に懸けられたモノで分類した区分である。なお本尊系は名号・経など、宗教性の強いモノを配した。
・「たすきがけ」とは、ポシェットを懸けるように、ヒモを頸から脇へななめに懸ける方法を指す。

出典

『栄花物語』下、岩波文庫、岩波書店、一九三四年
『宇治拾遺物語』日本古典文学全集二八、小学館、一九七

三年
『保元物語・平治物語』日本古典文学大系三一、岩波書店、一九六一年
「類聚雑例」「定家朝臣記」『古事類苑』礼式部二
「明恵上人夢記」『明恵上人集』岩波文庫、岩波書店、一九八一年
『愚管抄』岩波文庫、岩波書店、一九四九年
『平家物語』日本古典文学全集二九・三〇、小学館、一九七三・七五年
『沙石集』岩波文庫、岩波書店、一九四三年
『撰集抄』岩波文庫、岩波書店、一九七〇年
（弘安三年）七月二日「千日尼御返事」「観心本尊抄」『日蓮文集』岩波文庫、岩波書店、一九六八年
小松茂美編『石山寺縁起』日本絵巻大成一八、中央公論社、一九七八年
『徒然草』日本古典文学全集二七、小学館、一九七一年
『元亨釈書』『大日本仏教全書』六二、史伝部、講談社、一九七二年
「長谷寺霊験記」『続群書類従』釈家部
「愚秘抄」鵜本『日本歌学大系』第四巻、風間書房、一九五六年
『太平記』日本古典文学大系三四・三五・三六、岩波書店、一九六〇・六一・六二年
「明徳記」上『群書類従』合戦部
『義経記』日本古典文学全集三一、小学館、一九七一年
『増鏡』上、講談社学術文庫、講談社、一九七九年
『三国伝記』下巻、三弥井書店、一九八二年
「蓮如上人仰条々」『真宗史料集成』第二巻、同朋舎出版、一九七七年
「横笛草子」「小敦盛」「和泉式部」『御伽草子集』日本古典文学全集三六、小学館、一九七四年
「さよひめ」『室町時代物語集』四、井上書店、一九六二年
「付喪神記」『室町時代物語大成』九、角川書店、一九八一年
「鶴岡放生会歌合」網野善彦『職人歌合』岩波書店、一九九二年
小松茂美編『年中行事絵巻』日本絵巻大成八、中央公論社、一九七七年
小松茂美編『北野天神縁起』日本絵巻大成二一、中央公論社、一九七八年
小松茂美編『一遍上人絵伝』日本絵巻大成別巻、中央公論社、一九七八年
小松茂美編『石山寺縁起』日本絵巻大成一八、中央公論社、一九七八年
小松茂美編『法然上人絵伝』上・中、続日本絵巻大成

一・二、中央公論社、一九八一年
小松茂美編『融通念仏縁起』続日本絵巻大成一一、中央公論社、一九八三年
小松茂美編『土蜘蛛草紙・天狗草紙・大江山絵詞』続日本絵巻大成一九、中央公論社、一九八四年
小松茂美編『松崎天神縁起』続日本絵巻大成一六、中央公論社、一九八三年
小松茂美編『弘法大師行状絵詞』続日本絵巻大成五、中央公論社、一九八二年
小松茂美編『西行物語絵巻』日本絵巻大成二六、中央公論社、一九七九年
小松茂美編『餓鬼草紙・地獄草紙・病草紙・九相詩絵巻』日本絵巻大成七、中央公論社、一九七七年
小松茂美編『春日権現験記絵』日本絵巻大成一四、中央公論社、一九八二年
小松茂美編『当麻曼荼羅縁起・稚児観音縁起』日本絵巻大成二四、中央公論社、一九七九年
小松茂美編『芦引絵』続日本絵巻大成二〇、中央公論社、一九八三年
小松茂美編『彦火々出見尊絵巻・浦島明神縁起』日本絵巻大成二二、中央公論社、一九七九年

表2　守表

頸に懸ける場合

守りを持つ者	守・守袋内のモノなど	守袋種類・同類の物	出典
――	懸守（七つ）	錦生地で包む	大阪四天王寺所蔵
紀四郎泰成	蓮の実（守に懸ける）	錦袋	撰集抄「紀四郎泰成粉川利正事」
生蓮	水精塔（たすきがけ）	守袋	沙石集「仏舎利感得の人の事」
山寺の別当なる僧	金五〇両	守袋	沙石集「正直の女の事」
女児	母による娘への身体安全祈願の観音経仮名文言奥書		長谷寺霊験記

頸に懸ける場合

	（膚に懸ける）		
帝王（天皇）	削った松の枝		愚秘抄・鶉本
新田義貞	後醍醐天皇宸筆（綸旨、膚に懸ける）	金襴の守・膚の守	太平記「義貞自害事」
柿屋・滑良（武士）	弥陀名号・阿字（種字）本来の曼荼羅	錦袋	明徳記・上
百姓	二月堂の牛玉	（守袋か）	多聞院日記　天文一二年二月一六日
さよひめ	法華経（懸ける）	膚の守	さよひめ
関白	尊勝陀羅尼経（御身をはなさず懸ける）	膚の守	付喪神記
遊女	懸守		鶴岡放生会歌合
少女	懸守		北野天神縁起
女性	懸守		年中行事絵巻
女性（遊女か）	懸守		一遍上人絵伝
旅装束の女性	懸守		一遍上人絵伝
旅装束の女性1	懸守		石山寺縁起
旅装束の女性2	懸守		石山寺縁起

頸に懸ける場合		
被衣姿の女性1	懸守	法然上人絵伝
被衣姿の女性2	懸守	法然上人絵伝
被衣姿の女性3	懸守	法然上人絵伝
被衣姿の女性4	懸守	法然上人絵伝
女性（高貴か）	懸守	法然上人絵伝
被衣姿の女性5	懸守	法然上人絵伝
被衣姿の女性	懸守	融通念仏縁起
被衣姿の女性（庶民か）	懸守	融通念仏縁起
被衣姿の女性	懸守	大江山絵詞
被衣姿の女性	懸守	松崎天神縁起
女性1	懸守	弘法大師行状絵詞
女性2	懸守	弘法大師行状絵詞
女性（高貴か）	懸守	西行物語絵巻
女性（高貴か）	懸守	九相詩絵巻
琴をひく巫女	懸守	春日権現験記絵
童子1	懸守（たすきがけ）	春日権現験記絵
童子2	懸守（たすきがけ）	春日権現験記絵

童子	懸守（たすきがけ）		稚児観音縁起
童子	懸守（たすきがけ）		芦引絵
少年（少女か、高貴）	懸守		浦島明神縁起
守のみの場合			
藤原常行（年少時）	尊勝陀羅尼（衣の頸部分の中に縫い入れる）	衣の頸部分の中	今昔物語集　巻第一三第四二「依尊勝陀羅尼験力遁鬼難男」
こてう（胡蝶）	売券	守袋	保立道久「日蓮聖教紙背文書、二通」
をさなき人	曼荼羅（身にたもつ）		（建治元年）八月二五日「妙心御前御返事」
顕智	親鸞遺骨	巾着風錦袋	親鸞聖人遺骨包裂及び外包紙
強盗（百姓か）	証文の案文	膚の守	康永元年一一月日「東寺太良荘百姓等申状」
楠木正成	観音経	膚の守	太平記「赤坂城軍事」
後醍醐天皇	仏舎利	膚の守	太平記「先帝船上臨幸事」
西園寺公宗	秘曲を書いた琵琶の譜	膚の守	太平記「北山殿謀反事」
敵	綸旨	膚の守	太平記「矢矧、鷺坂、手超河原闘事」
家喜九郎	女房の髪一房と歌	膚の守	明徳記・中

	厨子王	地蔵菩薩	膚の守	山椒大夫
守　刀	安徳天皇（誕生時）	護剣	白織物袋	玉葉　治承二年一一月一二日
	源頼家（誕生時）	守刀		吾妻鏡　寿永元年八月一三日
	源義朝	守刀		愚管抄　第五
	藤原行成（大納言）	守刀		十訓抄
	日本武尊	熱田神社の草薙剣（守刀）	錦袋	とはずがたり　巻四
	源義経	守刀	紺地の錦で柄・鞘を巻く	義経記「遮那王殿鞍馬出の事」
	箱王	守刀	赤地の錦で柄・鞘を巻く	曾我物語　巻第四「箱王、祐経にあひし事」
	西方子弥九郎	九寸五分自身の膚の守（守刀）		応仁略記・上
	小敦盛（平敦盛の子、捨子）	守刀		小敦盛
	道命（和泉式部の子、捨子）	守刀（懸ける）		和泉式部
守機能をする場合	清原俊蔭	不思議な力を持つ琴	錦袋	宇津保物語「俊蔭」
	僧	経（頸に懸ける）	経袋	宇治拾遺物語「海賊発心出家の事」
	明恵	舎利（頸に懸ける）		明恵上人夢記　建仁三年一〇月

守機能をする場合			
源義経	宣旨（頸に懸ける）		愚管抄　巻五
源頼朝	院宣（頸に懸ける）	錦袋	平家物語「福原遷都」
新尼御前	五字の大曼荼羅（身に帯す）		（文永一二年）二月一六日「新尼御前返事」
一念三千を識らざる者	珠（頸に懸ける）	曼荼羅で裹む	観心本尊抄
良弁	観音小像（児の時より所持頸に懸ける）	褡	元亨釈書「釈良弁」
法然	法華経	紺地錦の経袋	義経記「関東より勧修坊を召さるる事」
源義経北の方	法華経（頸に懸ける）	錦袋	義経記「判官北国落ち事」
滝口時頼	本尊（頸に懸ける）		横笛草子

註

・「懸ける場合」は、資料上「守」と記され、それが頸に懸けられていると記載あるものの事例を配した。
・「守のみの場合」は、資料上「守」と記載されている場合のみの事例を配した。
・「守刀」は、資料上「守刀」と記されている事例を配した。
・「守機能をする場合」は、資料上「守」の表現がみられなくとも、機能から「守」と判断できる事例である。
・「守」「守刀」は、資料上「護」「護刀」と表現される場合があるが、一部を除き「守」の字に統一した。
・「守・守袋内のモノなど」は、守の御神体、または守袋に入れられているモノを配した。
・「守袋種類・同類」は、守の御神体などを収納した袋のた。

種類、またその袋を同様な機能をするモノを配した。
・（　）内は、当該事項の参考記事である。
・「たすきがけ」とは、ポシェットを懸けるように、ヒモを頸から脇へななめに懸ける方法を指す。これは頸に懸ける場合と同じと判断し、当該事例は該当箇所に配した。

出典

『今昔物語集』日本古典文学全集二一、小学館、一九七一年
『宇津保物語』日本古典文学大系一〇、岩波書店、一九五九年
『宇治拾遺物語』日本古典文学全集二八、小学館、一九七三年
「明恵上人夢記」『明恵上人集』岩波文庫、岩波書店、一九八一年
『愚管抄』岩波文庫、岩波書店、一九四九年
『平家物語』日本古典文学全集二九・三〇、小学館、一九七三・七五年
『十訓抄』岩波文庫、岩波書店、一九四二年
『撰集抄』岩波文庫、岩波書店、一九七〇年
（文永一二年）二月一六日「新尼御前返事」、（建治元年）八月二五日「妙心御前御返事」「観心本尊抄」『日蓮文集』岩波文庫、岩波書店、一九六八年
保立道久「日蓮聖教紙背文書、二通」石井進編『中世をひろげる』、吉川弘文館、一九九一年
『沙石集』岩波文庫、岩波書店、一九四三年
「親鸞聖人遺骨包裂及び外包紙」真宗高田派本山専修寺監修『高田本山の法義と歴史』、同朋舎出版、一九九二年
『元亨釈書』『大日本仏教全書』六二、史伝部、講談社、一九七二年
『とはずがたり』新潮日本古典集成、新潮社、一九七八年
「長谷寺霊験記」『続群書類従』釈家部
「愚秘抄」鵜本『日本歌学大系』第四巻、風間書房、一九五六年
『太平記』日本古典文学大系三四・三五・三六、岩波書店、一九六〇・六一・六二年
康永元年一一月日「東寺太良荘百姓等申状」『中世政治社会思想』下、日本思想大系二二、岩波書店、一九八一年
「明徳記」上・中、「応仁略記」上『群書類従』合戦部
『義経記』日本古典文学全集三一、小学館、一九七一年
『曾我物語』日本古典文学大系、岩波書店、一九九二年
「横笛草子」「小敦盛」「和泉式部」『御伽草子集』日本古典文学全集三六、小学館、一九七四年
「山椒大夫」『説教節』東洋文庫、平凡社、一九七三年

「さよひめ」『室町時代物語集』四、井上書店、一九六二年
「付喪神記」『室町時代物語大成』九、角川書店、一九八一年
「鶴岡放生会歌合」網野善彦『職人歌合』、岩波書店、一九九二年
小松茂美編『年中行事絵巻』日本絵巻大成八、中央公論社、一九七七年
小松茂美編『北野天神縁起』日本絵巻大成二一、中央公論社、一九七八年
小松茂美編『一遍上人絵伝』日本絵巻大成別巻、中央公論社、一九七八年
小松茂美編『石山寺縁起』日本絵巻大成一八、中央公論社、一九七八年
小松茂美編『法然上人絵伝』上・中、続日本絵巻大成一・二、中央公論社、一九八一年
小松茂美編『融通念仏縁起』続日本絵巻大成一一、中央公論社、一九八三年
小松茂美編『土蜘蛛草紙・天狗草紙・大江山絵詞』続日本絵巻大成一九、中央公論社、一九八四年
小松茂美編『松崎天神縁起』続日本絵巻大成一六、中央公論社、一九八三年
小松茂美編『弘法大師行状絵詞』続日本絵巻大成五、中央公論社、一九八二年
小松茂美編『西行物語絵巻』日本絵巻大成二六、中央公論社、一九七九年
小松茂美編『餓鬼草紙・地獄草紙・病草紙・九相詩絵巻』日本絵巻大成七、中央公論社、一九七七年
小松茂美編『春日権現験記絵』日本絵巻大成一四、中央公論社、一九八二年
小松茂美編『当麻曼荼羅縁起・稚児観音縁起』日本絵巻大成二四、中央公論社、一九七九年
小松茂美編『芦引絵』続日本絵巻大成二〇、中央公論社、一九八三年
小松茂美編『彦火々出見尊絵巻・浦島明神縁起』日本絵巻大成二二、中央公論社、一九七九年

表3　袋表

袋種類	A　頸に懸けるモノの場合の袋納入物（出典）	B　頸に懸けるモノ以外の場合の袋納入物（出典）

生白絹	宸筆宣命（中右記　永久二年正月一六日）	
絹袋	瓮〔後堀河天皇中宮葬送〕（明月記　天福元年九月三〇日）	
白織物袋		安徳天皇誕生時献上護剣（玉葉　治承二年一一月一二日）
文書袋	文書（平治物語「信頼降参の事幷に最後の事」） 平清盛ゆるし文（平家物語「足摺」） 院宣（平家物語「征夷将軍院宣」）	譲状など文書〔相伝〕（八坂神社記録　観応元年四月五日）
守（袋）	金五〇両（沙石集「正直の女の事」）	水精塔（沙石集「仏舎利感得の人の事」） 売券〔譲与〕（保立道久「日蓮聖教紙背文書、二通」）
膚の守	母による娘への身体安全祈願の観音経仮名文言奥書〔守〕（長谷寺霊験記） 後醍醐天皇〔綸旨、守〕（太平記「義貞自害事」） 法華経〔守〕（さよひめ） 尊勝陀羅尼経〔守〕（付喪神記）	証文の案文（康永元年一一月日「東寺太良荘百姓等申状」） 観音経〔守〕（太平記「赤坂城軍事」） 仏舎利〔守〕（太平記「先帝船上臨幸事」） 西園寺家相伝秘曲の琵琶の譜（太平記「北山殿謀反事」） 綸旨〔守〕（太平記「矢矧、鷺坂、手超河原闘事」） 女房の髪一房と歌（明徳記・中） 地蔵菩薩〔守〕（山椒大夫）
錦袋関係	懸守〔七つ、錦生地で包む〕（大阪四天王寺所	阿修羅・天女より受けた琴〔守、俊蔭より娘へ譲

蔵）
院宣（平家物語「福原院宣」）
仏から受けた蓮の実〔守〕（撰集抄「紀四郎泰成粉川利正事」）
後光厳院遺骨（後深心院関白記　応安七年二月一五日）
弥陀名号・阿字〔種字〕本来の曼荼羅（明徳記・上）
後花園院遺骨〔錦で裹む〕（親長卿記　文明三年正月一九日）
法華経〔守〕（義経記「判官北国落ち事」）
遊女（鶴岡放生会歌合）
少女（北野天神縁起）
女性（年中行事絵巻）
女性（遊女か）（一遍上人絵伝）
旅装束の女性（一遍上人絵伝）
旅装束の女性1（石山寺縁起）
旅装束の女性2（石山寺縁起）
被衣姿の女性1（法然上人絵伝）
被衣姿の女性2（法然上人絵伝）
被衣姿の女性3（法然上人絵伝）
被衣姿の女性4（法然上人絵伝）
女性（高貴か）（法然上人絵伝）

与」（とはずがたり）
藤原鎌足が住吉大明神より受けた硯（藤原時朝家伝」（撰集抄「性空上人発心幷遊女拝事」）
永範自筆懐紙〔宝物〕（十訓抄）
後鳥羽法皇宸筆御書〔重宝、譲与〕（鎌倉遺文一二五一五　建治二年一〇月一〇日「賀茂氏久置文写」）
鳥羽院より受けた笛〔平忠盛→平経盛→平敦盛へと相伝〕（平家物語「敦盛最期」）
地蔵菩薩夢告の陵王の桴（地蔵菩薩霊験記「近真が陵王の桴の事」）
親鸞遺骨〔顕智所持＝相伝、守〕（親鸞聖人遺骨包裂及び外包紙）
後嵯峨院より受けた琵琶（とはずがたり）
天照大神より日本武尊へ譲与の草薙剣〔守〕（とはずがたり）
北条政子相伝源氏白旗〔重宝〕（太平記「足利殿御上洛事」）
源義家、鶴丘八幡宮奉納の二引両旗（太平記「新田・足利確執奏状事」）
嚢祖那須与一資高より相伝の母衣（太平記「京軍事」）
源義経守刀〔錦を巻く〕（義経記「遮那王殿鞍馬出の事」）

	被衣姿の女性5（法然上人絵伝） 被衣姿の女性（融通念仏縁起） 被衣姿の女性（庶民か）（融通念仏縁起） 被衣姿の女性（大江山絵詞） 被衣姿の女性（松崎天神縁起） 女性1（弘法大師行状絵詞） 女性2（弘法大師行状絵詞） 女性（高貴か）（西行物語絵巻） 女性（高貴か）（九相詩絵巻） 琴をひく巫女（春日権現験記絵） 童子1（春日権現験記絵） 童子2（春日権現験記絵） 童子（稚児観音縁起） 童子（芦引絵） 少年（少女か、高貴）（浦島明神縁起）	法華経〔紺地錦の経袋〕（義経記「関東より勧修坊を召さるる事」） 箱王守刀〔錦を巻く〕（曾我物語「箱王、祐経にあひし事」） 剣（応仁略記・上） 畠山庶氏西方家伝の剣（応仁略記・上） 天神筆御影〔宇多天皇相伝〕（北野神社日記　長享二年一〇月九日） 温泉寺本尊頭部納入の経など埋置子細載物（実隆公記　享禄二年三月八日） ＊奈良西大寺愛染明王像胎内納入舎利容器〔錦裂、一二四七年〕 ＊奈良西大寺釈迦如来立像胎内納入水晶五輪塔〔錦裂〕 ＊奈良西大寺騎獅文殊菩薩像胎内納入水晶五輪塔〔錦裂、一三〇二年〕 ＊京都東福寺竜吟庵大明国師像胎内納入舎利壺〔錦袋、一二九一年頃か〕 ＊京都聖護院智証大師像胎内納入造立願文〔一一四三年〕 ＊古仏金銅救世観音像胎内納入法華・維摩・勝鬘三経（法隆寺縁起白拍子）

経　袋	経〔守〕（宇治拾遺物語「海賊発心出家の事」）	仏眼の具足（明恵上人夢記）
曼荼羅	珠〔守、曼荼羅で裹む〕（観心本尊抄）	
褚	観音小像〔守〕（元亨釈書「釈良弁」）	
その他		後鳥羽上皇の魂を入れた赤鬼神の赤袋（普賢延命御修法記） 大黒天の袋（北野神社日記　延徳二年九月一三日）

註

・〔　〕内は、当該事項の参考記事である。
・資料上、「〜袋」とのみの表現でも、納入物が想定できる場合は、それを掲載した。
・「その他」は、袋に関する記事を配した。
・絵画資料で頸に懸けられている「懸守」は、赤色などで色彩されていることが多く、これらは「錦」と判断して当該箇所に配した。

出典

『宇津保物語』「俊蔭」日本古典文学大系一〇、岩波書店、一九五九年
『保元物語・平治物語』日本古典文学大系三一、岩波書店、一九六一年
『宇治拾遺物語』日本古典文学全集二八、小学館、一九七三年
「明恵上人夢記」『明恵上人集』岩波文庫、岩波書店、一九八一年
「普賢延命御修法記」『大日本史料』四—一五
『平家物語』日本古典文学全集二九・三〇、小学館、一九七三・七五年
『撰集抄』岩波文庫、岩波書店、一九七〇年
小松茂美編『山王霊験記・地蔵菩薩霊験記』続日本絵巻大成一二、中央公論社、一九八四年
『十訓抄』岩波文庫、岩波書店、一九四二年
保立道久「日蓮聖教紙背文書、二通」石井進編『中世をひろげる』、吉川弘文館、一九九一年
「観心本尊抄」『日蓮文集』岩波文庫、岩波書店、一九六

八年
『沙石集』岩波文庫、岩波書店、一九四三年
『元亨釈書』『大日本仏教全書』六二、史伝部、講談社、一九七二年
「親鸞聖人遺骨包裂及び外包紙」真宗高田派本山専修寺監修『高田本山の法義と歴史』、同朋舎出版、一九九二年
『とはずがたり』新潮日本古典集成、新潮社、一九七八年
「長谷寺霊験記」『続群書類従』釈家部
『太平記』日本古典文学大系三四・三五・三六、岩波書店、一九六〇・六一・六二年
康永元年一一月日「東寺太良荘百姓等申状」『中世政治社会思想』下、日本思想大系、岩波書店、一九八一年
「明徳記」上・中、「応仁略記」上『群書類従』合戦部
『義経記』日本文学全集三一、小学館、一九七一年
『曾我物語』日本古典文学大系、岩波書店、一九九二年
「山椒大夫」『説教節』東洋文庫、平凡社、一九七三年
「さよひめ」『室町時代物語集』四、井上書店、一九六二年
「付喪神記」『室町時代時代大成』九、角川書店、一九八一年
＊印は倉田文作『日本の美術　像内納入品』八六、至文堂、一九七三年
「鶴岡放生会歌合」網野善彦『職人歌合』、岩波書店、一九九二年
小松茂美編『年中行事絵巻』日本絵巻大成八、中央公論社、一九七七年
小松茂美編『北野天神縁起』日本絵巻大成二一、中央公論社、一九七八年
小松茂美編『一遍上人絵伝』日本絵巻大成別巻、中央公論社、一九七八年
小松茂美編『石山寺縁起』日本絵巻大成一八、中央公論社、一九七八年
小松茂美編『法然上人絵伝』上・中、続日本絵巻大成一・二、中央公論社、一九八一年
小松茂美編『融通念仏縁起』続日本絵巻大成一一、中央公論社、一九八三年
小松茂美編『土蜘蛛草紙・天狗草紙・大江山絵詞』続日本絵巻大成一九、中央公論社、一九八四年
小松茂美編『松崎天神縁起』続日本絵巻大成一六、中央公論社、一九八三年
小松茂美編『弘法大師行状絵詞』続日本絵巻大成五、中央公論社、一九八二年
小松茂美編『西行物語絵巻』日本絵巻大成二六、中央公論社、一九七九年
小松茂美編『餓鬼草紙・地獄草紙・病草紙・九相詩絵巻』日本絵巻大成七、中央公論社、一九七七年

小松茂美編『春日権現験記絵』日本絵巻大成一四、中央公論社、一九八二年
小松茂美編『当麻曼荼羅縁起・稚児観音縁起』日本絵巻大成二四、中央公論社、一九七九年
小松茂美編『芦引絵』続日本絵巻大成二〇、中央公論社、一九八三年
小松茂美編『彦火々出見尊絵巻・浦島明神縁起』日本絵巻大成二二、中央公論社、一九七九年

註

(1) 五味文彦ほか編『絵巻に中世を読む』、吉川弘文館、一九九五年。
(2) 本章では「お守り」は基本的に「守」と統一して表現する。
(3) 青木美智男ほか編『一揆』四、東京大学出版会、一九八一年。
(4) 『日本歴史』四二一、一九八三年。
(5) 歴史学研究会ほか編『講座日本歴史』四・中世二、東京大学出版会、一九八五年。
(6) 『境界の中世・象徴の中世』、東京大学出版会、一九八六年。
(7) 『王の身体・王の肖像』、平凡社、一九九三年。
(8) 福田博美「守袋の変遷」(『文化女子大学研究紀要』一七、一九八六年)、高橋秀榮「『頸に懸ける』考」(『駒澤大学仏教学部論集』第二八号、一九九七年)。
(9) 文学作品を資料とする問題については、大隅和雄「史料としての文学作品」、また資料論の課題については、網野善彦「史料論の課題と展望」(以上、『岩波講座 日本通史』別巻三、岩波書店、一九九五年)・「中世資料学の課題」(石井進ほか編『中世資料論の現在と課題』、名著出版、一九九五年)。
(10) 例えば、新田義貞が藤島の戦いで討ち死にした時、彼が「ハダニ懸テ候ツル護リ」(『太平記』巻二〇「義貞自害事」、日本古典文学大系三五、岩波書店、一九六一年)との表現を、頸に懸けていたと判断したごとくである。
(11) 例えば、資料上「懸ける」という表現がなく「膚の守」「守(護)」とのみの場合は、一応表1では省いた。した

がってこれらを含めれば、事例はかなり増加する。

(12) 小松茂美編、日本絵巻大成一八、中央公論社、一九七八年。

(13) 高野山への納骨については、田中久夫「高野山奥の院納骨の風習の成立過程」(『祖先祭祀の研究』、弘文堂、一九七八年)がある。また死体遺棄を中心に、中世びとの葬送観などを扱った、勝田至「中世民衆の葬制と死穢」(『史林』七〇—三、一九八七年)や、墓地研究には、藤澤典彦「墓地景観の変遷とその背景」(『日本史研究』三三〇、一九九〇年)・「中世墓地ノート」(『仏教芸術』一八二、一九八九年)がある。また葬送・墓制の包括的研究には、水藤真『中世の葬送・墓制』(吉川弘文館、一九九一年)がある。

(14) 「四天王寺の宝物と聖徳太子信仰」展実行委員会編『四天王寺の宝物と聖徳太子信仰』(同会、一九九二年)図録№63に写真掲載されている。

(15) 日本古典文学全集二〇、小学館、一九七四年。なお絵巻をみると、ポシェットのようにヒモを頸から脇へたすき懸けをし、守袋が腰(あるいはそれより上)に位置する場合がある。これは『沙石集』巻第二—一「仏舎利感得の人の事」(岩波文庫、岩波書店、一九四三年)の「脇にかけたりける守の袋」と表現されているものであろう。本章ではこれも頸に懸ける事例とした。

(16) 『鎌倉遺文』一二五一五、山城鳥居大路文書。

(17) 資料上は「白衣ならすして見まいらすへき也」と、白衣でなくみよとあるが、文意上「みてはいけない」となるべきものと考える。おそらく「見まいらすへからざる也」などとすべきところを、写し誤ったのではないかと思われる。

(18) 日本古典文学全集二九、小学館、一九七三年。

(19) 『山槐記』保元三年(一一五八)九月二九日条に、「其内者《(高野山奥の院)》、殊持戒、精進、不高声多言、不大小便、津和幾派加須」と、奥の院の清浄を保ったための禁忌が記されてある。「津和幾」(唾)も、清浄を穢すものであったらしい。うがい・口のすすぎは、唾などの穢れをなくすためのものであろう。

(20) 『吾妻鏡』寿永元年(一一八二)五月一六日条に、豊受太神宮禰宜為保が「浄衣」を着し榊を捧げ、営中に参入した時、源頼朝はこれをみて「其体頗る神なり」と語った記事がある。頼朝が浄衣を着けた様子を「神」と表現した点からみても、この装いが神聖なものであったことは理解できよう。
(21) これは裏を返せば、天皇関係文書は穢れやすい（文書穢）ということであろう。文書穢については、上杉和彦「中世の文書をめぐる意識と行動」（『遥かなる中世』一〇、一九八九年）参照。
(22) 註10資料。
(23) 岩波文庫、岩波書店、一九四九年。
(24) 註10資料巻第一六「将軍自筑紫、御上洛事付瑞夢事」に、足利尊氏が九州に落ち京都奪還を目指し、光厳上皇の院宣を受けた話がある。その時尊氏は「向後ノ合戦ニ於テハ、不勝云事有ベカラズ」といい、勝利を確信している。本文の意見が首肯されれば、この確信も院宣の持つ呪力が、その背景にあると考えられないだろうか。
(25) 『太平記』、日本古典文学大系三四、岩波書店、一九六〇年
(26) 『義経記』巻第六「関東より勧修坊を召さるる事」（日本古典文学全集三一、小学館、一九七一年）。
(27) 享保八年（一七二三）京都で流行病が蔓延した際、人々は時の天皇、霊元天皇の詠歌を書きしるし護符として、病を防いだという（宮田登「いわゆる権威としての天皇信仰」〈『民俗宗教論の課題』、未来社、一九七七年〉）。この場合、天皇詠歌ではあるが、これも天皇の文書の呪力の一つを示すものでなかろうか。
(28) これについては註13田中前掲書・藤澤論文参照。
(29) 小松茂美編、続日本の絵巻九、中央公論社、一九九〇年。
(30) 稲葉昌丸編『蓮如上人行実』、法藏館、一九四八年。
(31) 真宗高田派本山専修寺監修『高田本山の法義と歴史』、同朋舎出版、一九九一年。
(32) 「蓮如上人仰条々」（『真宗史料集成』第二巻、同朋舎出版、一九七七年）。
(33) 註25資料。
(34) 西口順子氏は「火・煙・灰」（林屋辰三郎編『民衆生活の日本史・火』、思文閣出版、一九九六年）で、仏舎利や遺骨が信仰の対象であるのと同時に、マジカルな力を持つものと考えられていた点を指摘している。
(35) 以上各中陰記は、註32資料。
(36) 龍谷大学図書館所蔵。

(37) 田中久夫執筆「骨」項、『日本史大事典』六、平凡社、一九九四年。ただし「小敦盛」（『御伽草子集』、日本古典文学全集三六、小学館、一九七四年）には、小敦盛は討死した父敦盛にあい、父の膝で寝て気が付くと、そこには膝の骨が残っており、それを懸けた話がある。これは首骨ではなく膝の骨の例である。
(38) 『群書類従』合戦部五。
(39) 『日蓮文集』、岩波文庫、岩波書店、一九六八年。
(40) 註37資料。
(41) 註39資料。
(42) 註39資料。
(43) 註26資料巻第七「判官北国落ち事」。
(44) 日本古典文学全集二八、小学館、一九七三年。
(45) 註25資料。
(46) 註26資料。
(47) 『日本歌学大系』第四巻、風間書房、一九五六年。
(48) この事例は、康永元年一一月日「東寺太良荘百姓等申状」（日本思想大系二二『中世政治社会思想』下、岩波書店、一九八一年）にあるもので、経緯は以下のごとくである。蓮仏の住宅へ強盗が入り、守護使馬允が見知を行い、「強盗死人」を確認した。しかし蓮仏は「百姓等古敵」と称し、百姓などが強盗であると守護方に訴えた。それに対し百姓などが反論したのが、この申状である、そこに「一通　死人所持証文案、於正文者、使馬允請取畢、ハタマホリニ在之」という副文書の箇所がある。ここから「死人」（蓮仏の主張によると強盗の百姓）の「ハタマホリ」に証文案が入れられていたことがわかる。
(49) 註26資料巻第八「判官御自害の事」。
(50) 註10資料。
(51) 註37資料。
(52) 石井進編『中世をひろげる』、吉川弘文館、一九九一年。

(53)　註1前掲論文。
(54)　註15後者資料。
(55)　註10資料。
(56)　保立道久氏は註52前掲論文の註6で、このような守を財布・ポシェットなど、とされている。
(57)　このように文書が御神体となった事例は、註25資料にみえる「敵ノ冑ノ守リニ入テ侯シ綸旨」、註10資料にある、新田義貞の「冑ノ守」内にあった「吉野ノ帝ノ御宸筆」をあげられよう。また註23資料の源義経都落の際、「宣旨ヲ頸ニカケ」たことも同様であろう。
(58)　岩波文庫、岩波書店、一九七〇年。
(59)　例えば、註44資料にある、経により助かった僧が頸に懸けていたその「経袋」や、義経が北の方に紺地の錦の袋に入れて懸けさせた法華経（註43資料）や、義経をかくまった咎で、鎌倉へ召された勧修坊に、法然が紺地錦の経袋より取り出し与えた一巻の法華経（註26資料）も、経自体が守の御神体と考えられる事例であろう。
(60)　これと同様と考えられるのは、事例9の柿屋と滑良が、錦袋に入れ懸けていた弥陀の名号・阿字（種字）本来の曼荼羅、事例11の「横笛草子」で、滝口時頼が頸に懸けていた本尊があげられよう。
(61)　新潮日本古典集成、新潮社、一九七八年。
(62)　『家具と室内意匠の文化史』、法政大学出版局、一九七九年。
(63)　『歴史地理教育』三六二、一九八四年。
(64)　『中世の愛と従属』、平凡社、一九八六年。
(65)　註64前掲書。
(66)　網野善彦ほか編『中世都市と商人』、名著出版、一九九二年。
(67)　註52前掲書。
(68)　註1前掲書。
(69)　網野善彦ほか編『ことばの文化史』中世一、平凡社、一九八八年。
(70)　佐藤和彦ほか編、東京堂出版、一九九五年。

(71) 註26資料。
(72) 倉田文作編『日本の美術 像内納入品』第八六号、至文堂、一九七三年。
(73) 『義経記』『曾我物語』の義経や箱王の守刀の柄・鞘が錦で巻かれていることを錦袋（守袋）に包まれた状態と同様と指摘したように、守刀も錦と関係しているとみてよい。
(74) 註52前掲書。
(75) 『大徳寺文書』（大日本古文書、家わけ第一七）に文書袋の実物が写真掲載されており、そのなかに錦袋も存在する。
(76) 註72前掲書。
(77) 事例8の後醍醐天皇の仏舎利を入れた「膚ノ御護」も先述の遺骨が錦で包まれていた事例であろう。
(78) 註72前掲書。
(79) 守が基本的に錦袋が多いことを考えれば、事例14の楠木正成が観音経を入れた「膚ノ守」、註44資料の経袋や、事例11の滝口の本尊も、すべて錦袋に納入されていたのであろう。
(80) 註7前掲論文。
(81) 日本古典文学大系一〇、岩波書店、一九五九年。
(82) 『大日本史料』四―一五。
(83) 『歴史評論』四九七、一九九一年。
(84) この点については拙稿「仏像の焼失」（『歴史学研究』六七五、一九九五年、本書第Ⅱ部第一章）。
(85) 註72前掲書に事例が写真掲載されている。
(86) これらは保立道久の一連の研究註64前掲書・註65前掲論文参照。
(87) 三弥井書店、一九八二年。
(88) 頸の機能については、峰岸純夫氏からご教示を得た。
(89) 「簾中旧記」（『新校群書類従』武家部）。本書は室町期の女房衆心得の条々というべきものである。
(90) 註8福田前掲論文には胸守の事例と、その変遷が指摘されている。

(91) 網野善彦『日本中世に何が起きたか』、日本エディタースクール、一九九七年、三七～四〇頁。
(92) 阿部謹也『ヨーロッパ中世の宇宙観』（学術文庫、講談社、一九九一年）・『中世賤民の宇宙』（筑摩書房、一九八七年）。

第三章　頭とその周辺——枕元に立つ者・置くモノ——

はじめに

幼い頃、祖母や母親から北枕で寝てはいけないとよく聞かされた。また寝ていると枕元に死んだおじいさんが立った、という話もよく聞く。一般的な話でも、やはり幽霊が枕元にたたずむ場合が多い。これらの話はおよそ世間の人もよく承知していることと思われる。つまり北枕や枕元と幽霊の話は、少なくとも現代人が枕元に何か不思議な、霊的なものを感じていることを物語っている。

枕を使った表現は「寝る」の意が当然多いが、寛正二年（一四六一）一一月三日「菅浦大浦両荘騒動記」(1)の「枕をならへ、打死」のように、歴史的には死と枕とが関係する例も意外に多い。たとえば『義経記』巻第八「衣川合戦の事」(2)には、鈴木三郎討死の時、その弟亀井六郎が「腹搔切りて、兄の伏たる所に、同じ枕に伏しにけり」と、死と枕とを関係させ表現している。

また北枕や枕飯（死者に供える飯）・枕経（死後すぐにあげる経）・枕火（故人の枕元に置く灯火）・枕石（墓のしるしとして自然石に戒名などを書き墓所に置く石）など、葬祭に関係する言葉にも「枕」を冠する語が多いことも(3)、前記の幽霊話に通ずるものである。

これらの事例から、枕・枕元が古くから霊的空間として認識されていたことは間違いなく、現在の私たちの有する枕元に関する意識は、古くからの枕元の信仰を引き継いだものといえる。この枕元に関して次のような習俗が確認できる。

〈事例１〉『平家物語』巻第三「御産」(4)

小松殿（平重衡）、中宮の御方に参らせ給ひて、金銭九十九文、皇子（安徳天皇）の御枕におき、「天をもッて父とし、地をもッて母とさだめ給へ……」とて

〈事例２〉『山槐記』治承二年（一一七八）一一月一二日条

散米当障子声頻……皇子（安徳天皇）降誕……内大臣（平重盛）、誦祝詞三反以天為父、以地為母、領金銭九十九令児命、被置銭於皇子御帳御枕上件銭九十九文納方三寸許白絹袋也、以白糸為括、御産以前、自禅門被献之、大夫取之、被伝内府、皇子渡御以前、被置白御帳内也

事例１・２は皇子（安徳天皇）誕生記事とその物語の一部である。ここから皇子誕生時に「金銭九十九文」を「御枕」「御枕上」に置き、祝詞を唱える儀式の存在がわかる。後述するが、これは他の事例にもみえる儀式で、公家社会では比較的なされていたものである(5)。

生命の誕生とかかわる状況と枕元と銭、また枕元に立つ幽霊、これらは枕元を中心とした霊的関係でリンクしている。したがってこの枕元は、中世における生命と死に対する認識を明らかにする視角となるはずである。そこで

本章は、枕元にまつわる行為やモノを通し、中世びとの信仰世界の一端を明らかにしようというものである。

一　枕元と銭の呪力

以前、東京都千代田区九段下にある「昭和館」という博物館を訪れた。同館は戦中・戦後の生活の様々を展示する施設で、その展示物のなかに「千人針」がある。千人針とは戦地に赴く兵士に贈ったお守りの一種で、家族・親戚、知り合いの女性が無事帰還の願いを籠め、赤糸で一針ずつ縫い千個の赤い糸玉を結んだものである。そこには五銭と一〇銭を縫いつけた千人針があった。解説によると、五銭は「死線（四銭）を越える」、一〇銭は「苦戦（九銭）を越える」との意味があるという。これは一種の語呂合わせで荒唐無稽だが、銭に対する民間信仰（数霊信仰）を感じる(6)。

さすがに千人針の信仰はなくなったが、現在でも銭に対する信仰はある。例えば、正月の賽銭に、額面「二九五一円」の小切手があったというニュースを毎年聞く。これは「福来《ふくこ》い」と読み、賽銭の額面数字にかけているもので、まさに数霊信仰と賽銭という銭の信仰の結合形態であろう。

また葬儀時に納棺する三途の川の渡し賃「六道銭」は、あの世で銭が役立つ信仰からの行為で、やはり銭の呪力を示している。さらに「銭洗い弁天(7)」などもその一つで、特に鎌倉市の銭洗い弁天が有名である。これは「銭洗い水」で銭を洗うと金が増えるという信仰である。ここにも銭と不思議な水、弁財天信仰が関係している。

現在でも銭の信仰は生きているが、このような銭とは一体どういうものなのか。私たちが理解する銭＝貨幣は商品価値の転化形態で、交換手段、支払手段、資本の機能を有するものである。経済学的にはそうであろうが、歴史的には上記の呪力を期待していた事例が数多くみられ、むしろこれを期待されていたかのようである。

先の事例１・２は、まさに呪力を示す事例である。呪力を持つ銭が生命の誕生とかかわる状況で、枕元に置かれる意味はなにかなどについて、ここではその呪力に主眼におき考えてみよう。

〈事例３〉『三長記』建久六年（一一九五）八月一三日条

平安遂御皇女也……先例或自上棟落甑……只世俗之説云々……此間供御高枕薦上巻綿麻儲之、兼進之也、殿下（九条兼実）寄皇女（昇子内親王）御耳下、誦祝詞給三反、以天為父、以地為母、領金銭九十九文、令児寿、件祝文見医書、兼進之也 次置金銭於皇女御枕上九十九文納方三寸許白生絹袋、以白練絲為紐、児渡御以前、置御帳内也

〈事例４〉『玉蘂』承元三年（一二〇九）五月二五日条(8)

一口結付銭袋銭三文入同袋付之、九十九文、或人云、用九十九文内云々、今案、件外九十文云々

〈事例５〉『公衡公記』乾元二年（一三〇三）「昭訓門院御産愚記」

皇子降誕……早可落甑者……自寝殿棟落甑自日□（隠間カ）簷落庭、破之……次予（公衡）参進、寄皇子御耳申云、以天為父、以地為母、領金銭九十九文令児寿、三度誦之

〈事例６〉『公衡公記』延慶四年（一三一一）「広義門院御産愚記」

次予寄児御耳誦祝詞其詞、以天為父、以地為母、領金銭九十九文、予持之、令児寿、三度誦之……次予自母屋進寄白御帳御頭辺置袋於御枕

〈事例7〉『花園天皇宸記』文保三年（一三一九）四月二一日条

女房抱児、予唱祝詞、其詞云以天為父、以地為母、領金銭九十九、令児寿、三返唱入児左耳、即取金銭、置御帳中枕方

これらは皇女・皇子（事例4は九条道家娘竴子〈のち後堀河天皇中宮〉）など、鎌倉期の公家の出産・誕生時の様子を記述した事例である。ほぼ共通するのが誕生時、その枕元に銭九九文を置き祝詞の呪文を唱える点である。この習俗を理解するポイントは銭と枕元であろう。児の耳元で唱える祝詞は、おそらく子どもの成長を願うものであろうから、子どもに唱えているというより、むしろその願いをかなえてくれる神仏に捧げていると考えるべきである。つまり祝詞は耳元ではなく、耳元の場＝枕元に唱えていると考えるべきではなかろうか。とすれば、この場が神仏と関係する聖的な場となり、その場にわざわざ置かれた銭には、何か特別な意味があったに違いない。次の事例をみてもらいたい。

〈事例8〉「御産所日記」

太平ト文字ノ有銭ヲ卅三文ト筆一管ト墨一丁相副テ、壺《（胞衣壺）》ニ納申

〈事例9〉「産所之記」

一たい《（太）》平の鳥目十三文、ゑな《（胞衣）》につゝみ、そへおけ《（添　桶）》へ入候也

室町期の両事例は産後胞衣処理作法の一部である。胞衣と銭とをセットに壺・桶に入れる点から、やはり生命の

誕生と銭が深く関係していることは明らかで、やはり枕元などの銭が何か特別な機能があったとみて間違いなかろう。次にこの点を諸事例から分析してみたい。

〈事例10〉柴屋軒《さいおくけん》宗長『宗長日記』(10)

大永六年（一五二六）一二月二五日条

京には役おとし（厄落）て、年の数銭をつゝみて、乞食の夜行におとしてとらする事をおもひやりて

かぞふれば我八十の雑事銭役とて、いかゞおとしやるべき

これは連歌師宗長の日記で、彼は京都で厄落として年の数だけ銭を包み、乞食に落とし取らせる習俗の存在を指摘する。宗長は駿河国島田（現、島田市）生まれで、上京し一休にも師事しているところから、この習俗が当時京都で実際に行われたとみてもよい。ここで注目すべきは厄落に銭が使われている点である。厄落に年の数だけ銭を包み落とすことは、銭に自分の厄をくっつけることにほかならない。つまり銭は厄＝ケガレ吸引能力を有していたことになる。

さらにその銭を乞食に落とすのは、どのような意味があるのか。中世での乞食はケガレ的存在ではあるが、その反面説話などでは実は神仏の化身とする話が多い(11)。これは乞食が聖なる者と認識されていたことを示している。とすれば、銭を落とすことは、実は銭を神仏に捧げる行為を意味するのではなかろうか。

事例の行為は自分の厄を銭に吸引させ、それを乞食＝神仏に捧げ厄を祓う、つまり神仏に厄払や清めの役割をさせていることを意味している。さらに銭を落とす行為は「落とす」(12)があるモノを神仏に捧げ、一旦無縁のものとす

る意であることから、銭にケガレをつけ、そのケガレから無縁になることとも理解できる。

新谷尚紀氏は「貨幣には死が宿る」[13]で、民俗学の立場から銭の問題に関し興味深い指摘をしている。その指摘は神社へ奉納する賽銭の問題によせて、銭がケガレをくっつける＝吸引機能を有し、それを神社が清める役割を果たし（ケガレ浄化装置）、やがて清められたケガレが逆転現象として縁起物になるというものである。

氏の指摘から事例を考えれば、厄をつけた銭を落とすとは、乞食＝神（＝神社）に賽銭して、ケガレを浄化してもらい、縁起をよくする行為と理解できる。事例には賽銭という表現がないものの、まさに神社へ納める賽銭と同じ行為といえる。

〈事例11〉柴屋軒宗長『宗長日記』
大永四年（一五二四）正月一〇条
正月十日あまりの夜半ばかりに、夢中に玉《魂》の出行を、我玉にやとおもひ夢覚めて
　みかぎりて我身出行むくゐなん　銭の御玉いりかはり給へ
此銭の御玉やがて入かはれかし、とねんじ入侍るなるべし

事例11は自分の玉＝魂と「銭の御玉」が入れ替わった夢をみたものである。「銭の御玉」とは今ひとつ判然としないが、それが自分の魂と入れ替わるということゆえ、銭の魂のことであろう。つまり銭には、人の魂と同等の魂があるということである。

〈事例12〉『看聞日記』永享七年（一四三五）正月八日条

抑持参之肴餅美曾宇之餅中ニ銭一入、予食之時、取出、希得《奇特》之事也、吉瑞之由、人々申、仍記之

これは参賀の時、貞成親王が餅を食べると、そのなかに銭が一つ入っており、彼は「希得」「吉瑞」と喜び日記に記した話である。これは籤のごとくのものであろうが、ここでも銭が神仏の意思の「吉瑞」とが結びついており、銭の呪力の存在が確認できる。これら事例は当時の人々が銭に特別な信仰を有していた証左である。

最後の問題としてなぜ銭に呪力が宿っていたのか。この点については網野善彦氏の明快な意見を引用して説明しておこう。氏はなぜ金銭を借りた時、利息を取ることができるのかについて、経済学的説明はかなり困難としつつ、次のように説明する。神聖な倉庫にしまわれていた初穂（神物）を種籾として農民に貸し与え、秋に神への感謝、御礼の意をこめ若干の利息をつけて倉庫に戻す、つまり神物貸し付けの、神への御礼が利息であるという。またおのずと金融業者も神仏に属した神人・寄人になるといい、金融行為自体神仏にかかわりが深いとも指摘する。[14]

さらに銭を埋めることについて、「土中の世界は異界であり、そこに埋められたものは神仏の物、『無主物』とされ」「いったん、神仏の物、『無主物』とすることが、銭を資本に転化するための前提であったとすれば、銭の埋納を経済的行為と結びつけることも可能になる[15]」とする。

利息が神への礼から始まることや、金融が神仏にかかわるものが行うとか、銭の資本的利用として世俗との縁を切り、一旦無縁のもの（無主物）＝神仏の物にするなど、銭が当初より神仏にかかわり成立していた諸点が指摘されている。これは経済学的立場だけでは理解しにくい原理である。

また銭の呪術的・境界的特質は貨幣発生時の奈良時代より、すでに存在していたといい、それは凶災をおさえ、

吉祥を求めるための呪術用銭貨の「富本銭」、井戸掘りや諸種の建築時に「鎮壇具」として埋められた和同開珎や無文銀銭の例をも指摘する。(16) 網野氏の指摘通り、すでに貨幣は古くから呪術的具として存在し、銭が中世で浸透して多様な形でその機能が発揮され、その結果貨幣の習俗も広く展開したものと思われる。

〈事例13〉『今昔物語集』巻第二七第三〇「幼児為護枕上蒔米付血語《をさなきちごまもらむがためにまくらがみにまくよねにちつくこと》」(17)

其ノ児ノ枕上ニ火ヲ近ク燃シテ、傍ニ人二、三人計寝タリケルニ、乳母目ヲ悟《さま》シテ……寝タル様ニテ見ケレバ、夜半計ニ塗籠ノ戸ヲ細目ニ開テ、其ヨリ長《たけ》五寸計ナル五位共ノ、日ノ装束シタルガ、馬ニ乗テ十人計次キテ、枕上ヨリ渡ケルヲ、此ノ乳母『怖シ』ト思ヒ乍ラ、打蒔ノ米《よね》ヲ多ラカニ掻《かき》爴《つかむ》テ打投タリケレバ、此ノ渡ル者共散ト散テ□失ニケリ、其ノ後弥ヨ怖シク思ケル程ニ夜曉ニケレバ、其ノ枕上ヲ見ケレバ、其ノ投タル打蒔ノ米毎ニ血ナム付タリケル

これはある人が幼児を連れて方違えのため、下京辺の家に行き泊まった時、児の枕上（枕元）に、騎乗した小さな者たちが出現し、それをみて恐怖した乳母が米を打蒔き、彼らを追い払ったものである。注目すべきは枕元が不思議な者たちの出現場であること、その者を追い払うために米を撒いた（散米）点である。これは明らかに米がケガレを祓う機能を有す事例であり、同時に枕元が不思議空間であることを示す事例である。この米は上述の銭の機能と同じ、つまり散米とは銭撒と同じ機能ということになる。本来、銭は米の転化形態で当然銭は米の機能を引き継いでいる。したがって銭の呪力の根元は、このような米の機能にあるのだろう。(18)

これらを考えると、以前から提示している出産後の銭を枕元に置き、祝詞を述べる行為は銭のケガレ吸引機能＝

賽銭を用いた、その場のケガレ祓い作法であり、同時に賽銭として不思議な空間の枕元への祈願（神仏への祈願）であったといえよう。これは胞衣も同じことで、胞衣と銭を地面に埋めたのは地面が神仏の世界につながる境界の場であるからで、ケガレ吸引力を持つ銭を神仏とつながる土中へ賽銭として撒く代わりに埋め、ケガレを祓ったものと考えられる[19]。

二　枕元について――枕元に立つ者・置くモノ――

生命誕生時に呪力がある銭を置く聖なる場、先の騎乗者のごとく不思議な者が出現する不思議の場の枕元について、次に考察してみたい。そもそも枕元（枕上・枕頭）とは、どこを指すのか。『粉河寺縁起』第三段「祈る童の行者[20]」に、病で伏せる長者の娘に童（千手観音の化身）が祈りを捧げる描写がある。童は寝て横たわる娘の頭の少し上の方に座している。この場面を詞書では「まくらかみにゐて、千手陀羅□□て、ひまなくいのる」とある。つまり枕上（枕頭・枕元）とは寝ている者の頭近辺をいうのである（図9）。

そこでまず日記・記録・物語などの文献資料から、この枕元（枕上・枕頭）に何が置いてあるか、誰が立つ（座す）のかを管見の範囲であげてみよう。

〈事例14〉『小右記』永祚二年（九九〇）

七月七日条　小児所悩極重、立内外大願、捨彼児所用之銀器等……於児枕上、令平実師始読千巻金剛般若経

七月九日条　依小児病殊重、今夜半許、小児已以不覚……以所用銀器、皆捨仏界、又同捨枕上剣

一連の記事は藤原実資が病に伏せる「小児」（娘）に祈禱する話である。ここには娘所用の銀器などを、女児の「枕上」に捨てたとあり一層病が重くなると、銀器と「枕上剣」を「仏界」に捨てるとある。この記事から枕上に剣があったことが知れる。剣はおそらく稚児の守刀であろう。女児所用の銀器を「仏界」に捨てと記し、さらに剣も同じく「仏界」に捨てるとしている点から、枕上が女児を守るために重要な場、おそらく仏界に続く場であったと考えられる[21]。

図9　枕元に立つ者1
病を患う娘の枕元で、粉河寺観音の化身の童が加持を行う。枕元が聖なる者の出現場所であることを表す（『粉河寺縁起』第三段、粉河寺蔵）。

〈事例15〉『平家物語』巻第三「大塔建立[22]」

修理終ッて、（平）清盛厳島へ参り、通夜せられたりける夢に、御宝殿の内より、鬢結うたる天童の出でて、「これは大明神の御使なり、汝この剣をもッて、一天四海をしづめ、朝家の御まもりたるべし」とて、銀の蛭巻したる小長刀を給はるといふ夢をみて、覚て後、見給へば、うつつに枕がみにぞ（小長刀）たッたりける

これは大明神の使いの夢告通り、平清盛の枕上に朝家守護の小長刀が立っていた話である。夢告通り枕上に小長刀が立っていたことは、枕元と天界とがつながってい

ることを明示するものである。またこれは朝家守護の小長刀から、刀に守護機能があると理解されていた事例でもある。

〈事例16〉『撰集抄』巻一第八「行賀僧都之事[23]」

僧都のまどろみ給ひけるに、十一面観自《ママ》在菩薩、枕のうへにわたらせ給ひて

〈事例17〉『吾妻鏡』文治二年（一一八六）二月四日条

去比、有御夢想、貴僧一人参于御枕上

〈事例18〉『吾妻鏡』建保六年（一二一八）七月九日条

将軍家《源実朝》、御出鶴岳《八幡宮》之時……令休息給、御夢中薬師十二神将内、戌神来于御枕上曰、今年神拝無事

〈事例19〉『園太暦』貞和五年（一三四五）八月七日条

九条禅閤（道教）往生事

竹林寺長老雙救上人入来、謁之……当日暁、北政所幻夢之境、傾蓮台之観音、現病者枕上、其上紫雲又現庭樹梢、不可思儀事云々、可貴々々

〈事例20〉『御伽草子集』「小敦盛[24]」

年の齢八十ばかりの老僧（賀茂大明神）、鹿杖にすがり、かの児（小敦盛）の枕上に立ち、仰せありける

これらの諸事例からみて枕元に立つものが、僧（神仏の化身）や神仏（十一面観自在菩薩・観音）が多く、ここが異界（神仏の住む場など）との接点であることが判明する。したがって出産時の枕元の儀式も、神仏への賽銭と祈願を意味する行為で間違いなかろう。

〈事例21〉『宇治拾遺物語』巻第四―一四「白河院おそはれ給ふ事(25)」

白河院御殿籠りて後、「物におそはれさせ給ひける、『然るべき武具を、御枕の上におくべき』と、沙汰あり」て、源義家「檀弓《まゆみ》（檀で作成した丸木の弓）の黒塗なるを、一張参らせたりけるを、御枕に立てられて後」、うなされることがなくなった。この弓は義家が前九年の役で使用したものか、と白河院が尋ねたが、彼は覚えていないと答えた話。

これは魔物に襲われた白河上皇が武具を枕上に置けと命じ、源義家が弓を枕上に立てると、上皇がうなされなくなった話である。ここから枕元が魔物出現の場で、かつそれを防ぐ道具を置く場所でもあったことは明らかであろう。義家は知らないと上皇に返答したが、上皇が枕元の弓を前九年の役で使用したか否かを気にしたのは、合戦で勝利した弓の強い霊威を期待したからであろう。

〈事例22〉『謡曲集』「清経(26)」

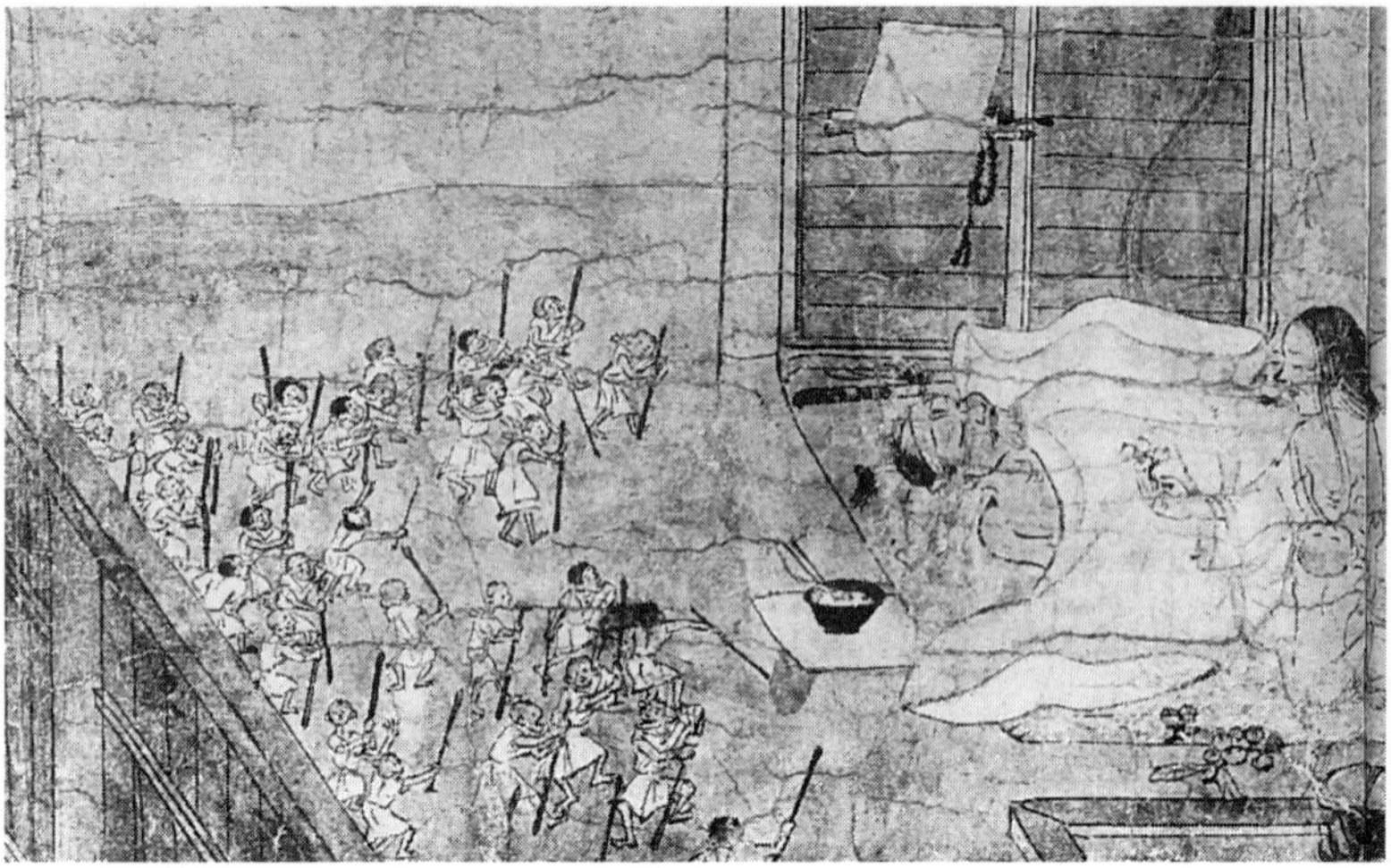

図 10　枕元に立つ者 2
病を得た男の枕元に小さな法師が多数出現。枕元が不思議空間であることを示す（『病草子』「小法師の幻覚に悩む男」、香雪美術館蔵）。

形見をみて妻は夫を思い「夢になりとも見え給へと」いい、寝つけないので枕を傾け「枕や恋を知らすらん、枕や恋を知らすらん」（この枕が私の恋心を夫に知らせることだろう、枕が恋の気持ちを伝えてくれることであろう）とすると、「ふしぎやな、まどろむ枕に見え給ふは、げに清経にてましませども、まさしく身を投げ給へるが、夢ならでいかが見ゆべきぞ」（不思議なことよ、まどろむ枕に見えるのは、確かに清経である……）

これは寿永二年（一一八三）柳が浦で入水した、平重盛の三男清経が幽霊となり、妻の枕元に出現した話である。枕が彼女の心を亡き夫に伝えてくれるとし、そしてその願い通り枕元に亡夫が出現したことは、枕ないしは枕元が、神社のごとく願をかける場、死者出現の場と考えられていたことを示している（図10）。

事例21・22から枕元が神仏のみが出現する場のみではなく、不思議な者たちや幽霊の出現場と理解されていたことがわかろう。さらに枕元でもう一つ注意すべきことは、前記に少し示した守刀（太刀）が多く置かれている点である。

〈事例23〉『太平記』巻第二一「長崎新左衛門尉意見事付阿新殿事」[27]

本間三郎ガ枕ニ立寄テ探ルニ、太刀モ刀モ枕ニ有テ、主ハイタク寝入タリ

事例のように就寝時枕元に太刀などを置くのは、前記の守刀の意味であろう。守刀は当然その本人の守護機能を有しており、一種のお守りといえる。室町期には捨子に守刀を添える事例もみられる。これは捨てた子の息災無事を祈る行為で、やはり守刀にお守り的機能があることは間違いない。次の事例はそれを示している。

〈事例24〉「草案」（本福寺次第[28]）

昔時……美濃前司義綱、於近州甲賀山、為其甥為義、被害、義綱嬰児二歳、家人携之、当国捨于三上山、又使枕于重代太刀並一巻家譜、里人抱得之、属三上神職某、遂撫育之

「草案」は民衆仏教で著名な真宗寺院の記録で、ここにあげた箇所は近江堅田本福寺開基善道の素性を述べたものである。善道は事情により三上山に捨てられた。その彼の枕元に太刀が置かれていたのである。守刀は当然子どもの息災無事祈願に他ならない[29]。

以上から枕元に置くモノや立つ者は先の銭を始め、守刀（太刀）、弓、神仏、幽霊であった。その内、銭は先述の通り呪力を有し、守刀も魔を除くため、それ自体神仏の能力を有するものと判断できる。要するに枕元には神仏

図 11　枕元に立つ者 3
円兼の枕元に石山寺の本尊が立つ（『石山寺縁起』巻七、石山寺蔵）。

にかかわるモノと者が置かれ、立つ場ということになる。

次に同様な視点で、絵巻から枕元に立つ者、置くモノなどを確認してみよう。管見の範囲でそれらを表化したのが「絵巻における枕元に立つ者・置くモノ一覧」である。それらからみると、おおよそ次のような傾向が指摘できる。

みられるモノは刀・神仏・童・僧・その他である。特に出現回数が多いモノ・者は刀と僧がともに九回である。ついで神仏が四回、ついで童二回である。しかし童は実は神仏の化身という話が多く、神仏の枠に入れるべきもので、神仏が六回ということになる。したがって枕元のモノ・者は、刀と神仏と僧にほぼ限定できる（図11）。付け加えれば、この僧もいわゆる高僧や仏のごとくの僧が大半である。したがって彼らも神仏に近い存在であったといえる。また刀や太刀も、置かれている意味は守刀である。守刀も魔を除くため、それ自体神仏の能力を有するモノと判断できる（図12）。

このように枕元に立つ者や置くモノは聖なるモノであり、神仏に関係するものとまとめることができる。これは先にみた日記などの結論とまったく同じである。

次のような俗信がある。矢野憲一『枕』によれば、「枕神という神さまが人の寝ている枕上、つまり頭の前方にお立ちになるという俗信が広くあった。伊勢地方でも夜中に神さまが枕上をお守りくださるから、足袋など不浄なものは枕上には置くなと言い伝えられていた」[30]という。この俗信は上述してきた枕元の聖性をベースに生まれたものであろう。

図 12　枕元に置くモノ 1
枕と太刀がセットで置いてある。太刀が枕と関係することを示す（『慕帰絵』巻八、西本願寺蔵）。

三　頭と枕

枕元に聖なるモノを置くのは、また不思議な者が出現するのは、そこが神仏のいる場、あるいは他界・異界に通ずる場と理解されていたからである。次に問題となるのが、なぜ枕元がそのような場となったかであろう。それを解くには枕とそれに接する頭部がポイントの一つと考える。そこでここでは頭部について、いかに認識されていたかを明らかにしてみたい。

絵画・彫刻の仏や神の頭部は、輝くように描写・彫刻されていることが多い。キリスト・聖母マリア・キリスト教の聖人（ザビエルなど）も同様である。これは洋の東西を問わず、頭部が神仏を象徴する重要な部位であると、当時の人々が考えていたことを示している。また法然や他の高僧も頭部が光るように描かれることが多いのは、これらの人間が神仏と同じであることを象徴的に表現したためと考えられる。つまりこの表現は頭部が神仏の世界と近い関係にあることを示している。ただし頭部といっても頭のみでなく、おそらく頸より上がその重要な箇所なのであろう。

例えば、後鳥羽上皇生母七条院が「赤鬼神来、奉取上皇御魂、入赤袋持去」る夢をみたが、後日「同鬼来、自上皇御口、奉返入御魂」の夢をみた話がある(31)。人間の魂が口から入る点より、頭部の一部の口が魂の通路と認識されていたと理解でき、頸より上が人間にとって生命とかかわる重要な箇所と理解されていたことがわかる。したがって処刑の際、頸を切ることも単に頸切断による絶命が主目的ではなく、むしろ頸に人としての重要な要素があるゆえ、その部位を切ったと考えられる(32)。

〈事例25〉『三国伝記』巻第一〇第六「依一首歌、亡鶏開眼事(33)」

伊豆ノ三島ノ社頭ニ鶏多有ケル中ニ、盲鶏一隻アリ……修行者ノ有ケルガ、此盲鳥ノ痩痛ミ飢渇セルヲ見テ……硯ヲ乞テ、其ノ鳥ノ頸ニ短冊ヲ付タリケレバ、鳥ノ眼忽ニ開テ物ヲ見コト自在也、社人等怪ンデ、之（短冊）ヲ見レバ……此（短冊）歌、神感ニ達シケル故也

これは修行者が盲鶏の頸に、短冊を付けると開眼した話である。この話では社人がこれを見て、短冊の歌が「神感」に達したためと理解している。頸に付けた和歌が「神感」に達したということは、神の力が鶏の頸から入った

と理解されたといえるだろう。鶏の話ではあるが、頸＝神仏・霊力の通り道と考えられていた証拠であろう。

〈事例26〉『沙石集』巻第一―五「神明、慈悲知恵ある人を貴び給ふ事」(34)

解脱上人……閑居の地をしめして、(春日)明神を請じ奉り給ひければ、童子の形にて、上人の頸にのりて渡らせ給ひけり

これは春日明神が解脱の頸に乗り渡った話である。乗るなら背中が一般的と考えるが、それをあえて神が頸に乗ることは、その部位が鎮座すべき聖なる場であることを示すものと考えられる。

また民俗的事例だが、産毛剃りで後頭部の首部分や、ぼんのくぼの毛を剃り残す習俗が全国でみられる。これは子どもが井戸や川、囲炉裏などに落ちた時、その毛を神仏が引っ張り助けてくれる信仰から、剃り残されたものである。この信仰は頸が神仏と深く関係する部位との認識に基づき成立してきたものであろう。(35)

本願寺八世蓮如の子息順興寺実従の拾骨の際、「首骨ヲヒロヒテ桶ニ入」(36)と、頸の骨を拾っている。茶毘に付された遺体の頸の骨の拾骨は、現在でもよく行われている。世に言う喉仏である。この事例からも、古くから頸骨が身体で重要な部位であったことは間違いない。おそらく仏のかかわる箇所と認識されていたのであろう。(37)

以上からみて、頭部が人間にとって神仏とかかわる非常に重要な身体的部位であったことがわかろう。(38)

次に枕元の中心である枕について言及してみたい。これについても、矢野憲一『枕』(39)に非常に詳しく叙述されており、ここでは矢野氏の見解を参考に進めたい。

氏によれば、古代人は睡眠中に魂が遊離して枕のなかに宿ると考えていたらしく、魂が宿るものとしてタマ

（霊・魂）・クラ（座）がちぢまりマクラになったといい（七頁）、伊勢神宮の式年遷宮の装束・神宝には「神さまの御枕」が含まれており（五二頁）、これは伊勢神宮をはじめ春日大社、石清水八幡宮、住吉大社、熊野本宮、賀茂社などにもある（五六頁）、という。

氏の研究から枕が古代から神仏とのかかわりの深い道具であったことが理解できる。そこには「神さまの御枕」まで存在するという。氏はその他多くの民俗的事例をあげているが、これも信仰と深くかかわったもので、その背景には古代より枕が神仏と関係するという考えから派生したものであろう。

〈事例27〉『謡曲集』「邯鄲」[40]

宿の女主人が、仙人の法を得た者より受けた「邯鄲」の枕について語り、「これを召され、一睡まどろみ給へば、少しの間に夢を御覧じ、来し方行末の悟りを御開きある枕にて候」（この枕を使い寝ると、ほんの少しの間夢を見て過去・未来のことについて悟りを開くことができる）

これは仙人の法を得た者から受けた枕との条件付だが、少なくとも枕自体に霊力の宿るものもあることを示す事例である。枕自体が不思議な力を有するものと認識されていたことがわかる。近世の事例だが、枕の下に七福神を乗せる宝船の絵を置いて眠り福を呼び込むことも、[41]枕が神仏の通路と考えられていたことを示していよう。

このように枕が聖なる性格を有するのは、そこに接する頭部が本来神仏に近い部位であり、その結果、枕に聖なる意味が付与されたものと思われる。

また『大乗院寺社雑事記』文明元年（一四六九）五月四日条には「一菖蒲枕、莚湯、行事役」と、菖蒲の枕の記事がある。端午の節句用の菖蒲を指すようだが、菖蒲は「清々しい」「強烈な香り」が邪気を払う意味があったという[42]。実際この枕は儀式用で実用性があったか否かは不明だが、わざわざその材質を使用したのは枕元ないし頭部が聖なる場ゆえ、そこをケガレから守る意味を持たせたと考えられる。これは身体における頭部の特別性をよく物語っている。

おわりに

枕元に出現する者は、神仏や幽霊・得体の知れない不思議な者であった。これはこの場が異界・他界に通じていると理解されていたことを意味するもので、これは現在でも基本的に変わらない認識である。またそこに置かれるモノは、銭（米）・太刀・刀などで、これらは、出現する者とまさに対応している。銭（米）は賽銭と同じで、銭にケガレを吸収させ神仏に祈願するためであり、また太刀などは魔から身を守るためなのであった。したがって太刀は神仏の代替とも考えられるであろう。

頭・頸は神仏の宿る、魂の通る人間の最も大切な部位で、その部位が接するモノゆえ、枕は他界・異界と通ずるモノとなったと思われる。そしてその場＝枕元が神仏・幽霊の出現、銭や刀などの設置をする、不思議な世界に発展したと考えられる。いうまでもなく中世社会では身体やモノや場に対する認識が、現代人と同じではない。

現代人は自分自身の身体を医学や教育などの発達により、かなりの範囲で理解している。しかし中世びとは自身の身体について必ずしも科学的な理解はしていない。阿部謹也氏の言葉を借りれば、身体に「ある神秘的なものを感じとったわけで」「人間の体も一つの宇宙であった[43]」。この状況で中世びとは中世的な理解をしていたのであった。

それがこの頭部に対する理解であろう。

モノについても同じく、現在にはない意識があったのである。本章でみた銭の呪力はまさにそれであり、また例えば「付喪神」のように、釜や鍋にも生命が宿るとの理解や、漂流物が神仏からの贈り物との考え方も、その実例の一つであろう(44)。

枕元の不思議は実は中世社会における身体観とモノ観にかかわる問題であったのである。

寛文元年（一六六二）刊行の『因果物語』上―六「嫉深女死シテ後ノ女房ヲ取殺事(45)」には、僧全春七歳の時、彼の母の「亡霊」が継母の「枕本」に出現、その頸を締め殺害したとある。また上田秋成『雨月物語』巻之五「貧福論(46)」には、夜、岡左内の枕上に「ちひさげなる翁の笑をふくみて座れり」という話がある。これらの事例から近世前期・後期においても、枕元が死者の立つ場・不思議な者の出現場と理解されていたことがわかる。

同じく近世の事例として、立川昭二『江戸病草紙(47)』は子どもの枕元に、赤色の疱瘡絵・麻疹絵を置き病を防ぐ事例を紹介している。前近代で病は疫病神などによるものと理解されており、枕元にそれを防ぐ絵を設置することは、疫病神が枕元にやって来ると考えていたことを示し、この絵が一種の守りの機能を有していたといえるだろう。この絵は中世の守刀と同じ機能である。

これらの事例から、近世社会においても明らかに中世の枕元の理解が引き継がれている。さらに現代においても、この認識は継続されている。つまり現代の枕元に対する不思議の場の認識は、中世から形式的は変わらないものといえる。しかし身体やモノ対する中世びとの意識は、現代人とは大きく異なっている点には十分な注意が必要である。中世びとの身体観、モノ観を十分理解することが、現代の信仰的世界の理解につながるだろう。

註

（1）滋賀大学経済学部史料館編『菅浦文書』上、史料番号三二三、同大学日本経済文化研究所、一九六〇年。
（2）日本古典文学全集三一、小学館、一九七一年。
（3）矢野憲一『枕』、ものと人間の文化史八一、法政大学出版局、一九九六年、一二六・一二七頁。
（4）日本古典文学全集二九、小学館、一九七三年。
（5）児誕生に際し銭を置き祝詞を唱える習俗は、『三長記』建久六年（一一九五）八月一三日条に「件祝文見医書」と、医書にみえるとある。医書とは永観二年（九八四）成立の、丹波康頼編『医心方』（正宗敦夫編、日本古典全集刊行会、一九三五年）巻第二五「小児新生祝術第二」にみえるものである。そこでは中国の医書「産経」を引用する形で編纂されている。祝文を唱える習俗は中国の影響を受け成立したと考えられるが、同書には銭を枕元に置くことは記述されていない。したがって中国輸入の習俗もこの時にはすでにアレンジされ、日本化されていたと思われる。
（6）なおここには戦場＝死に向かう者に対し、残された側の生きて欲しいとの切実な願い、命を捨てさせられる戦争に対し、庶民のささやかな抵抗が籠められている点を見逃してはならない。
（7）矢口祐康執筆「銭洗水」項、『日本民俗大辞典』上、吉川弘文館、一九九九年。長沢利明「銭洗弁天」（『民俗』一五三、一九九五年）。
（8）今川文雄校注、思文閣出版、一九八四年。
（9）事例8・9は『新校群書類従』第一八巻。胞衣については、中村禎里『胞衣の生命』（海鳴社、一九九九年）参照。
（10）島津忠夫校注、岩波文庫、岩波書店、一九七五年。
（11）黒田日出男「中世民衆の皮膚感覚と恐怖」（『境界の中世・象徴の中世』、東京大学出版会、一九八六年）。
（12）落とす行為については、勝俣鎮夫「落ス」（網野善彦ほか編『ことばの文化史』中世一、平凡社、一九八八年）参照。
（13）国立歴史民俗博物館編『お金の不思議』、山川出版社、一九九八年。ちなみに氏は同論文で賽銭と同行為として

「厄年や年祝いに際してみられる銭撒き」（一七九頁）の習俗も指摘する。したがって銭を落とす行為は撒く行為とも同じである。宮田登氏は　厄年の銭撒を伊勢湾の神島で見たことを語っている（網野善彦・宮田登編『神と資本と女性』、新書館、一九九九年、五六・五七頁）。さらに和歌山県高野山付近の花園村（現、かつらぎ町花園地区）では、現在でも葬儀の出棺時に、喪主側がお金を撒き参列者に拾ってもらう風習がある。これもおそらく撒銭によるケガレ祓いの作法であろう。これらはまさに中世の銭の習俗が、現在に生きている貴重な事例といえよう。

(14) 網野善彦『日本中世に何が起きたか』、日本エディタースクール、一九九七年、一七・一八頁。

(15) 網野善彦「貨幣と資本」（『岩波講座 日本通史』第九巻、岩波書店、一九九四年）、二二八頁。

(16) 註15前掲論文・網野善彦「境界領域と国家」（朝尾直弘ほか編『日本の社会史』第二巻、岩波書店、一九八七年）、三五六頁。

(17) 日本古典文学全集二四、小学館、一九七六年。

(18) 賽銭（散銭）は神仏祈願際に供える金銭と理解されているが、古くは米が神仏に供えられた。その形態は神前・仏前に米を撒く散米などであった。新しく収穫した穀物・初魚を神に供える初穂と同じく、新銭を供えるのをも初穂という。一般的に金銭を供えるのは貨幣経済が庶民に浸透し始めた中世以降で、同時に地域社会をこえた社寺参詣が庶民の間に定着した時期と一致する。やがて都市の風習として、賽銭をあげることが流行する（岩井洋執筆「賽銭」項註7前掲辞典）。

(19) 網野善彦・宮田登「歴史のなかの金融」（註13前掲書、五一・五二頁）。

(20) 小松茂美編、日本絵巻大成五、中央公論社、一九七七年。

(21) なぜ銀器か不詳だが、想像するに貨幣のごとく銀器には吸引機能があり、それを仏界に捨てケガレを祓ったのではないだろうか。

(22) 註4資料。

(23) 岩波文庫、岩波書店、一九七〇年。

(24) 日本古典文学全集三六、小学館、一九七四年。

(25) 日本古典文学全集二八、小学館、一九七三年。

(26) 日本古典文学全集三三、小学館、一九七三年。
(27) 日本古典文学大系三四、岩波書店、一九六〇年。
(28) 千葉乗隆編『本福寺史』、同朋舎出版、一九八〇年。「草案」は近世前期成立の資料だが、同寺所蔵の戦国期の諸記録と共通する内容が多く、戦国期の内容を伝えているとみてよい。
(29) 捨子に添えられた刀を「守刀」とするのは、『看聞日記』永享九年（一四三七）八月二二日条に捨子の男児が「懸護刀」ている事例がみられる。捨子については、拙稿「中世の捨子」（『日本歴史』六一五、一九九九年、本書第Ⅱ部第二章）参照。枕刀については、井阪康二「枕刀考」「枕飯考」（『人生儀礼の諸問題』、名著出版、一九八八年）参照。
(30) 註3前掲書、一二二頁。
(31) 「普賢延命御修法記」（『大日本史料』四―一五）。
(32) ヨーロッパの事例だが、一九世紀初頭～中期完成のグリム童話「死神の名づけ親」（金田鬼一訳『グリム童話集』二、岩波文庫、岩波書店、一九七九年）に、死神が病人の頭の方に立っていたら、その病人は助かるが、足の方に立っていたら助からない、という話がある。ここから人間の生命の源が頭部にあったことがわかろう。また池上俊一氏によると、中世ヨーロッパにおいては、頭部は生命力の宿る場所であったという（『歴史としての身体』、柏書房、一九九二年、八六～八八頁）。
(33) 三弥井書店、一九八二年。
(34) 岩波文庫、岩波書店、一九四三年。
(35) 恩賜財団母子愛育会編『日本産育習俗資料集成』「六　産毛剃り」、第一法規、一九七五年。
(36) 永禄七年（一五六四）六月二二日「順興寺実従葬礼幷中陰記」（龍谷大学図書館所蔵）。
(37) 喉仏はその骨が人が合掌している姿に似ているところからの表現と理解されているが、本来は頸に仏が住しているとの考えに基づくものでなかろうか。なお田中久夫によると、中世ではすでに喉仏を本山などへ納骨する風習があったという（同執筆「骨」項、『日本史大事典』六、平凡社、一九九四年）。
(38) 首に関しては、黒田日出男「首を懸ける」（『月刊百科』三一〇、一九八八年）が非常に興味深い研究をされている。氏の研究は合戦時の首の切り方や首の大路渡しの意味、さらに首を懸けることが軍神への生贄であるなど、従来みられない視点やその意義が指摘されている。首懸け＝軍神に捧げる行為とすれば、首（実際は頭部）はそれだけ聖なるモノであったことを表しているのではないだろうか。

(39) 註3前掲書。
(40) 日本古典文学全集三四、小学館、一九七五年。
(41) 七福神信仰については、松崎憲三「七福神信仰と『宝船』」（『歴博』八六、一九九八年）参照。
(42) 網野善彦「中世身分制の一考察」（『中世の非人と遊女』、明石書店、一九九四年）。
(43) 『中世賤民の宇宙』、筑摩書房、一九八七年、一六頁。
(44) 「付喪神記」（横山重ほか編『室町時代物語大成』第九、角川書店、一九八一年）。新城常三「海難」（『中世水運史の研究』、塙書房、一九九四年）。
(45) 吉田幸一編、古典文庫、一九六二年。
(46) 日本古典文学全集四八、小学館、一九七三年。
(47) 学芸文庫、筑摩書房、一九九八年、一五〇～一七五頁。また、東京都新宿区江戸川橋「印刷博物館」の疱瘡絵・麻疹絵の展示解説にも、同様なことが説明されている。

第四章　「顔」と「人」の認識——所持品・着衣・名乗り・声——

はじめに

中世社会において、以前から疑問を持ち続けていることがある。それは中世びとが「人」をどのように認識したかである。例えば、源頼朝は征夷大将軍となり、中世の有名人の一人であるが、当時の人がもし路上で出会ったとすれば、彼を頼朝と判断できるだろうか。むろん頼朝に一度でも会ったことがあるなら、頼朝と認識したかもしれないが、会ったことのない者にとっては、その人物が頼朝か否かを判断することはできないだろう。

いうまでもなく、中世ではテレビ・ラジオ・新聞などのマスメディアはなく、情報伝達は現在と異なりかなり限られていた。中世の情報伝達については、酒井紀美「中世社会における情報伝達と検断」(1)があり、氏によれば、人々の口から耳へ伝え広まっていく「風聞」が、中世社会における情報伝達の中枢であったという。

このように情報伝達がテレビなどのビジュアル的なものではなく、「風聞」である以上、合戦・事件などの情報が各地に伝えられても、頼朝の顔についての情報は伝わりにくいものであったろう。

とすれば、中世とはこのような情報伝達の歴史的性格に限定され、「顔」の情報が極度に限定されて成り立つ社会といえるのではないだろうか。むろんまったく互いの顔を知らないというわけではない。例えば、京都での公家同士間の認知、村落内での百姓同士の認知、本願寺教団内での「親鸞」の顔の認知などである。特定の地域・集団内では、互いの顔は認知していただろう。

しかし京都の公家は、関東の鎌倉幕府の御家人の顔をほとんど知らなかったであろう。おそらく執権北条氏の顔さえ知らなかったと思われる。つまり特定の集団・地域を超えれば、ほとんど顔の認知はしていなかった、できなかったということである。これは考えてみれば、当然のことかもしれない。しかし顔の認知が限定された社会でも、人間関係が保たれていた以上、何らかの「人」の確認法はあったはずである。

従来、歴史学研究では比較的手薄であった、意識・認識・感覚などの世界の研究が、現在社会史的見地から分析解明されつつある。[2] しかし従来の研究は、中世びとは「人」をどのように認識するのかという、いわば判断や認知の世界には必ずしも立ち入っていないように思える。本章はその「人」の認識・確認の世界を垣間みることを目的とする。とはいえ、本章は新たな研究テーマのため、問題点を必ずしも絞り込めているとはいいがたい。したがって本章は、一つの試みとしての論文である。

付言すれば、このような問題にアプローチするためには、多面的に資料を取り上げる必要があると考えられる。そこで本章では、従来の研究によく用いられる古文書・日記などに加えて、宗教関係資料や物語などの文学作品を積極的に取り上げてみたい。[3]

一　中世びとの「顔」への意識

現在の私たちは対面した時、相手の顔をみて目が切れ長とかや大きいとか、口が小さいなど、その印象を持ち対面相手を認識する。したがって「人」の認識に関し、まず考察すべきは中世びとの顔に対する認識からであろう。以下、この点を考えるが、その前にここでの設定のごとく、少なくとも「顔」を問題とするならば、美術史、特に肖像画との関係にふれておかなければならないだろう。(4)

従来の肖像画研究は、管見の限り「像主確定論」であると思う。これは当該の肖像画の像主が誰かを決定する研究である。近年この研究は、神護寺所蔵「源頼朝像」や文化庁所蔵「足利尊氏像」などに対し、そこに描かれる甲冑・武具・家紋などから分析を進め、従来確定したかにみえた著名な肖像画を、「伝〜像」として位置づけるまでに至り、研究水準を確実に進展させている。(5)

肖像画の像主確定という歴史的事実の確定・確認は、科学的歴史学の基礎作業である。しかし本章での問題は中世びとがその頼朝像（現在では伝頼朝像）をみてどのように認識したか、またいかに頼朝と判断したかである。したがって本章の問題と肖像画研究の「像主確定論」とは、研究の方向性が異なっているため、(6)今回肖像画については、参考程度に留め積極的に取り上げない点を前置きしておきたい。

さて話を本旨にもどそう。事例1は『平家物語』巻第八「征夷大将軍」(7)での、源頼朝が征夷大将軍に任じられる時に、その院宣を持参した中原康定が、頼朝と対面した際の箇所である。

〈事例1〉

御簾たかくあげさせ、兵衛佐殿出られたり、布衣に立烏帽子なり、顔大きに、せいひきかりけり、容貌優美にして、言語分明なり

次は同物語巻第一一「鶏合　壇浦合戦」で、平家方の越中次郎兵衛が、源義経に関し語った箇所である。

図13　義経図
室町時代の作。『平家物語』での義経容姿表現と一致するか（中尊寺蔵）。

〈事例2〉

源九郎にくん給へ、九郎は色白うせいちいさきが、むかばのことにさしいでて、しるかんなるぞ、ただし直垂と鎧を常に着かふれなれば

事例1は頼朝（兵衛佐）を背の低い、顔の大きい男として表現している。ただし容貌は優美という。一般的に頼朝像で著名な神護寺所蔵「伝源頼朝像」のイメージとは、ほど遠いものである。また事例2の義経（九郎）については、色白で「むかばのことにさしいでて」と、前歯が出ていると表現している。義経像は少ないが、室町期の作である平泉中尊寺所蔵の画像のイメージからも、この表現はほど遠い（図13）。

平家物語の成立には諸説あるが、いずれにしても鎌倉期のことを伝えている物語には間違いない。とすれば、こ

の箇所は頼朝・義経の顔についての情報を伝える、最古のものに属すであろう。両事例から気づくのは、両者の顔について、詳述されていない点である。特に頼朝は「容貌優美」でまとめられている。実はこの「容貌優美」は中世で顔の表現をする場合、よく用いられる表現なのである。

例えば、同物語巻第九「敦盛最期」で、熊谷直実が平敦盛に組かかり討とうと、その顔をみた際には「容顔まことに美麗なりければ」と表現されている。『看聞日記』の結城合戦の顚末を記した嘉吉元年（一四四一）五月一九日条に、足利持氏の子春王丸・安王丸が幕府に捕縛・斬首され、首実検のため、京都にその首が持参された記事がある。そこでは「彼の首共実験、おさなき人達容顔美麗也」と表現している。

これらはストーリー上、また事件上重要な人物でありながら、それらの顔については子細に叙述されず、「容貌優美」などとまとめられて記されている。これらをみると、中世において顔は積極的に意識されることがなかったのではないか、という感さえうける。

村澤博人氏も『顔の文化誌』(8)で、『古事記』『源氏物語』などでの顔の表現が、「容姿甚麗し」「顔かたち、そこはかと、いずことなむすぐれたる」などとある点から、「顔の目鼻立ちやからだに対する形やプロポーションなどに関する具体的な美はほとんど描写されていない」と指摘する。氏は古代を対象とするが、このように顔を具体的に表現しない点は、上記してきたことに共通する。

これらからみる限り、中世びとは顔に対してあまり注目していなかったと考えられる。この点について次の事例をみてもらいたい。寛正六年（一四六五）正月九日、比叡山の衆徒が東山大谷本願寺を破却する事件が生じた。その時の状況を「本福寺跡書」(9)は、次のように「人数百五十人計、御近所ノ悪党等……御坊へミタレ入、正珍ヲ上様ソトヒツタテ」と記している。ここには一五〇人ほどの衆徒が御坊（大谷本願寺）に乱入し、御堂衆正珍を「上様」

図14　安城御影（副本）
鎌倉時代の正本を室町時代に蓮如が模写させたもの。正本は破損が激しく像容は読み取れず、副本でのみ確認できる。描かれた杖・草履などは遍歴するイメージを示す（西本願寺蔵）。

（蓮如）と間違い捕縛したとある。

　つまり衆徒は本願寺を討ちに行きながら、そのリーダである蓮如の顔を知らなかったのである。この場合、衆徒の目的が本願寺の破却で、蓮如捕縛が主でなかったとも考えられるが、間違いでも正珍を捕縛したことは、衆徒側が当初より蓮如捕縛の意志を有していたと考えて間違いない。しかしこのような誤捕縛事実は、衆徒が蓮如の顔を知らなかったことを示している。

　本願寺の例をもう一つあげておこう。現在京都市西本願寺には、国宝の親鸞絵像が二種所蔵されている。それは「鏡御影」と「安城御影」[10]（図14）である。前者は教科書によく掲載されているが、ここで取り上げたいのは後者である。後者は三河国碧海郡安城の照空が相伝したもので、後に本願寺に入ったものである。絵の構図は、親鸞が黒衣墨袈裟を着して高麗縁上畳に敷皮をしいて斜め右向きに座し、前に火桶・草履・杖が置かれているものである。[11]

　親鸞曾孫覚如の長男存覚がこの絵像をみたいと所望した。そして絵像をみた経緯などを、『存覚上人袖日記』[12]と称される自身の記録に留めた。存覚は同日記に絵像にある上下賛銘を記し、留めた賛銘の間に、絵の部分を次のように記録している。

〈事例3〉

御鹿杖──
坐像御影
御□□草履
コナタヘ向御
御□火桶
ウソヲフカセマシマス御口也

彼は「坐像」であることや、「鹿杖」「草履」などの位置を示すだけで、いわば絵像の構図のみを記録している。大切な親鸞の顔の特徴は「ウソヲフカセマシマス御口」（口をつぼめて、息を強く吹く形を表す）以外、何ら留めていない。彼はこれ以外に、絵像作成年の建長七年（一二五五）や絵師円朝、「親鸞法師真影」などを記す「御表書」を写し、さらに次のように同絵像の特徴を書く。

〈事例4〉

一御帽子被巻御頸御小袖頸ハ不見

（中略）

一□□念珠をヲ両手ニ被持（下略）

一御火桶ハ桑也（下略）

一御座ハ大文御敷皮被用狸皮　一御草履ハ猫ノ皮

一御鹿杖ハ桑ノ木（下略）

みてわかるように彼は絵の各部分の解説を詳しく描写している。例えば、それは親鸞絵像の特徴の一つである「帽子」（もうす＝襟巻のようなもの）を巻いている点、敷物が狸皮、草履が猫皮などの描写である。同絵からだけでは、敷物が狸皮であることは判明しえない点からみて、彼は照空にその由来などを聞いたものと思われる。とすれば、彼は相当この絵に興味があったと考えてよかろう。

したがってこの記録は、親鸞に対する彼の興味がどの辺りにあったかをよく物語っているはずである。つまり彼は絵の構図や持ち物に興味があったのであり、親鸞の顔には大した興味を示していなかったと考えざるをえない。存覚はいうまでもなく、親鸞に会ったことはない。みたとしても絵像・木像であろう。とすると、彼はこの絵をどの根拠で親鸞と決定したのであろうか。少なくともこの絵像の情報から親鸞と判断できる根拠は、賛銘の「和朝釈親鸞」「愚禿親鸞」や表書の「親鸞法師真影」の記載事項か、照空から聞いたと思われる絵像の由来であろう。ここには「此御影御テツカラ被御覧、御鏡ヨリ似タリと被仰、御シラカノ数マテモ不違奉写云々」と、一種の伝承も記され由来などを聞いた可能性は十分に考えられる。

彼はこの絵像を親鸞と疑いを持たなかったようだが、彼が絵像を親鸞と確信できた根拠は、上記の銘や聞かされた情報などもあったろうが、少なくとも親鸞の顔ではない。所持品の記録に比重をかけている点から、おそらく彼が確信した決定的根拠は、所持品ではなかったかと考える（所持品と人物決定については後述）。

当時、彼が親鸞の所持品・着物などの情報を、どの程度得ていたかは明らかにしにくい。しかし伝承か記録かはわからないが、ある程度得ていたとみてよかろう。このように考えないと、彼の所持品などへの興味、細述の理由が理解しにくい[13]。

もう一例あげれば、『吾妻鏡』[14]文治元年（一一八五）四月一五日条に、源頼朝の内挙をえず、朝廷から勝手に任官を受けた関東御家人二一名に宛てた下文と、その交名が記されている。その交名の箇所に「兵衛尉基清目ハ鼠眼ニテ」「右衛門尉季重顔ハフワ〱トシテ」と、顔に注目した記載がある。これは頼朝の御家人観を知る上で興味ある箇所でもあるが、二一名の内この二名のみ顔について記載され、その他の者については「鎌倉殿ハ悪主也、木曾ハ吉主也、ト申シテ」「大虚言計ヲ能トシテ」など、その御家人の言動や性格を注記している。

これらから考えて御家人に対し、頼朝が注意を払っているのは、彼らの言動や性格であり、顔ではないことがわかる。先の「基清」「季重」の顔の特徴について、頼朝が「鼠眼」と動物にたとえたのは[15]、彼らの顔の特徴をとらえたというより、両者に対する怒り・蔑視からきたものと思われる。

これらの例からやはり先述のごとく、中世びとの顔に対する注目度は高いものとはいいがたく、顔により確認作業をしているとは思えない[16]。むしろ先掲の『平家物語』や親鸞の例からも、所持品・着物に注目しているように思える。つまりこの所持品などが「人」の確認法ではなかったろうか。

二　中世の「人」の確認法

1　所持品・着衣

まず新田義貞が藤島の戦いで討ち死した『太平記』巻第二〇「義貞自害事」[17]の記事をみよう。この時、越中国住人氏家中務丞重国がその首と鎧・太刀などを取り、斯波尾張守高経にみせた。その経緯は以下のごとくである。重国は高経の前に参り、新田一族と思われる敵を討ち、その首を取ったが、「誰トハ名乗候ハネバ、名字ヲバ知候ハネドモ、馬物具ノ様、相順シ兵共ノ、尸骸ヲ見テ腹ヲキリ、討死ヲ仕候ツル体、何様尋常ノ葉武者ニテハアラジ」と報告した。高経はその首をみて「新田左中将ノ顔ツキニ似タル所有ゾヤ、若ソレナラバ左ノ眉ノ上ニ矢ノ疵有ベシ」といい、その箇所を見ると左の眉上に疵跡があった。

さらに高経は「帯レタル二振ノ太刀ヲ取寄テ見」ると、「一振ニハ銀ヲ以テ、金膝纏ノ上ニ鬼切ト云文字」が、もう「一振ニハ……鬼丸ト云文字」が刻んであり、「是ハ共ニ源氏重代ノ重宝ニテ、義貞ノ方ニ伝タリト聞レバ」、「末々ノ一族共」が持つ太刀ではないと考え、いよいよ確信を深めた。そして彼は、遺体の「膚ノ守ヲ開テ見」て、後醍醐天皇の宸筆を確認し、「義貞ノ頸相違ナカリケリ」と断定した。

ここよりわかることは、第一に重国が義貞の首を取る時、「誰トハ名乗候ハネバ、名字ヲバ知候ハネドモ」というように、彼は義貞の顔を知らずに首を取ったが、対して高経は「新田左中将ノ顔ツキニ似タル所有ゾヤ」といったように、高経はある程度、義貞の顔を知見していた点、第二には、彼らが義貞、あるいはそれに近い人物と決定した根拠は、馬具の様・兵の殉死、義貞の顔の疵跡・新田氏伝来の太刀・後醍醐天皇の宸翰など、彼の持ち物・様子などで、決して顔自体の特徴ではない点である。

重国は越中の「住人」程度の人物で、当初から義貞と接する機会にも恵まれず、義貞を知らなかったのも当然であろう。対する高経は足利氏の一族で、元弘の乱以来尊氏に従い、建武政権にも参政した人物であり、当然義貞と面識があっても何ら不思議ではない。したがって重国と高経の義貞の顔に対する知見の差は、彼らの社会的立場、地理的距離の差である。ここに一つの社会のなかに顔を知見する世界と不知見の世界が共存し、それらが絡み合い社会が成立している姿が読み取れはしないだろうか。

高経は「顔ツキニ似タル」と、確かに義貞の顔を知っていたようだが、その首を義貞とした決定的根拠は、義貞の所持品や疵跡であって顔ではない。これは重国も同様で、この点は注目してよい。

現在では犯罪や事件で、当該人と確認・決定されるのは指紋や顔の特徴・歯形などだが、どうやら中世では顔ではなく、その所持品などであったようで、ここに中世における「人」の確認方法が窺える。先に存覚が親鸞絵像を親鸞と判断した根拠を、所持品と考えたが、この推定はやはり正しかったようである。

この他の事例をみてみよう。次は幼少の木曾義仲を世話した斎藤実盛が木曾方に討たれ、義仲が首実検をする『平家物語』巻第七「実盛」の話である。討ったのは手塚光盛で、彼は実盛をみて「よい敵と目をかけ」たという。「よい敵」とみた理由は、実盛が「赤地の錦の直垂に萌黄威の鎧着て、鍬形うッたる甲の緒をしめ、金作りの太刀……」であった。

彼は着したものから「よい敵」(「大将軍」クラスと判断した)とみたが、その敵が実盛とは気づかなかった。それは実盛が光盛の「なのらせ給へ」という要請に応じなかったためである。結果、光盛は実盛を討ち取り、その首を義仲に献上した。その時、光盛は「声は坂東声」であったものの、敵が名乗らなかったので、名前はわからなかった。ただ「錦の直垂を着て候、大将軍かと見候」（＝「よい敵」）、それゆえ討ったと義仲に報告した。

義仲にはこの首が斎藤実盛のように思えたが、幼い頃の記憶でもあり、また首の髪が白髪でない点（実は実盛は白髪を黒く染めていた）で確信を持てず、実盛と「なれあそンで見知ツたる」樋口次郎を召し寄せた。その結果、この首が実盛と判明した。

光盛が「よい敵」と判断した根拠は「錦の直垂」など、着ているものであり、決して実盛の顔ではない。彼は少なくとも着ているもので、大将軍クラスと判断したのであった。ここからも中世は顔でなく、着る物・所持品などで「人」を判断する社会であったことがわかろう[18]。

このような事例は数多くみることができる。同じく『平家物語』よりいく例かあげておこう。梶原景季らが平重衡を生け捕りにする際、景季らは重衡の「岩に村千鳥ぬうたる直垂に、紫裾濃の鎧」の装束と「童子鹿毛といふきこゆる名馬」に乗る姿で、「大将軍と目をかけ」たという。また熊谷直実は「練貫に鶴ぬうたる直垂」などを着した平敦盛をみて、「大将軍とこそ」と判断して討ち、首を取ったが、敦盛が名を名乗らなかったため、討ち取った者が誰かわからなかった。そしてその首と敦盛の身につけていた笛を源義経にみせたところ、その笛から平経盛の息子敦盛ということが判明した。その笛は平経盛相伝の笛、小枝であった。

これ以外に古代の人物を、中世ではいかに判断したかを考えてみよう。『十訓抄[19]』第四「可誡人上事」に、粟田兼房が夢中で柿本人麻呂の姿をみた話があり、そこでは「年たかき人あり、直衣にうすいろの指貫、紅の下の袴をきて、なへたる烏帽子をして……左の手に紙をもて、右の手に筆を染めて物を案ずるけしき」と、人麻呂が表現されている。

これは現在私たちが人麻呂絵像としてよく知る像容（図15）を表現していると考えられるが、この子細な描写にかかわらず、注目されているのは顔ではなく、着衣・所持品である。つまり人麻呂と判断された根拠はやはり着衣・所持品であったのである。

このような着衣・所持品の人物が「人麻呂」という情報が、古代から中世へいかに伝達されてきたかは不詳だが[20]、伝えられた特徴が決して顔ではなく、着衣などであることは、中世びとが「人」を認識する際、どこに注意していたかをよく理解させてくれる。

本願寺末寺近江堅田本福寺の著名な記録「本福寺跡書」によると、本福寺二世覚念は禅宗であったが、彼の子法住は一七歳の時、病気になり、次のような夢告を受け、本願寺に参詣することになった。

〈事例5[21]〉

ウス墨染ノ貴僧二人、私宅ノ仏壇ニタ、セタマヒ……夢サメ、母儀ノ妙専ニカクト語ハ、ソレコソ一人ハ黒谷上人、一人ハ本願寺上人ニテオハシマスヘシ、コレヨリホカニハ、更ニ別ノ御僧マミエ給フヘカラス

この事例で特筆すべきは「ウス墨染ノ貴僧」を「母儀ノ妙専」が、それもすぐに「コレヨリホカニハ、更ニ別ノ御僧マミエ給フヘカラス」と断定的に、法然と親鸞であると判断した点である。この事例からみる限り、「貴僧」を法然・親鸞と決定できる根拠は「ウス墨染」という着衣以外にはない。

本福寺は在地の小寺院で、直接公権力に連ならない在地住人クラスの寺院である[22]。その事例にみられる確認法が着衣である点、また確認したのが、在地の一女性の「母儀ノ妙専」であることは、いわば民衆レベルにおいても、確認法が上述してきた着衣であったことを示しているのでなかろうか。

図 15　柿本人麻呂図
古代人のイメージを、中世びとは、どうとらえていたか（島根県立古代出雲歴史博物館蔵）。

もう一例みておこう。御伽草子「和泉式部」[23]には、和泉式部が産んだ子を、五条の橋に「産衣、菖蒲の小袖の棲に一首の歌を書き、鞘なき守刀を添」えて捨て、そして捨てられた子が比叡山の僧道命となり、やがて母和泉式部と再会するという話がある。この時、母と子がいかに確認し合ったかといえば、彼女が「産衣は何にて候」と問い、道命が「菖蒲の小袖」と答えたことや「鞘のない刀」など、彼女が捨てた時の着衣・所持品が一致したからであった。

当時の捨子は一般的に拾われると悲田院に送られることが多かったという[24]。この場合は運よく僧となったが、捨子は基本的に非人となる可能性を有するものであり、当時の最下層の人々のグループに入るものともいえる。とすれば、捨子の確認法は、いわば民衆レベルの確認法を表しているといえよう。つまり民衆レベルでも、やはり着衣・所持品が確認の根拠であったということである。

これらの例より中世では、着衣、馬・笛の所持品が「人」を判断する基準であったのである[25]。このように所持品などで人を確認することは、可視的身分標識が成立していた身分制を前提にした、中世独自の方法であろう。

2　名乗り

この確認法をさらに進んで考えてみよう。義貞の首を取る時、重国が「誰トハ名乗候ハネバ、名字ヲバ知候ハネドモ」といったことは、中世が名乗らない限り誰か判断できない、逆にいえば、名乗ることで初めて判断できる社会であったことを物語っている。つまり中世びとは顔で人を確認していたのではないということである。[26]

中世の物語・合戦記などをみると、互いに名乗る場面がある。これは名乗り合いが中世社会の慣習の一つであったことを意味し、この自己申告こそ社会的な人の確認の第一の方法であったことを物語っている。名乗る行為は顔を知らない社会を前提に成立する慣習なのである。自己申告は「自力救済」社会である中世の特徴であろう。

下記は鹿ケ谷事件で、鬼界が島配流の俊寛などが赦免された事例である。京から使として来た丹左衛門尉基康は、「『是に都よりながされ給ひし、丹波少将殿、法勝寺執行御房、判官入道殿やおはする』と、声々にぞ尋ね」た。たまたまその場所には俊寛しかおらず、彼は「『何事ぞ、是こそ京よりながされたる俊寛よ』と名乗り給えば」、基康は入道相国の「ゆるし文」を取出し俊寛にみせたという。

これは『平家物語』巻第三「足摺」[27]の箇所である。ここよりわかることは、「声々にぞ尋ね」という点から、基康が俊寛などの顔を知らなかったこと、またその呼び掛けに俊寛が名乗り、基康が俊寛と疑いなく「ゆるし文」をみせている点より、名乗りが唯一の証拠であったことである。つまりこの事例は、名乗り、自己申告こそが、第一の「人」の確認法であったことを示す例といえよう。

古代の人物を中世びとが認知する場合は、いかに行うかを考えてみよう。先述の粟田兼房と柿本人麻呂の話を『古今著聞集』[28]よりみてみたい。兼房は和歌を好んでいたが「人麿のかたちを知らざる事をかなし」んでいた。やがて「夢に人丸来て、われ恋ふるゆゑにかたちを現はせるよしを告げ」、彼は人麻呂を知り、それを絵師に描かせたという。

兼房は鎌倉前期の人物で、当然古代の人麻呂の姿を知るよしもない。彼が人麻呂を認知した場所は夢であった。彼が現われた人物をどうして人麻呂と判断できたかというと、「われ恋ふるゆゑにかたちを現はせるよしを告げ」と、人麻呂が「告げ」たことによる。この「告げ」とは、人麻呂が自ら名乗ったことを指していると思われる。この場合でもやはり確認の根拠は名乗りであった(29)。

先の斎藤実盛・平敦盛の場合、当初名乗らなかったため、その首が誰か判明せず、結果、着している物などで彼らと確定されたが、名乗らなかったため判明しなかったということは、逆に名乗り（自己申告）が人確認の最大の方法であることを示し、所持品などがそれに次いでいたことを物語っていよう。

『実隆公記』文明七年（一四七五）一〇月二七日条に、「抑院号之事、田舎法師両人一人讃岐国三井寺末寺賢真法師、一人淡路国東寺、、慶秀僧都中口、昨日伺申入之」という箇所がある。三条西実隆はこの両人を「田舎法師」といい、「一人讃岐国〜」とその素性を記している。実隆のこの記事からみて、彼が両人を当初より知っているとは思えない。むしろ両人が実隆を訪ねてきた感じである。彼らは「田舎法師」と称される点からみても、名も知れない地方の一僧侶であったと思われる。実隆が両人の名前や身分などを確認しえたのは、彼らが自ら名乗ったためであろう。このように在地の僧侶クラスでも、やはり名乗りが基本的な確認法であったと思われる。

『吾妻鏡』建久元年（一一九〇）六月二三日条に、天皇家にかかわりがあると称する女性「姫宮」が現われ、その実否が問題となった記事がある。その時、彼女も自ら「姫宮」と「称」し素性を語った。これは自己申告して初めて素性が確認でき、そうでない限り、誰かわからないことを示している。つまり自己申告が確認法の基本ということを示してしいる。

このように名も知れない地方の、また素性の知れない者たちが、出自の国、身分などを自己申告することは、合戦で武士たちが「〜国〜住人〜氏の嫡流某」などと自身を名乗ることとまったく同様である。つまり名乗り・自己申告は社会的に広範囲で行われた慣習であったといえる。

民衆レベルの「人」の確認法を明らかにすることは、資料的制約もあり容易ではないが、名も知れない者などが名乗りを行う点、また名乗りの慣習が広く行われている点からも、民衆レベルでも基本的な確認法は名乗りであったと考えられる(30)。

名乗りは自身の諱を名乗ることである。諱は忌み名ともいい、他者が呼ぶものではなく、本人自身で称すものである。これは中世において「その人と切り離せない一体のもの」「その人と不可分のもの(31)」、つまりその人自身と意識されていたところよりくるものであろう。名乗りが本人の最も確かな確認法であるとの慣習は、この名前＝本人自身という中世的認識を基に成立したのであろう。

3　声・言葉・発音・食

声・言葉・発音・食は、個別な「人」の確認法とはいえず、習俗の問題も含むが、これらは権力から民衆レベルまでに共有されるもので、また各地方・地域の特徴もあり、確認法を考察する上で、今後の切り込み口の一つとなるものと考え、試みにこの問題を取り上げてみた。なおこの問題は今後の歴史学の課題でもあることはいうまでもない。

斎藤実盛が木曾方に討たれた、先の『平家物語』巻弟七「実盛」の話を再度みてみよう。討った木曾方が実盛を「よい敵」や「実盛」では、と判断した根拠には「錦の直垂」の着衣などの他、「声は坂東声」もあった。「坂東声」

（方言）が、実盛を特定するための根拠の一つとなっている。つまり「声」（発音・言葉）も「人」の確認法の一つであったと考えられるのではないだろうか。

同じく『平家物語』巻第二「大納言死去」に、俊寛らが鬼界が島に流された時、彼らが島人をみて「人にも似ず、色黒うして、牛の如し……云ふ詞も聞き知らず」という箇所がある。「人にも似ず」「牛」と島人の話が理解できないことが同列に扱われている点から、彼ら（都の人）が、会話の通じない相手を「人に似」ないもの（「牛の如く」）、つまり自分たちと異なる人＝「異人」的なものと意識していたことがわかる。ここには民族差別的要素も感じるが、やはり「詞」（声・発音）が「人」確認法の一つであったことを示していよう。

これ以外の例をみてみよう。『徒然草』[32]第二二六段に、信濃前司行長が「平家物語」を、東国生まれの「生仏」という盲人に教えたが、生仏が「生れつきの声」（東国なまりの発音、「坂東声」）で、それを琵琶法師に伝えたという話がある。このように発音は「生れつき」とされ、それで生まれがわかることになり、この点からみれば、発音も一つの「人」確認法であったとみてよかろう[33]。

同様な例は『徒然草』第一四一段にもみられる。悲田院堯蓮のもとへ東国の人が訪れ、「都の人」と「吾妻人」（東国人）との相違などについて語る箇所がある。東国生まれの堯蓮は「声うちゆがみ」という状態であったといい、この「声うちゆがみ」とは東国なまりという意で、ここからも「声」が、どこの国の人か確認できる根拠の一つとなっている。

この声・言葉・発音は、何も東国人を確認するだけではない。同じ国内でも当然、その各地域では各地域の発音などがあっただろう。したがって各地域では、その地域の発音などをしない人を他所の人と確認したと考えられる。中世村落の事件などで、相手方を「他所」、自身側を「地下」と区別して表現するのをよくみるが[34]、この場合、いかに他所と判断したかを考えれば、一つにはこのような発音などがあったのではなかろうか[35]。

確認法としての「声」については神を確認する時にもみられる。『古今著聞集』巻第一神祇二四「八幡に通夜の夜、夢に北条義時は武内宿彌の後身と知る事」に、北条義時が神の「武内宿禰」に夢中であった話があり、その宿彌の声は「けだかき御声」であったという。また「文正草子[36]」にも神が「気高き御声」で応えたという箇所がある[37]。つまり中世では神の声＝「けだかき御声」という認識が定着していたようで、この場合「人」の確認ではないが、やはり中世では声が確認方法の一つであったことは理解できよう。

次に食を考えよう。先の『平家物語』巻第二「大納言死去」には、俊寛らが鬼界が島の人をみて「云ふ詞」知らずに続き「食する物もなければ、只殺生をのみ先とす」とした箇所がある。「食する物」がない、ゆえに「殺生」（漁労）の生活、との理解は、明らかに俊寛など都の人の食生活観からみた偏見である。島人は漁労し生活しているわけで、決して「食する物」がないわけではない。おそらく島人には「殺生」意識はなかったであろう。俊寛らは食生活上、明らかに異文化的なものを感じている。つまり俊寛たちは食生活に「異人」を確認したのであり、ここに食による確認をみることができる。

『平家物語』巻第八「猫間」は、木曾義仲の田舎者ぶり・無骨さを表した箇所であるが、そこに猫間中納言光隆が義仲に見参し、義仲が食事を勧める話がある。義仲は極めて大きく深い「田舎合子」（蓋付きの椀）に、「飯うずたかくよそひ」と、いろいろと揃えたが、光隆は「合子のいぶせさ」（気持ち悪さ）に食べなかった。

ここに椀の大きさ・飯の盛り方など、光隆＝都の人（中央）の立場からみた、義仲＝田舎人（地方）の食文化への蔑視を読み取ることができる。光隆は義仲の食文化に、都との相違を感じたに違いない。つまり食文化は「人」（この場合、田舎人）を確認する方法の一つでもあったと考えられる[38]。

このように声・食には地方・身分などによりその差があり、何らかの「人」確認の一つとして機能していたのではないだろうか(39)。

三　「顔」を会わせること

中世は情報伝達の歴史的性格に規定され、「顔」の認知が限定された社会であると「はじめに」で述べたが、それではこのような条件下、中世びとはどのような時に「顔」を会わせるのか、『吾妻鏡』に散見する事例から考えてみよう。

文治元年（一一八五）六月七日条に、捕われた平宗盛が帰洛する際、源頼朝が「可面謁歟」を大江広元に尋ねたところ、広元が「君者……其品已叙二品給、彼者過為朝敵、無位囚人也、御対面之条、還可招軽骨之謗」と進言したため、頼朝は「於簾中覧其体」たとの記事がある。これによれば「面謁」が身分（頼朝＝二品、宗盛＝無位）により決定されていたことがわかる。

文治三年（一一八七）三月八日条に、陸奥へ逃れた源義経追捕のため、頼朝がその行方を、義経「師檀」の南都僧「周防得業聖弘」に「有御対面、直及御問答」という記事がある。義経の追捕は重要な件である。つまり面謁は重要時に行われるといえよう。文治五年（一一八九）八月一二日条に、河村千鶴丸の元服が、頼朝に名謁し「御前」（頼朝の眼前）でなされた記事が、また建久元年（一一九〇）九月七日条にも曾我筥王が「於御前」元服した記事がある。このように元服を「御前」で行うことは、主従関係上重要な儀式であったに違いない。

主従関係を約し御家人となるために、頼朝に面謁する（初面謁を初参という）儀式（見参の式）があることはよく知られている。[40] 貴族社会においても、家人が主人に名簿捧呈して、面謁（初参）する儀式がある。[41] 問題は元服にしても、主従関係を結ぶにしても、主人に対し「面謁」をして行う点である。この両儀式は、あえて顔を会わせることに何らかの重要な意味があったに違いない。[42] おそらく顔を会わせることは、支配・被支配の関係を意識・確認させる上で大きな役割を担っていたのであろう。

師が弟子に直接面接し教えを授ける、僧侶の世界の「面授口決」の儀式も、この類例であろう。これも上記の主従関係と同じで、直接面謁することが重要な意味を有している。例えば、親鸞の曾孫覚如は、その著『改邪鈔』[43]で「祖師聖人御在世ノムカシ、ネンコロニ一流ヲ面授口決シタテマツル御門弟」と、親鸞に「面授」した「門弟」を特別に扱っている。また親鸞門弟を多数記載した「親鸞聖人門侶交名牒」[44]は、親鸞に直参した門弟を「上人面授」と注記し、他の門弟と特に区別している。これは面授の門弟が他の門弟とは比にならないほど、重要な意味を持っていたことを表している。

逆に面謁しない場合はどうであろうか。『吾妻鏡』文治元年六月九日条に、義経が頼朝の不快をかい、頼朝へ「拝謁」ができず、結局平宗盛と共に帰洛した記事がある。この時、義経は「拝謁」できなかった「恨」を「古恨」より深いといったという。また文治元年一〇月六日条に、梶原景時が頼朝の使者として義経に対面しようとしたが、義経が「称違例、無対面」のため、義経の謀反は疑いないということになった記事がある。

これら面謁できない、あるいはしないことが「恨」をかい、謀反の疑いを受けるというような重大な結果を招いている。これは当時の面謁行為の重要性をよく示している。つまり中世の面謁は身分により規制され、重要な儀式時になされるなどそれは現在の我々の場合と異なり、相当貴重なことと認識されていたと考えてよい。

例えば『北野社家日記』延徳四年（一四九二）五月一九日条に、足利義材が方違で上洛した時、禅豫がその陣に行き義材に対面した記事がある。それを禅豫は「御対面過分之至、併為神慮者歟」と表している。彼は義材に対面したことを「過分」といい、「神慮」とまでいっている。これより対面の重みを窺うことができよう。また『山科家礼記』長禄元年（一四五七）一〇月七日条にも同様な記事がある。

文書（特に書状）の末文には、お会いすることを期待します、お会いした時、用件を承りますという程度の意とされる、「諸事期面拝」[45]「毎事期面拝候」[46]などの礼辞がみられる。古文書学ではこのような文言は、一つの形式化された文言ととらえがちだが、当時対面が貴重な行為であったと理解できれば、この文言が決して形式的なものでなく、意味のある文言であることがわかるであろう。

この顔を会わすことの貴重さは、中世社会がめったに顔を会わさない、また会わさなくてもすむ社会であることの裏返しなのである。

おわりに

最後に本章をまとめておこう。中世において「人」を認識するのは、基本的には「顔」ではなく、名乗り、着衣・所持品であった。これは中世の名前に対する認識、身分制に基づいた独自の方法であった。これ以外にも声・食などを今後の研究課題として提起してみた。また顔を会わすこと自体、顔を会わすことの少ない社会に規定され、中世では重要な意義を有していた。

それでは中世における「顔」とは何であったのだろうか。黒田日出男「顔隠しの日本史」[47]によれば、絵巻では神の顔を松に隠したりしてみえないようにしていることが多いという。これは神に限らず「仏像」を描く場合にもみられる[48]。これらは描くことを憚ったためで、神仏の事例とはいえ、当時顔を聖なるモノと認識していたこと、つまり顔を相当重要なものと認識していたことを示している。

中世では肉刑の「耳鼻そぎ」がある。これは受刑者への苦痛が目的ではなく、「受刑者を一般の人々と異なった不吉な容姿に変えてしまう刑、人間でありながら、姿形を人間でなくする、いわゆる『異形』にすることに大きな比重がかけられた刑[49]」という。

例えば『看聞日記』嘉吉元年五月一六日条に、「異形之比丘尼」が奥州より上洛し、「徘徊」したという記事がある。その「異形」とは「其形有目一云々、但片顔ニ額より大なるこふありて、おとかひまてさかる、其下ニ有眼歟、不分明云々、片顔ハ普通之人也、片顔ハ異形、如妖物」である。ここから「異形」とは「普通之人」を指すのでなく、「妖物」を意味していることがわかろう。つまり「耳鼻そぎ」などで、顔の形が「普通之人」でなくなることは、「異形」「妖物」となることなのであった。

「顔」の「異形」が「人」ではなくなる意であったとすれば、中世で「顔」（健常な状態にあること）とは、個々の「人」の判断の基本ではなく、身分としての「人」の証を意味していたのである。

また中世社会における自力救済の「平和」（紛争解決の作法）で問題とされる「身代わりの作法」がある。藤木久志「身代わりの作法・わびごとの作法[50]」によれば、この作法として「物くさ太郎」の例などをあげ、「解死人がかならずしも、加害者本人でなく、また村の責任を代表する解死人が、村の長老でなく乞食でもよかったとすれば……責任者の制裁というよりは……ケガレをはらう、犠牲（いけにえ）の儀礼という性格が強かった」と結論づけている。

氏は「身代わり」を「犠牲の儀礼」とされたが、本章の関心でいえば、なぜ「解死人」が必ずしも加害者でなく第三者の差出しで、加害者と被害者の均衡状態(51)が保たれたのかに興味がわく。これはみてきたように「顔」の認知が限定された中世社会では、事実上、加害者本人か否かを決定できないためであろう。つまりこの作法は、中世の独自な社会的条件下で成立してきたものといえよう。

先の黒田氏の「顔隠しの日本史」によれば、中世は顔を隠す社会、近世は顔を出す社会であるという。これらは上記してきた「人」「顔」に対する認識をその背景に成立した特徴ではないだろうか。おそらく「人」に対する認識には各社会において独自なものがあったろう。ただこれらの問題は筆者の能力の範囲を超えており、すべて後考に期したい。

註

(1)『歴史学研究』五五三、一九八六年。

(2) 例えば、千々和到「中世民衆の意識と思想」(青木美智男ほか編『一揆』四、東京大学出版会、一九八一年)・「『誓約の場』の再発見」(『日本歴史』四二二、一九八三年)・「中世民衆的世界の秩序と抵抗」(歴史学研究会ほか編『講座日本歴史』四・中世2、東京大学出版会、一九八五年)、黒田日出男『姿としぐさの中世史』(平凡社、一九八六年)、網野善彦『異形の王権』(平凡社、一九八六年)、保立道久『中世の愛と従属』(平凡社、一九八六年)などである。

(3) 本書第Ⅰ部第二章註9参照。

(4) 肖像画についての近年の研究には、宮島新一『肖像画』(吉川弘文館、一九九四年)がある。

(5) 例えば、加藤秀幸「武家肖像画の真の像主確定への諸問題」上・下(『美術研究』三四五・三四六、一九八九・一九九〇年)、藤本正行「歴史資料となった紋章」(『週刊朝日百科　日本の歴史』別冊八、朝日新聞社、一九八九年)などがある。また神護寺所蔵「伝源頼朝像」については、米倉迪夫『絵は語る4　源頼朝像』(平凡社、一九九五年）がある。

（6）黒田日出男氏は「肖像画と王権」（『王の身体・王の肖像』、平凡社、一九九三年）で、新たな肖像画研究の方法・方向性を提示されている。

（7）日本古典文学全集三〇、小学館、一九七五年。

（8）東書選書、東京書籍、一九九二年、四五～五〇頁。

（9）千葉乗隆『本福寺史』、同朋舎出版、一九八〇年。

（10）これについては、宮崎圓遵「安城御影とその意義」「親鸞聖人安城御影」（『親鸞の研究』下〈宮崎圓遵著作集第二巻〉、思文閣出版、一九八六年）参照。

（11）この絵像は『真宗重宝聚英』第四巻（同朋舎出版、一九八八年）にカラー写真版で掲載されている。

（12）龍谷大学仏教文化研究所編『存覚上人一期記・存覚上人袖日記』、同朋舎出版、一九八二年。

（13）この点、当然、現代の私たちが絵像をみる時の観点とは異なる。私たちは絵像をみる時、どちらかといえば、顔に注目しているように思える。例えば、「鏡御影」と称される親鸞像について、宮崎圓遵氏は「親鸞聖人鏡御影」（註10前掲書）で、この絵像の容顔を「特色のある眉、やさしさの中に光る眼ざし、高い頬骨や豊かな耳、あるいは鼻や口等……巧みに聖人の個性を描出している」と表現されている。この細かく豊かな表現は、氏の絵像の顔に対する注目度が窺える。ただ目がやさしいか否か、耳が豊かか否かは、何をもって「やさしい」「豊か」とするかにかかっている。その基準は不明確で、ややもすれば主観的判断ともなる可能性もある。また現代人が「やさしい」「豊か」と感じても、それはあくまでも現代的感覚であり、中世びとが同絵をみて「やさしい」などと感じたかどうかは別問題である。もしこれを明らかにするなら、中世びとの感覚研究を前提とすべきであろう。

（14）『新訂増補 国史大系』三二。なおこの資料については、峰岸純夫氏よりご教示いただいた。

（15）鼠が当時どのような存在と認識されていたかは、動物の歴史学として興味ある点である。黒田日出男「象徴と感性の歴史学」（『週刊朝日百科 歴史の読み方』別冊一〇、朝日新聞社、一九八九年）で、害獣・富のシンボル・ペットの各側面を指摘され、この指摘より考えた場合、頼朝は害獣的側面を意識したのではないだろうか。

（16）ただし、まったく顔に注目していないということではない。例えば、絵師藤原隆信は『玉葉』承安三年（一一七三）九月九日条によれば、肖像を描く際「是人面計也」と、対象相手の顔のみを描いたという。なおこの事例は上横手雅敬氏よりご教示いただいた。また「九条右丞相遺誡」（大曾根章介ほか校注『古代政治社会思想』、日本思想大系八、岩波書店、一九七九年）には、毎朝起きて行うべきことが列挙され、そのなかに鏡をみることがあり、明らかに自身の顔を意識している様子がわかる（古橋信孝氏は「隠り顔の呪力」〈『現代思想』一九―七、一九九一年〉で、この行為を呪術的行為とされる）。このように確かに顔に対し注目している例もあるが、ただ本文で問題としたいのは、「人」認識における決定的根拠は何かであり、それが顔ではないという点である。

(17) 日本古典文学大系三五、岩波書店、一九六一年。

(18) 甲冑など装束の研究を風俗史の領域に限定せず、中世社会の武士論研究に積極的に導入すべき点を指摘した論考には、関幸彦「『大童』になること」（福田豊彦編『中世の社会と武力』、吉川弘文館、一九九四年）がある。

(19) 『新訂増補 国史大系』一八。

(20) 過去の人物の特徴（着衣・所持品）の情報が、その後いかに伝達されるのか不詳であるが、親鸞の特徴が存覚まで伝えられていたこと、また新田氏伝来の太刀の情報が斯波氏（新田氏に直接関係ない氏）に伝わっている点から、それらの情報は確実に伝達されていたのである。

(21) 註9前掲書。

(22) 本福寺の歴史的性格については、拙稿「中世後期本願寺末寺の歴史的性格」（平松令三先生古稀記念会編『日本の宗教と文化』、同朋舎出版、一九八九年）参照。

(23) 『御伽草子集』、日本古典文学全集三六、小学館、一九七四年。

(24) 網野善彦「古代・中世の悲田院をめぐって」（北西弘先生還暦記念会編『中世社会と一向一揆』、吉川弘文館、一九八五年）。

(25) 可視的な身分制については、黒田日出男「史料としての絵巻物と中世身分制」（『境界の中世・象徴の中世』、東京大学出版会、一九八六年）参照。

(26) ただし、これは社会的レベルにおいてであり、個人レベルにおいては、あえて名乗らなくとも、相互に確認できたものと思われる。

(27) 日本古典文学全集二九、小学館、一九七三年。
(28) 巻第五和歌二〇四「清輔所伝の人丸影の事」(『古今著聞集』上、新潮日本古典集成五九、新潮社、一九八三年)。
(29) 関氏は註18前掲論文で「名乗り・矢合せも始まる一連の合戦形式(パフォーマンス)も自己の存在を他者に認めさせる行為に他ならない」という。
(30) 資料上に知人の意味の「知音」という表現がある(「本福寺明宗跡書」〈註9前掲書〉)、文明四年九月一四日「菅浦物庄置文案」〈滋賀大学経済学部史料館編『菅浦文書』上、史料番号六三二、滋賀大学経済文化研究所、一九六〇年〉)。「音」を「知」ることが知人を意味することは、この表現が音の世界と何らかのかかわりがあることを推測させる。これには、名乗り・自己申告(=音)を聞いて、相手を確認する(=知)という慣習が背景にあるのではないだろうか。この表現が文書にみられることは、この言葉の相当な広がりを示している。もしこの推測が首肯されれば、やはり民衆レベルにおいても、名乗りが人確認方法であったことを裏づけるものだろう。
(31) 酒井紀美「名を籠める」(網野善彦ほか編『ことばの文化史』中世二、平凡社、一九八九年)。
(32) 日本古典文学全集二七、小学館、一九七一年。
(33) これら「生れつきの声」「声うちゆがみ」=「坂東声」という表現には、「都」からみた東国社会に対する蔑視が含まれると思われる。
(34) 例えば、延徳元年(一四八九)一一月四日「今堀地下掟書案」(仲村研編『今堀日吉神社文書集成』史料番号三六三、雄山閣出版、一九八一年)に「一、他所之人を地下ニ請人候ハて、不可置候事」と、自身の所在を「地下」と外を「他所」と表現している。
(35) 和歌山県の高野山付近の某村の知人に、どのようにして村外者を確認したのかと尋ねたところ、服装もあるが、すぐに村外者とわかるのは、やはり言葉・発音であるという。その村の近隣でも、互いに言葉・発音は微妙に違うらしい。どうやら村には村の言葉・発音があるようで、私が聞いて同じように聞こえても、村内の人には村外者との言葉・発音の差は歴然という。これは現在のことで、中世にまで遡れるかどうかは確定しにくいが、可能性は高いと思われる。
(36) 註23資料。

(37) 声の問題については、網野善彦「高声と小声」（註31前掲書中世一、一九八八年）参照。
(38) 食文化については、千々和到「仕草と作法」（網野善彦ほか編『日本の社会史』第八巻、岩波書店、一九八七年）に、肉食の点で朝鮮使節が日本でひどい扱いを受けたことが指摘されているが、ここにも食文化の偏見とともに、肉食＝朝鮮人という確認法が読み取れる。なお中世の「食」についての研究には、原田信男「中世における食生活の周辺」（『史学雑誌』九三―三、一九八四年）・『歴史のなかの米と肉』（平凡社選書、平凡社、一九九三年）がある。氏は食生活の階級性・身分制、またそこに反映される社会意識・構造や天皇とのかかわりなど、非常に興味深い問題を明らかにされている。
(39) 首実検にふれることができなかったが、実検は原則的にその首の知見者が行うものである。しかしこれはあくまでも個人的レベルであり、社会的レベルでは、本文でみたように所持品などで判断したのである。なお首実検については、生嶋輝美「中世後期における『斬られた首』の取り扱い」（『文化史学』五〇、一九九四年）参照。
(40) 牧健二「主従契約」（『日本封建制度成立史』、弘文堂、一九三五年）参照。
(41) これについては、中田薫「『コムメンダチオ』と名簿捧呈の式」（『法制史論集』第三巻下、岩波書店、一九四三年）に数例があげられている。
(42) また承久四年（一二二二）正月一日条に、「若君」（九条頼経）が「被巻上御簾、人々奉謁之」と、正月の対面の記事があり、これも重要な儀式での面謁であろう。
(43) 龍谷大学仏教文化研究所編『口伝鈔・改邪鈔』、同朋舎出版、一九九二年。
(44) 本願寺史料研究所編『本願寺教団史料』〈関東編〉、浄土真宗本願寺派、一九八八年。
(45) （治承二年〈一一七八〉）一一月一三日「高倉天皇宸筆御消息」（相田二郎『日本の古文書』下、史料番号一五七、岩波書店、一九五四年）。
(46) 『鎌倉遺文』史料番号二九〇五五（年未詳）一二月一二日「金沢貞顕書状」（『金沢文庫文書』）。
(47) 黒田日出男「顔隠しの日本史」（『顕わすボディ／隠すボディ』、ポーラ文化研究所、一九九三年）。
(48) 例えば「一遍聖絵」巻一・四に剃髪場面があるが、その際に掛けてある仏画は、仏の顔がみえないよう描かれている（澁澤敬三ほか編『新版絵巻物による日本常民生活絵引』第二巻、平凡社、一九八四年、二三五・二三六頁）。

（49）　勝俣鎮夫「ミ、ヲキリ、ハナヲソグ」（網野善彦ほか編『中世の罪と罰』、東京大学出版会、一九八三年）。
（50）　藤木久志「身代わりの作法・わびごとの作法」（『戦国の作法』、平凡社選書、平凡社、一九八七年）。
（51）　村井章介「中世の自力救済をめぐって」（『歴史学研究』五六〇、一九八六年）。

第五章　生命・身体としての遺骨——親鸞遺骨墨書発見によせて——

はじめに

明治以来、現代に至るまでの近代戦争は、莫大な戦死者を出してきた。そのなかで明治以来軍部は兵士の遺体・遺骨に関しては大きな配慮をしていた。これは兵士の身体を生存中のみではなく、死後も統制下に置くため、さらに日本の伝統的な遺体に対する儀礼慣習も無視できないためであった。

当初軍部は遺体・遺骨処理をある程度適切に実行していたが、日清戦争以後の近代戦争では戦死者数がこれまでになく増加し、さらに国外での戦争となったため、適切な対応が困難となる事態も増加した。したがって戦死者の遺体・遺骨収集・返還が著しく困難となり、遺体も遺骨もない事態が出現した。事実上、太平洋戦争後半では遺骨返還すら困難に陥り、戦友が持ち帰ったのは霊爾という紙片・木札・小石を入れた白木の箱で遺骨ではなくなった。その結果、遺体も遺骨もない兵士の墓が造られることとなった。

遺骨のない墓を守らざるをえない矛盾と不安が戦後も遺骨収集への行動を生み、さらに兵士の「霊魂」を「英霊」とし特別な葬り方をするため、それは靖国神社へ祀ることにつながっていくのであった(1)。

この話からみると、政治的な意味もあるが、遺骨に本人を感じていることは明らかであろう。お彼岸やお盆の墓参りに、お墓に話しかけている人の姿をみれば、それはよく理解できる。これは墓に語りかけているのはなく、そこに納められている遺骨に話しかけているのであり、遺骨に本人を感じている証左なのである。

次に遺骨に対する興味深い習俗に注目してみよう。山口県大島町笠佐島は周囲四キロ余りの小島で、江戸時代から大島の小松村に属し、天保年間には人家が三五軒であったという。この島に人々が住みついたのは天明の頃という。

児玉識氏の同島調査によると、この島は真宗地域で、島民は大畠町妙円寺の門徒で、「かんまん宗」の島として知られている。島には墓がなく、死者は火葬にして京都本願寺の大谷本廟に納骨し、納骨後の残りの骨は捨てるが、その捨てた骨を薬として飲む風習が大正時代まであったという。また飲まなくても、外傷につける人も多かったという(2)。

酒井卯作氏の報告(3)によれば、長野県伊那地方や群馬県多野地方では、墓の穴掘りの時に出てきた古い骨は持ち帰り、解熱剤として砕いて飲むという。また栃木県では打撲傷には人骨を粉にしたものに小麦粉を混ぜて、これを練ってつけると効果があるという。

近代以後、事件となった類似事例がある。明治四一年（一九〇八）三月「東京日日新聞」には三重県三重郡で、火葬場の担当者二人が遺体の骨や骨粉を採取し、万病の霊薬として密売し、大変な評判で買い求める人が跡を絶たなかったという記事がある(4)。

明治三五年（一九〇二）島根県で、ある男が梅毒薬として墓から人骨を取り出し、黒焼きにして売買した話もある。さらに近年でも昭和五五年（一九八〇）六月、人骨の黒焼きを販売していた男が、薬事法違反で逮捕されている。男は深夜火葬場へ出かけては人骨を集め、それを金槌で砕き、すり鉢ですりつぶして粉にして、オブラートなどに包み販売していたという(5)。

これら事例は伝統的な遺骨への習俗が今も生きていることを感じさせるものである。遺骨を食べることは近世にもあり、それが明治以後、現代にまで続いているということである（明治以降は明確な犯罪となっている）。

遺骨を食べることは、遺骨の不思議な力を期待する行為にほかならない。これは鎌倉時代の一遍の尿を万病に効く薬として飲むことに通ずるものである。この場合、高僧の尿は不思議な力を有するモノ＝聖なるモノなのであり、不思議な力に触れるということである。

この「触れる」は、現在でも仏像（聖なるモノ）に触れて、その触れた手を自分の良くない部分に接触させれば、病などが癒えるというものと同じである。現代人のこの信仰は、一遍の話など古い時代から続く信仰が今に生きているものといえるだろう。

このように遺骨自体に対しては、本人自身と感ずる意識と、聖なるモノとして不思議な力を有するという信仰が、現代に存在することは明らかである。ここでは遺骨に対する信仰や認識を探っていくが、特に私自身がかかわった「常楽台親鸞遺骨墨書」発見調査報告の内容を中心に遺骨とは何かを考察していく。

一　常楽台遺骨発見――親鸞遺骨墨書発見――

1　はじまり――「花の御影」と常楽台――

毎日新聞社のある記者から、当時の本願寺史料研究所所長であった千葉乗隆氏に、常楽台（常楽寺ともいう、京都市下京区）が所蔵する「花の御影」の修復中に大変珍しいものが見つかっている、それをどうしても千葉所長に調査してもらいたいとの依頼があった。

当時千葉所長は入院中で「自分は今このような状況だから待ってもらいたい」と返答すると、記者は「それなら早く退院してください」と迫ったという。よほど早く確認してほしかったのだろう。

千葉所長は退院して、平成一九年（二〇〇七）九月一〇日月曜日にその調査にむかった。筆者も同行し調査に参加した。本論はその調査過程の報告と、得られた情報などから、親鸞と遺骨、そして身体とのかかわりを考察する手がかりとしたい(6)。

「花の御影」とは南北朝期作の親鸞の御影である。像容は親鸞が牀座の上畳に正面向きで座し合掌するものである。背屛には親鸞の頭部を囲むように、蓮花が描かれることから「花の御影」と通称されてきた。寛文九年（一六六九）成立の「法流故実条々秘録(7)」には存覚（親鸞曾孫の覚如長男〈一二九〇～一三七一〉）が夢のなかでみたものを描いた御影として「夢想之御影」とも表現されている。

この御影を所蔵する常楽台とは、存覚を祖とする真宗寺院である。ただ存覚は父と対立し義絶されている。この背景には存覚を支持した関東門弟と覚如との対立があったと考えられている。いずれにしても、常楽台は親鸞の血を継ぐ寺院である（親鸞・本願寺・常楽台略系図参照、以下適宜参照）。

さて「珍しいもの」とは、「花の御影」の全面修復のため表具をすべてはずすと、軸木に親鸞遺骨の存在を示す三つの墨書が現れたことであった。「花の御影」は南北朝期成立の名品だが、軸木は表具の布の内側にあったため、これまで誰も気がつかなかったのである。

〈親鸞・本願寺・常楽台略系図〉

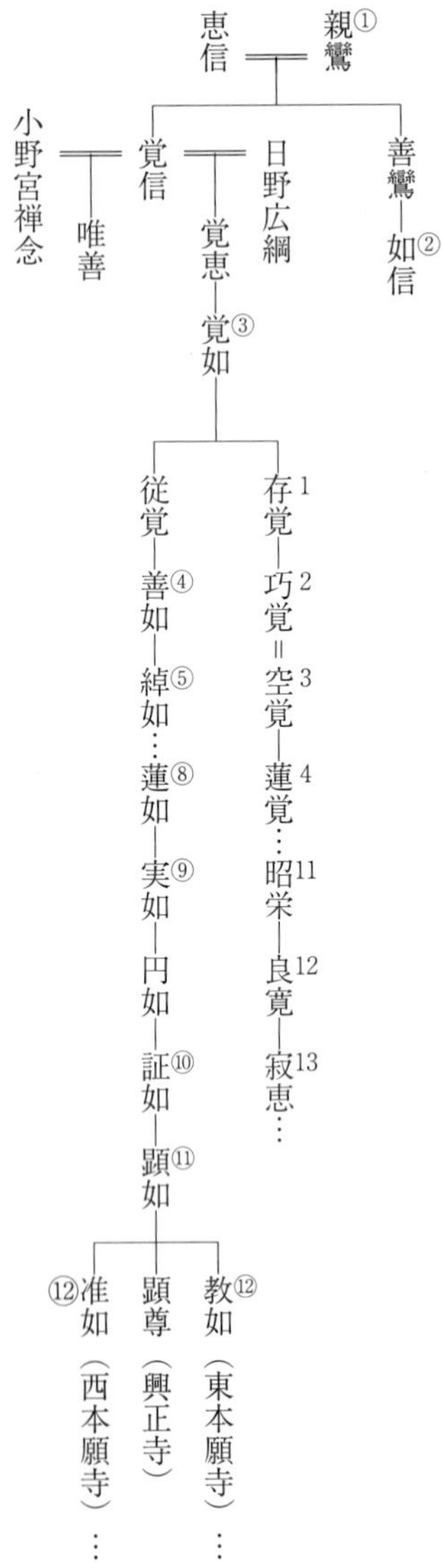

①・②〜は本願寺の歴代、1・2〜は常楽台歴代。＝は養子関係を示す。

2　墨書を読む

（墨書①）

奉修幅高祖等身夢想之御真影　則御骨舎利籠銀筒

惟時寛文第七（一六六七）丁未暦林鐘（六月）下旬　常楽寺住持釈寂恵謹書

（墨書②）

重御骨如奉拝候　年号寛文拾（一六七〇）庚戌暦正月廿六日

住持常楽寺釈寂恵
昌乗院昭栄法印書之

（墨書③）旹宝永（一七〇六）第三歳次丙戌六月十七日出遺骨　別奉納宝塔
沙門寂恵謹書

表具の内側に隠れていた軸木（長さ一〇四・三センチ、直径三・六センチ）には三つの墨書があった（図16）。墨書①には、高祖（親鸞）等身夢想の御真影を修復し、そして親鸞の遺骨を銀筒に籠めたとあり、その年次は寛文七年六月下旬、常楽寺住持釈寂恵が謹んで、このことを書くとある。寂恵とは常楽台第一三代、承応二年（一六五三）誕生で、寛文三年（一六六三）正月一一歳で得度、[8]宝暦二年（一七五二）正月二二日に没している。

この墨書通り、親鸞遺骨を入れた銀筒を軸木に納入したと思われる空間（縦三・八×横二・八センチ）が、軸木の中央あたりにある。その空間には内側に金箔を貼った蓋が付いており、その蓋で納めた銀筒の空間を閉めることができるのである。軸木は空間をくりぬいたため、その部分を金具で補強されている（ただし補強時期は不明）。銀筒は現存しないが、この状態からみれば、銀筒納入は事実であろう。[9]

墨書②には、墨書①から三年後の寛文一〇年正月一七日、再度、親鸞の遺骨を同じように拝した（一度銀筒に入れた遺骨を取り出し拝見したのであろう）とあり、この墨書は昌乗院昭栄が書いたとある。昭栄（准恵）とは常楽台第一一代で、誕生が慶長三年（一五九八）、没年が寛文一三年（一六七三）七月一七日（七六歳）である。寂恵から

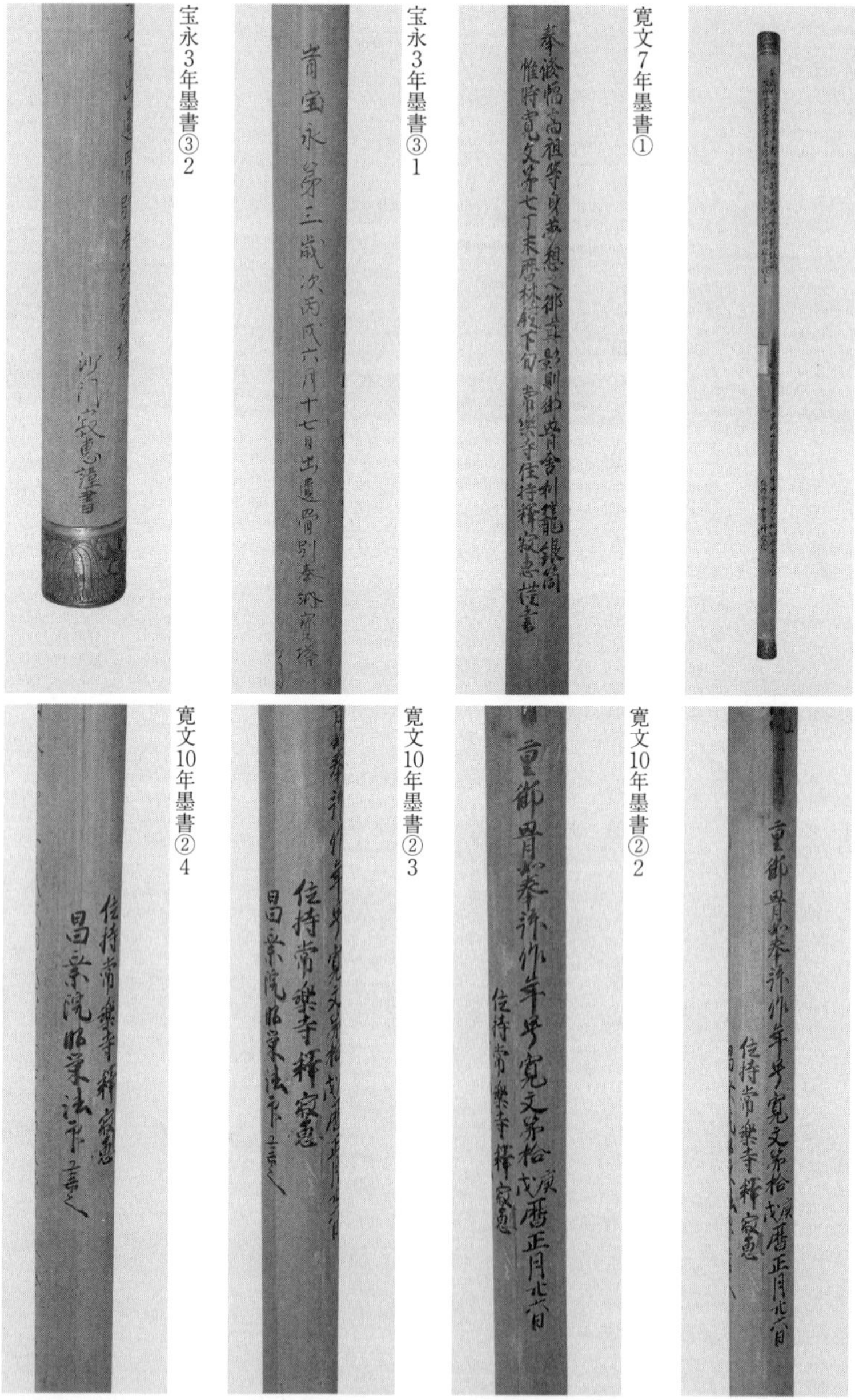

常楽台軸木墨書全体

寛文7年墨書①

宝永3年墨書③1

宝永3年墨書③2

寛文10年墨書②1

寛文10年墨書②2

寛文10年墨書②3

寛文10年墨書②4

図 16　常楽台親鸞遺骨の墨書（常楽台蔵）

みると祖父に当たる。

なぜここで祖父が墨書したかというと、寂恵の父良覚は明暦二年（一六五六）一〇月二八日、二九歳で没（「麻布善福寺本　別格諸寺系図」）しており、祖父が寂恵の後見をしていたためであろう。

墨書③は、さらに宝永三年（一七〇六）墨書には寂恵が銀筒を取り出し、遺骨を宝塔に納めた、そして墨書は寂恵が謹んで書いたとしている。現在その遺骨が納められた宝塔（縦一四・七×横一四・七×高三四・五センチ）が伝来する。

時間の異なる三つの軸木墨書は、約四〇年間に三回遺骨に連関した行動が起こされたことを意味する。墨書①からみれば、この遺骨納入主体が寂恵であることは動かないようにみえる。しかし注目すべきは、図16墨書③１・２の寂恵の筆跡とまったく異なる点である。さらに図16墨書①を図16墨書②１～４と比べると、明らかに同筆であることがわかる。

つまり墨書①と墨書②は同一人物ということである。墨書②が昭栄筆なら、墨書①も昭栄筆となり、墨書①は彼が寂恵の代筆をしたということになる。なぜ昭栄が代筆したのかを考えれば、墨書①の寛文七年は寂恵一五歳であり、住持となった若い寂恵の後見としての立場で、彼はこの墨書をしたと想定できる。

「花の御影」の軸木へ親鸞遺骨を籠めることを主導したのは、墨書①の表現だけであれば、寂恵の行為と判断するが、それが昭栄の筆跡となれば、彼の意志による行為と判断せざるをえない。昭栄主導で籠められた遺骨は、やがて昭栄没後、墨書③にあるように、寂恵により取り出され、現在の宝塔に安置されることになったのである。したがってこの時、銀筒を抜き再度表具をしてしまったため、この軸木墨書は隠されてしまい、以後、現代の全面修復まで再発見されることがなかったのである。(10)

発見当時、新聞記者やその他の人も、昭栄が軸木に遺骨を「隠した」と発言・表現していた。言葉尻のことかもしれないが、私は「これは隠したのではない」と強く否定した。なぜなら親鸞遺骨を有するなら素朴に考えて、当時から積極的に吹聴してもよさそうなものである。それは当然自分の寺格にもつながり、非常に希有な立場に立てるからである。しかしあえて彼はそれをしなかったのである。

私は昭栄が「隠した」「みせなかった」という次元の問題ではなく、この御影に籠めることにこそ彼の意志があった、そこに深い意味を読みとるべきと思ったのである。[11] したがって墨書③にあるように、寂恵が遺骨を取り出し宝塔に安置し直したことは、祖父昭栄の意志に変更が加えられたということになる。

3　無理のない事実を——遺骨の信憑性——

この調査にかかわった人々の最大の関心は、宝塔に安置された遺骨と思われるものが、親鸞の遺骨かどうかであった。宝塔に確かに遺骨と思われるものが五粒ほど安置されていた。人間の遺骨とみえるが、これをどう判断すべきか。

この遺骨から「遺伝子を取り出すことはできないか」との意見も出たが、これは万一遺骨から遺伝子情報を検出できたとしても、それを親鸞と確定するためには、確実な親鸞の遺伝子情報がなくては比較できない。あたりまえだが、その情報を持っているものはいない。したがって無理であると、我々は説明した。いずれにしても遺伝子云々は初めから現実的ではない。なぜなら遺体が焼かれている以上、遺骨の遺伝子情報は破壊されていると考えられるからである。

遺骨からの決定が困難となると、最も重要な決め手は状況証拠以外にはない。調査した千葉所長以下我々はその点から整理してみた。

①墨書自体は納入当時の近世前期の文字に間違いなく、内容に不自然な点はみられない。

②墨書と現状が一致する。

③常楽台の歴史からみて、親鸞の遺骨を保持していても何らおかしくはない。関東門弟より存覚が遺骨を譲り受けたことも十分に想定し得る。

これらの点から、所蔵の遺骨は親鸞遺骨である可能性は格段に高いという結論に至った。

そして九月一八日火曜日、新聞各紙（朝刊・夕刊）に「「親鸞の遺骨」示す墨書」発見などとして、一斉に発表された。大きな話題となった(12)。

この記事の出る以前、調査の翌日も私は新聞記者と再度、事実を確認し内容を詰めた。そこで一考すべきは軸木はいつのものかという点であった。もし南北朝期当時のものなら、親鸞遺骨が「花の御影」制作時から籠められていたことになり、親鸞遺骨との信憑性を一層確たるものとできるのである。記者はこの点を質問してきた。「軸木を確認したが、『花の御影』制作当時の古さはなく、やはり墨書①の修復時から用いられたものではないかと判断する」と説明した。そうであるなら、遺骨は近世に入れられたのか。それとも以前から軸木に入れられ、近世前期の修復時の、新しい軸木と取り替えた際、元軸木から遺骨を取り出し、入れ直したのかなどが、次に問題となってきた。

新聞記者も「『花の御影』製作当時（南北朝期）からあった軸木を、この時（墨書①の時）に取り替えたのではないか。そうはいえないか」と質問してきた。つまり墨書①の時に軸木を新調して、南北朝期から籠められていた遺骨を、同じように近世に入れ直したと考えられないか、ということである。

これが証明できれば、遺骨も南北朝期より納められていたことになり、親鸞の遺骨である可能性は極めて高くなる。新聞記者は親鸞の遺骨に迫るための模索を提示してきたのである。

「想定はありえることだが、何の根拠もない。したがって支持はできない」と返答した。また古い軸木を新しくした時、遺骨を新しい方に納入した件も、「墨書①②のように丁寧に墨書する昭栄なら、元の軸木から新調の軸木に再度籠め直した際に、そのことも当然墨書するであろう。墨書①にそれがないのは、元の軸木には遺骨は納入されていなかったからにほかならない」と説明した。

すると記者は「では元の軸木に遺骨が納められていなかったとすれば、遺骨は本来どこに安置されていたのか」と質問をされたが、「現状では不明なものは不明としかいいようがない。いろいろな可能性を想定してもよいが、推測の上に推測を重ねるだけになる。現状確認できる事実から言える範囲で言えることをいえば良いのではないか。決して無理する必要はない」と返答した。

その際、新聞記者に各地に伝来する親鸞遺骨について、次のような説明をした。「親鸞遺骨と称するものは各地に伝来する。それが真の遺骨か否かは遺骨自体からではなく、やはり状況証拠から決定せざるをえない。現在最も可能性の高いものは、高田派専修寺所蔵の遺骨である。平松令三氏の遺骨調査[13]によると、遺骨を包んだ紙には親鸞直弟顕智の筆跡で「鸞聖人御骨　顕智ノ御マホリ」と墨書され、さらにそれを入れたと思われる鎌倉時代作の錦袋も現存するという[14]。また氏は親鸞直弟真仏筆『教行信証』〈高田本〈専信本〉、重文〉にある専空筆奥書には親鸞没のことに続き「下野高田住僧顕智御舎利蔵畢」とあり、顕智が拾骨を行った内容も指摘し、専修寺所蔵遺骨が『親鸞聖人の御遺骨以外何物でもあり得ない』と結論付けられている」と説明をした。

さらに「もう一つ親鸞遺骨として著名なのは上越市浄興寺所蔵遺骨である。元亀元年（一五七二）七月二五日

「実悟書状」(15)に享禄元年（一五二八）秋、願得寺実悟が浄興寺から親鸞遺骨を「少しわけて」もらう内容がある。また浄興寺は東本願寺にも近世前期に遺骨を分けている。戦国期から浄興寺の遺骨は知られていた」とも説明した。

　これらを説明して「常楽台所蔵遺骨については、専修寺と同等の状況証拠を提示することはできない。墨書の遺骨を納めた事実はよいが、それ以上となると、なかなか踏み出せない。ただ現状での状況証拠は専修寺に次ぐものではないかと思う。したがって今回は昨日（調査した九月一〇日）の見解どおり、親鸞の遺骨の可能性が非常に高い」とすべきではないかと見解を提示した。そして新聞報道では前記の「「親鸞の遺骨」示す墨書」発見という見出しで報じられることになった(16)。

　遺骨は親鸞へ直接結びつくものとして、学術的価値は高い。しかし遺骨自体から迫ることが難しい現状では、その結論は慎重であるべきと考える。さらに浄土教の展開とともに深まる遺骨への信仰は、長い歴史のなか、多くの人々にとっては心の問題であるので、私たちはこの点も十分熟慮し結論は慎重であるべきと思う。

4　記録のなかの事実

　新聞記者との話のなかで「常楽台の記録にも、遺骨のことがある」と話を聞かされた。その時、どの記録を指すかわからなかったが、後日「鑑古録」(17)巻下ということがわかった。当然この問題にも触れておかなければならない。

　コノ時先師上人（覚如）、存師（存覚）ニムカフテ、今ヤ生身ノ別離ナラン、予（覚如）カ伝授ノ品アリトテ、鸞聖人ノ御遺骨五粒、御内仏ニ安置シタマヒシヲ、手ツカラ取出タマヒテ、コレヲ譲リ与へ給フ、存師頂戴アテ、歓喜ノ心ロ他事ナク、渇仰ノ思ヒ、余念ナクシテ、珍蔵什襲シタマヒ、後ニハ夢想ノ祖師聖人ノ御霊像ノ軸ノ中ニ納メ置テ、相

伝へ給へり

ここには、常楽台所蔵遺骨は、存覚が義絶される際、父覚如から譲り受けたものであり、存覚が歓喜してそれを珍蔵什襲（幾重に包んでしまっておくこと）し、その後夢想の祖師聖人御霊像（「花の御影」）の軸のなかに納められたものと記したとある。

この話は現在ある五粒と一致、御影に納められていた事実とも一致する。全体的に話も通じている。そうなら今回発見された遺骨は、南北朝期からそう時間を経ない時点で、「花の御影」の軸木に納入されたことになり、今回発見された遺骨はまさに親鸞の遺骨ということになる。

しかしこの記録の著者は寂恵で、彼が享保六年（一七二一）に著したものである。つまり墨書③の遺骨を取り出した本人が作った記録なのである。話がある部分一致するのは遺骨を取り出した人物であるから、一致して当然なのである。さらに問題はこの遺骨が記録のように南北朝期に近い時期に入れたかである。

覚如の存覚義絶は歴史的事実だが、「鑑古録」に記されているような、遺骨譲渡は現状他の史料では一切見出せない。だからといって記録が創作と断定はできないが、歴史学の立場からすれば、そのまま信用することはできない。ましてや当事者・関係者が作った記録である以上、やはり自分の都合のよい粉飾も当然ありうると考える。したがって歴史学ではこのような記事は用いないのが通常で、同記録を根拠に遺骨納入の古さを主張することはできないのである。(18)

二　中世の親鸞御真影（木像）のゆくえ

常楽台の遺骨納入の意味に迫るために、考察しておかなければならない問題は、現在本願寺御影堂に安置されている親鸞御真影（以下、親鸞木像および木像と呼ぶ）である。この木像には現在でも親鸞の遺骨が納められているとか、塗り込められているといわれている。ここでは影堂に安置された時期から、戦国期までの木像の動向を追っていく。

1　親鸞木像と遺骨安置

御影堂に安置される親鸞木像が、ビジュアルで確認できる早い事例は親鸞伝絵と呼ばれる絵巻からである。この絵巻は永仁三年（一二九五）一〇月、覚如が親鸞の生涯をテーマに制作したものであった。しかし建武三年（一三三六）、本願寺が南北朝の動乱に巻き込まれ炎上した際、最初に制作された初稿原本は焼失した。初稿原本が作成された二か月後、題名など一部に若干の修正を加え制作した絵巻が関東教団に送られていた。それが津市高田派本山専修寺本である。また初稿原本にわずかばかり修正を加えたほか、新しい一段を増補した西本願寺本（琳阿本）も制作されている。両本とも重文である。木像が確認できるのは専修寺本である。[19]

この伝絵の詞書には、[20]文永九年（一二七二）冬親鸞の遺骨を元のところより吉水の北に移し、「影像」を安置し、「廟堂」を建立したと表現している。影像安置であれば、廟ではなく「影堂」と表現されるはずであろう。

また文永九年より後年の弘安六年（一二八三）一一月二四日「覚信尼譲状（最後状）[21]」にも、「御はかところ」「御廟」とあり、「影堂」とは表現されていない。永仁四年（一二九六）七月一七日「大谷南地沽券案」[22]に「善信上人御影堂」とみられるのが古文書上の「御影堂」の初見である。

したがって影堂となった＝木像を安置したのは、弘安六年（一二八三）から永仁四年（一二九六）の間と考えることが自然である。文永九年の段階では、まだ影像は安置されていなかったのではなかろうか。それゆえ廟という表現としたのではないか。

おそらく伝絵成立段階の永仁三年（一二九五）には影像はもう安置されていたのであろう。覚如はすでに過去となった、親鸞遺骨移動の文永九年の内容に、伝絵制作当時（永仁三年）安置されていた木像の話を入れ込んだのではなかろうか。「御影堂」の初見が永仁四年、つまりその一年後であるのはつじつまが合っている。したがって御影堂＝木像安置は伝絵制作時頃と考えられる。

2　伝絵の親鸞墓所・廟堂の描き方とその表現

①西本願寺本の詞書は「遺骨を堀渡て、堂閣を立、影像を安す」「廟堂」として、それに対応する絵は廟堂の絵があり、その堂内には地面の上に石塔があるだけである（図17）。

②専修寺本の詞書は「遺骨を堀渡て、堂閣を立、影像を安す」「廟堂」と①の西本願寺本と同じだが、廟堂の絵は堂内には床を張り、その上に石塔・親鸞木像を置く。専修寺本には絵の部分にも注記が入っているのが特徴である。問題の廟堂場面注記は「聖人遺骨をおさめたてまつる、いまの廟堂是也」とある（図18）。

①と②の詞書は両者一致している。①の場合、詞書に「影像」安置とあるのに、廟堂内の絵では「影像」が描かれず、詞書と不一致である。②は詞書と廟堂内の絵は一致するが、親鸞木像を安置する絵となっていながら、絵の

注記には已然「廟堂」と表現し矛盾する。

①②の詞書とも遺骨を堀渡してとあり、土中に埋めたように表現されている。①は石塔らしきものがあり、その下に埋められたとすれば矛盾はないが、②の場合、親鸞木像は床の上に置かれて、石塔らしきものも床上にある。したがってこの石塔は当然地面とは接触していないと考えなければならない。もし遺骨が埋められていたとすれば、この床下の地面のなかにあることになるが、床下に遺骨とはあまりにも不自然である。

注目すべきは②の廟堂場面の注記に、親鸞の遺骨を「おさめたてまつる廟堂」と、「おさめる」と表現している

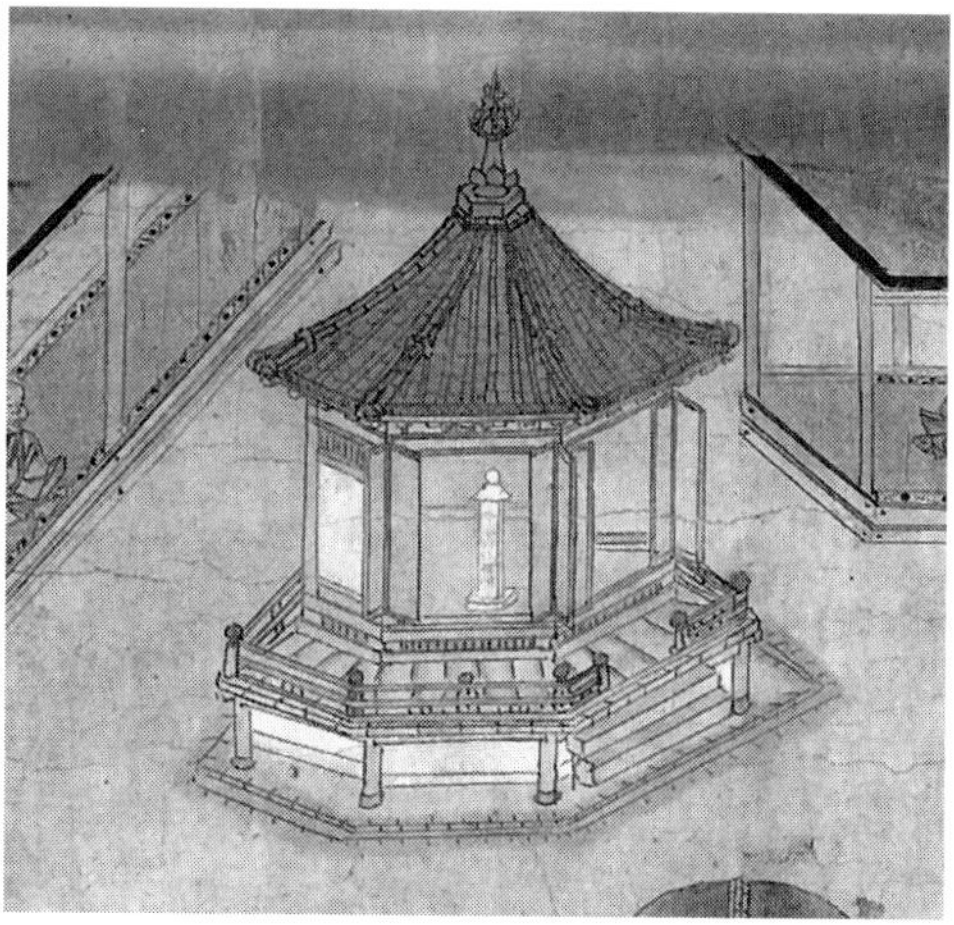

図 17　親鸞廟堂図（琳阿本）
大谷廟堂の図。堂内には石塔らしきものが立っているだけ（西本願寺蔵）。

図 18　親鸞廟堂図（高田本）
大谷廟堂の図。建築図面のように精巧に描かれている。堂内には床が張られ、その上に石塔らしきものが中央に置かれ、その背後に親鸞の像を安置する。図上の註記は「聖人遺骨をおさめたてまつるいまの廟堂是也」（専修寺蔵）。

点である。「おさめる」とは「納める」「ものをしまいこむ」意で、決して埋めるという意味ではない。この絵は床上に石塔らしきものと親鸞木像を置く描き方をしているので、本来「埋める」意では不自然である。

床上状態なら、この堂内のどこかに親鸞遺骨を「おさめた」と理解する方が自然なのである。つまり注記は絵の場面と矛盾しないのである（「影像」がありながら「廟堂」は矛盾するが）。おそらくこの注記は絵の場面と詞書との矛盾を調整するために入れられたものと考える。

そうすると遺骨はどこに納められていたのか。覚如作といわれる「報恩講私記[23]」には「廟堂ニヒサマツキテ、ナミタヲノコヒ、遺骨ヲ拝シテ、ハラハタヲタツ（悲しみに堪えられない）」という表現がある。年一度の親鸞命日行事報恩講の時、遺骨を拝したというのだから、取り出して参詣者にみせていたと考えられる。もしそうなら、遺骨は取り出せる場所に納められているはずなので、土中はありえないということになる。そこで②の廟堂内場面で想定しうるのは、親鸞木像の胎内がまず第一に想定される。胎内納入は当時はしばしばあることである。

3　唯善事件

親鸞遺骨と親鸞木像に関する問題で避けて通れないのは唯善事件である。経緯は以下のごとくである。覚信の子息唯善は大谷廟堂などの管領を目的に、異父兄覚恵や甥覚如を大谷から追い出した。しかし延慶二年（一三〇九）七月一九日青蓮院から覚如は唯善の非分を排斥し、影堂など管領を安堵された。結果、唯善は影堂に安置されていた「盗隠影像（親鸞木像）・遺骨、剰破取堂舎庵室」「逐電」してしまった。

ここには唯善が遺骨を持ち去る際、遺骨を掘り出したとは記しておらず、遺骨が土中に埋められていたとは考えにくい。木像も遺骨も同時に奪取したわけなので、遺骨は親鸞木像に納められていたと考えても矛盾はない。たとえ胎内納入でないとしても、土中に埋められていたのではなく、別に安置されていたと思われる。

時代は下るが『天文日記』天文一〇年（一五四一）九月一〇日条[24]に越中国井波瑞泉寺了如（蓮如娘）が没した時、「取骨令納堂」と、彼女の遺骨を「御堂」（御影堂と考えられる）に納めたとある。また「御堂ノ御作法日々記」慶長三年三月五日条[25]によれば、本願寺第一一世顕如の遺骨が「御影堂須弥壇ノ下ニ……台ニスヱ御置被成候」と、顕如の遺骨は墓（土中）に埋葬されず、須弥壇の下に安置されていたことがわかる。前述の別安置とはこのようなものと考える。

延慶三年（一三一〇）七月四日以前に、顕智ら関東門弟により「造立影像、安置所残遺骨」された。親鸞木像を再造立し遺骨は残っていたものを安置したとあるが、遺骨がどういう状態で残っていたかは不明である。唯善が影像と遺骨を持ち去る時、こぼれ落ちたのか、遺骨が盗まれる以外にもあったのか、わからない。また木像が再興され遺骨をどうしたのか、この表現からは断定しきれないが、遺骨は木像と別々に安置された感はある。ただし再興された木像に納めた可能性もやはり否定はできない[26]。

伝絵から分析したように、影堂成立段階でも遺骨は埋められず、別安置あるいは胎内に納入されていたが、その後に続く唯善事件をみても、やはり遺骨は埋められなかったようである。

建武三年（一三三六）南北朝の動乱の余波を受け、大谷本願寺は焼失する。その際、初稿原本の伝絵は焼失したが、顕智らが再造立した木像も焼失したのか、また避難させたのかは当時の史料からは何ら確認できない。覚如長男従覚が建武五年七月三日に再度編した『末燈鈔』識語は、その火災を「宿坊炎上之時、忽成灰燼」と表現している。火災による被害が大きかったことを暗示している。

次に親鸞木像が表面化するのは戦国期である。京都山科にあった本願寺が天文元年（一五三二）八月二四日六角定頼などに焼き討ちされた際、本願寺側は木像を避難させるため「土ニ埋入[27]」た。そして木像は醍醐寺報恩院、宇治田原に避難させられ、やがて大坂本願寺に持ち込まれたようである。

その後確認できるのは、本願寺が織田信長に攻められ、当時の当主顕如が天正八年（一五八〇）四月九日大坂本願寺を退城する時である。顕如の長男教如は退城を拒否、再籠城を主張した。それを支持した紀伊雑賀衆は「御くし（首）の御事、二のきりまて、新門跡（教如）様へあつけまいらせられ[28]」とみえる。ここにみえる「御くし」が親鸞木像の首（頭部）と考えられている。

同年八月一六日「御印書[29]」によれば、顕如が退城する際「御本尊幷ミくし・太子・七高僧、其外の仏物・法物とも、とりおとされ」とあり、本尊や「ミくし」などは教如のもとに残されたようである。この「ミくし」が雑賀衆の主張した「御くし」と同じものであろう。

しかし顕如は仏物などを渡したままにしたわけではなく、顕如側からそこに人を「付置」いたらしく、結果「みくし以下、此方（顕如）へ御帰候」とある。顕如は本願寺退城時、親鸞木像とともに紀伊鷺森に下ったといわれているが、上記のように、本尊や「ミくし」は置いていったとみてよいであろう。

南北朝の動乱後、木像が確認できるのは天文年間だが、その時にみえる木像が南北朝前後の木像と連続するものか、またこの間に制作されたのか確実なことはいえない。ただ天文年間の木像は顕如の時にまで継承されたとはいえる。

紀伊鷺森移転以後、本願寺は豊臣秀吉の政策により、天正一一年（一五八三）に和泉貝塚へ、天正一三年（一五八五）大坂天満へ、そして天正一九年（一五九一）京都の現在の地へ寺基を移していく。この移転に親鸞木像も遷座を繰り返したであろうが、その移動の詳細は不明である。この間には大きな事件もなかったため、おそらく木像にも大きな変動はなかったろう。

三　近世の木像のゆくえ

顕如まで伝来してきたと考えられる木像は、その子本願寺第一二世准如の時、近世初期に数度危機に陥っている。一つは慶長元年（一五九六）閏七月一三日の大地震である。本願寺は御影堂の倒壊など甚大な被害を受けたが、同御堂安置の親鸞木像の被害状況は不明である。御影堂は翌年再興が開始される。地震は火災と違い焼失することはなく、木像も被害があっても破損であろう。

もう一つは元和三年（一六一七）一二月二〇日の火災である（元和の火災）。この事態を「元和三年日次之記」[30]では「御所中、一宇も不残、一時ニ灰燼」としており、本願寺は両御堂や屋敷まですべて焼失したようである。寛文九年（一六六九）成立の「法流故実条々秘録」[31]には「悉皆炎上也、其外御所中、御内証方迄令焼失訖」「相残候所ハ、御堂西之門、阿弥陀堂之門御影堂ノ門ハ焼候、御亭、台所・同御門、御蔵三、四ヶ所」と被害の詳細を記す。しかし「元和三年日次之記」には「開山聖人の御真影幷に御影像など悉く相残」と、親鸞木像は無事と記されている。「法流故実条々秘録」では避難した詳細を「川那部豊前家へ御真影奉移候、予（西光寺祐俊）ナト戸板ニノセカキ奉リ候、翌廿一日、興正寺殿へ御真影御移アリ」と記している。元和四年（一六一七）阿弥陀堂建立、寛永一三年（一六三六）御影堂建立と、両堂は再建されている[32]。

このように木像は近世初期の危機を乗り切ったようだが、やがて近世史料には木像の由来や歴史のことがまとめて記述されるようになる。そこに記述されていることがすべて事実とはいえないが、木像の伝承としては興味あるものがある。事実でなくても木像や遺骨に対し、こうあってほしいという願いや希望、信仰などが込められており、十分研究対象になる。ここでは事例1～4を掲げる。事例1～3は、ほぼ近世前期に該当するもので、大まかに同時期のものとして括ることができる。事例4は近世中期のものである。

1　木像を語る近世史料たち

〈事例1〉「法流故実条々秘録[33]」

この史料は前述したように寛文九年（一六六九）四月の成立で由緒としては、比較的早い段階のものである。編者西光寺祐俊はこれ以外にも本願寺の諸記録を編纂し、記述の内容には信頼しえる部分も多い。

そこにみえる親鸞木像については「古来両様ノ義申伝」として次の二説をあげる。一には親鸞が九〇歳の時に開眼したもので、もう一つは文永九年（一二七二）親鸞遺骨を吉水北辺に埋め仏閣を建てた時、安置された「影像」であるという。後者は先述の伝絵に依った考えである。

准如は前者の説を採用していた。これは寛元元年（一二四三）一二月二一日「親鸞譲状」（「いや女譲状[34]」）を根拠とした説である。それは親鸞が「みのかわり」（自身の代わり）を「ひむかしの女」に「とらせる」箇所を、「みのかわり」を「御真影」（親鸞木像）、「ひむかしの女」を「いや女」（親鸞娘覚信とする）と解釈したものである。現在からすると無理のある解釈である。

さらに続いて以下の伝承を記す。唯善の子孫善栄は本願寺で鑰の所役を勤めていた。善栄は自分が覚信の子唯善子孫であり、本来本願寺住職たる家柄と考えていた。そして康永元年（一三八九）御真影の首（頭部）を持ち去った。本願寺第五世綽如は追手をかけたが、善栄はその首を琵琶湖に沈め隠した。

そのため追手は首を発見できず帰洛した。綽如は再度頭部を制作し、それを身体の部分と合わせた。蓮如の時、善栄より二代後の善鷲（鸞カ）が長禄三年（一四五九）持ち去った首を返却してきた。本願寺は受け取ったが、修復した木像はすでにあり、「諸国挙テ正身之御尊容ト拝ミ来リ」という状況にあったため、返上の首は「御本寺御蔵ニ今ニオサメオカレ候也」となった。返上された首の顔は、「今ノ御真影トハ大キニカワリ、御クチナト、シハヨリ、御面モ、オモナカニ、シワ計ナルヨシ承伝候」という有様であった。

〈事例2〉「叢林集(35)」

この史料は学匠恵空により元禄一一年（一六九八）に本願寺の伝統を明らかにする目的で編纂されたものである。ここには唯善事件が詳しく記され、その後木像や遺骨のことが記述される。唯善は御影・御骨を偸《ぬすみ》み執り、鎌倉常葉井にそれを安置し弥陀本願寺と称した。そのため大谷（大谷本願寺）では絵像が安置されたとある。覚如は木像二体を制作し、一体は大谷坊（大谷本願寺）に安置、もう一体は出雲路毫摂寺浄専（乗専）に付属したという。しかし大谷坊に安置したのは建武三年大谷焼失以後としている。

後年、唯善子孫下総国中戸山常敬寺第四世善栄は大谷に出仕していたが、善栄は大谷本願寺安置の親鸞木像を偸み執り帰国した。本願寺は追手をかけたが、善栄は木像の首（頭部）のみを持ち去った。追手は胴体のみを持ち帰り、「御首ヲ新ニ作リ又覚如ノ御作也、右ノ胴体ニ具足シテ、大谷ニ御安置」した。親鸞寿像は多くあるが、「別テ御渇仰《かつぎょう》ハ、御骨ヲ以テ彩色《さいし》カレ候御木像也ト云ルハ、此時ノ事ナルベシ」「御骨ヲ御面像ニ御ヌリナサルト云々、此木像代々展転シテ、今西本願寺ニ御安置アル是也」という。

そして持ち去られた木像の首（頭部）は、綽如の時、常敬寺第六代善鸞（鷲カ）が本願寺に返上し、その首は黒塗りの箱に納めて「黒箱ノ御影」と称されたという。

〈事例3〉「絵像木像由緒[36]」

これは東西両本願寺や各地に伝来する親鸞木像・絵像の由来を記したもので、成立は享保二年（一七一七）より以前である。作者不詳だが、京都伏見西方寺空恵の作と推定されている。空恵は学匠として著名な人物。ここでは本論で必要な四つの木像を紹介する。

①「本願寺根本之御影像、為如信上人之霊作事」

親鸞の遺骨を吉水に移し廟堂を建立した時、親鸞孫如信は「御開山ノ影像（木像）ヲ彫刻シ、開眼供養アリテ、是ヲ安置シ給フ」「御本寺最初ノ影像」という。

②「覚如上人御自作影像之事」

建武三年（一三三六）大谷（本願寺）炎上の際、親鸞木像は焼失した。翌年、覚如は焼失した木像を二体再制作した。一体は本願寺に安置、もう一体は出雲路乗専に遣わしたという。ただしこの史料では、如信が制作した木像（ここでは「根本之御影」と称している）は、延慶二年（一三〇九）秋、唯善に奪い取られていたのに、どうして木像が焼失したのかと疑義も呈している。これは門弟顕智などが唯善事件後、木像を再興造立した歴史的事実を知らなかったのである。

③「西御門主御安置影像事」

建武四年（一三三七）、覚如は焼失した木像を二体制作し直した。一体は本願寺へ安置され、もう一体は乗専坊へ遣わされた。後々、信濃浄教寺が本願寺の当番している際、安置の木像を盗み取った。浄教寺は追手をかけられ、木像の首のみを持ち去った。

追手はその体軀を本願寺持ち帰った。本願寺では失った首を修復し「御身体ト首ト不相応ナレハトテ、漆ヲ以テ総体ヲ塗セラル、此ノ時、聖人ノ御骨ヲ漆ニマシヘテ塗タル由、申伝ヘ侍リ」という。

④「浄教寺造立御開山之木像事」

信濃浄教寺は持ち去った親鸞影像の首を後綽如に返却した。本願寺ではその首を箱に入れ宝蔵に納め、これを「黒箱ノ御影」「首ノ御影」称したという。

〈事例4〉『真宗故実伝来鈔』(37)

これは京都願楽寺浄恵が明和二年（一七六五）に成稿したものである。学匠浄恵は故実の伝来につとめた人物である。

当初影堂に安置された親鸞木像を根元御影（常盤御影と号する）として説明する。その木像は親鸞七一歳の寛元元年（一二四三）冬、この身の代として、自彫割御木像して娘覚信に譲ったという。これは前記した「親鸞譲状（いや女譲状）」の「身ノカハリ」を、親鸞自作木像と考えることを根拠とする。この木像がやがて廟堂に安置されたという。

その木像と遺骨を唯善が持ち去り、覚如は六二歳（元弘元年〈一三三一〉）の時、彫刻して木像を制作した。しかし建武三年の大谷炎上で木像は焼失。そして覚如は六八歳（建武四年〈一三三七〉）の時、二体影像を再度作り直した。一体は本寺（本願寺）に安置、残る一体は乗専に与えた。本願寺第四世善如の時（在職一三五一〜八九）常敬寺善栄は大谷本願寺に参詣し、その木像を偸み取り逃げ下った。本願寺の追手より逃れるため、善栄は首だけ持ち去った。

そして「御身」だけ本願寺に戻り、善如は新たに首を制作した。その際、善如は「新キ御首ハ諸人ノ信仰モ浅カルヘシトテ、聖人ノ御骨ヲクタキ細末シ、右御首ニ塗セラレケリ」という。

2　木像の動向と遺骨塗り込め

これらの事例は細部では異なるが、全体的には同様なストーリーを展開している。特に木像の歴史を語るものとなっており、木像に伝統や信仰の価値、古い時代からの連続性を付加しようとする動きは読みとれる。次にこれらを整理して分析する。

親鸞木像の制作時期については、寿像（親鸞存命中の制作）説と没後説がある。寿像説は「親鸞譲状」（いや女譲状）にみえる「みのかわり」を、親鸞の代わりと理解し、それを木像に比定したものである。没後説は伝絵を根拠に置くものである。また如信が制作したともある。これが当初、影堂に安置され「根本之御影」（事例3①）とも称されていた。

「根本之御影」（初代）以後、親鸞木像造立の制作回数をみれば、唯善事件により木像・遺骨が持ち去られた後、覚如により復旧されている（第二代）。この復旧は古文書などで確認しえる歴史的事実である。ただし復旧の主体は歴史的事実としては、覚如ではなく顕智ほかの関東門弟たちである。

その木像は南北朝の動乱で本願寺とともに焼失。覚如は再度木像を制作（第三代）。覚如（善如・綽如とも）の時、唯善の子孫常敬寺善栄（事例3では信濃浄教寺）により、木像の首（頭部）だけが持ち去られた。覚如（善如・綽如とも）は残った身体の木像に失われた首を再興した（第四代）。その際、骨を砕き漆に混ぜ木像に塗ったという（事例2・3)。四代目の木像は「正身之御尊容」(事例1)といわれた。

このように木像は「根本之御影」を含め、最大四回制作されている。事例1は唯善子孫善栄事件以後の話を記し、それ以前の復旧回数は不明である。また大谷本願寺炎上の際、木像が焼けた否かは不明な場合もある。事例2では大谷炎上で木像は焼失したと記されていないので、制作は三回となっている。事例3では唯善事件後の復旧を知らなかったようである。

准如は当初の影堂に安置された木像を「みのかわり」として寿像と理解していた。つまり肖像(木像・絵像に限らず)では「寿像」が最も本人自身とみなされたのだろう。親鸞御自作という表現はまさに「寿像」=本人であった。

木像に遺骨を塗っている、あるいは遺骨が納入されているとの話は現在でも聞くことがある。しかし実際にそれが確認されたことはない。中世では元来遺骨や木像の史料が少ないこともあり、塗る記事は確認できない。現状では「叢林集」からである。「叢林集」より早い成立の「法流故実条々秘録」は「叢林集」と記述内容がほぼ同じであるが、遺骨を塗り込めた記事はない。したがって遺骨塗り込め伝承は「叢林集」成立頃に始まるとみてよい。その後の事例には遺骨塗り込め話が盛り込まれ、いつしか現代にまで伝承されることになったようである。

遺骨塗り込めも、首のみと「総体」=木像全体との二つの話になっている。遺骨はくだいて細かくし、漆に混ぜて塗ったという。これは近世中期にみえる話だが、木像に実際施したかは別として遺骨を塗る場合、このような方法しかない。つまりこの方法は一般的なことを記述したにすぎず、特に親鸞木像独自の話ではない。

平成一六年(二〇〇四)「空海と高野山展」で出陳された、金剛峰寺所蔵不動明王立像(和歌山県高野町、鎌倉時代作、重文)の胎内に、同時代作の不動明王立像が納入されていることが、同年三月三一日東京国立博物館の調査で確認された。胎内仏は全体が灰色に塗られていた。これは立像や胎内仏造像発願者の僧運意が母の往生を願い、胎内仏に母の遺骨灰を混ぜ塗ったものと考えられている。

これは仏像に遺骨を塗る事例だが、遺骨塗り込めの方法が中世から近世に受け継がれ、仏像や木像に施されたとみて大過はない。木像に遺骨を塗ることは、遺骨を胎内に納めることと同じで、木像と遺骨とを一体させる行為であることは確かである。この一体は中世からある行為であり、親鸞木像への遺骨塗り込め伝承が近世前期より始まったとしても、もっと以前よりありえた可能性は十分にある。

問題はどうして近世前期になり、親鸞木像に遺骨を塗る伝承が生起してきたのか。もとよりどうして本願寺は木像の過去を探るようになったのかである。

3　木像と遺骨の一体化

木像の伝統を明らかにする動きは、戦国の世が終焉を迎え、近世的平和が登場した結果である。戦国の戦うエネルギーはすべて社会生活に振り向けられ生活が安定した結果、学問に対する意識も強まり、自己の歴史や系譜を確認する姿勢が出現したのである。これは幕府が武断から文治政治に向かったことでも明らかである。

これが社会的に大きな背景と考えるが、本願寺の場合はそれのみではない。顕如の長男教如はいったん本願寺を継職したが、豊臣秀吉の命で隠居させられ、本願寺は弟准如が継職することになった。やがて教如は徳川家康の助力を得て、慶長八年（一六〇三）に本願寺を別立することになる。これが東本願寺である。准如の継いだ本願寺は西本願寺となる。教如は本願寺を別立するため、親鸞木像を上野国厩橋妙安寺より迎えた。

妙安寺開基成然へ授与されたと伝える、妙安寺所蔵の木像は「為形見授与之木像御影」[38]「御開山様御自作之御木像[39]」といわれ、親鸞寿像と考えられていた。准如は教如がこの木像を入手する情報を入れ、妙安寺に自分へ譲渡するよう打診した。しかし妙安寺は教如、徳川家康とすでに話がついており、この要請を断った。家康の後押しで教如が本願寺を別立したことは、准如には脅威であった。それは准如の本願寺が取りつぶされる可能性も十分に考えられたからである。

この状況のなか、教如が迎えた木像は親鸞寿像であり、それは生きている本人自身であった。この結果、戦国時代を乗り切った准如の親鸞木像は相対的に権威を落とすことになった。したがって准如はこれに対抗するため、自己に伝来してきた木像の由緒やその価値を確認せざるをえなくなったのである。

上述したように、准如が自己に伝来する木像を親鸞の「みのかわり」として親鸞寿像説を支持したのは、このためと思われる。しかし木像の歴史を調べると、本願寺の歴史のなか、唯善事件、南北朝の動乱による本願寺の炎上など、自分に伝来する木像は影堂成立当時のままで近世まで伝来すると断定することはできなかった。

親鸞寿像に対抗するためには、准如に伝来する制作し直された木像を寿像に近づける以外にはない。それが親鸞遺骨が塗り込められているとの伝承の付加なのである。つまり寿像と対等の権威を持てるのは、遺骨を塗り込めた木像以外ないということである。付加したのが准如とは断定できないが、准如方の本願寺の者と考えてよかろう。

つまり寿像＝本人自身、遺骨塗り込め木像＝本人自身であったということである。このことから遺骨とは本人自身であり、木像に塗ることで木像が生身となると考えられていたと思われる。これは親鸞に限るものではない。親鸞木像への遺骨塗り込めと同じく、木像に像主の遺骨が納められている著名な事例を数例あげてみよう。

池上本門寺（東京都大田区）の祖師堂に安置される日蓮木像には、像内の底部につまみ蓋付きの円筒形銅器が嵌めこまれ、その銅器内には日蓮と考えられる遺骨が納められている[40]。また真宗佛光寺派の本山佛光寺（京都市下京

区）所蔵の了源木像にも遺骨が納められている。(41)

平成二〇年（二〇〇八）八月一五日、奈良国立博物館のエックス線調査により、姫路市書写山円教寺所蔵の性空上人坐像（正応元年〈一二八八〉作）の頭部に木箱が納められており、そのなかにガラス製とみられる球体方の壺（約一〇センチ）が確認された。さらにその壺内に性空の遺骨とみられるものが発見された。「性空上人伝記遺続集」などには、性空没（寛弘四年〈一〇〇七〉）後、造像された性空木像が弘安九年（一二八六）焼失、その際性空遺骨が納入された瑠璃壺がみつかり、二年後木像が再興された際にその壺を再度納入したとある。

今回の調査と文献が一致しており、頭部納入物は性空遺骨の可能性は高いと結論づけられた。木像に本人遺骨を納めた事例は、大津市三井寺の智証大師坐像（国宝、平安時代作）が最古というが、科学的調査で確認された事例としては性空木像は最古となる。(42)

これら遺骨を籠める意味は木像を像主本人、生身のものとするための行為であることは明らかである。このように親鸞以外にも同様な事例は多くある。親鸞の伝承もこの動きのなかで理解しなければならないのである。

おわりに――「花の御影」に籠められた遺骨――

以上の遺骨と木像の意味を踏まえ、再び最初の常楽台の「花の御影」軸木への遺骨納入についての意味を考えてみよう。なぜ常楽台昭栄は親鸞の遺骨を人に知らせることなく、軸木に親鸞遺骨を籠めたのか。昭栄にとって人に見せるとか、逆に隠すとかという次元の問題ではなかったのである。

それは木像への遺骨塗り込めと同じく、遺骨と「花の御影」の一体化が目的であったのである。次の「小敦盛」[43]の事例はこの意味をよく示すものである。小敦盛は夢中で討ち死にした父平敦盛の幽霊に出会った。眼が覚めるとそこには父の膝の骨があった。この話は骨の一部がその本人そのもの、またその人の魂が宿ると考えられていた証拠である。

このように遺骨とは死後もその人の魂の一部が宿るもの、生命の宿るものと認識されていたのである。まさに聖遺物なのである。この事例は「御伽草子」に収録されるもので、この草子が民衆レベルの世界と信仰を映し出していることはいうまでもない。したがってこの信仰は社会的に広がりを持つものであることは間違いない。

さらに鎌倉時代成立の『撰集抄』巻五第一五「西行於高野奥造人事」[44]には西行が高野山の奥で、野に落ちている骨を一体分拾い集めつなぎ合わせ、反魂の術により人を造った話がみえる。これは明らかに遺骨に魂・生命の宿る観念の存在を背景に成立した話であろう。

つまり中世には遺骨に当該人の魂や生命が宿ると考えられていたのである[45]。それが近世に引き継がれ、昭栄は遺骨と「花の御影」を一体化することで、まさに「花の御影」を生身の御影にする、生ける親鸞とする行為であったのである。

遺骨には本来から不思議な力があると考えられていたことは間違いない。親鸞木像に遺骨を塗る伝承の「真宗故実伝来鈔」には「新キ御首（頭部）ハ諸人ノ信仰モ浅カルヘシトテ、聖人ノ御骨ヲクタキ細末シ、右御首ニ塗セラレケリ」と、遺骨を塗ることで信仰が篤くなるとしており、ここには間違いなく遺骨信仰がある。

『慕帰絵詞』[46]には覚如の白骨が「五色に分衛《ぶんえ》」し見た人々は「渇仰して信伏」したという。また越中国の女性が蓮如の子本願寺第九世実如の遺骨を持ち帰る途中、越前で分骨したところ、その遺骨が光る奇瑞が生じ、その地域はすべて真宗門徒になったという。(47)また後醍醐天皇が隠岐島脱出の際、膺の護から仏舎利一粒海に投げ入れ、風向きをよくし脱出に成功した話もある。(48)

これらは遺骨に本来不思議な力があることを示し、さらにそれが信仰の基礎となることを物語っているものである。

また骨は無数に分割できたから、聖なる力の版図は一気に拡張することになった。したがって親鸞の信仰を一手に集中させることはむしろ不可能であるが、各地で親鸞に対する信仰が展開する要因にもなったのである。(49)

親鸞絵像・木像への遺骨納入や塗り込めの行為・伝承は、中世における遺骨に宿る魂・生命の観念を背景に成立したものである。それは木像と遺骨に限定されるものではない。遺骨への上記観念は現在の我々のなかにも確かに生きている。「はじめに」で述べた遺骨収拾、墓参、あるいは遺骨を飲む話は、まさにこの観念を引き継いでいる証左であろう。我々が真偽を確認できずとも、木像と遺骨の伝承を受け入れてしまうのは、上記のような遺骨への観念が存在するからであろう。

註

（1）本康宏史「遺骨のない墓」（新谷尚紀ほか『民俗小事典　死と葬送』、吉川弘文館、二〇〇五年）、波平恵美子『日本人の死のかたち』（朝日新聞社、二〇〇四年）。
（2）児玉識「真宗門徒の信仰生活」（『近世真宗の展開過程』、吉川弘文館、一九七六年）。
（3）「骨シリーズ講演会　骨と民俗」、二〇〇五年七月二日。
（4）氏家幹人『大江戸死体考』、平凡社新書、平凡社、一九九九年、一五七頁。
（5）田中聡「人肉は最高の良薬なり！」（『別冊宝島　死体の本』二二八、ＪＩＣＣ出版局、一九九五年）。

（6）記者とのやりとりは、千葉所長の談による。
（7）『真宗史料集成』第九巻、同朋舎出版、一九七六年。
（8）「麻布善福寺本 別格諸寺系図」（『真宗史料集成』第七巻、同朋舎出版、一九七五年）。
（9）なお常楽台世代は史料により多少異なるが、今は常楽台が世代とする歴代を示した。「京都常楽寺由来」（龍谷大学大宮図書館所蔵）には准恵を一〇代、良覚を一一代とする。現在常楽台が所蔵する「弁述名体鈔」の応永二〇年の光覚奥書に続けて、寂恵自身が「十三世寂恵」と追筆している。したがって寂恵は一三世とするのが妥当だろう。
（10）常楽台でも遺骨の宝塔は確認していたが、その信憑性については疑問視もしていた。それは当然で、宝塔とその関係品には何もその根拠を示すものはなく、伝承にすぎなかったからである。ましてや軸木の墨書は知らなかったらしい。
（11）この主張により当初「隠した」との表現は、各紙で発表された新聞記事ではすべてその表現をとらなかった。
（12）『毎日新聞』二〇〇七年九月一八日朝刊、『朝日新聞』『産経新聞』『京都新聞』二〇〇七年九月一八日夕刊。
（13）平松令三「親鸞聖人及歴代上人の御遺骨について」（『高田学報』第五三輯、一九六五年）。平松氏は元龍谷大学教授で、親鸞研究や宗教史・真宗史、さらに文化遺産にも大変精通する著名な研究者ゆえ、氏が判断された結論には信憑性と重みがある。
（14）真宗高田派本山専修寺監修『高田本山の法義と信仰』（同朋舎出版、一九九二年）に包紙と錦の包裂が写真掲載されている。
（15）本願寺史料研究所編『本願寺教団史料集』関東編、浄土真宗本願寺派、一九八八年（以下『教団史』と略す）。
（16）新聞記者は「親鸞遺骨発見」を見出しとしたいとの意見だったためか、諸々の可能性を指摘して、より親鸞遺骨の確定に近づけたかったようだが、無理をするとそれこそ取り返しのつかないことになるとも説明した。新聞の見出しが「「親鸞の遺骨」示す墨書」となったのも、これらの話し合いが影響したと思う。
（17）『真宗全書』第六八巻、国書刊行会、一九一四年。
（18）親鸞遺骨調査の記述については、常楽台住持今小路覚真師の深いご理解を賜り、執筆が可能となった。末筆ながら心より謝意を表したい。

(19) 平松令三『親鸞聖人絵伝』、本願寺出版社、一九九七年。専修寺本と西本願寺本のどちらの絵が古態かの論議はあるが、両者はそう離れていない時期であろう。
(20) 詞書と同内容は「唯善申状案」(『教団史』) にもみえている。
(21) 『教団史』。
(22) 『教団史』。
(23) 本願寺所蔵。
(24) 註7資料第三巻、同朋舎出版、一九七九年。
(25) 首藤善樹編『慶長日記』、本願寺史料集成、同朋舎出版、一九八〇年。
(26) 唯善事件の経過は、応長元年（一三一一）一一月二八日「青蓮院下知状案」(『教団史』) に記述されている。
(27) 「私心記」天文元年八月二三日条。
(28) 天正八年（一五八〇）四月八日「雑賀衆誓詞」(本願寺史料研究所編『図録　顕如上人余芳』、浄土真宗本願寺派、一九九〇年)。
(29) 「下間性乗奉本願寺御印書」(福井県編『福井県史』資料編六・中近世四（同県、一九八七年）「二五　専応寺文書」六)。なお「御本尊ハやけ参」と、阿弥陀堂の本尊は焼失したと記している。
(30) 首藤善樹編『元和日記』、本願寺史料集成、同朋舎出版、一九八六年。
(31) 註7資料。
(32) 近世の京都大火により本願寺は被災危機が度々あった。そのなかで最も危機が迫ったのは、元治元年（一八六四）七月一九日蛤御門の変（禁門の変）の大火であった。炎は本願寺の門や門前などを焼き払ったものの、御堂や屋敷などは無事であった。当時の門主広如は本尊・親鸞木像とともに大谷本廟に立ち退き、七月二五日帰還する。木像は無事で以後現在に至っている。
(33) 註7資料。
(34) 赤松俊秀ほか編『親鸞聖人真蹟集成』第四巻、法藏館、一九七四年。
(35) 註7資料第八巻、同朋舎出版、一九八三年。

(36)『新編 真宗全書』思文閣出版、一九七六年。
(37) 註7資料。
(38) 慶長八年三月七日「本願寺教如書下」(『教団史』)。
(39) 慶長三年八月三日「下間頼龍書状」(『教団史』)。
(40) 註7資料。倉田文作編『日本の美術 像内納入品』第八六号（至文堂、一九七三年）には、胎内納入品としての遺骨の事例が掲載されている。
(41) 千葉乗隆ほか監修『佛光寺の歴史と信仰』（思文閣出版、一九八九年）。一九五八年調査では遺骨や遺髪なども確認されたという。
(42) 二〇〇八年八月一六日「読売新聞」ほか。
(43)『御伽草子』、日本古典文学全集三六、小学館、一九七四年。
(44) 西尾光一校注、岩波文庫、岩波書店、一九七〇年。
(45) 佐藤弘夫『死者のゆくえ』（岩田書院、二〇〇八年）には納骨・遺骨、それにかかわる霊場の研究が展開され、今回大変参考になった。ただ氏が浄土往生を遂げれば、遺骨はもう抜け殻で、その後の遺骨の行方はほとんど関心が払われなかったとする見解には、今後まだ研究する余地はあると考える。確かに氏の指摘は妥当とも考えるが、現代でも墓に参る人や遺骨収集をみれば、遺骨が単なる抜け殻でもないことも確かであろう。
(46) 小松茂美編、続日本の絵巻九、中央公論社、一九九〇年。
(47)「蓮如上人仰条々」（註7資料第二巻、同朋舎出版、一九七七年）。
(48)『太平記』巻第七「先帝船上臨幸事」日本古典文学大系三四、岩波書店、一九六〇年。
(49) 親鸞遺骨を有する寺を宝永八年（一七一一）刊「遺徳法輪集」（註35資料）で真偽は別としてあげると、越前大味浦法雲寺、越後高田〈常陸〉浄興寺、越後笠原〈常陸〉本《妙》誓寺、越後高田〈下総〉常敬寺、甲斐栗原村万福寺（戦国時代に入手）、三河上宮寺、三河本証寺、三河桑子村明眼寺、三河高取村専修坊、尾張大野村光明寺、武蔵浅草〈常陸〉報恩寺、下野高田専修寺と記されている（〈 〉内は本来の在所）。常陸国が多いことがわかる。親鸞直弟、親鸞ゆかりの寺院で、遺骨所持は自然ともいえる。またこれ以外にも遺骨を持つ寺院の話は聞く。

第Ⅱ部

神仏と人とのかかわり

第一章　焼かれる仏像——モノかホトケか——

はじめに

寛正六年（一四六五）正月、延暦寺が突如来襲し、東山大谷の本願寺（第八世蓮如）を破却する事件が起こった。[1]
いわゆる「寛正の法難」である。その時の延暦寺による本願寺破却の決議文（事書）[2]は、次のごとくである。

〈事例1〉

寛正六年正月八日西塔院勅願不断経衆集会可早被相触東山本願寺事、議曰
右天台四明之月光耀翻邪向正之空……就中号無礙光、建立一宗、勧愚昧之男女……或焼失仏像経巻……放逸之悪行盈耳、且仏敵也、且神敵也、為正法、為国土、不可不誡……所詮放公人犬神人等、可令徹却寺舎之由、衆議僉同而已

延暦寺は本願寺を破却した理由として、「就中号無礙光、建立一宗」などいくつかあげているが、そのなかに

「或焼失仏像経巻」と、仏像焼失を、その一つにあげている。ただし「事書」は後世の資料であるため、当時の資料により、この事件について確認してみよう。

〈事例2〉

（寛正六年三月）廿三日比、東山大谷家自山門発向、其子細者、阿弥陀仏ヲ川ニナカ（流）シ、絵木ノ仏火入ナントシテ、江州ニ金森ノ庄ニ沙汰之ス、仍山門ヨリ発向之ス、此本所ハ大谷也[3]

事例2は先の正月の延暦寺による破却事件を直接指しているものではないが、延暦寺が三月に再び本願寺を襲撃したことを伝えた部分である。この再襲撃の原因は、本願寺側が阿弥陀仏を川に流し、絵画の仏像と木仏を火のなかに投じた点にあった。

記事にみえる仏像焼却については、先の「事書」であげられていた点と共通しており、したがって「事書」の仏像焼却の件も、当時の事実と考えてよかろう[4]。後掲するが、蓮如の行実を記した資料のなかにも、彼が「アマタ当流ニソムキタル本尊」を焼き捨てたと伝えており、このような行為が事実であったことを裏付けている。

事例1と2に共通する襲撃の原因は仏像焼却という点である。つまり延暦寺が本願寺を襲撃した原因には諸々の点もあったろうが、最も主な原因は、両事例共通の本願寺側による仏像を「焼く」という行為にあったと考えられないだろうか。

しかし従来の研究はこの仏像焼却の点を特に問題とすることなく、むしろ襲撃の原因を本願寺の勢力拡大による延暦寺との対立とし、この事件を権力闘争、政治史的見地のみで理解してきた感がある[5]。はたしてそれでこの事件を十分理解したことになるのであろうか。やはり仏像焼却が共通原因としてあげられている以上、それが攻撃の主要な原因であったと考える方が自然であろう。

もし本願寺破却の主要な原因が仏像焼却であったとすれば、次のような疑問が生じる。一つには、何故、本願寺側（蓮如）はことさら「焼く」という行為に及んだのか、二つには、この行為が延暦寺側からの処罰対象であったことは容易に推測できるが、何故、それが破却に及ぶまでの大きな原因となるのか、という点である。

よく考えてみると、本願寺側はあえて仏像を焼かなくとも、捨ててしまえば事足りたはずである。しかし本願寺側は焼却したのである。とすれば「焼く」行為に一定の意味があったと考えざるをえず、その意味を問うことが、この事件を理解する上で重要なポイントになると思われる。このようにことさら仏像が焼かれること、またその行為が結果的に攻められる原因となること、これらは明らかに中世における仏像観が反映されてなされたものと考えられる。

そこでここでは、中世の仏像観の一端を明らかにする作業として、「仏像の焼失」に焦点を当て、当時「焼失」にはいかなる意味があり、またそれがどのように認識されていたのかを、本願寺の資料を中心に明らかにしてみたい。これは人と神仏とのかかわりを示す一つの研究といえよう。

焼失は大別して、先の蓮如のごとく意図的に「焼く」場合と何らかの原因で「焼ける」場合との二種が考えられるが、問題は仏像が焼けた、また焼かれたことを、中世びとがどのように認識したかにある。したがって本章ではこの「焼く」「焼ける」の二種（なお両種を総称して「焼失」としておきたい(6)）を取り上げて、上記の問題を考察していきたい。いわゆるこれは信仰社会史の視点よりの分析といえる。

一　本願寺蓮如に関する「焼失」の資料

1　「仏像」について

本旨に入る前にここでいう「仏像」について、少しふれておこう。『国史大辞典』（吉川弘文館）によれば、「仏像」とは仏陀の像のことで、礼拝対象である仏陀の彫像や画像をさすが、通常は仏の彫刻をさし、画像は仏画と呼んで区別される。また仏像とは仏陀つまり如来の像を意味するが、日本ではこれを広義に解し、如来以外の菩薩・明王・天部など仏教諸尊の像までを含んで仏像と呼んでいる」という。

辞典は仏像を彫像にほぼ限定しているようだが、はたして実際にはそうであろうか。事例2「東寺執行日記」に「絵木ノ仏火入ナント」とあるごとく、東寺は絵像と木仏（彫像）を一括してとらえている。後掲資料に蓮如の名号（「南無阿弥陀仏」など）が焼け金仏に変わったとあるが、この伝承は名号と金仏が同じとの観念の存在を示すものである。また蓮如の有名な「木像ヨリハ絵像、絵像ヨリハ名号ト云ナリ」(7)の言は、木像（木仏）と絵像と名号とを、同一範疇でとらえているものとして注目される（図19）。

さらに『実隆公記』文明一一年（一四七九）正月二九日条に「内府・勧修寺……等祗候、恵心僧都自筆弥陀仏像被持参、各拝見之」とあり、これは三条西実隆が三条公敦・勧修寺教秀など持参の源信自筆の「弥陀」（阿弥陀如来カ）をみたという記事だが、自筆とある点より、この「弥陀」は絵像か、もしくは名号であろう。ここではそれを「仏像」と称している点に注意しなければならない。つまり当時は絵像であっても、それを「仏像」と称していたのである。

したがってこれらの例からみる限り、辞典でいうように、中世では必ずしも仏像を彫像に限定しておらず、そこには絵像も名号なども含まれていたのである。『看聞日記』『実隆公記』などには、木仏や絵像や名号などに関する記事がかなりみられるが、みる限り木仏・絵像・名号を目立って区別しているようには感じない。むしろ同じように扱っているように受け取れる。そこでここでは「仏像」を木仏（彫像）に限定せず、広義にとらえ、絵像・名号なども含めて分析の対象とした。

次に「仏像」について、もう一つふれておかなければならない点がある。それは「本尊」である。これは上記した木・絵像・名号など、材質・形態などの区分ではなく、いわば「仏像」の信仰上の区別とでもいうべきものである。『日本国語大辞典』では、それを「寺院・仏壇などで中央にまつられ、信仰・祈りの主な対象となる仏像。また個人が特に信仰する仏」としている。

前者の説明は特定の建築物（堂舎・壇など）内での信仰上の中心となる主尊の仏像を指している。例えば、東大寺大仏殿での盧舎那仏、延暦寺根本中堂での薬師如来などのごとくである。要するに置く位置（中心）により決まるものである。後者は位置ではなく、個人が主として信仰の中心とした仏像を指しており、他者が本尊とみなさないものでも、その個人が信仰していれば、本尊となるという意である。

例えば、『看聞日記』応永二八年（一四二一）五月七日条に「早旦道導南面四間室礼、立屛風、懸本尊御香宮本尊、釈迦像十六善神在之、又一幅、永円寺本尊二幅懸之……左脇懸不動像金岡筆、累代本尊」という記事がある。これは貞成親王が永円寺僧衆に大般若経の転読をさせた時の、道場荘厳についての記事である。そこに懸けられた本尊は御香宮と永円寺の釈迦絵像の二幅であったと記している。そしてその左脇に「累代本尊」（伏見宮家代々の本尊）の不動像を懸けたとある。

この場合、道場の主尊＝本尊は御香宮・永円寺の釈迦絵像であり、伏見宮家の不動明王絵像は「累代本尊」でありながら、脇士の位置づけとなっていることがわかろう。つまり本尊とは必ずしも固定したものではなく、見地・状況により変わるものであることが理解できよう。さらにいえば、これはどのような仏像であっても、見地・状況によっては本尊にも、また脇士にもなるということである。

　したがってある仏像が本尊か否かを区別する場合は、個々の事例ごとに判断しなければならないことになる。そこでここでは「仏像」「本尊」などはできるだけ資料上の文言を重視して、その語をそのまま使用していきたいと思う。

2　蓮如に関する「焼失」資料

本旨にもどり、まず蓮如に関する「焼ける」あるいは「焼く」の事例を上げてみよう。

A　焼けるに関する事例

a　焼けかけるが、結果的に焼けなかった場合

①応仁第二（一四六八）《カノヘ子》二月二、中村浜ノ道場……押板ノ脇ノ方ニ、スミ《(墨)》字ノ御本尊无导光如来ヲ、蓮如上人御筆ニテオハセシヲカケ《(懸)》奉ル処ニ、カノ焼失ニ道場、ヤケ《(焼)》シホノホ《(炎)》ノナカヨリ、光ヲ放テ金色ノ阿弥陀如来……石ノハサマヘ飛給フト、西浦ノレウシ舟ノナカヨリ拝奉ル（「本福寺跡書」(8)）

②無碍光ノ御本尊カケ《(懸)》タマヒテ、コレハ先年炎上ノ時、火ノ中ニアリ、マハリ《(周)》ハカリヤケ《(焼)》、十字ノ文字一字モヤケス、寄《(奇)》特ニテアルソト仰アリテ（「第八祖御物語空善聞書」一二八条(9)）

③大永七年（一五二三）十二月廿五日夜、能登国鳳生郡《(至)》ニ鈍打村之内多羅村ト云所一ノ道場ノ主タル入道侍リキ、

道慶ト云モノアリ……本尊以下巻奉ニヲキ《置》タルニ、其夜火事出来テ、屋悉ク焼也、折節入道ハ隣屋へ行テ侍シカハ、マキ奉本尊・名号取出サントスルモ、不成シテ悉焼タリケリ、入道歎カナシム《悲》所ニ、焼ハテ、ニ跡ヲ見、箱ニ入タル本尊・名号ヤケ《焼》スシテ残（「拾塵記」）[10]

b　焼けた場合

①法敬坊、上人へ申サレ候、アソハサレ候御名号焼申候ガ、六体ノ仏ニナリ玉ヒ申候、不思議ナル御事ト申サレ候、前々住上人、其トキオホセ《仰》ラレ候、ソレハ不思議ニテモナシ、仏ノ仏ニ御ナリ候ハ（「蓮如上人一語記」一〇条）[11]

志ノ人、蓮如上人御筆ノ名号ヲ所持ス、然ルニ不慮ニ火事ニ屋ヲ焼侍レハ名号モ焼ケタリ……アマリノカナシ《悲》サニ焼タリケル名号ノ灰ヲ箱ニ入置タリシニ、一夜ニソノ灰、三尊マテ阿弥陀如来ノ金仏トナル（「蓮如上人仰条々」八〇条）[12]

②蓮―上人アソハシタリシ四切ノ名号ヲ、或人安置シテ、家ハ火事ハ焼タリシ間、名号ヲミレハ、火ニ成タリシヲトレハ、二所大ニ焼テ侍リシヲ、火ヲハ消シテトリ《取》テヲキ《置》テ、五寸ハカリホト両所ヤケ《焼》シヲ、持主ナケキ、朝夕カ《懸》ケ置テハンヘリシ、有夜ノ夢ニ、此名号焼タリ両所カ、イヘ《癒》アヒテミル間、不思議ニ思テ夜アケテ見レハ、マコト《誠》ニイヘアヒテケリ、アマリノ奇特ニ此名号ノ事物語ケレハ（「拾塵記」）

③（Ａａ③より続く）其内ニ大福《幅》ノ名号一フク別ニ置タルカ、コト〳〵クヤケニケリ、カナシミテ、ソノ灰斗ヲ取テ箱ニ入置タリシニ、其夜悉小仏トナル（「拾塵記」）

図 19- 3　阿弥陀如来絵像
文明二年二月一二日蓮如修復の裏書きを持つ（龍谷大学蔵）。

図 19- 2　金泥十字名号
長禄四年正月二二日蓮如裏書きを持つ（慶先寺蔵）。

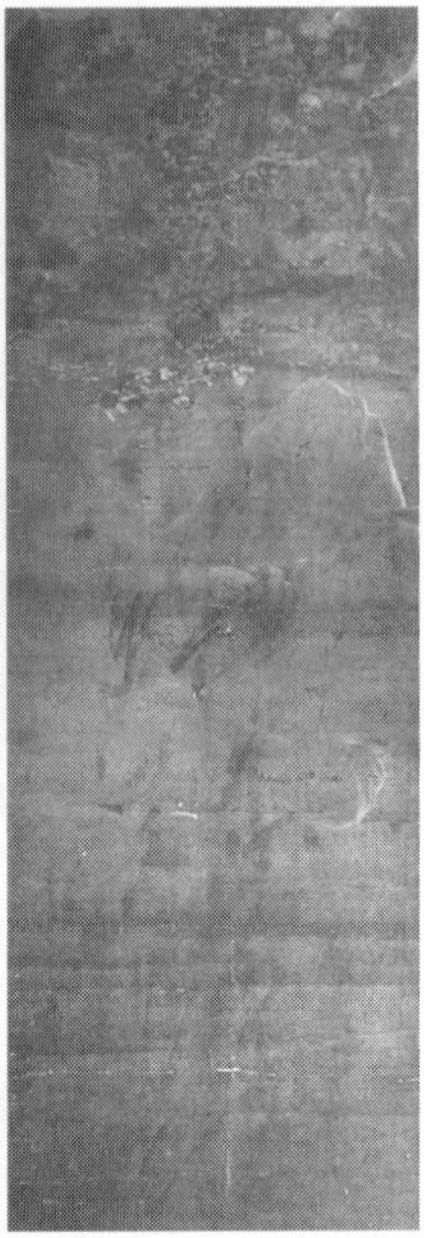

図 19- 1　六字名号
蓮如自筆（西光寺蔵）。

図 19- 1 ～ 3 は、文字と絵画であるが、中世びとにはすべて同じ仏像にみえている。図 19- 1 は「火中出抜」（火除名号）の通称を持つ。図 19- 2 は、文字が金泥で、蓮台にのせられ、光明が描かれる。文字が仏像のようにあつかわれている。図 19- 3 は、蓮台にのり、光明を発する描かれた仏像。

B　意識的に焼いた事例

①御本尊・御名号ノ事外久シクヤフレ《破》サセタマフタルヲ、諸国ヨリ御本寺様ヘアケ《上》ラレタルヲ、御ハコ《箱》ニコホル、ホトイレタマヒテ、コレヲ明宗風呂ノ功徳湯ノタクカマノシタニ入申セトノ御意ナル間、ミナフロガマ《風呂釜》タク火ニホノホ《炎》トナシタテマツル（「本福寺跡書」）

②蓮如上人ノ御時、アマタ《数多》当流ニソムキ《背》タル本尊已下、風呂ノタヒコトニ、ヤカセ《焼》ラレ候（「蓮如上人仰条々」四七条）

事例はAの「本尊が焼ける」と、Bの「本尊を焼く」とに大別できる。Aはaとbとに区分でき、さらに内容的にaとbとも①〜③に分けられる。aは本尊が被災するが、焼けなかった事例で、bは焼けた事例である。

「はじめに」でふれたように、真宗史の研究において従来比較的言及されてきたのはBであった、それは①②に大別できるが、①は破損の激しい（「事外久シクヤフレサセタマフ」）「御本尊・御名号」を諸国より集め、功徳湯の焚き付けにしたというもの、②は①とほぼ同じで、「当流」（真宗）に「ソムキタル本尊」（おそらく天台関係の本尊カ）以下を風呂の焚き付けにしたというものである。特にB②は真宗史の研究者によく用いられてきた。

例えば、井上鋭夫氏は「神仏習合はもちろん、天台・真言の宗儀とも、本願寺は絶縁の態度を明らかにした[13]」とし、重松明久氏は「名号本尊以外には、きわめて批判的であった[14]」とされ、いわゆる「木像ヨリハ絵像、絵像ヨリハ名号ト云ナリ」という本願寺独特の論理を裏付ける行為として取り上げられている。また千葉乗隆氏は「親鸞の思想から逸脱した異相の本尊」ゆえに焼き、そしてそのような「蓮如の荒療法によって、親鸞の教えは、ひろく民衆に手渡されることになった[15]」とされる。

Ｂ②は天台・真言との絶縁、異相本尊の否定と真宗の宗風統一などと解釈され、蓮如の支配階級の仏教からの離脱、民衆仏教化などを裏付ける行為として高く評価され、この理解が現在通説となっている(16)。

確かに上記の「焼く」の解釈などはある程度首肯しえる。しかし従来の研究は「焼く」を真宗の教義的側面から理解してきた感があり、蓮如が何故、ことさら「焼く」行為をしたのかを説明しておらず、また蓮如と「本尊焼失」の事例には、Ａ事例も存在するにもかかわらず、ほとんど取り上げてこなかったのである。さらにＢにはＢ②と似通っている内容のＢ①もあるが、Ｂ①と②の整合性に関しても何ら言及してこなかったのである。

総じていえば、従来の研究はこれらの事例を総合的に判断せず、蓮如と「本尊焼失」を解釈・評価してきたといわざるをえないのである。

3 「焼失」資料よりみる仏像に対する認識

ここでは従来論及されてこなかったＡ事例から、中世びとが仏像に対し、どのような認識を有していたのかをまず考えてみよう。

Ａａ①は中村浜の唯賢道場が火事になった時、道場に掛けてあった蓮如自筆の「スミ字ノ御本尊无导光如来」＝十字名号が、「金色ノ阿弥陀如来」となって飛び上がり、その難を逃れたというものである。Ａａ②は「無碍光ノ御本尊」が火災にあったものの、そのまわりだけが焼けて、「十字ノ文字一字」も焼けなかったというもの。

Ａａ③は能登の道慶の道場が火災に遇った時に、「箱ニ入タル本尊・名号」が「ヤケスシテ残」ったというもの。

Ａｂ①③の事例は多少文言は異なるが、いわんとすることは同じで、焼けた名号が「六体ノ仏」「三尊マテ阿弥陀如来ノ金仏」「小仏」となったというもの。Ａｂ②は蓮如の名号が火災に遇い、「二所大ニ焼ケ」たが、その焼けた所が、いつの間にか「イヘ」た（復元した）というもの。

Ａａ①の出典「本福寺跡書」は、近江の本願寺教団の有力末寺堅田本福寺に所蔵されている記録で、戦国期の在地状況を伝える著名な資料である。Ａａ①に登場する人物は、道場主の唯賢（本福寺の念仏御頭を勤める講主の一人、本福寺の有力門徒）と西浦漁師で、前者は当時の実在の人物と考えられ、後者は琵琶湖に当然みられたであろう人物であり、この事例は阿弥陀如来が飛ぶという奇瑞を除き、特に粉飾は感じられない。

したがってこの奇瑞譚は応仁二年の火災に際し生じた、何らかの出来事をとらえていると思われる。ただこれは奇瑞部分が強調され、どうして火事になったのか、なぜ阿弥陀如来が飛んだのかという重要な点は記されておらず、この出来事が資料作成時点で、すでに伝説化していたことをうかがわせるものである。

門徒教化か、自らの寺院の歴史を留めるためか、この資料作成意図は必ずしも定かではないが[17]、たとえ作成時点で伝説化していても、この奇瑞譚が時代を超え語り伝えられてきたことは、中世びとがこのような奇瑞譚を貴重な、記録すべきものとして受け入れてきたことを物語っている。またこの奇瑞譚が本願寺や中央権力側に伝わるものではなく、在地に伝わる資料にみられることは、これが広がりを持つものであったことも示唆している。

奇瑞といったが、本尊が飛ぶということは現在の我々には確かに奇瑞である。しかし中世びとにとって、本尊などが飛ぶということは、本当に不思議なことであったのであろうか。『大乗院寺社雑事記』文明一二年（一四八〇）二月二二日条に「去月廿一日夜ハ、五大堂本尊、春日山エ飛給之由申」と、五大堂本尊が飛んだ記事が記録されている。これは現在の我々のいう不思議なことゆえ、記録されたのであろうか。

中世の絵巻・絵画をみれば、諸神・諸仏が天から降りてくる姿や、天を舞う姿が描かれているが、これは「諸神・諸仏は天を飛ぶことのできるもの」という中世びとの観念を現わしている。例えば、『春日権現験記絵』巻一七第一段には、神と化した橘氏女が天井に向かって飛び上がる姿が描かれているが、これも上記のことをよく示す好例であろう(18)。

このように諸神・諸仏が飛ぶことは当然と考えられていたとすれば、先の『大乗院寺社雑事記』に記載された記事は、現在の我々がいう不思議ゆえに、書留められたと考えるべきではなく、このようなことは当然あるべきものということを、自明の前提に記載されたものとしてみなければならない。

ただこのような奇瑞が当時あるものと信じられていたとしても、実際に遭遇することは珍しいことであったに違いない（ただし実際遭遇するといっても、本尊などは飛ぶわけはないので、何かの出来事を「飛んだ」などと理解したのであろう）。したがってこのような奇瑞に遇えば、また聞けば、それを貴重なものとして、大切に記録したものと考えられる。同記の記事は、このような認識に則って記録されたと考えておかなければならない(19)。

このＡａ①のような奇瑞は他にもみられる。『実隆公記』延徳二年（一四九〇）閏八月一五日条に、大原松林院観音縁起というべき記事がある。その縁起にある最澄作の観音像は、四度の火災に遇いながら、一度も焼失しなかった「無焼失奇異之霊像」であった。四度の火災の内、二度目の火災の時、観音像は庭前の「松上へ自飛出御」したという。この記事には「梶井宮御言談之趣、大綱記之」とあり、三条西実隆が梶井宮の「御言談」を書留めたものであることがわかる。彼が縁起を書留めたのは、「御言談」を貴重なものと感じたからにほかならない。

『古今著聞集』巻第一「神祇」(20)に、内裏火災の時、神鏡が自ら飛び出て、南殿の桜の木にかかった記事がある。これは仏像の例ではないが、神鏡が仏像と同じく聖なるモノとの点から、両者は本質的には同様の事例とみてよかろう。この奇瑞も伝えられてきたものであるが、『古今著聞集』作成の際に撰されたことは、これが中世びとにとって受け入れるべき奇瑞であったということである。

この諸事例は、先の本願寺の事例とまったく同じことを意味している。つまり火災に遇い本尊などが飛び難を逃れるという奇瑞は、何も本願寺の資料に限定されず、中世では諸方で語り伝えられ、受け入れられてきたものと考えられる。

このＡａ①などの奇瑞から、中世びとの「仏像は焼けてはならない、または焼けないもの」という観念を読み取ることが可能だろう。

Ａａ②の出典「第八祖御物語空善聞書」は、蓮如昵近の門弟法専坊空善が蓮如の言行を記したものである。また以下の出典「蓮如上人仰条々」「拾塵記」などは蓮如一〇男願得寺実悟が著したもので、これも蓮如の言行録である。実悟は誕生間もなく、兄の加賀本泉寺蓮悟の養子になったという。彼が八歳の時に父蓮如が没した関係上、彼はおそらく蓮如には、直接会ったことはないであろう。したがってこれらの著作は、蓮如に関する聞書である。

Ａａ②は空善が蓮如の「仰」を書留めたものである。これは名号が焼けなかったことを「寄特」としている。名号目体は文字であるが（この場合「十字」より「帰命尽十方無碍光如来」である）、後のＡｂ①をみれば、名号が焼け金仏となった点より考えて、当時名号は単なる文字ではなく、仏そのものと考えられていたとみて間違いない。

このような考えは日蓮にもみられる。彼が書状などで、「法華経を読奉り候なは、御経の文字は六万九千三百八十四字、一一の文字は皆金色の仏也」や「妙の文字は……半月の満月となるかことく、変して仏とならせ給文字也……此妙字は、仏にておはし候也[21]」と主張する、文字＝仏の思想も上記事例と同観念であろう。

この考えは当時の文字観とかかわっているが、当時文字には何らかの不思議な力（聖なるモノ）があると考えられていたという[22]。

これをみれば、現在の我々と異なり、中世びとが文字を「聖なるモノ」と認識していたことがわかろう。文字たる名号も、絵像の阿弥陀如来も中世びとには同じにみえており、したがって奇瑞が生ずると考えられていたとしても何ら不思議ではない（図19）。このＡａ②は名号が火災に遇い焼けなかった奇瑞を表したものだが、Ａａ③も、そして名号が復元したＡｂ②（これは結果的に焼けなかったことと同じ）も、Ａａ②と同じ意味の奇瑞である。

またＡｂ①は、名号が焼けた例だが、焼けた名号が「六体ノ仏」などとなっており、形態こそ異なるものの、この事例は蓮如がいうように「仏ノ仏ニ」[23]なっただけで、結果的に何も変わっていないことを表している。したがってこの奇瑞も仏像は焼けないとの観念を表現しているといえ、基本的にＡａ②と同じといえる。

このように火災に遇った仏像が結果焼けなかった例は、本願寺の資料に限られるものではなく他でもみられる。まず前述の『実隆公記』の大原松林院観音縁起がある。観音像は四度火災の内、一度目と三度目の時には灰のなかより捜し出され、四度目の回禄時には台座は焼けたものの、本体はまったく無事であったという。

また同記明応四年（一四九五）一一月二二日条に「長谷寺炎上、頂上仏、古帳等纔相残於灰燼之中、頗有奇異之端云々」という記事がある。これは長谷寺炎上に際し、「頂上仏」などが焼けなかったことを、「奇異之端」と称したものである。さらに『看聞日記』永享八年（一四三六）一〇月八日条に、昔、鍛冶屋に砕かれかけた時に「叫喚之声」をあげたと伝える、「奇特不思議」の「銀聖天」（歓喜天）像を、貞成親王が預け先であった法安寺より「召寄」た記事がある。親王がこの像の委細を調べると、父大通院（栄仁親王）の日記に「城南御所廻禄之時、銀聖天難炎上仏体、更不焼損云々」とあった。この関連記事が、同記同年一一月六日条に「住心院参、対面、聖天拝見、殊勝之由被申、仏体不焼損之条、奇特之由申」とあり、貞成親王は焼けなかった「聖天」像を「奇特」と称している。

このように火災に遇い仏像が焼けない奇瑞を、本願寺（実悟）の場合も、その他の事例も共に「寄（奇）特」（「奇異」）と位置づけているところから、両者が仏像焼失に対し同様な認識に立っていたことがわかる。つまり中世社会でのこのような奇瑞は、「奇特」として広く受け入れられてきたのである。

この「奇特」とは、先述のごとく奇瑞の存在を自明の前提に、神仏の不思議な力・霊験の存在がそう表現されたのである。実悟などはそれに遭遇し、聞いたことを貴重なこととして記録したのであろう。

したがってＡａ②③・ｂ①②の名号などにまつわる奇瑞はＡａ①と同じく、本尊は焼けないものとの観念を表していると考えられる。つまり以上の資料・事例からみて中世では、仏像は基本的に火災に遇っても焼けない、焼けてはならないもの(24)、と観念されていたとまとめることができるだろう(25)。

火災に際し本尊が飛ぶこと、また本尊が焼け残ったことなどの奇瑞は、火災に生じた何らかの出来事を、当時の人々が本尊が飛んだと認識・判断したか、まったくの偶然かに他ならない。このようなことは現在の我々からみれば、まったく荒唐無稽な話である。しかし中世びとはそれらを「奇特」として、神仏の霊験を確かに感じたのであろう。したがって重要なことは、この奇瑞をありえない話として看過するのではなく、その背後にあるものを探ることである。

このような奇瑞譚は、中世びとを取り巻く当時の社会状況のなかから、仏像はこうであってほしい、またこうあるはずだという、彼らの願望より生まれてきたものと考えられ、そこには彼らの仏像観が表現されているはずである(26)。

蓮如が「当流ニソムキタル本尊」（他派・他宗）を焼いたことは、天台・真言からの絶縁などと、高く評価されていると先述したが、対して同じ「焼く」資料である、蓮如が自派の「御本尊・御名号」を焼いたB①は、ほとんど取り上げられてこなかった。あえてB①とB②の関係を問題とし、B①もB②に合わせて評すれば、「自派との絶縁の態度を明らかにした」などとせざるをえず、おかしな評価となる。そのためか従来の研究は不問に付してきた感がある。

二　焼失の意味

この場合、自派や他宗・派の本尊の差に注目しても、蓮如の行為を理解することはできないだろう。自派と他宗・他派を焼いたのだから、むしろ「焼く」に注目すべきで、「焼く」の意味を明らかにすることが、この問題を解くカギと思われる。次にそれを考えよう。

蓮如が本尊を焼いた理由は「事外久シクヤフレサセタマフ」「当流ニソムキタル」である。つまりこれら本尊は、使用に堪えられない状態（状況）であったのであり、彼にとって処分・破棄すべき対象であったのである。たとえ使用に堪えないとしても、本尊をそう簡単には捨て去れないであろうが、現実にはこのように古くなり、使用に堪えない仏像が出ることは、蓮如の場合に限らず、他でも当然ありえたはずである。したがって当時、一種の社会的受皿として、仏像を処分する方法があったはずである。その方法が「焼く」であったのではなかろうか。

しかし仏像を焼く資料は少ない。したがってその少ない資料をつなげ、考察していく以外に方法はない。まず管見に入った事例をあげておこう。

〈事例3〉

白川辺顚倒之堂舎等、往還之輩、偏用薪、此事猶以為罪業之処、於今者破取仏像云々、云金色云色彩、散々打破仏体、為薪云々、聞此事神心如屠、雖云末世、争有如此之事哉、国土之乱逆、只如此之漸也、武士之郎従幷京中誰人等所為云々(27)

これは仏像を破り薪とした事件である。直接焼いたなどというものではないが、薪は燃料であり、薪としたのは焼くため以外にはありえず、したがってこの場合「仏像を焼く」に含めて考えた。

〈事例4〉

院庁下　宇佐弥勒寺所司等

可早任仁安庁下文状、停止国妨……修造堂舎塔婆破壊事

（中略）

右、得彼寺別当法印大和尚位成清去二月解状称……咽而又不申此旨者、為朝家、為寺家、旁有其恐、仍忘憚所言上也、抑両三年不憚神威、武士乱入之間、壊堂塔而為薪、破仏像而求宝(28)

武士が乱入し堂舎が壊され薪とされ、仏像も破られた事件。「破仏像」としかないが、この仏像も事例4と同じく薪とされたものと考えた。

〈事例5〉

頼むかたなき人は、自らが家をこぼちて、市に出でて売る……あやしき事は、薪の中に赤き丹着き、箔など所々に見ゆる木、あひまじはりけるをたづぬれば、すべかたなき者、古寺に至りて、仏を盗み、堂のものの具を破り取りて、割り砕きけるなりけり(29)

飢渇状態のなか、家を壊し薪として市に売る者が横行していたが、その薪のなかに箔などが付着しているものがあった。実はその薪が古寺より盗まれた仏像を割ったものであったことを嘆いた談。

〈事例6〉

さらばこの堂に火をつけて焼きてみん、さて堂をあつまりてつくるにこそは侍らめ、仏をあたむ心にても焼かばこそ罪にても侍らめ(30)

村堂に住みつき鬼となった女を、村人が追い払うため、堂を焼こうとするが、その時、村人が仏を恨む心で焼けば、罪になるかもしれないが（そうでなければ、罪にはならない）と語った話。

〈事例7〉

又云年来本尊弥陀観音等像入火流水等云々、此事慥指出証人可申、若無証拠、良観上人等自取出本尊入火流水、欲負科於日蓮歟……但良観上人等所弘通法、日蓮難難脱之間、既可令露顕歟、故為隠彼邪義、相語諸国守護・

地頭・雑人等言、日蓮幷弟子等、阿弥陀仏入火流水、汝等大怨敵也云々(31)

日蓮と弟子が「阿弥陀仏入火流水」ということを、良観などより訴えられ、それに反論したもの。

〈事例8〉

注進

就当寺金堂回禄、定任法印造意結構間事

（中略）

右、当寺金堂回禄之濫觴……俄以定玄・定珍・定継……已上定任所従以下悪党等……終去年十二月十五日、懸火於金堂、令逃散之刻……果而終及金堂回禄了……且伽藍破滅之大張本也、且仏像焼失之最根元也、為国家為寺門、専非怨敵乎、早任被定置之旨刑法(32)

醍醐寺惣寺衆より悪党と称された定任などが、「懸火於金堂」「仏像焼失」させた事件。

〈事例9〉

大和国賀留里藤井安基ト云ケル男有……或時河内国平石云所、鹿狩、其山破堂有ケルニ入、仏壇取為俎、本尊破為薪、是煮我食、人喰、木仏俄炎而、不異抜提西岸之昔……炎王罪勘、「此仏割焼、堂汚逆罪遁ベキニ非」曰、童子重云「是罪人也云ドモ……(33)」

藤井安基が「本尊破為薪」したことを、死後、閻魔王に「仏割焼、堂汚逆罪」とされたのを、「童子」＝長谷寺観音が救い、彼を蘇生させた話。

これらをみて気づくことは、仏像を焼く話が、燃料としての「薪」として現われるということである。考えてみれば、先の蓮如のB事例も、本尊・名号などを「功徳湯」の焚き付けにしたのだから、この場合の名号なども基本的には「薪」として扱われたということになる。つまり管見の範囲でいえば、「仏像を焼く」場合、ほとんど「薪」として扱われたということである。これは偶然であろうか。

「薪」とは、焚木とも書き、燃料や照明用に焚く木であることはいうまでもないが、『日本国語大辞典』をみると、「薪尽」（たきぎつく）で、釈迦入滅をさすとしている。この「薪尽」は、『法華経』序品「仏此夜滅度、如薪尽火滅」よりきており、『源氏物語』[34]「若菜上」にも「仏の御弟子のさかしき聖だに……なほ薪尽きける夜のまどひは深りけるを」とみえ、すでに平安時代より知られている。

これは「薪」を「釈迦」になぞらえた考え方であるが、この考え方はどの程度普及していたのであろうか。この「薪」は和歌にも詠まれており、例えば、次のごとくである。

〈事例10〉

天王寺にまゐりて、舎利ををがみたてまつりてよみ侍りける

瞻西上人

たきぎつき　煙もすみてさりにけん
　これやなごりと　みるぞかなしき[35]

仏此夜滅度、如薪尽火滅の心を

法性寺入道前関白太政大臣

人しれず　法にあふひをたのむかな

たきぎつきにし　あとに残りて(36)

上記以外にも、このような和歌は確認できる。歌集に入集していることは、中世において「薪」＝「釈迦」とする考え方の広まりを物語っている。

事例9の『三国伝記』の作者は、安基が「木仏」を「薪」として焼いたことを、「不異抜提西岸之昔」（抜提河のほとりで、釈迦を荼毘に付した昔の意）とし、「木仏」が「薪」とされ焼かれたことと、釈迦の荼毘（すなわち入滅）とを同一視している。同記は室町中期成立の説話という点からみて、やはり「薪」といえば「釈迦」という認識は相当広まっていたとみて大過なかろう。

『日本史大事典』四（平凡社、一九九三年）、佐野賢治氏執筆「薪」項によれば、「火に呪力を認めていた時代には、薪にも同様な力があると信じられていた」とあり、修験者の護摩木、宮中の御竈木（御薪）の風習、竜宮の水神に薪を与える「竜宮童子」の昔話をあげ、「薪が単なる燃料ではなかった」とされている。

つまり「薪」は単なる燃料ではなく、一種の聖なるモノとして扱われたといえるであろう。佐野氏の執筆にはみられないが、この聖なるモノとの考え方には、おそらく上記の「薪」＝「釈迦」ということも大きく影響していたものと思われる(37)。

このようにみれば、蓮如が本尊などを功徳湯のために焚き付けたことも、その他の諸例で仏像が割り砕かれ薪とされたことも、釈迦の入滅になぞらえてなされた行為と考えることができるだろう。

そもそも仏像は「仏陀」（釈迦）を形像化したものゆえ、釈迦の入滅を薪が尽きたことにたとえるように、それになぞらえ仏像を処分する際に、薪として焼いたとしても何ら不思議はなく、むしろ自然である。したがって中世において「仏像を焼く」ことは「釈迦の入滅」＝「釈迦を荼毘に付すこと」と意識されていたと考えることができよう。

「薪」として仏像を焼くことが、釈迦の入滅からきたとすれば、中世において「焼く」はどのように考えられていたのであろうか。

現在、中世における「焼く」に関する研究は幾例かあり、すべて示唆に富んでいるものばかりだが[38]、そのなかで最も興味ある点を指摘されているのが、千々和到氏の「『誓約の場』の再発見[39]」と思われる。その必要部分を引用してみよう。

［起請文を］焼くという行為によってこそ、自分たちの意志が別の世界（他界・神・仏・天といったもの）に届くのだ、という中世の人々の意識（［　］内筆者）

火には、焼くことによって現世から他界へ送る（それが煙として視認される）という側面と、火によってケガレをはらうという側面があると思われるが、私は、二つの側面は、究極的には前者に収斂されると考えている

千々和氏の論考は「誓約の場」が人間の五官すべてに働きかける場であり、そのような場において起請文を焼き、

その灰を神水に浮べ呑み、体内に入れることで、神と自己の意志が一体化する（誓約の肉体化とでもいうべき）ことに重点をおかれたもので、ここに引用したのは、誓約の意志が神に届くことを、中世の人々がどのように確認していたかという部分である。「焼く」行為に千々和氏のいうごとく、他界に意志を送る機能があるとすれば、蓮如が本来焼けない、また焼くべきではない本尊を焼いた行為も、実は本尊を現世から他界に送る方法であったと考えられないだろうか。

例えば、『太平記』巻第八「谷堂炎上事[40]」には「在家ニ火ヲ懸タレバ……在家五千余宇、一時ニ灰燼ト成テ、仏像・神体・経論・聖教、忽ニ寂滅ノ煙ト立上ル」と、仏像などが焼け、それが煙となって天に立ち上ったとある。また治承四年一二月一一日、平氏が園城寺を焼いた時のことを、『平家物語』巻第四「三井寺炎上[41]」では「仏像二千余体、忽ちに煙となるこそかなしけれ」と、『吾妻鏡』元暦元年（一一八四）一一月二三日条[42]には、園城寺が源頼朝に平家没官領の寄進を求めた牒状が記されているが、そこには「仏像・経論化煙炎而昇天」と伝えており、やはりこれらの例の場合も『太平記』の例とまったく同様な表現をしている。

「応仁記」の「一条大宮猪熊合戦之事[43]」でも、「寄手ハ雲ノ寺ニ火ヲカケテ……此雲ノ寺ハ一丈六尺盧舎那仏仏像経巻忽ニ一時ノ烟ト成テ」とあり、やはり同じく仏像などが焼けたことを「烟ト成」と表現している。

このように仏像が焼け煙となり、天へ立ち上ったことは「起請文等を焼いた際の煙が昇天することは、誓約の意志が他界へ通じたことを視認させる」という、千々和氏の先の指摘に通ずるものである。

『太平記』などにみられる、仏像などが焼失し煙となり昇天したという部分は、仏像が煙となって他界にいった、元の世界に帰ったということを視覚的に表現しているのであり、仏像が他界（元の世界）に帰ったと認識されていたということを示すものである。

このような認識を生んだ背景には、釈迦が入滅し荼毘に付され（「薪尽」）、そして煙となる点があると思われる。事例10の和歌でも、「たきぎ」（釈迦）が尽き「煙もすみて」とみえ、やはり釈迦の入滅と煙とが関係している。(44)

中世において仏像焼失がこのように観念されていたとするなら、(45)蓮如が「当流ニソムキタル本尊」や自派の本尊をことさら焼いたのは、使用に堪えられない本尊を、釈迦の入滅（荼毘）と考えて焼き、そして煙と化して現世から元の世界に帰そうとした行為と理解できる。つまり蓮如の「本尊を焼く」は、現世の仏像処分の方法であったのである。焼いてはならないなどと観念されていた仏像も、この方法により処分しうると考えられていたのであった。(46)したがって従来の真宗史の研究が高く評価してきたほど、「焼く」は蓮如独特の行動ではなく、むしろ中世において一般的な行為といわざるをえず、従来の評価には再考を要すると考える。

また事例2には蓮如が仏像を焼いた以外に、「阿弥陀ヲ川ニナカシ」という部分もあった。本章は「焼く」を中心に分析する関係上、「仏像を川に流す」については取り上げなかったが、本質的には「焼く」行為と同じく、現世での仏像処分の方法の一つと考える。これは事例7の日蓮などの場合にも、「入火流水」とみられる点からも推定できる。

例えば、『平家物語』巻第一一「先帝投身」の段で、二位の尼が安徳天皇を抱いて海に投身しようとした時、天皇に「極楽浄土とてめでたき処へ具し参らせさぶらふぞ」と語ったという。ここでは海と浄土が続くものとして語られている。おそらく水（川・海）は、当時他界につながるものと考えられていたのであり、それゆえ蓮如は「阿弥陀ヲ川ニナカシ」たのであろう。

三　「仏像を焼く」ことと現世の秩序

1　権力者側の認識

蓮如の「本尊を焼く」行為が延暦寺の襲撃の原因と前述したが、それ以後も延暦寺は国々の本願寺門徒をも攻め、「剃帰命尽十方无㝵光如来ノ御本尊ヒキマクリ、ウハイ取テ諸人ヲ悩」ましたという。この状況に際し堅田本福寺法住は「ウツホ字ノ无㝵光」一幅を持って比叡山に登り、根本中堂で衆会中の衆徒の面前にその名号を掛け、その説明をしたという。その結果法住は延暦寺より「ソノ本尊」を免許されたという(47)。

これを記した資料は本福寺の記録である。したがってこの記録は、本願寺側の立場で記された資料といえる。この記事が事実とすれば、蓮如と延暦寺とで本尊への対応に興味深い差がみられる。

蓮如は「当流ニソムキタル本尊」を焼却したのに対し、延暦寺は真宗の名号・本尊を奪い取っただけである。しかしこの後延暦寺がそれらを焼却した可能性はある。この点、記録は何も物語ってくれないが、この記録が本願寺側の立場に立つ資料であるとすれば、被害を蒙った本願寺側が自己の立場を正当化するため、例えば、奪い取られた名号などが焼かれていなくとも焼却されたと、被害者的立場を誇張的に記載してもよさそうなものである。しかしそのようなことは一切記載されていない。この点を考慮すれば、やはり延暦寺は奪い取った名号などを焼却することはしなかったと考えるべきではなかろうか。延暦寺が敵対する本願寺側の本尊（法住の名号）を結果的に免許したことは、それを裏付けている。

整理すれば、蓮如は敵対する本尊を焼き、延暦寺より破却を受けたが、破却の側、勢力的に優位な延暦寺が敵対する本尊を焼かなかった（いわば「大胆至極の行為」[48]ができなかった）のである。この蓮如と延暦寺との本尊への対応の差は何であろうか。

これは「本尊を焼く」行為が処分の方法以外に、何か社会的な影響を及ぼす側面があったためなのでないだろうか。それが延暦寺に本願寺の本尊を焼かさせなかったのである。そこで事例3〜9では、焼いた者や焼けたことを史料ではいかにとらえているかをみてみよう。

事例3の九条兼実は「武士之郎従」の行為とし、「国土之乱逆」という。事例4の院は「武士之乱入」を「為朝家、為寺家、旁有其恐」「不憚神威」という。事例7では日蓮は訴えを「欲負科於日蓮歟」といい、そしてこれは良観などが守護・地頭などと語らい、日蓮などを「大怨敵」としたものと主張する。事例8の醍醐寺は「定仁」などを「悪党」と呼び、彼らの行為を「為国家為寺門、専怨敵乎」とした。事例9の閻魔王は藤井安基の行為を「逆罪」とし、それを救う長谷寺の童子も安基を「罪人」という。

これらの評は、九条兼実・守護・地頭・醍醐寺・閻魔王からみたもので、いわば権力者側の評であるが、これらの評には共通したものがみられる[49]。

まずそれは焼いた者を「罪人」「悪党」などと称している点である。悪党はいうまでもなく、既存の社会秩序を乱す者たちに対する権力者側の呼称である。また「罪人」とは、既存の法・規範などを犯した者を指し、いわば前者と同様である。

次にはその行為を「国土之乱逆」「為朝家、為寺家、旁有其恐」「為国家為寺門、専怨敵乎」などとしている点である。これらより焼く行為を「国家」「朝家」（王法）と「寺家」「寺門」（仏法）を乱すこと＝国家・社会の秩序を乱すことと認識していることがわかろう。これは「王法仏法相依論[50]」に基づいた考えである。

このような認識を他の事例で確認してみよう。仏像が焼けた例で最も著名なものは、平氏の南都焼討ちによる大仏などの焼失と織田信長の比叡山焼討ちによる諸仏の焼失であろう。各事例をみていこう。

〈事例11〉

東大寺・興福寺のほろびぬるあさましさに……聖武皇帝、宸筆の御記文には、「我寺興福せば天下も興福し、吾寺衰微せば天下も衰微すべし」とあそばされたり、されば天下の衰微せん事も疑なしとぞ見えたりける

事例11は『平家物語』巻第五「奈良炎上」で、平氏が東大寺を焼討った翌日の治承四年一二月二九日の箇所である。ここで作者は聖武天皇の記文を引用した後、「天下の衰微せん事も疑なし」と結論づけている。つまり大仏焼失を天下の衰微と考えているのである。

九条兼実は、寿永二年（一一八三）五月一八日、焼失した大仏頭部鋳造完成に際して願文[51]を記し、次のように述べている。

〈事例12〉

治承四年十二月廿八日当仏法破滅之期、有霊像灰燼之災……誠是海内之理乱、専在当寺之廃興者歟、此像若不成者、王法其奈何

彼は「霊像灰燼」（大仏焼失）を「仏法破滅」とし、それは「海内之理乱」など、国の乱れをもたらすと考え、

そして大仏が「不成」れば、「王法」はどうなるのかと嘆いている。また彼は大仏焼失を、その日記『玉葉』治承四年一二月二九日条で「七大寺已下、悉変灰燼之条、為世為民仏法王法滅尽了歟」と記し、大仏焼失を「仏法王法滅尽了」ととらえている。つまり彼は大仏焼失＝仏法破滅・国の乱れ＝仏法王法滅尽、と考えているのである。

次に比叡山焼討ちによる場合だが、次の事例は日光輪王寺所蔵「大般若経」の奥書の一部[52]である。

〈事例13〉

元亀二（一五七一）年辛未十月十一日尾州小太上総守ト云悪敵、比叡山破却、仏像経教堂社房不残一宇焼亡

ここには「悪敵」＝信長が比叡山を破却し、仏像などを残らず焼いたことが記されているが、これが当時いかに認識されていたのかみてみよう。

〈事例14〉

一織田弾正忠……山上東塔・西塔・無童子不残放火、山衆悉討死云々……仏法破滅、不可説々々々、王法可有如何事哉

これは山科言継の日記『言継卿記』元亀二年九月一二日条である[53]。ここからわかるように言継は、比叡山焼討ちによる諸堂などの焼失を（当然、事例13のごとく仏像の焼失を前提として）「仏法破滅」「王法可有如何事哉」としており、やはり大仏焼失と同じく王法仏法の破滅と認識している。このような認識はこの焼討ちに関する他の事例に

もみられ、例えば「京都御所東山御文庫記録」にある元亀四年（一五七三）正月一一日「武田信玄書状」にも「抑信長企逆乱、山上山下焼亡……偏仏法王法破滅」と、「仏法王法破滅」ととらえられている。

以上から指摘できることは、大仏焼失・比叡山焼討ちが天下・国の乱れ、仏法王法滅尽など、王法仏法相依論に基づいて、国家・社会の秩序を乱すものと認識されていたということである。この認識は大仏焼失や比叡山焼討ちによる仏像焼失に限らず、他の資料でも確認できる。

〈事例15〉

其比善光寺炎上の由……彼如来と申すは……水内の郡に安置し奉ツしよりこのかた……炎上の例はこれはじめとぞ承る、「王法つきんとては、仏法まづ亡ず」といへり

これは『平家物語』巻第二「善光寺炎上」にある、治承三年（一一七九）三月二四日の信濃善光寺炎上による善光寺如来焼失の記事である。ここにも「王法つきんとては、仏法まづ亡ず」と、善光寺如来の焼＝王法仏法の破滅ととらえられている。

先掲『吾妻鏡』元暦元年一一月二三日条の園城寺牒状は大仏などの焼失にふれ、そして最澄の記文を引いて「国土衰弊、王法減少」「洛中騒乱」としている。ここでもやはり仏像などの焼失が「国土衰弊、王法減少」などとされている。

室町期の例になるが、『後法興院記』明応四年（一四九五）一一月二六日条に、長谷寺炎上のことが記され、「塔・堂・坊中悉炎上云々、本尊不及奉取出云々、適相残霊跡如此、仏法王法共以破滅時刻到来歟」と伝えている。

本尊を取り出せなかった点より、おそらく焼失したのであろう。それをここでは「仏法王法共以破滅」ととらえている。

以上、大仏焼失などの各例からみて、仏像の焼失は「仏法王法破滅」「国土衰弊」などと認識されていたといえよう。これらの認識は事例3～9の認識とまったく同様で、つまり中世において仏像の焼失は「仏法王法破滅」＝国家・社会の秩序の乱れと認識され、そしてその行為者は秩序を乱す「罪人」などとみなされたと考えてよい。

そこで再度、事例1をみてみよう。そこには「且仏敵也、且神敵也、為正法、為国土、不可不誡」という一文がある。「正法」とは正しい仏法を、「国土」とは国家を、おそらく世俗の秩序を指すものと考えられることから、この一文は延暦寺が王法仏法相依論に基づき、蓮如の行為（仏像焼却など）を正法（仏法）と国土（王法）を乱すものと認識していたことを示すものである。これは、先の大仏焼失などにみられた「仏法王法破滅」「国土衰弊」などとまったく同様な認識である。延暦寺が本願寺を襲撃したのは、この認識に基づいていたのである。[54][55]

したがって平氏が大仏を焼いたことも、その他の焼いた事件も、蓮如が本尊を焼いたことも、これらはその規模の差こそあれ、権力者側からみれば、国家・社会の秩序を乱す行為であった点では、本質的に何ら変わるものではなかったのである。つまり「仏像を焼く」ことは、中世における処分の方法であったが、一方では国家・社会の秩序を乱すものと認識されるものでもあったのである。[56]

2　「焼く」側の認識

権力者側は仏像を焼くことを、王法仏法の破滅ととらえたが、それでは「焼く」側の認識はどうであろうか。先の事例3～9の焼いた者をみれば、「武士之郎従」「武士」「すべかたなき者」、村人、「日蓮井弟子」「定仁」「藤井安基」で、武士などもいるが、およそ公権力に直接つながる者は少ないといえよう。例えば、「藤井安基」は資料上、「在家公事」を課される存在に表現されているところより、彼は在地で「家」を構えるものであり、おそらく自立的な百姓を想定したものと考えられる。

たとえ彼らであっても、仏像を焼くことは容易ではなかったはずだが、事実、彼らは焼いたのである。このような行為が彼らに可能とすれば、彼らは焼く行為をなせる意識に達していたか、聖なるモノを焼く行為を仏像以外で経験していたと考えざるをえない。

見方を少し変えて起請文をみてみよう。中世は「さまざまな起請文があらわれ飛び交う時代」ともいわれ、一二世紀中葉の頃よりみられる起請文は、「多彩な発展を遂げ、社会生活のあらゆる局面において用いられるにいたった」という(57)。起請文には、約束を破れば、神仏の罰を受けるという罰文が必ず記されている。やがてこの罰文には、牛玉宝印が用いられるようになることはよく知られている(58)。

このように罰文に牛玉宝印を用いるのは、元来罰文に神仏を勧請するところより、その勧請をより確実に紙面に表す手段であったという(59)。この起請文は、誓約時に作成され提出されるが、提出しないものもある。それは惣村の展開とともに、村落住人が一揆する際に作成される起請文で、いわゆる一味神水時に作成されるものである。

一味神水は一致した行動を誓い、それを起請文に書き、そしてその起請文を焼き、焼いた灰を混ぜた水（神水）を、皆で回し呑みするものである。この研究は先掲した千々和氏の論考に詳しいので、子細は省略するが、注意すべきは自らが起請文の紙面に勧請した神仏を焼いた点である。たとえ起請文といえども、紙面には神仏が降りており、またその場には神仏が来臨していると、中世びとは考えていたのである（それゆえ「身ノ毛竪ゾ覚ケル」となるのである）。とすれば、その起請文を焼くことは、単に紙を焼くということではなく、神仏を焼くことであったはずで、それは今では考えられないほど、荘厳で厳かなことであったに違いない。

起請文を焼く行為は、入間田宣夫氏によれば(60)、承元四年（一二一〇）に美濃大井荘で、下司朋友の排斥運動が生じた際に「惣天庄民等一身（味）同心仁天、書起請、飲神水、違背朋友候(61)」とあるのが確実な早い例という。以後、焼かれてしまうためか、残存することは少ないが、それを伝える資料は散見できる。

例えば、建長八年（一二五六）七月一七日に、葛川常住快弁が伊香立荘住人を訴えた申状(62)に、「自今以後、不可悪行狼籍并殺生之由、書起請文、灰焼自服畢」とみられる。また著名な応永元年（一三九四）一一月一六日「官省符庄廿村百姓起請文案(63)」には、「但於正文者、護法裏書之、於神通寺御宝前、以麗水呑之」とあり、「護法」（牛玉宝印）の裏に起請し、記載はないが、焼いて灰にしたのであろう、それを「麗水」（霊水）に入れて呑んだとある。

このように起請文を焼くことは、確実に鎌倉前期にはみられ、以後、室町期に至るまで、意志統一のため、村落でなされていたのである。起請文を焼くことは、結果神仏を焼くことゆえ、見方を変えれば、本章でいう仏像を焼くことと同じ行為とみられないだろうか。とすれば、村落においては必ずしも仏像を焼いていなくても、起請文などで神仏を焼く経験はなされていたということになる。

先述のごとく起請文焼却時の煙と、仏像焼失の際の煙が、中世では同様な意味と考えられているとしたが、これは仏像を焼くことと起請文を焼くことが、基本的に同じ認識のもとにあったことを示唆するもので、したがって鎌倉前期には村落などにおいて、すでに神仏を焼くことの可能な意識にまで達していたと考えることができるだろう。

事例6は村堂を焼く時に、仏を恨む心で焼けば、罪になるかもしれないが、そうでなければ、罪にはならないとし、焼いてもよいとしている、ここには明らかに村民自身の「仏」の理解でもって、焼くか否かを判断している姿がうかがえる。この決定には権力者の介入は感じられない。この事例の出典『閑居友』が承久四年（一二二二）頃の成立という点から考え、鎌倉前期の中世村落ではやはり上記の事態が進行していたとみてもよい。したがって鎌倉前期には村民が領主などの権力者とは無関係に、自らの判断で処分すべき仏像は処分する——その方法が「焼く」であった、という意識の確立があったと考えることができよう。村民が宗教に対して主体的にかかわるとでもいうべきか。

この点をもう少し考えてみよう。当時の権力者が仏像を焼くことを王法仏法破滅ととらえるのに対し、上記にみたごとく、焼く側は決して自らの行為をそのようにはとらえていない。むしろ当然のこととして焼いているようである。ここに権力者側とそうでない側とに、仏像に対する認識の差がみられる。これは大きくいえば、単に仏像に対する認識の差ではなく、宗教観の差というべきだろう。

起請文の研究によれば、一二世紀頃、荘園領主は起請文を用い荘園支配を強化したという。それは起請文に中央の神仏のみではなく、その地方の神仏をも取り入れることによって都市と地方の体系をつくりあげ、荘園住人を精神的に呪縛したという。やがて起請文が一味神水など、住人たちに主体的に利用され、領主への闘争の基礎ともなったという。

このように住人が主体的に起請文を利用することは、従来の荘園制の精神的呪縛から解放されつつあったことを意味している。千々和到氏はこのことを、

村の寄合は、一味神水を通して、新たな呪縛の場と化する。このように、寄合に参加した者たちは、一方からの呪縛に積極的にとりこまれていくことによって、他方からの呪縛、つまりかつて領主から与えられた呪縛に対抗できる力を獲得する。呪縛と呪縛とのぶつかりあい、神と神とのぶつかりあいの中で、中世の村人たちは、

ついに個々に加えられた呪縛をのりこえることができるのである[64]。

と指摘されている。ここには領主（権力者側）の神仏から脱却して、新たな神仏の理解を有する村民の姿（宗教的自立）が端的に表現されている。つまり村落では権力者の宗教秩序と異なる、新しい秩序が形成されていたことが指摘されているのである。

したがって仏像が薪にされ焼かれた諸事例は、在地での宗教的自立が根底にあり、それが公然化したものと考えられる。そしてこの自立こそが、権力者との仏像観（宗教観）の相違を生んだのである。蓮如が本尊を焼却しえたことも、彼と延暦寺との間に本尊に対する認識差が生じたことも、当時在地での上記の宗教事情が背景にあったと考えられよう[65]。

中世社会は、村落において権力者の宗教からの自立が進みつつある一方、新たな宗教的秩序が生み出されていった時代といえ、仏像や起請文を焼く行為も、このような村落の状況のなかで理解する必要があろう。

ただし仏像を焼くといっても、無秩序に焼いたわけではない。例えば、事例7の日蓮は仏像焼却などの訴えに対して「負科」と認識しており、やはりそのような行為をすべきでないとの立場に立っている。再三取り上げている事例6も、「恨む心で焼けば、罪になる」と、焼くことには条件を付け、その条件を満たさぬ行為を「罪」と認識している。

このように権力に直接かかわらない者も、基本的には仏像を焼くべきではないと考えていたことがわかろう。しかし彼らの属する村落社会、集団において、上記にみたごとく処分すべきと判断された仏像は、現世の処分の方法である「焼く」により他界（元の世界）に帰されるのであった。

おわりに

以上、考察してきた点を簡単にまとめておこう。中世において仏像は、基本的には焼けないものなどと認識されていた。しかし蓮如のごとくあえて「本尊を焼く」場合もあったが、実はこの行為は現世における仏像を他界に帰すという、現世での仏像処分の方法の一つであった。特にその場合は、仏像を「薪」として扱い焼却することが多いが、これは釈迦の入滅になぞらえてなされた行為であった。

現世の処分の方法という認識がある一方、権力者側は仏像の焼失を「王法仏法破滅」とし、国家・社会の秩序が乱れると認識していたことも確かであった。したがって蓮如のごとく「本尊を焼く」ことは、国家・社会の秩序を乱す者と認識したのであった。

また焼く側は、決してそのようには認識していなかった。焼く側は、すでに処分すべき仏像は処分してよい――その方法が「焼く」であったのである――、という意識を確立していたのである。これには村落などにおいて、従来の権力者の宗教的秩序からの脱却、宗教的自立（村落などでの宗教秩序の確立）が根底にあった。

最後にこれらに関連して、中世における「仏像修復」の意味についてふれておきたい。中世には仏像を修復する行為がよくみられるが、上記のごとく仏像焼失が国家・社会の秩序を乱すものとすれば、修復とは、その秩序の回復を目的としたものと考えることができるであろう。

例えば、東大寺大仏の修復については『吾妻鏡』文治元年（一一八五）三月六日条に源頼朝の「御書」が記載されており、そこには「如旧令遂修復造営、可被奉祈鎮護国家也……王法仏法共以繁昌候歟」とあり、また九条兼実の願文(66)では「奉成大仏之相毫、霊像已再顕者、国家盍中興哉」とみえる。つまり大仏修復は「王法仏法共以繁昌」「国家盍中興」ととらえられており、明らかに修復が乱れた秩序の回復と認識されていたことがわかろう。したがって中世の仏像修復とは、このような認識のもとに行われていたのであり、現在の単なる修復とは異なって、重要な意味を有していた点を見落としてはならない。

本章は「仏像の焼失」を通して、中世における仏像観の一端を考察してみた。これはあくまでも宗教史（信仰史というべきであるが）と社会史との接点を求めた一試論にすぎない。したがって今後はその接点を深め、新たな研究領域を広げていくことが大きな課題となるだろう。

註

（1）本願寺史料研究所編『本願寺史』第一巻（浄土真宗本願寺派、一九六一年）、三一〇頁。

（2）「叢林集」（『真宗史料集成』〈以下、『集成』と略す〉第八巻、同朋舎出版、一九八三年）。註1前掲書では、この文書を「叡山の牒状」としている。これは「叢林集」に「叡山ヨリ遣シタル牒状」とある点より付された文書名と考えられる。しかしこの文書の書式からみれば、「事書」とするのが妥当と考える。したがってこの場合の文書名は、「西塔院群議事書」などとすべきであろう。なお井上鋭夫氏は本文書を「山門西塔勅願不断経衆集会事書」とされている（『一向一揆の研究』、吉川弘文館、一九八八年、三〇頁）。「事書」については、相田二郎『日本の古文書』上巻（岩波書店、一九四九年）、八二七頁参照。また同資料は「金森日記秡」（『集成』第二巻、一九七七年）にも収められている。

（3）「東寺執行日記」寛正六年三月二三日条。

（4）「事書」と事例2などの同時期の資料については、神田千里『一向一揆と真宗信仰』（吉川弘文館、一九九一年）、二〇六～二〇九頁参照。

（5）例えば井上氏は、註2前掲書で「寛正の法難」の原因を「本願寺教線の急速な拡大、とくに近江におけるそれは、本願寺の本所である山門の嫉視と反感を買うにいたった」（三〇九頁）としている。また赤松俊秀ほか編『真宗史概説』（平楽寺書店、一九六三年）では「蓮如法主になって以後本願寺門徒が畿内諸地域で急激に増加しており、山門としてはこれを黙過できなかった」（一三一頁）としている。

（6）この点を補足しておこう。「焼く」は放火・焼討などにより、意図的、人為的になされるもので、焼けるはそれ以外で、いわば自然に焼けるということになる。ただこれは現代でいう自然発火のみを指すのではない。例えば『看聞日記』応永二三年（一四一六）正月九日条に「北山大塔七重為雷炎上云々」とあり、「天魔所為勿論」としている。このように「焼ける」には、人為・人知が及ばない（人間が理解できない）焼失も当時は含まれていたのである。つまり「焼く」は人為的焼失、「焼ける」は人為・人知が及ばない焼失ということができよう。もし放火であっても、それが放火とわからなければ、「焼く」ではなく、「焼ける」と認識され、資料上「焼ける」と記されるであろう。それゆえ資料上「焼ける」と記されていても、実際は「焼く」であった可能性は十分にある。これはあくまでも資料の記主の主観的区別にしかすぎない。したがって本章は、「焼失」として「焼く」と「焼ける」の両種を分析対象としたのである。

（7）「蓮如上人一語記」一一条（『集成』第二巻）。

（8）千葉乗隆編『本福寺旧記』（同朋舎出版、一九八〇年）。

（9）『集成』第二巻。

（10）『集成』第二巻。

（11）『集成』第二巻。

（12）『集成』第二巻。

（13）註2前掲書、二六二頁。

（14）重松明久『中世真宗思想の研究』、吉川弘文館、一九七三年、三二六頁。

（15）千葉乗隆「蓮如のイコノクラスム」（千葉乗隆博士古稀記念会編『日本の社会と佛教』、永田文昌堂、一九九〇年）。

(16)　このような蓮如の評価には、延暦寺側＝旧仏教＝支配階級の仏教、蓮如（本願寺）＝新仏教＝民衆の仏教という対立的構図が底流にある。旧仏教を新仏教が圧倒していくという考え方は、西欧の宗教改革を日本流に相応させた明治期の発想に基づいている。この発想は、いかに日本が西欧と同様な社会発展を遂げたか（近代化論的発想）、という明治期の日本の政治的課題を、仏教史の立場より解決しようと考えだされた史観である（この点、大隅和雄「鎌倉仏教とその革新運動」〈『岩波講座　日本歴史』中世一、岩波書店、一九七五年〉に詳しい）。この仏教史観は現在でも有力な考え方として堅持されている。確かに一定の評価は下せるが、現在においてはやはり何らかの再考を要す史観と思われる。

(17)　この資料については、神田氏が註4前掲書一四六～一六九頁で、子細な分析をされており、大変参考となる。

(18)　この点については、黒田日出男「『異香』と『ねぶる』」（『姿としぐさの中世史』、平凡社、一九八六年）参照。

(19)　本文でみた「五大堂本尊」が飛んだことは、『大乗院寺社雑事記』文明一六年（一四八四）八月二〇日条に「去夏比五大堂本尊之霊成光物、南方へ飛去給之由、及其沙汰、自然其辺可焼失歟」ともみられる。この奇瑞が「去夏比」とあるように、すでにこの時には過去の話として語られていることがわかろう。おそらく本尊が飛んだ奇瑞はこのように語り伝えられ、事実関係などが忘れ去られ、奇瑞のみが強調され、やがて本文でみた「本福寺跡書」のごとく、一種の伝説と化していくのであろう。

(20)　「二一　内侍所焼亡の事」、新潮日本古典集成、新潮社、一九八三年。

(21)　『鎌倉遺文』史料番号一二〇〇五（以下、№～と略す）建治元年（一二七五）八月日「日蓮書状」・№一三九五一弘安三年（一二八〇）五月四日「日蓮書状」。

(22)　文字については、瀬田勝哉「神判と検断」（朝尾直弘ほか編『日本の社会史』第五巻、岩波書店、一九八七年）、網野善彦「日本の文字社会の特質をめぐって」（『列島の文化史』五、一九八八年）が大変参考となる研究である。第Ⅰ部第一章も参照。

(23)　これは見方を変えれば、仏が仏へ変身したということゆえ、変身譚ということができよう。神仏が童・翁・貴女などに姿を変えて、人間の前に現われる話は、絵巻・説話などに多くみられる。つまり中世では神仏は変身するものと観念されていたのであり、本文の蓮如の奇瑞はこの観念を反映したものでなかろうか。これについては、黒田日出男「『童』と『翁』」（『境界の中世・象徴の中世』、東京大学出版会、一九八六年）に詳しい。

(24) このことは、堂舎などが火災に遇った時、まず本尊などが取り出されたか否かが、最も重要な事柄として日記などに記されていることからもわかる。

(25) 真宗では「火」に関する伝承を持つ本尊などが意外に多い。例えば、京都市西光寺所蔵蓮如自筆六字名号は「火中出抜」と通称される（図19―1）。また大阪市慧光寺所蔵「阿弥陀如来絵像」は、初期真宗教団に使用された絵像で「火中出現の本尊」と伝えられている（難波別院編『蓮如と大阪』、朝日新聞大阪本社企画部、一九八六年）。福井市興宗寺所蔵「六字名号」三幅の内一幅は、通称「飛火の名号」という。『防長風土注進案』二の「周防大島郡平郡島浄光寺寺伝」には、「神代兵庫頭」が蓮如染筆の六字名号を相授したが、以後その名号は「御染筆火除名号と申伝へ、其後火災之難無」かったという（児玉識「西中国地方における真宗的特質についての考察」〈圭室文雄編『論集日本仏教史』七、雄山閣出版、一九八六年〉）。また富士吉田市新倉地区では、消防出初め式に真宗寺院から名号軸を借りて式を行うといい、現在でも名号と火災との関連を示す行事が伝えられている（長沢利明「門徒の年中行事とその周辺」〈『富士吉田市史研究』三、一九八八年〉）。上記以外にも例はあるが、この数例からでも真宗の本尊・名号と火が何らかの関係を有していることがわかろう。この関係は、おそらく中世の仏像観に由来するものであろう。

日本の仏像に対する観念と類似した観念が、西洋キリスト教圏のイコン（聖像）の場合にもみられる。B・A・ウイペンスキー著『イコンの記号学』（北岡誠司訳、新時代社、一九八三年）よりその例を引用してみよう。

①「古くなってすでにこわれかけている摩滅したイコンも、投げ捨てることはおろか、燃やすことさえ禁じられていた」（三六頁）。

②「神聖宗務院が……モスクワの旧教徒たちが礼拝していた司祭長アヴァークームのイコンを……焼却に先立って、イコンから、キリストの像と天使たちの像とは削りとっておくよう、特別の指示を出さねばならなかった」（一七五頁）。

①②よりキリスト教圏でも、イコンは焼却すべきではないという観念が成立していたことがわかろう。特に②のわざわざキリスト・天使の像を削りとっておくことは、それをよく示している。

(26) このような奇瑞譚の誕生は、阿部謹也氏がグリム童話などのメルヘンの成立を「基本的に中世人の願望から生まれたもの」とする（『中世賤民の宇宙』〈筑摩書房、一九八七年〉二〇・二一頁）ことと同じく、日本の中世びとの願望よりくるものと考える。なお本章作成に際して、上記著書以外に『中世の星の下で』（ちくま文庫、筑摩書房、一九八六年）・『社会史とは何か』（筑摩書房、一九八九年）・『ヨーロッパ中世の宇宙観』（学術文庫、講談社、一九九一年）などが大変参考となった。
(27) 『玉葉』文治元年（一一八五）一一月一六日条。
(28) 『鎌倉遺文』№八五　文治二年（一一八六）四月一三日「後白河院庁下文案」。
(29) 『方丈記』「飢渇」（日本古典文学全集二七、小学館、一九七一年）。
(30) 美濃部重克校注『閑居友』「恨みふかき女、生きながら鬼になる事」（三弥井書店、一九七四年）。
(31) 立正大学宗学研究所編『昭和定本日蓮聖人遺文』第一巻（総本山身延山久遠寺、一九五二年）史料番号八四（文永八年〈一二七一〉）「行敏訴状御会通」。
(32) 『鎌倉遺文』№一九〇九一　永仁四年（一二九六）六月日「山城醍醐寺惣寺衆申状案」。
(33) 池上洵一校注『三国伝記』上「和州藤井安基蘇生事」（三弥井書店、一九七六年）。
(34) 日本古典文学全集一五、小学館、一九七四年。
(35) 「千載和歌集」（『新編国歌大観』第一巻、角川書店、一九八三年）。
(36) 「玉葉和歌集」（註35資料）。
(37) 薪ではないが、木を聖なるモノとする事例は確認できる。例えば、明徳四年（一三九三）八月日「葛川修験行者目安案」（村山修一編『葛川明王院史料』史料番号一八〈吉川弘文館、一九六四年〉）に、不動明王が滝壺から出現し、相応和尚がそれを「把取」したが、それが「朽木」となってしまい、相応は「以彼霊木、令造立明王尊容、被安置於当所」という話がある。明王が木（霊木）に変わるという談は、当時木を聖なるモノとみる考えがあったことを表現している。
(38) 田中稔「本券を焼くこと」（『月刊歴史』二一〜二四合併号、一九七〇年）、笠松宏至「仏物・僧物・人物」（『法と言葉の中世史』平凡社、一九八四年）、網野善彦「寺社と『不入』」（『無縁・公界・楽』平凡社、一九八五年）、

勝俣鎮夫「家を焼く」（網野善彦ほか編『中世の罪と罰』、東京大学出版会、一九八五年）、石井進「罪と祓」（朝尾直弘ほか編『日本の社会史』第五巻、岩波書店、一九八七年）、上杉和彦「中世の文書をめぐる意識と行動」（『遙かなる中世』一〇、一九八九年）。

(39)『日本歴史』四二二、一九八三年。

(40) 日本古典文学大系三四、岩波書店、一九六〇年。

(41) 日本古典文学全集二九、小学館、一九七三年。

(42)『新訂増補　国史大系』。

(43)『群書類従』合戦部八。

(44)「薪」と「煙」とが詠じられている和歌はその他でもみられる。例えば、「続拾遺和歌集」（註35資料）の円空の和歌には、「きさらぎやたき木つきにし春をへてのこる煙はかすみなりけり」とある。したがって「薪」と「煙」とは大きく関係していたと考えてもよかろう。

(45) 中世において高僧（「常の人間ならぬもの」）などは、「仮に人間の姿をとってこの世に現れ、人々に大きな影響を及ぼすような役割を演じた後には、もとの世界に帰って行くと考えられ」（大隅和雄「総論」〈井上光貞ほか監修『大系　仏教と日本人　因果と輪廻』四、春秋社、一九八六年〉）ていたという。仏像が元の世界に帰るという考え方は高僧などの往生の場合と本質的には同じである。

(46) このように聖なるモノに対する処分の方法は、ヨーロッパキリスト教圏にもみられる。再び『イコンの記号学』よりその部分を引用しておこう。

①「古くなってすでにこわれかけている摩滅したイコンも、投げ捨てることはおろか、燃やすことさえ禁じられていた……それらのイコンは、墓地に埋葬するのがよいとされていましたが、流れる水に流されることもありました」（三六八頁）。

②「モスクワの画匠たちが新しい西欧風の流儀で描いたイコンに対して、モスクワ総主教ニーコンが……それらのイコンを取り集め……燃やすように命じた。ツァーリの主張によって、初めて、燃やすことはまぬがれ、地中に埋められた」（五一頁、註17）。

③「古儀式派が分離した時に、ソロヴェーツキ修道院（古儀式派の砦のひとつ……）の修道士たちは……、新儀式派の典礼書を受け入れるのを拒否した後も、それらを燃やしてしまいはしないで、使い古したイコンと同じ様に扱った、つまり、流れる水に投じたという」（六六頁、註52）。
これらから使い古したイコン、悪しきイコン、また対立する派のイコンであっても、簡単に捨て去ることはできず、埋葬したり、水に流したりするなどの方法で処分されていたことがわかろう。このようなイコンに対する処分の方法は、本文での「仏像を焼く」という方法に通ずる行為である。聖なるモノに対する認識・対応は、西洋・東洋を問わず共通しているようである。

(47) 註8資料。

(48) 千葉註15前掲論文。

(49) 閻魔王・長谷寺の童子も、現世の権力者の立場を投影したものと考えられる。

(50)「王法仏法相依論」については、黒田俊雄「中世における顕密体制の展開」（『日本中世の国家と宗教』、岩波書店、一九七五年）・『王法と仏法』（法藏館、一九八三年）参照。

(51)『平安遺文』史料番号四〇八九「藤原兼実願文」。

(52) この事例は、千田孝明「輪王寺蔵の大般若経について」（『栃木県立博物館研究紀要』五、一九八八年）より引用した。なおこの論文は峰岸純夫氏よりご教示いただいた。

(53) 以下、比叡山焼討ちの資料については、『大日本史料』第一六編之六、元亀二年九月一二日の項より引用した。

(54) この「国土」とは、本文であげた焼失事例にみられる「国土のさわぎ」「国土衰弊」の「国土」と同じ内容を指していると考えられる。

(55) 延暦寺の本願寺襲撃に関し、峰岸純夫氏より興味あるご教示を賜った。それは蓮如が本尊を焼却する際、その仏像などの魂を抜く法要をせず焼却したため、延暦寺の反発を招いたのではないかという点である。つまり仏像の魂を抜けば、それは単なる物質で焼却しても問題はないが、対して抜くことのない仏像などは生きていると考えられていたのであり、その焼却は仏に対する冒瀆以外の何物でもなく、蓮如はそのような冒瀆をしたために、襲撃を受けたのではないかというものである。知る限りでいえば、本願寺教団での魂を抜く法要については聞いたことはなく、現在でも原則的には行われていないようである。氏のご教示は従来問題にされなかった点で、十分検討すべき興味あるご指摘であるが、現状では筆者の能力を超えており、この点は後考に期したい。

(56) このように仏像の健全な状態が国家・社会の秩序を体現しているとの認識は、中世における「王」（天皇・将軍）の身体の安穏が、自然・社会秩序の保持（天下安全・五穀豊穣）に結びついている（黒田日出男「こもる・つつむ・かくす」（『王の身体・王の肖像』平凡社、一九九三年））といわれることと通ずるものがある。

(57) 入間田宣夫「起請文の成立」・「庄園制支配と起請文」（『百姓申状と起請文の世界』東京大学出版会、一九八六年）。

(58) 起請文については、佐藤進一『古文書学入門』（法政大学出版局、一九七一年）二二五〜二四一頁、千々和到「起請文」（日本歴史学会編『概説古文書学』古代・中世編、吉川弘文館、一九八三年）参照。

(59) 相田註2前掲書、八七三頁。

(60) 註57後者の前掲論文。

(61) 『鎌倉遺文』№四一四一　寛喜三年（一二三一）五月一一日「中原行章勘文」。

(62) 註37資料、史料番号六五「快弁申状案」。

(63) 『大日本古文書　高野山文書』七、史料番号一六三二。

(64) 千々和到「中世民衆の意識と思想」（峰岸純夫ほか編『一揆』四、東京大学出版会、一九八一年）。

(65) 本章の「焼失」の問題を、広く「破仏」行為として考察したものに、佐藤弘夫「破仏考」（大隅和雄編『鎌倉時代文化伝播の研究』、吉川弘文館、一九九三年）がある。氏の論考は本章と共通する点も多く参考となった。

(66) 註51資料。

第二章　子どもと神仏――捨子、境界の子――

はじめに

戦後の学校の教科書をみると、一部を除き女性や子どもに関する叙述はほとんどなかった。これは従来の歴史学が、女性や子どもをあまり対象としていなかったことを反映している。それを示すように、本章で取り上げる子どもに関する研究は、一九七〇年代以前ではあまりみられなかった。

しかし八〇年代に入り、子どもの歴史学ともいうべき形で、その成果が数多く発表された。この研究が八〇年代以降活発となったのは社会史の導入により、歴史学の新領域・分野へ研究視座が広がったためと考えられる。(1)

数例をあげると、①横井清「中世民衆史における『十五歳』の意味について」(2)、②保立道久「中世の子供の養育と主人権」(3)、③田辺美和子「中世の『童子』について」(4)、④服藤早苗「古代子ども論ノート」(5)、⑤網野善彦「童形・鹿杖・門前」(6)、⑥黒田日出男「『人』・『僧侶』・『童』・『非人』」(7)・同「『童』と『翁』」(8)、⑦伊藤清郎「中世寺社にみる『童』」(9)、⑧黒田日出男『[絵巻]子どもの登場』(10)、⑨服藤早苗『平安朝の母と子』(11)、⑩菅原憲二「近世京都の町と捨子」(12)・同「近世前期京都の非人」(13)、⑪塚本学「捨子・捨牛馬」(14)などがある。また近年、⑫斉藤研一『子どもの中世史』[15]が刊行された。近年の子ども研究のなかでもすぐれたものである。

上記の諸論文を通覧して感じるのは、およそ子どもが神に近い存在で、聖なるもの、神的な側面（子どものプラスイメージ）が多く指摘されているが、マイナスイメージの側面があまり研究対象となっていない点である。伊藤清郎氏は⑦「中世寺社にみる『童』」で、子どもの自由な生活など、光の部分だけではなく、影の部分、つまり子殺し・子捨・子ども売買などの存在を指摘する。マイナスイメージとは、まさに後者の諸点である[16]。

現在、捨子の問題を正面から扱った研究は、管見では、井上正一「不具の子を捨てる民俗[17]」・細川涼一「中世の捨子と女性[18]」と思われる。井上氏は『日本霊異記』などより、身体的体的障害を持つ子どもが捨てられる民俗の存在を指摘、細川氏は女性史の視座から、イエを構えない女性、婚姻外出産と女性という、中世の女性が置かれた社会的立場から捨子に迫っている。このように捨子研究は皆無ではないが、全体的に研究されてきたとはいいがたい。八〇年代に盛んになされた子どもの研究だが、影の部分＝捨子などの研究があまりなされなかったのは重大な見落としであろう。そこで本章では子どもの歴史学の研究現状を踏まえ、中世の捨子に焦点を絞り、捨子とはどのような存在であったのか、どのように意識されていたのかを考察していきたい。ちなみに捨子の資料は現在まで数多く確認されてはいない。従来の研究は、およそ同じ資料を用いて論じている場合が多い。本章はこの点も踏まえ、できる限り資料収集を試みた。しかしなお資料不足であることは否めない。

一　捨て場所――境界の子ら――

捨子に関する資料から「捨子表」を作成した（以下、№番号は同表の事例の番号を示す）。以下、同表を用いて論じていきたい。まず捨子が捨てられる場所に注目してみよう。この点は従来資料不足もあり、あまり指摘されなかった。資料に捨て場所が記されているのは二九件（〔　〕内は件数）で、それを整理すると、路〔12〕、水関係〔4〕、山〔4〕・屋敷関係〔2〕、木〔2〕、その他〔5〕と大別できる。[19]

路の事例は、No.13『拾遺往生伝』の「路の上に棄て」、No.18「後鳥羽天皇宣旨」での「可禁制棄病気・孤子於京中路辺事」、No.28『康富記』の「七条西洞院辺棄児」などである。

山の例は、No.30「教訓幷俗姓」の源義綱の息が「三上山ニ捨」られた例がある。屋敷はNo.12『御堂関白記』の藤原道長の屋敷、No.27『看聞日記』の伏見宮御所がある。木の例は、No.15「泉涌寺不可棄法師伝」で俊芿が「棄路辺樹下」られたこと、No.32「小敦盛」の小敦盛が「下り松」に捨てられていた例がある。その他には、No.2『三代実録』の「東西京」、No.8『三宝絵詞』の「東ノ京」（左京）での捨子、No.11『今昔物語集』の達智門の例、No.22細川論文の導御が東大寺の傍に捨てられていた例、No.33「和泉式部」の和泉式部が子を捨てた五条の橋などである。[20]

最多事例の路に関しては、網野善彦氏が興味ある指摘をしている。それは「橋や津泊・渡・道路などが『無縁』の場」「道路・市町・浦浜・野山―山野河海が、『無縁』の原理で貫かれた場」である。つまり路はアジールというのである。さらに路に限らず、橋や山・河もすべてアジールという。上記したように捨子の捨て場所には水・山・橋などもあり、これらもアジールということになる。[21][22][23]

これら捨て場所は、「市はきわめて古くから、河原、中洲、浜、そして山野、坂などに立った」と指摘されているように、市の立つ場でもあった。市は「死者の世界との境界、神々とかかわる聖域、交易・芸能の広場、自治的な平和領域等」ともいわれ境界の場でもあった。また松・門も境界の場であり、屋敷もアジールである。[24][25][26]

捨て場所はほぼすべて境界の場、「無縁」の場であった。したがって捨子は境界の子といってもよい。勝俣鎮夫

捨子表

	出典	名前等	年齢	捨て場所	捨てた人	拾い人等	所持品等	捨てた（捨てようとした）理由	捨子の行方	備考
1	『令集解』一〇戸令	小児								養子得分のこと
2	『三代実録』元慶三年三月二二日条	児孤		東西京		淳和天皇皇后			淳和院で乳母により養育される	
3	『類聚三代格』七　寛平八年閏正月一七日太政官符	孤子		路辺		左右看督近衛			施薬院・東西悲田院に送られる	
4	『日本霊異記』中巻第三〇	子	一〇歳くらい	淵	母			説法中子どもがあまりに泣くので、行基が母にその子を淵に捨てろと指示したため。実は子どもは前世で女性が物を借りた貸し主の生まれ変わりであった		
5	*『日本霊異	女子	生後間					女子が左手を握		遠江国磐田郡丹

	記』中巻第三一		もなく					りしめたまま生まれ、因縁をもっているため		生直弟上が、塔建立の発願をして生まれた女子
6	『日本霊異記』下巻第一六	幼稚き子			越前国加賀横江臣成刀自女			刀自女、男性遍歴が多く、子どもの養育ができなかったため		
7	『日本霊異記』下巻第一九	子	生後間もなく	山の石の中	肥後国八代郡豊服郷豊服広公とその妻			子が一つの肉団で生まれたため（異児）		
8	『三宝絵詞』	子		東の京		淳和天皇皇后正子内親王			淳和院で乳母により養育される	
9	『今昔物語集』巻第一九第二七	子		川	僧			母と子が洪水で流された時、子はまたできると考えたため		
10	『今昔物語集』巻第一九第四三	子			母	年老いた乳母		貧しく乳母が雇えないため	老乳母に養育される	

11	『今昔物語集』巻第一九第四四	男子	生後一〇日余り	嵯峨達智門						犬にも喰われず、大きな白犬が捨子に乳を飲ませていた。四日生存していたが、五日の夜には消えていた。嵯峨辺の人はこれを見て、白犬を鬼神・仏菩薩の変化と理解した
12	『御堂関白記』寛弘元年一一月八日条	小女童	生後百日許	藤原道長の屋敷カ	細殿北面女カ				預人に養われる	
13	『拾遺往生伝』上一六	因幡国の源算	誕生の時	路の上	母	隣の人		母懐孕の間、身心恙多く、不祥のため（異児カ）	後、出家	馬牛に踏まれず、鳥獣に傷られず、三日死なず。後、往生人となる
14	『中右記』保延二年正月二八日条	小児		道路				天下飢饉のため		
15	「泉涌寺不可棄法師伝」	肥後国府飽田郡の俊芿	生後間もなく	路辺樹下		姉			家で乳母に養われ、生年四歳で、	三日夜を経ても、飛禽・走獣に喰

									舅の僧坊に送られる	われず
16	『百錬抄』養和元年正月	嬰児		道路				飢饉のため		
17	保元二年新制	孤子		京中路辺						施薬院・悲田院に送られる
18	建久二年三月二八日「後鳥羽天皇宣旨」	孤子		京中路辺						施薬院・悲田院に送られる
19	『発心集』巻第六―一二	女子		賀茂川の河原		一乗寺僧正増誉			大童子に養われ、後、后の官の半者となる	捨子は、自分の捨てられた経緯を認識
20	『本朝高僧伝』巻第六一相州極楽寺沙門忍性伝	孺子				忍性				忍性、出銭して極楽寺悲田院で捨子乳養
21	寛喜三年新制	孤子		京中路辺						
22	細川論文	導御	三歳	東大寺の傍	大鳥広元の妻	東大寺梅本坊		夫広元の死去で、養育困難となったため	東大寺で出家	広元が、春日大明神に願をかけて生まれた子
23	弘長元年二月二〇日「関東新制事書」	孤子		路頭（辺）						無常堂に送られる

24	『吾妻鏡』弘長元年二月二九日条	孤子		路辺						
25	『後愚昧記』応安二年三月八日条	女子	新誕の児	土御門万里小路				異児のためヵ		異児は三歳くらいに見え、頸上に首のような物があり、それは袋のような物である
26	＊『義経記』巻第三	弁慶	生後間もなく	水の底・深山				異児のためヵ		弁慶は二、三歳に見え、髪は肩がかくれるほど生え、奥歯の向歯もことに大きく、鬼神、仏法の仇といわれる
27	『看聞日記』永享九年八月二二日条	男子	五歳	伏見宮御所	六角堂内奥坊の老尼		護刀・事情を説明した書状	貞成親王が慈悲深く、情があるため捨てにきた	貞成親王は召し置こうとしたが、他の男女に反対され、老尼と捨子追い返す	
28	『康富記』宝徳二年八月九日条	児		七条西洞院辺				異児のためヵ		異児は馬のような形、二面・四手の者、面貌が

										ない者、両頭一身者等という
29	「本福寺跡書」	源鴨次郎義綱の息	二歳	山路の辺（路次）		かの男	家の系図・巻物	父義綱が甥為義に攻められ、その子へも追討の手がのびたため	三上社に預けられ養・子となり、後、家督神職を継ぐ	義綱の子の後裔善道、本福寺開基となる。捨子の経緯が記録され、伝えられる
30	「教訓幷俗姓（本福寺）」	源加茂二郎義綱の子	二歳	三上山	家人	杣人	重代の太刀・一巻の系図	父義綱が甥為義に攻められ、その子へも追討の手がのびたため	三上社に預けられ養・子となり、後、家督神職を継ぐ	義綱の子の後裔善道、本福寺開基となる。捨子の経緯が記録され、伝えられる
31	「草案（本福寺次第）」	源美濃前司義綱の嬰児	二歳	三上山	家人	里人	重代の太刀・一巻の家譜	父義綱が甥為義に攻められ、その子へも追討の手がのびたため	三上社に預けられ養・子となり、後、家督神職を継ぐ	義綱の子の後裔善道、本福寺開基となる。捨子の経緯が記録され、伝えられる
32	「小敦盛」	平敦盛の子	幼年	下り松	平敦盛の北の方	法然	ゑんたん柄の刀・衣	源氏による平家追討で、子どもへもその手がのびたため		法然、敦盛の子をみて不思議、ただ人ではないといい、賀茂大明神の利生という。敦盛の子は自分の捨子経緯

										を認識
33	「和泉式部」	道命	生後間もなく	五条の橋	和泉式部(母)	町人	産衣・小袖の棲に一首の歌・鞘なき守刀	男女の関係を恥ずかしいと思ったため	町人に養育され、後、比叡山へ上り出家	捨子は、自身の捨子経緯を認識
34	*「一寸法師」	一寸法師	一二、三歳		摂津国難波の翁・媼(夫婦)			一二、三歳になっても、背が伸びず、ただ者でなく、化物風情と考えたため(異児)		夫婦が住吉大明神に祈り、一寸法師誕生。異児の原因を大明神からの罪の報いと考える

註

・*は捨てられそうになるが、捨てられなかった事例。
・出典配列は出典作成年代の順に行った。

出典

『三宝絵詞』吉田孝一・宮田裕行校者、古典文庫、一九七五年
『日本霊異記』日本古典文学全集六、小学館、一九七五年
『今昔物語集』日本古典文学全集二一、小学館、一九七二年
「拾遺往生伝」『往生伝・法華験記』日本思想大系七、岩波書店、一九七四年
「泉涌寺不可棄法師伝」『続群書類従』第九輯下
保元二年新制・寛喜三年新制、水戸部正男『公家新制の研究』、創文社、一九六一年
建久二年三月二八日「後鳥羽天皇宣旨」『鎌倉遺文』史料番号五二六「三代制符」
『発心集』三木紀人校注『方丈記・発心集』新潮社、一九七六年
細川論文　細川涼一「法金剛院導御の宗教活動」『中世の律宗寺院と民衆』吉川弘文館、一九七八年
細川論文　細川涼一「導御・嵯峨清涼寺融通念大仏会『百

万』」『文学』五四―三、一九八六年

「相州極楽寺沙門忍性伝」『本朝高僧伝』巻第六一浄律五―五

弘長元年二月二〇日「関東新制事書」『鎌倉遺文』史料番号八六八二　式目追加条々

弘長元年二月二九日「関東新制事書」『吾妻鏡』同年月日条

『義経記』日本古典文学全集三一、小学館、一九七一年

「本福寺跡書」・「教訓并俗姓」・「草庵（本福寺次第）」千葉乗隆編『本福寺史』、同朋舎出版、一九八〇年

「小敦盛」・「和泉式部」・「一寸法師」『御伽草子集』日本古典文学全集三六、小学館、一九七四年

氏によると、無縁の場の市などは縁を切る場所という[27]。とすれば、捨てる側が境界に子を捨てることは、現世との縁を切る行為ということであろう。現世と縁を切ることは捨てた子が死んで他界に帰る、また現世で新たな縁を結ぶ＝拾われるということを意味していよう（ただし拾われるのは一部であったろう。この点は後述「捨子の運命」参照）。

したがって捨子が境界の子であるのは、捨て場所が境界だけのみではなく、生と死の境界の者でもあったからである[28]。また捨てられる年齢は表でみれば、一〇歳前後もみられるが、生後間もなく（一年以内を含む）が多く、五歳くらいまでの範囲である。これは生まれてすぐに捨てられることが多いことを示し、生後五年以内が一つの境界年齢[29]と考えられていたことを物語っている[30]。

二　捨てた理由

細川涼一氏は、塚本学氏が災害（戦乱・疫病・飢饉）を除いて平時、捨子は少ないのでは、という見解[31]を批判し、古代のウヂ的集団の解体のなかから、夫婦を単位とする中世的イエが成立するが、それが不安定なため捨子が生ま

れるとした。氏は比較的経済的側面を重視するが、異常出誕の子の捨子の存在も指摘する。(32)

収集した資料からみると、捨子の理由で最も多いのは、細川氏が補足程度に指摘された「異児」であった。まずその「異児」とは何かを資料上みておこう。№28『康富記』にその事例があり、当時の「異児」とされる者の様子がわかる。

異児沙汰事
給事中令語給云、去月廿三日、七条西洞院辺棄児、人見及分馬之形也云々、……彼異児事、先々色々不思議体也、或二面・四手之者アリ、或無面貌者アリ、或両頭一身之者アリ

ここには七条西洞院辺の棄児が「異児」として、馬の形や二面・四手の者、無面貌者、両頭一身の者などと表現されている。つまり「異児」とは身体に障害がある者、あるいは身体が常人と異なる状態の者、いわば「異形」を指しているようである。

一般的には、捨子は戦乱や災害や貧困などでなされると考えられているが、収集した資料では意外にも異児という理由が多い。戦乱・飢饉・貧困などは、必ずしも中世社会に限られるものではない。もちろん異児も通社会的に存在する。しかし異児に対する認識には、おそらく各社会の独自の認識があると思われる。異児の多さは、当時の衛生状態などにも原因があろうが、問題は異児がいかに認識されていたかである。したがってここでは、従来あまり捨子で注目されなかった、異児に焦点を絞って考察してみたい。

№25『後愚昧記』には土御門万里小路に捨てられていた新誕児の女子が三歳ほどにみえ、頸上に首のような、袋

のような物があるという事例がある。これも異児の事例であろう。また№26『義経記』の弁慶も出生した時、二、三歳のようで、髪は肩が隠れるほどに生え、奥歯の向歯もことに大きかったという。特に誕生したばかりで、二、三歳にみえたのは№25と共通する。長髪などは異形であり、彼も上記と同じ異児といえる。

№34「一寸法師」の一寸法師は、両親が住吉大明神に願をかけ誕生した子で、彼は一二、三歳になっても背が伸びず、やはり異児である。注意すべきは彼が異児であることを、両親が「いかなる罪の報いにて」「住吉より給はりたるぞや」と、異児となった原因を、願をかけた何かの報いとしている点である。

これは願をかけたため、何らかの報い（業報）を受け誕生した子の事例で、一種の異常出産である。ここより当時、願（業報）と障害とが関係すると意識されていたことがわかる。つまり必ずしも直接身体に障害がなくても、願などで誕生した子どもは、神仏の申し子としての異児と考えられていたとみてよい(33)。

№5『日本霊異記』では丹生直弟上が造塔の願を立てた際、妻が妊娠し、やがて左手を握りしめたままの女子が誕生した。これも左手を握りしめるという、身体に障害を持ち誕生した子で異児である。この異児も造塔の願を立てて生まれたという点で、業報による誕生例である。この場合は捨てられなかったが、「酒ち嫌ひ棄てずして」とあえて記しているところから、本来なら捨てられていたものであろう。また№22細川論文の導御も、父大鳥広元が春日大明神に願をかけて誕生した子である。これらは№34と同様な事例である。

異常出産の事例は、№13『拾遺往生伝』の源算にも該当する。彼の母は懐孕の時、身心恙多い＝「不祥」状態となり、そして彼が誕生した。そのため彼は捨てられたが、「馬牛去りて踏まず、鳥獣来りて傷らず、三日死なず」という奇瑞をおこした。彼も母の妊娠時の異常により誕生した後、奇瑞をおこしており、やはり異児といえよう。源算と同様に「馬牛等踏まず、三日死なず」の例は№15「泉涌寺不可棄法師伝」の俊芿がある。俊芿には、願や妊娠時での奇瑞などのものはみられないが、彼も異児に含めてよいであろう。

つまり異児とは身体的障害のみではなく、願など（業報）で出生した子、何らかの奇瑞をもって生まれた子をも含むものであった。ではなぜ異児が捨子の対象となったのか。源算は馬牛に踏まれず、鳥獣にも食べられず、三日死なず、出家して後、往生人となった、俊芿も馬牛などに踏まれず、三日も死なず、高僧となった。つまり彼らは常人ではない不思議な力を有していたのである。

№7『日本霊異記』に、豊服広公の妻が産んだ肉団状態の子＝異児を、夫婦が祥（ヨキシルシ＝慶事の起こるしるし）にはあらずとし、山の石のなかに蔵め置く話がある。ここでは異児を悪いことのおこる前兆ととらえている。№26『義経記』の熊野の別当は異児たる弁慶を「鬼神」「仏法の仇」といい、№34「一寸法師」の一寸法師は両親から「化物風情」といわれている。ここからも異児が災いをおこす、何か得体の知れない者と認識されていることがわかる。

これらからみる限り異児を捨てるのは、異児の力を避けるためであったようである。特に「肉団」「弁慶」「一寸法師」の例は、それを端的に示している。

岩本通弥氏が捨子の民俗として、「普通の子どもとは何かしら異なったスティグマ（聖痕）を負った者」が捨子とされ、「異常な出誕・成長が親や先祖の業報の表れと観念されていた」「捨子とは、家の災いを取り除く一種の厄落しとしてその繁栄を保証する贖罪であった[(34)]」と指摘しているが、上記みてきたように、岩本氏の民俗的指摘は、中世に遡るものであったことがわかろう。

三　捨子の運命

捨子は細川涼一氏の指摘の通り、拾われると一般的に悲田院に送られたようである。例えば、古代のNo.3『類聚三代格』の「太政官符」には、「須看督近衛等巡検京中之日、有見路辺病人・孤子者、随便令取送院井東西悲田」とある。中世に入っても、No.17保元二年（一一五七）「新制」[35]に「依保元符、其中於病者・孤子者、任式条、送施薬院及悲田」とみえる。

また鎌倉幕府も上記公家法に倣い、No.23弘長元年（一二六一）二月二〇日「関東新制事書」では「病者・孤子等、令棄路頭之時、随見合、殊可禁制、若又偸有令棄置事者、為保々奉行人之沙汰、可令送無常堂」と、鎌倉市中の病者・孤子への禁制を定め、病者・孤子は「無常堂」（悲田院の別名）へ送る[36]としている。つまり捨子は行政上、悲田院へ送付されるのであった。

しかし捨子のその後の運命を知る貴重な事例として、細川氏があげたNo.19『発心集』のように、拾われて悲田院に送られず、后の官の半者になった事例もある。氏はこれを運のよい事例というが、この事例に限らず、捨子の運命を知ることのできる資料がいく例かある。以下それをみていこう。No.11『今昔物語集』では「『昨日狗ニ被養ニケム』ト思フニ、今夜ヒモ若干ノ狗ニ不被食ザリケルト思テ」と、捨子を発見した者が、捨子をみて犬の餌食にならなかったのを不思議に思っている点から、本来なら餌食になることが自然であったのであろう。

No.13『拾遺往生伝』・No.15「泉涌寺不可棄法師伝」では、牛・馬に踏まれず、鳥・獣の餌食にならなかった源算・俊芿を不思議としている。これも当時牛・馬などに踏まれたりすることが一般的であったことを示している[37]。

このように捨子の大多数は拾われず見捨てられ、多くが犬などの餌食となり、牛馬などに踏まれ死んだものと考えてよい。したがって捨子の運命の基本は「死」であろう[38]（むろん食べられず、そのまま死ぬことも多かったろう）。

捨子の運命の基本は「死」であったが、細川氏が稀な例としたNo.19『発心集』も含め、捨子の運命を確認できる資料を集めると注目すべき傾向がみえる。No.13『拾遺往生伝』の源算は捨てられ、馬牛に踏まれることなく三日間生存する奇瑞をおこし、やがて比叡山の僧侶となった。No.15「泉涌寺不可棄法師伝」の俊芿も、捨てられ源算と同様な奇瑞をおこし、そして四歳で舅の僧坊に送られ、後に高僧となった。

No.22細川論文の導御は父大鳥広元に捨てられ、東大寺梅坊に拾われ出家し高僧となった人物である。No.26『義経記』の弁慶も異児として誕生、やがて比叡山へ入ったと伝える。No.33「和泉式部」では、和泉式部に捨てられた子は町人に拾われ比叡山に入り、道命阿闍梨として「世に隠れな」い高僧となった。またNo.29「本福寺跡書」・No.30「教訓幷俗姓」・No.31「草案（本福寺次第）」の源義綱の息は捨てられた後、三上社殿で養われ、神職を継いだと伝える。

これらの資料からいえるのは、捨子が寺院関係者となる例が多い点である（No.29～31の神社の一例があるが、基本的には寺院の場合と同様であろう）。このことは、当時寺院が社会福祉的な機能をしていたことを示している。

もちろんNo.8『三宝絵詞』には、正子内親王が「東ノ京（左京）」に捨てられた子を集め、乳母を付け養った話や、No.12『御堂関白記』には、藤原道長の屋敷に捨てられた「小女童」を人に預け養った例、No.27『看聞日記』には伏見宮御所に、老尼が「困窮、失渡方」「此御所慈悲深有情之由、奉及之間」との理由で、五歳の男子を捨てようとしたが、みつかり追い返された例があるように、いつも寺院関係者となるとは限らない。

しかしNo.19『発心集』の后の官の半者が一乗寺増誉に拾われ、No.20「相州極楽寺沙門忍性伝」の忍性が「逢棄濡子、出銭乳養」をし、№22細川論文の導御が東大寺梅坊に拾われ、№32「小敦盛」の小敦盛も法然に拾われたように、捨子を拾う者には僧侶が多い。これは捨子と寺院とが、やはり関係があったことを裏付けている。

確かに捨子の運命は、「死」が基本であったことはいうまでもない。また行政的処分としての悲田院送付もあったろう。しかし見逃してならないのは寺院の機能である。捨子が寺院関係者に拾われたり、僧侶となるのは上記以外に、捨子の生きる道が開かれていたといえる。つまり捨子という素性を持っていても、将来、高僧となる道も開けていたということである。

そこで捨子の由来を持つ僧侶(39)を少し詳しくみてみよう。捨子の由来を持つ僧侶は後に高僧になっているが、彼らは異児であり、何らかの奇瑞をおこしていた場合が多い。高僧が奇瑞と関係して誕生したとの伝記は多い。これは高僧がはじめから人間ではなく、神仏に近い存在と意識され、仮にこの世に現われ、役割を終えると元の世界に帰ると考えられていたためであった(40)。

先述したように捨子はスティグマ（聖痕）を負った者が多く、特別な力を持つ者と観念されていた。つまり捨子は生まれもって人ならぬ存在であった。高僧が捨子であったと伝えられるのは、高僧＝人ならぬ者との観念がこの捨子の観念と結びついたためであろう。高僧が人ならぬ者で他界から来たとすれば、親・子などの系譜はないはずで、むしろあっては不都合である。したがってこれを論理的に解決するため、親子関係の不明確な捨子としたと考えられる。

例えば、本願寺八世蓮如の母は彼が六歳の時、「我ハコ、ニアルヘキ身ニアラストテ、……行方シラスナリ給(41)」という。後、同母が近江石山観音堂の観世音菩薩の化身であることがわかった。この場合、母が「出給」ということになっているが、母からみれば、蓮如を捨てて退出したゆえ、蓮如も捨子という見方も成立する。

蓮如の父は同寺七世存如[42]である。したがって蓮如は人間（存如）と菩薩の間に生まれた子ども、観音菩薩の子ということになる。これは蓮如を高僧＝人ならぬ存在にするための粉飾行為であることはいうまでもないが[43]、人ならぬ存在の蓮如が人間の系譜を持っていては不都合であり、それゆえ親子関係を不明確とする捨子という粉飾をとったのであろう。

当時上記のような伝記が意外に多いことは、このような話が本当に信じられていたことを示している。つまり系譜の不明確な者には、案外捨子が多かったのではなかろうか。また実際捨子でなくとも、系譜を不明確にするため、意図的に捨子とした可能性もある。

四　捨子に対する認識の変化

事例的には少ないが、No.27『看聞日記』の「老尼抱子参男子也、五歳云々、懸護刀、書状を持、所詮捨子也、状云、此御所御慈悲深有御情之由、奉及之間、此子進置、無父母者也云々」とあるように、室町期以降、捨子に何らかの所持品を持たせて捨てる事例がみえはじめる。その所持品の事例のほとんどに、守刀がみられ（No.30「教訓拝俗姓」・No.31「草案（本福寺次第）」の重代の太刀、No.33「和泉式部」の「鞘なき守刀」、No.32「小敦盛」の「ゑんたん柄の刀」）、さらに書状（No.27『看聞日記』）・系譜（No.29「本福寺跡書」・No.30「教訓拌俗姓」・No.31「草案（本福寺次第）」）など、捨子の由来を示すものもみられる。

捨てる側が守刀や由来書を添えるのは何を意味するのか。守刀は息災無事の成長を祈るもので、それを添えるのは明らかに捨子の生存が意識されており、また書状・系譜などは捨子の素性を明確にする意図であることは間違いない。[44] つまり所持品添付行為は、捨子が拾われることを期待した行為であり、捨てることがその子を他界に帰す行為であった前代に対し、意識の変化を物語っている。

このような所持品が中世後期の室町期よりみられることは――資料収集上の問題も考慮すべきではあるが――、上記のように捨子に対する意識変化が考えられる。捨子は都市問題であったと思うが[45]、中世後期になれば、都市では中世前期とは異なった経済力の向上もみられる。それが捨てても、拾われ養育される可能性を生んだのではないだろうか[46]。

No.33「和泉式部」では、和泉式部が捨てた子の道命と逢った際、彼女は彼を自身の子と確認したが、その根拠は道命を捨てた時に添えた鞘なき守刀、産衣の菖蒲の小袖の褄に書いた一首の歌や、捨てた五条の橋の場所が一致したからであった。またNo.32「小敦盛」で小敦盛は、法然より聞いた「下り松にて、幼き者を拾い」との状況や守刀（父敦盛の形見）が決め手になり母と再会できた。このように中世後期に至り捨子と親が再会する話がみられるのも、捨子は生存するという実態が背景にあったのではなかろうか。

ちなみに小敦盛は「われは父母もなきみなし子にてありけるを、上人取りあげさせ給ひ」と、自身が捨子と自覚している。これは道命も同様である。このように自身が捨子であると自覚できたのは、所持品に『看聞日記』や「本福寺跡書」にみられる書状・系図などの所持品があったか、関係者から経緯を聞かされたからであろう。

捨親が捨子を確認できたのは、捨子自身が捨子と自覚していたことや、所持品によるものであった。つまり所持品の存在は捨子を確認できる術で、それはとりもなおさず、捨てた子が拾われることを期待した行為であったのである[47]。

おわりに

捨子は境界の場に捨てられ、運よく生き残ることがあっても、それは稀で基本的には「死」であった。それゆえ生と死の狭間の子、境界の子であった。子を捨てることはその子を境界の子として現世と縁を切らせ、他界に帰す行為であった（もちろん拾われ現世で新たな縁が結ばれる場合もあったが）。したがって中世の捨子を現在の捨子・子ども観から、単なる嬰児殺しとみるべきではない。

それでは最後に、境界の子としての捨子がどのように認識されていたかをみておこう。№11『今昔物語』に捨子が白い大きな犬に育てられた話がある。この犬は「鬼神」「仏菩薩」と認識されている。№26の弁慶は異児として出生し「鬼神」といわれた。

№32には小敦盛を拾った法然が彼を「ただ人にはあるべからず」「賀茂の大明神の御利生なり」といった話がある。また№22の導御は春日大明神の加護で生まれた子であり、№34の一寸法師は住吉大明神の加護で誕生し、両親は彼を「ただ者にてはあらざれ」と称した。№5『日本霊異記』の造塔発願で障害を持って誕生した子の話がある。これらはいわば神仏の申し子であった。

さらに捨子の由来を持つ源算（№13『拾遺往生伝』）・俊芿（№15「泉涌寺不可棄法師伝」）・導御（№22細川論文）は、母の妊娠中や誕生の際に奇瑞を持ち、捨てられても不思議と生き延びる奇瑞が語られている。彼ら高僧はこのような奇瑞に取り巻かれ、人ならぬ存在であった。またこれら捨子は異児が多かったが、異児は奇瑞と関係し、何らかの人ならぬ存在としての力を有していた。

以上からみると、明らかに捨子は神仏と関係し、捨子を神仏が取り巻いていることがわかるであろう。つまり境界の子である捨子は、神仏とともにあるのであって、さらにいえば、神仏そのものと認識されていたということができよう。

室町期以降、都市の経済力の展開とともに、捨子も生存できる条件が生まれ、やがて近世に入り「町」として捨子問題に対処する制度が成立していくのであろう。[48]この過程で捨子に対する意識も、おそらく変化を遂げていったと考えられる。これは子どもに対する認識が、中世から近世に至り変化していくのと同様であろう。[49]ただしこの点は筆者の能力を超えており後考に期したい。

註

(1) 本章作成にあたり、阿部謹也『甦える中世ヨーロッパ』（日本エディタースクール、一九八七年）をはじめ、阿部氏の諸著書などは大変参考になった。
(2) 『中世民衆の生活文化』、東京大学出版会、一九七五年。
(3) 『鎌倉遺文月報』二四、一九八三年。
(4) 『年報中世史研究』九、一九八四年。
(5) 『史潮』新二三、一九八八年。
(6) 『異形の王権』平凡社、一九八六年。
(7) 『境界の中世・象徴の中世』、東京大学出版会、一九八六年。
(8) 註7前掲書。
(9) 中世寺院史研究会編『中世寺院史の研究』下、法藏館、一九八八年。
(10) 河出書房新社、一九八九年。

(11) 中央公論社、一九九一年。
(12)『歴史評論』四二二、一九八五年。
(13) 部落問題研究所編刊『京都の部落問題1　前近代京都の部落史』、一九八七年。
(14)『生類をめぐる政治』、平凡社ライブラリー、平凡社、一九九三年（ライブラリー化以前の発刊は一九八三年）。
(15) 吉川弘文館、二〇〇三年。なおこの著書については、拙稿同書書評（『日本歴史』六七〇号、二〇〇四年）参照。
(16) 黒田氏も註10前掲書で、捨子も中世社会では深刻な問題であったと指摘されている（一一二頁）。また服藤氏は註11前掲書第五章「1過酷な社会」で、古代の捨子に紙面を割いている。
(17)『日本歴史』二八二、一九七一年。
(18)『女の中世』、日本エディタースクール、一九八九年。
(19) №26『義経記』の事例には、「水の底」「深山」と二カ所記されており、各一事例として数えた。
(20) なお№2『三代実録』・№8『三宝絵詞』の「東西京」「東ノ京」とは、路を意味しているかもしれない。
(21) 網野善彦「関渡津泊、橋と勧進上人」（『増補無縁・公界・楽』、平凡社、一九八七年）、一六七・一六八頁。
(22) 道・路については、たとえば「塵芥集」（石井進ほか校注『中世政治社会思想』上、日本思想大系二一、岩波書店、一九七二年）に「公界の道を貪りとり、作場になすこと」とあるように、道が「公界」と表現されており、ここからも道の境界性がわかろう。
(23) 橋は現世と異界の接点となる境界と考えられており、諸々の伝説が語られてきた。例えば、近江勢多（瀬田）の唐橋には、俵藤太（藤原秀郷）が橋の下に住む龍王（乙姫）を助けるため、ムカデを退治した話がある（大津市編『新修大津市史』九、同市役所、一九八六年）。なおこの藤太と乙姫は結婚したと伝えられ、それらを祀る神社（橋守神社）が唐橋付近に現存する。これ以外にも橋にまつわる伝説（戻り橋・橋姫）は多くあり、橋の境界性や聖性を示すものであろう。また橋は寺院や僧侶により架橋されたという伝説を持つものが多く、これも橋の境界性などを示すものであろう。
(24) 網野善彦「市の立つ場」（註21前掲書、三五五頁）。
(25) 工藤健一「描かれた樹木」（五味文彦ほか編『絵巻に中世を読む』、吉川弘文館、一九九五年）によれば、樹上・

樹のまわりの空間は神事・葬送・極楽往生などが行われる特殊な空間で、他界のとの接点であったという。これは木も境界の場であったことを示している。
(26) 黒田日出男「穢れに『触れる』」(註7前掲書)。
(27) 勝俣鎮夫「売買・買入れと所有観念」(網野善彦ほか編『日本の社会史』第四巻、岩波書店、一九八六年)で、市は所有が切れ、縁が切れる場所と指摘している。
(28) 千々和到氏によれば、子どもは聖なる領域と現世のどちらに属するかに決まっていない存在であったという(黒田日出男・千々和到ほか「座談会・中世民衆史への視点を求めて」『歴史公論』一〇一、一九八四年)。この指摘はまさに捨子に妥当する。
(29) 境界的年齢については、註8前掲論文参照。
(30) 網野善彦「境界領域と国家」(同ほか編『日本の社会史』第二巻、岩波書店、一九八七年)で、境界の人々として神人・供御人・女性・童などを指摘されているが、童のなかでも、この捨子は最も境界の子であったろう。
(31) 塚本学「捨子・日本」(『大百科事典』八、平凡社、一九八五年)。
(32) 註18前掲論文。
(33) これは病を業によるものと考えていたことに通ずる。横井清「中世民衆史における『癩者』と『不具』の問題」(『中世民衆の生活文化』、東京大学出版会、一九七五年)・「中世人と『やまい』」(網野善彦ほか編『日本の社会史』第八巻、岩波書店、一九八七年)。
(34) 岩本通弥「捨子・民俗」(註31前掲事典)。
(35) 水戸部正男『公家新制の研究』、創文社、一九六一年。
(36) 註18前掲論文。
(37) 註14前掲論文によると、近世の捨子も「捨子は犬の餌食になる運命にあった」という。
(38) 黒田日出男氏は「『犬』と『烏』と」(『姿としぐさの中世史』、平凡社、一九八六年)で、犬・烏の「清掃人」としての役割を指摘している。氏は墓地の場面より導きだされたのだが、捨子の場合も犬・烏に餌食とされており、氏の指摘は妥当と思われる。

(39)　たとえば、№13『拾遺往生伝』の源算・№15「泉涌寺不可棄法師伝」の俊芿・№22細川論文の導御・№26『義経記』の弁慶・№33「和泉式部」の道命である。
(40)　大隅和雄「総論」（井上光貞ほか監修『大系 仏教と日本人 因果と輪廻』四、春秋社、一九八六年）。
(41)　「蓮如上人御一期記」（『真宗史料集成』第二巻、同朋舎出版、一九七七年）。
(42)　「日野一流系図」（本願寺史料研究所編『本願寺年表』、浄土真宗本願寺派、一九八一年）。
(43)　蓮如の母の退出理由を、存如の妻入嫁（本願寺史料研究所編『本願寺史』第一巻、浄土真宗本願寺派、一九六一年）や、母の出自の低さなどに求める話をよく聞く。しかし当時母が不明の者は、諸系図をみても数多くおり、不明なこと自体たいして意味があるわけではない。むしろ不明なことを単に不明とせず、あえて観音菩薩にしたことに意味があるのである。したがってこの点を問題とし、その意味を考察すべきであろう。
(44)　このような書状などは、現代の捨子に手紙が添えられていたりすることにつながるものであろう。
(45)　近世前期ではあるが、捨子を都市問題としているものは、註12・13・14前掲論文がある。
(46)　中世後期成立の『鼠の草子』の台所場面にみられる、豊富な食器・食物から、都市の消費生活が向上している点が指摘されている（黒田日出男「動物は時代のシンボル」〈朝日新聞社編『週刊朝日百科 日本の歴史 歴史の読み方』一〇、同社、一九八九年〉）。これは中世後期の経済力の発展と、大きくかかわっていることはいうまでもない。
(47)　中世における人の確認については、拙稿「中世における『人』の認識」（『歴史学研究』六九九、一九九七年、本書第Ⅰ部第四章）参照。
(48)　註12・13前掲論文。
(49)　この認識の変化については註10前掲書参照。このような変化には、すでに指摘されている中世から近世社会にかけての、神仏の権威の低落も大きく影響しているだろう（網野善彦『日本中世に何が起きたか』、日本エディタースクール、一九九七年、三七・一二二頁）。神仏の権威の低落は近世社会で人間本意の風潮を生み出していく。それは人間の人権を高め、人間をみつめる社会となるだろう。それは子どもへのまなざしも同様で、その過程で神仏は子どもから徐々に後退していくのである。近世社会における人間や神仏などについては、塚田学『江戸時代人と動物』（日本エディタースクール、一九九五年）・『生きることの近世史』（平凡社選書、平凡社、二〇〇一年）参照。

第三章　仏と出会う——数珠の緒が切れたとき——

はじめに

十数年前、九州の寺院調査に行った時の話だが、カーフェリーの待合室で後輩の数珠の緒が切れ、珠が床にこぼれ落ちた。寺院調査に数珠持参は常識だが、まさか数珠が切れ落ちるとは思わなかった。待合室の床の上やイスの下に落ちた珠を拾うのに大変苦労した。乗船前に数珠が切れるハプニングに遭遇して、周囲の人は不快な顔をしていたのを記憶している(1)。

というのも、地域性はあるかもしれないが、数珠が切れるのは、悪いことのおこる前兆という迷信的話があり、乗船前のこの事態に人々が嫌な顔をしたのはもっともなことであろう。この迷信的な前兆現象は下駄の鼻緒が切れる、櫛の歯が折れるなどでもよく知られている。

考えてみると私たちは意外に、日常このような不合理な行動や考え方にとらわれ生活していることが多い。この迷信的な行動を歴史的に明らかにできれば、現代の我々がその束縛から解放される方向性も示しえる作業になるはずである。したがってこのような研究は決して無意味ではない(2)。なぜ数珠の緒が切れると、不吉な前兆と考えるのか、この迷信がいつ生まれたのかに回答を与えることは至難のわざと思われるが、他の仕事で資料を調べている際に、この問題にヒントを与えてくれる次の資料をみつけた(3)。

〈事例1〉『看聞日記』永享八年（一四三六）二月二四日条

次北野参欲所作之処、念珠緒切了、是吉瑞云々、仏仏之前所作之時、緒切事、所願成就之瑞云々、殊珍重也

〈事例2〉『看聞日記』永享八年二月二五日条

昨日於北野念珠緒切、誠以所願成就吉瑞也、所謂符号不思儀也、弥可信仰也

事例1・2は伏見宮貞成親王の日記の記事である。事例1は貞成親王が北野神社に参詣した時、念珠の緒が切れ、それを「吉瑞」そして「所願成就之瑞」といったものである。事例2はこの話の続きである。注目すべきは数珠の緒が切れたことを、「吉瑞」＝めでたいことがおこるしるし＝「所願成就之瑞」＝願いがかなうしるしとしている点である。これは現在の迷信とまったく逆である。

この話は親王の日記でかなりの信憑性がある。ただ管見の他の資料からこのような事例をほとんど発見できず、これがどの身分の人々まで浸透していたかを確定しにくいが、親王は当時公家のなかでも最高位の一つであり、少なくとも公家社会（おそらく公家化している武家社会にも）には浸透していたと考えてよいであろう。

現在でいう数珠が切れると縁起が悪いとの意識は、何となくわからないでもない。しかし切れることが中世では「吉瑞」とする意識は、現在の我々の感覚からは理解しにくい。さらにいえば、そもそもなぜ数珠というモノが縁

起にかかわるのか。このような数珠に対する意識を解くには、中世では数珠がいかに認識されていたのかを検討する必要があろう。

そこでここでは数珠という小さなモノを通じて、中世びとの信仰の一端を明らかにしたいと思う。そこには確かに現在にもつながる信仰が横たわっていると思えるのである。

一　数珠の広がり

数珠に対する意識などを考察する前提に、本章ではその数珠[4]の歴史の概説と中世社会での広がりを指摘しておきたい。数珠の日本伝来は仏教伝来後、さほど日を経ない時期と考えられている。資料上確認されるのは、養老六年（七二二）一二月四日の『法隆寺資財帳』に「誦数弐烈」とみえるのが早い事例である。また正倉院には奈良時代の数珠が伝存する。平安初期頃から密教の伝来により、真言を数多く念誦する修行法が盛んに行われるようになって以降、数珠が修法に必須の法具となり多用されるようになったという。

肖像画や彫刻では、鎌倉期以降に数珠を持つ像が多くなるという。ただし南都系の諸僧（西大寺叡尊など）や禅宗の頂相には、数珠はみられないという。大まかにいえば、数珠を持つ像の増加は、鎌倉期以降ということである。鎌倉期はいわゆる民衆仏教の生成・展開期に相当するが、これらの拡大とともに、数珠を持つ者が僧侶のみでなく、民衆にも普及したと考えられる。

民衆への数珠普及を示す事例は絵巻資料で確認もできる。澁澤敬三編『新版絵巻物による日本常民生活絵引[5]』から数例拾ってみよう（番号は同絵引の巻数と画像番号を指す）。第一巻一〇二「かぶりもの」（『北野天神縁起』）項には、烏帽子・冠を被らず着衣からみて、庶民と思われる男が手に数珠を持つ場面がある。第二巻一八五「庶民の服装」（『一遍聖絵』）項には、数珠を持つ女性が縁の下（土の上）に座す場面がある。縁の下に座す者は低い身分とみてよい[6]。第三巻三三五「橋」項では、橋上に立つ童子が手に数珠を持つ姿（『粉河寺縁起』）、第四巻六一四「鹿杖・馬柄杓」項では、腰の曲った老婆が手に数珠を持つ姿がみえる（『春日権現験記絵』）。

中世成立の絵巻に民衆レベル（子どもや老婆を含め）で、数珠を持つ姿が描かれていることは、中世においてその所持が僧侶に限定されず、また身分の高低にかかわらずなされていたことを示し、民衆世界への数珠の広がりを物語っている。また戦国期に確認できる数珠座[7]の存在は、当時それだけ数珠の需要＝広まりがあったことを示している。同じく戦国期にキリスト教が布教を開始すると、宣教師ルイス＝フロイスは堺から持参の数珠（キリシタン数珠）を配り、信者の獲得をはかったという[8]。キリスト教が数珠を布教に利用したのも、それだけ当時の人々に数珠が普及していたからであろう。

貞成親王の日記から数珠が切れると「吉瑞」と考える習俗が、少なくとも公家・武家社会に浸透していたのではと指摘したが、このような数珠の広まりは、民衆世界にもこの習俗が広まっていた可能性を十分に暗示するものであろう[9]。

二　数珠に対する意識

中世における数珠は、仏教的儀礼以外にはどのように使用されていたのであろうか。またそれら事例より当時の人々は数珠に対し、いかなる認識を有していたのか。この点を諸事例を提示しながら明らかにしてみたい。管見の資料から数珠が記載されているものを整理すると、以下のような話に区分できる。

1　聖なるモノとしての数珠

〈事例3〉『撰集抄』巻七第四「仲算幼稚時、空也上人来師事[10]」

「(空也)さらば、この念珠を盤の上に置き給へ」とあれば、聖ののたまはするまゝに持行て、碁盤のうへに置き給ひたれば、念珠碁盤を打まとひて、聖のまへにもち来りにけり

これは念珠が碁盤に巻き付き、空也の前まで持ってきた話で、数珠の不思議と空也の力が示された事例である。

〈事例4〉『黒谷上人語燈録』「拾遺黒谷語録中巻　示或人詞第二[11]」

よく〳〵身をもきよめ《(清)》手をもあらひ《(洗)》て、すゝ《(数珠)》をもとり《(取)》、袈裟をもかくへし、不浄の身にて持仏堂へいるへからす

これは持仏堂入堂時の作法を説明した箇所だが、身を清浄な状態に保つことが要求されている。そのなかで「手をもあらひ」という箇所は、数珠を持つことと関係している。手を洗う行為はケガレを祓う行為の一つである。例えば、『平家物語』巻第五「福原院宣[12]」に、後白河法皇よりの勅勘赦免の院宣を受け取った源頼朝が、「手水うがひをして、あたらしき烏帽子、浄衣着て、院宣を三度拝してひら」いた話がある。頼朝が手を洗いうがいをしたのは、院宣自体が聖なるモノゆえ、それを受ける頼朝自身も清浄な状態を保つ行為であったのである。このように手を洗

うなどが清浄な状態となる行為ならば、数珠を持つ際に手を洗ったことは、数珠自体が聖なるモノと認識されていたことを表している。

〈事例5〉文明六年（一四七四）二月一六日「御文(13)」

当山ノ念仏者ノ風情ヲ見ヲヨフニ、マコトニモテ他力ノ安心決定セシメタル分ナシ、ソノユヘ《故》ハ、珠数ノ一連ヲモモツ《持》ヒト《人》ナシ、サルホトニ、仏ヲハ手ツカミニコソセラレタリ

御文は本願寺第八世蓮如が民衆へ教義を平易に説くため、作成したといわれている。ここには数珠を持たず念仏するのは、仏を手でつかむような非礼に当たるとしている。逆にいうと数珠を持てば、仏とコンタクトでき非礼に当たらないということになる。つまり数珠所持は仏とコンタクトがとれる必携具ということである。

〈事例6〉『拾塵記(14)』

彼《存如》葬送ノ庭ニヲヒテ、代々御相承ノ鸞《親鸞》上人御数珠ヲハ、為附弟之儀、応玄阿闍梨持セ給シカ、俄数珠ノ緒切レテ、兼寿《蓮如》法印ノ御前へ落、人々取之奉渡云々

これは蓮如・応玄（蓮如異母弟）の父本願寺第七世存如の葬送の時、次期本願寺継職者の立場にあった応玄は「鸞上人御数珠」を持っていたが、その「数珠ノ緒切レ」、蓮如の前に落ちた話である。ここで少し応玄と蓮如の関係を説明しておこう。存如の後継は、異母弟の応玄にほぼ決定していた。蓮如がそれを逆転し第八世となるので

ある。[15] したがってこの事例は、次期後継者を数珠が啓示した話なのである。つまりこれは「相承ノ鸞上人御数珠」に、真の本願寺継承者の蓮如を啓示する霊力を持たせている話である。

事例6の『拾塵記』は蓮如の一〇男実悟が著したもので、元亀年間（一五七〇～七二）の成立と考えられている。[16] この段階ではすでに蓮如が没（明応八年〈一四九九〉）して七〇年ほど経ており、父没後約七〇年も経て、あえてこの話を持ち出したのはいかにも不自然である。おそらくこの話は事実ではなく実悟の創作で、彼がこの話を持ち出したのは、これを利用し父蓮如の継承の正当性を示したかったからであろう。いずれにしても当時の人々が数珠に意志のあるがごとく、不思議な霊力の存在を認識していた実態があったゆえ、彼がこの数珠啓示話を創作し持ち出したのである。

また戦国期のキリスト教の報告書『十六・七世紀イエズス会日本報告[17]』（一五九五年一〇月二〇日付長崎発信、ルイス・フロイス年報）にも、日本のキリスト教信者の念珠が火事に遭遇しても焼失せず、元のままで発見された「不思議な事件」の報告がみられる。ここからも当時キリスト教宣教師の間でも、数珠の霊力が認められていたことがわかる。

〈事例7〉『法然上人絵伝』巻八「法然所持の念珠、光を発する」[18]

ある人不注名字上人《法然》の念珠を給ハりて、よる《夜》・ひる《昼》名号をとなふ《唱》、あからさまにたけくき《竹釘》にかけ《掛》たりけるに、一室照曜する事ありけり、その光たゝ〳〵みるに、上人恩賜の念珠よりい《出》てたり

この事例は数珠の聖性を示す最たるものともいえる。ここには法然から授与された数珠を竹釘で掛けると、その

図 20　光る数珠
座敷の人々は合掌し数珠に祈る姿勢をとる。数珠が仏と同じ役割を果たす。数珠の聖性をよく物語っている（『法然上人絵伝』巻八、知恩院蔵）。

数珠が輝いたというものである。これは絵巻の詞書であるが、これに対応する絵は鴨居に掛けられた数珠が光り、それを武士や女性・僧侶などが合掌し礼拝している描写となっている（図20）。

光り輝きそして人々が拝するモノとは、間違いなくこの数珠が本尊など仏像と同じ認識をされていたということである。つまり聖なるモノとしての数珠は、仏そのものの役割を果たしていたのである。

以上から中世において数珠は聖なるモノ、仏と同等のモノであり、そして不思議な霊力を有し、仏とコンタクトをとる道具として認識されていたと指摘できるであろう[19]。

2　揉み摺る数珠――しぐさと音――

〈事例8〉『宇治拾遺物語』巻第三―四「山伏舟祈り返す事[20]」

けいたう坊、歯を食ひ合せて、念珠を揉みちぎる……目も赤くにらみなして、数珠を砕けぬと揉みちぎりて……「護法（舟を）召し返せ、召し返さずば、長く三宝に別れ奉らん」と叫びて

けいたう坊が乗船しようとした時、渡し守が彼を無視し勝手に舟を漕ぎだした。彼は舟を呼び戻すため、数珠を「揉みちぎる」ほど、念

を入れ「護法」童子に祈願した。この祈願は彼が護法童子に「召し返せ……」と話かけるようになされていることから、数珠の揉み摺りが、仏と会話するための行為であることが判明する。

〈事例9〉『宇治拾遺物語』巻第一―一二「出家功徳の事」

御堂に参りて、男は仏の御前にて額二、三度ばかりつきて、木欒子の念珠の、大きに長き押しもみて候へば

〈事例10〉『太平記』巻二「長崎新左衛門尉意見事付阿新殿事」(21)

澳行舟ニ立向テ、イラタカ誦珠ヲサラ〳〵ト押揉テ、「一持秘密咒……其船此方ヘ漕返テタバセ給ヘト」……祈リケル

事例9は七〇歳余りの男が出家を祈願し、数珠を「押しも」んでいると、願い通り出家がかなった話である。事例10は祈願成就のため「誦珠」を押し揉んだ話である。両事例とも仏に願いをかなえてもらう時に、数珠の揉み摺りをしている。つまり揉み摺りは、仏へ意志を伝える行為であったことをうかがわせるものである。

〈事例11〉『満済准后日記』正長元年（一四二八）八月二七日条

（禅師宮）三井ニ一身居住、草庵ヲ結体也、本堂ノ本尊ノ前ニ、七日参籠シテ、令法久住利益有情ト唱テ、終日終夜懇祈、仍七ケ日之間ニ、念珠ヲ十八連摺ツフスト云々

これは慶祚弟子禅師宮が七日間参籠し、数珠を「十八連摺ツフ」し祈願した記事である。七日間で一八連数珠を摺りつぶしたゆえ、一日約二連強つぶした計算になる。それだけ激しく数珠を摺ったのだが、ここでも祈願成就と数珠の揉み摺りが一体化している。

つまり数珠の揉み摺りは仏への祈願、働きかけのための必要な行為＝しぐさであったのである。言い換えると、揉み摺るしぐさそのものの姿勢が仏へ祈願を顕示する形である（図21）。

図21　祈りの姿勢1
数珠を持ち、合掌・座拝する女性。祈りを神仏に顕示する姿（『松崎天神縁起』巻六、防府天満宮蔵）。

『石山寺縁起』には女性が数珠を手にかけ合掌している姿[22]や、『一遍上人絵伝』では三島神社の門前で武士が地面に伏して、手に数珠をかけ拝んでいる姿が描かれている[23]。武士は行縢をはき、矢を負い太刀をはいており、身分の高いものである。

このように絵巻での社寺参詣者の姿をみれば、祈願の姿勢は多く合掌し手に数珠をかけるように描かれている。この姿勢は神仏へ祈願顕示する姿なのであろう。

では祈願の姿の顕示と同時に、数珠の揉み摺りがなぜ仏への働きかけの行為と考えられたのか。その原理の説明はむずかしいが、大胆に推測すると、数珠が仏とのコンタクトの道具であった点を考えれば、その道具である数珠を摺ること、さらにいえばその揉み摺る「音」が、何か仏の世界とを繋なぐ役割を果たしていたと考えられないだろうか。この点をうかがわせるのが次の事例である。[24]

〈事例12〉『撰集抄』巻九第一〇「西行遇妻尼事」

（西行）観音堂に参りて……あたりを見めぐらすに、尼の念珠する侍り、ことに心をすまして念珠をすり侍る

あはれさに、かく

おもひ入て　する数珠音の　こゑすみて

おぼえずたまる　我涙かな

とよみて侍るを（尼）聞て

これは尼の数珠を揉み摺る音が、西行には「す」（澄）んだ音に聞こえ、それが彼の心を動かし涙を誘った事例で、数珠の音がいかに聞こえていたか、またそれが人々にいかなる影響を与えたかを示唆する事例でもある。事例9では数珠を揉み摺る音を「サラ〳〵」としており、当時の人々に数珠の音はこのように聞こえていたのであろう。上記の西行に聞こえた数珠を摺る澄んだ音も、このような音であったと考えられる。

数珠が聖なるモノであったなら、それを摺る音も当然聖なる音であったはずであり、そしてその音は「す」（澄）んだ音、仏の世界の音であったのである。したがって当時の人々は、数珠を摺る音を何か仏の世界と関係する聖的なモノと感じていたに違いない。それゆえ西行の心を動かし涙を誘ったのである。

千々和到「中世日本の人びとと音」[25]では、鐘の音が「神おろし」の役割をする点や、大般若経読誦の音声の大きさが災厄をはらう機能をするなどから、音声が他界・異界とを結ぶ手段であることを指摘している。[26]この中世的音

の世界からみて、数珠を揉み摺る「サラ〳〵」という音も、千々和氏の指摘のごとく、異界などとを結ぶ役割（摺る音が仏を呼び出す役割など）を果たしていたと考えられないだろうか。諸事例のように数珠は、合掌する姿勢も含め、仏への祈願などの働きかけをする道具であり、揉み摺りは仏とコンタクトをとるための作法なのであった。したがって今後数珠を揉み摺る音は、中世の音や心性史研究に必要な視点となろう(27)。

おわりに――「数珠の緒が切れる」こと――

上述してきたように、合掌するしぐさも含め、数珠は仏とコンタクトを持つための道具であり、聖なるモノとして不思議な霊力があったことは確認できた。数珠に対する認識はおよそ理解できたが、最後に数珠の緒が切れることと、「吉瑞」との関係を大胆に考え稿を終えたい。

まず「切れる」ことの意味を考えてみたい。「切る」または「切れる」で、最初に浮かぶのは「縁を切る」縁切寺(28)であろう。これは女性が縁切寺＝アジールに逃げ込むと夫との縁が切れ、縁切寺から出た後は、新たな関係＝「縁」を結ぶ＝結婚する（その可能性が発生する）というものである(29)。もう一つの「切れる」事例は、「市場」とそこで売られる商品との関係である。商品は市場＝アジールで、それまでの所有者との関係を切り無縁の物となる。その無縁となった商品を求めて買い手が買い、その商品と新たな関係＝縁を結ぶという(30)。

つまり「縁切」とはこれまでの「有縁」＝諸々の関係や状態をいったん「無縁」にし、次の新たな「縁」を結ぶ関係や状態＝有縁の準備行為に他ならない。したがって数珠の緒が「切れる」とは従来の状態・関係の無縁化を意味し、今までとは違った新たな「縁」が結ばれる啓示（メッセージ）であったとは考えられないであろうか。

では、この啓示とはいかなるものなのか。緒が切れるとは本人が切ったのではなく、現代的にいうと、緒が劣化し自然に切れたのである。しかし数珠を仏とのコンタクト道具と理解している中世の人々にとって、数珠の緒が切れることは、仏＝異界からのメッセージと理解したと思われる。仏からのメッセージは、基本的に人間にとって良い知らせ（これまでより良い何かの縁が結ばれる知らせ）と理解したと考えられる。それゆえ貞成親王は「念珠緒切了、是吉瑞」と表現したと思われる。現在では逆で、むしろ緒の切れることが不吉の意味が強くなっているが、中世では不吉な意を示す事例は確認できなかった。したがって中世では基本的には「吉端」として理解され、不吉という意識はなかったものと思われる(31)。

余談めくが、以前Jリーグが発足した時、サッカー選手がしていたことが火付け役で、腕輪のような紐が切れると願いが叶うというミサンガが、日本で流行したことがあった。これは外国から来た習俗であるが、本章で指摘した「念珠緒切了、是吉瑞」と通じるものである。このように紐の類が切れると願いが叶うことや良いことがあるとは、世界的にみられる習俗ではないだろうか。

本章は中世の数珠に対する当時の人々の意識やあり方を考察してきた。中世社会では数珠に対する意識や信仰、そしてそこに生じる現象に対する認識も独自なものがあった。そのある部分が現在までにも生き続け流れ込んでいた。

従来数珠の研究といえば、美術史の枠で宗派での相違や材質、簡単な伝来などが取り上げられる程度であった。しかし本章でみてきたように聖なるモノへの信仰、信仰表現としてのしぐさ、音（聖なる音）(32)など、信仰の社会史として問題提起し研究を進めていくべきと考える。

註

（1）数珠は「念珠」「誦珠」などとも表現されるが、本章では資料上の表現を除き、「数珠」を使用しておく。
（2）大学の講義で幽霊や超能力などのオカルトに関するアンケートをとると、意外にそれらを信ずる学生の多さに驚かされる。なかにはオカルトが否定されると、夢がなくなるという学生もいる。オカルト＝夢とは驚かざるをえない。現代の学生は戦後合理的立場から教育を受けてきたはずだが、それと対立する非合理的な世界を信じる矛盾を自己に内包している。このような非合理的思考の大学生が数多くいること自体、日本社会にとって決して好ましいことではない。なぜ彼らがオカルト好きになったのか、そこから現代の社会を解明する必要があると思う。なおオカルトなどと現代社会との関係の研究は、西山茂「現代の宗教運動」（大村英昭ほか編『現代人と宗教』、有斐閣、一九八八年）・一柳廣孝『〈こっくりさん〉と〈千里眼〉』（講談社、一九九四年）・高橋紳吾『超能力と霊能者』（岩波書店、一九九七年）・松山巖『うわさの遠近法』（学術文庫、講談社、一九九七年）・宮田登『「心なおし」はなぜ流行る』（小学館ライブラリー、小学館、一九九七年）・沼尻正之「近代日本におけるオカルト・ブームと新宗教」（『近代日本文化論』九、岩波書店、一九九九年）などがある。
（3）前兆現象の研究は、笹本正治『中世の災害予兆』（吉川弘文館、一九九六年）がある。また習俗と歴史については、峰岸純夫「屋敷と門守り」（『歴史地理教育』三六三、一九八四年）・「篠を引く」（永原慶二編『中世の発見』、吉川弘文館、一九九三年）などがある。
（4）概要については、岡崎譲治監修『仏具大事典』（鎌倉新書、一九八二年）「八　数珠」項や『日本史大事典』三（平凡社、一九九三年）木下蜜運執筆「数珠」項を参考とした。
（5）平凡社、一九八四年。
（6）黒田日出男「『異香』と『ねぶる』」（『姿としぐさの中世史』、平凡社、一九八六年）では、「春日権現験記絵」の人間配置を分析し、庭に座す者たちが「下女・下女の童・従者・童」という身分の低い者たちである点を指摘、さらに同じ位置に「犬」が描かれていることから、彼・彼女たちのその賤なる立場を明確にしているとする。つまり土の上に座す者は、かなり身分の低い者とみてよいであろう。
（7）『大日本古文書』蜷川家文書之一、家わけ二一、史料番号四五九　永正一六年（一五一九）八月四日「蜷川親孝書状案」。
（8）大阪府大東市内には、キリシタン数珠が大小三個確認されている（大東市立歴史民俗資料館編『中世大東の歴史と信仰』〈展観図録〉、同館、一九八九年）。
（9）近世の事例だが、疱瘡（天然痘）や麻疹にかかった時の治病や予防のため、赤一色刷り版画や多色刷りの錦絵＝麻疹絵を、病人（多くは子ども）の枕元に置いたり、家のなかに貼る風習が民間に普及していた。疱瘡絵の図柄のなかに、疱瘡を防ぐ神が疫病神を数珠で縛り付けているものがある（印刷博物館〈東京都文京区水道〉の展示「疱瘡絵」）。これは民間への数珠普及と、当時の人々が数珠の霊力を信じていたことを物語っており、民衆レベルでの数珠に対する理解と期待がよく示されている。なお疱瘡神については、関根邦之助「疱瘡神について」（『日本歴史』三〇一、一九七三年）がある。
（10）岩波文庫、岩波書店、一九七〇年。
（11）龍谷大学仏教文化研究所編、同朋舎出版、一九九五年。本書は文永一二年（一二七五）成立で、法然死後、門下の異説に対し宗祖の教義を守るため、浄土宗鎮西義三条派の祖了慧が法然の著書などを収集編纂したものである。本章では元亨版版本を使用した。
（12）日本古典文学全集二九、小学館、一九七三年。
（13）『真宗史料集成』第二巻「諸文集」六〇（同朋舎出版、一九七七年）。
（14）註13資料。
（15）この経緯は、本願寺史料研究所編『本願寺史』第一巻（浄土真宗本願寺派、一九六六年）、三〇三～三〇五頁に詳しい。
（16）註13資料「解題」。
（17）第Ⅰ期第二巻、松田毅一訳、同朋舎出版、一九八七年。
（18）小松茂美編、続日本絵巻大成一、中央公論社、一九八一年。
（19）近年、京都市の地下鉄車内の広告に「数珠供養」なるものをみつけた。これは市内の寺院が古くなった数珠を焚き上げる儀式で、古いお守りの処理で焼き捨てる行為と同じ原理である。ここから現代人が数珠に不思議な力、お守りの一種という認識を持っていることがわかる。また緒が切れることに関して、数珠を持つ本人に悪いことがおこるべきところ、数珠がその本人の身代わりになった証拠と理解する向きもある。ただし中世資料では数珠が霊力を示す事例はあるが、お守りの役割をする事例を管見では知らない。おそらくこのお守りの機能は中世以降に付与された能力ではなかろうか。

(20) 日本古典文学全集二八、小学館、一九七三年。

(21) 日本古典文学大系三四、岩波書店、一九六〇年。

(22) 註5資料図版番号四八八・四九五。

(23) 小松茂美編、日本絵巻大成別巻、中央公論社、一九七八年。

(24) 例えば、「さいき」（『御伽草子集』、日本古典文学全集三六、小学館、一九七四年）には、「水晶の数珠をつまぐり」と、数珠を「つまぐり」用いることがみられる、また本願寺第九世実如が「くるへし」（「本願寺作法之次第」四〈註13資料〉）と語っており、数珠を「くる」ように浄土真宗では使用している。註11資料「拾遺黒谷語録下巻東大寺十問答」では「念珠をくりこし」すると、浄土宗では「くりこし」する使い方をしている。このように数珠を摺らない場合もあるが、ほぼどの宗派でも数珠は所持している。特に摺らないでも、持つこと、つまくる行為でも仏へ働きかけられると考えられていたのではなかろうか。

(25) 『歴史学研究』六九一、一九九六年。氏の研究は現在までの中世の音の研究成果と課題をコンパクトにまとめている。

(26) 音をたて、その場から邪気やケガレを祓う習俗があると聞いたことがある。例えば、出産時に「落甑」（『公衡公記』乾元二年〈一三〇三〉「昭訓門院御産愚記」）という、甑を割り音をたて魔を祓う行為がある。これは音の不思議な力を示すものである。

(27) このほか、数珠が師弟関係を表す場合もあるが、本章では指摘だけにとどめておく。

(28) 縁切寺については、網野善彦「江戸時代の縁切寺」（『増補無縁・公界・楽』、平凡社、一九八七年）参照。

(29) 夫の提出する「離縁状」の文言には「離縁致候、然候上ハ、何方江片付候共、少も構無御座候」（文政一〇年〈一八二七〉一一月「きち離縁状」〈日本歴史学会編『演習古文書選』近世編、吉川弘文館、一九七一年〉写真番号九七）とあり、離婚＝無縁と、新たな婚姻関係を結ぶ＝有縁とが明示されている。

（30）市場については、勝俣鎮夫「売買・質入れと所有観念」（網野善彦ほか編『日本の社会史』第四巻、岩波書店、一九八六年）参照。また網野善彦「市と宿」（註28前掲書）も参照。

（31）この逆転現象はいつ生じたか定かではないが、おそらく近世に入ってからではないだろうか。ちなみに天正一五年（一五八七）八月四日「石徹白長澄起請文案」（福井県編『福井県史』資料編6、同県、一九八七年）に「数珠切之儀」という表現もあるが、これは自ら切る行為で改宗の意であり、吉・不吉には無関係である。やはり中世では不吉の意はなかったものと思われる。

（32）この音については、鐘音や神仏の声、お産時「鳴弦」の魔除けの音など、信仰にかかわる多様な音を想定している。

第四章　寿命と死──「いのち」の領域、神から人へ──

はじめに

近年、日本社会で生じた少年犯罪や脳死問題、医療事故、新興宗教の諸事件をみるにつけて、人命や人生、死、宗教とは何かを考えさせられることが多い。一九九九年の事件だが、瀕死の男性を病院から連れ出しホテルに宿泊させ、宗教的儀式で治療行為をし、男性死亡後も、蘇生術を施し続けていた事件は記憶にあるだろう。その宗教指導者は、死亡した男性は生きているという主張をくり返し、男性の家族もそれを信じていたという。

この事件から読み取れる問題の一つは現代医療への不信であり、もう一つは現代における「死」の境界の不明確さ、そして現代人の生への執着、延命への願望ではなかろうか。くしくも本件が暴露したものは、現代人が高度な医療技術や合理的精神を享受しながら、実は合理的精神などは不安定な状態にあるということである。本件で中核の「死」に対する問題は、ことにその曖昧さを暴露している。

「死」の曖昧さを示す典型的事例は、脳死と臓器移植問題であろう。平成九年（一九九七）日本で臓器移植法が成立し、平成一一年（一九九九）二月二八日に、日本最初の脳死判定による臓器移植が行われた。移植法成立から二年も経なければ、手術の実施がなかったのは、日本人の伝統的「死」に対する認識が、「脳死」という死の受け入れに抵抗を示したためであろう。臓器移植法の成立で人間の死は、従来通りの死の判定（従来の死の三徴候説は心蔵停止、呼吸停止、瞳孔散大[1]）と、脳死との二通りが成立したのである。さらに平成二〇年七月「改正臓器移植法」が国会で成立し、改正前より進んで「脳死は人の死」と明確にこの立場に立つことになった。

伝統的な「死」と「脳死」、現在新たな死が付け加わった人間の「死」とは、本来何であったのか。日本人はいかに「死」を受け入れ理解してきたのか。この理解なしに現在の脳死問題は解決できないと思う。政府や医師会などが決めた「死」を一方的に、今後これが「死」ですといわれても、一般の人々は「はい、わかりました」となるだろうか。真の脳死・臓器移植の展開は、伝統的な「死」を踏まえた上ではじめてなるものであろう。

そこでここでは、この「死」の問題を歴史的に考察するため、中世びとが「死」をいかにとらえていたか、その判定法は何か、またその近世的変化はいかなるものかなどを考察してみたい。

一　中世の寿命観

1　本願寺蓮如の死生観

〈事例1〉文明九年（一四七七）九月一七日「蓮如御文[2]」

夫人間ノ寿命ヲカソ《(数)》フレハ、イマトキ《(今時)》ノ定命ハ五十六歳ナリ、シカルニ当時ニオイテ、年五十六マテイキノヒ《(生延)》タラン人ハ、マコトニモテ、イカメシ《(厳)》キコトナルヘシ、コレニヨリテ、予ステニ頽齢六十三歳ニセマレリ、勘篇スレハ年ハハヤ七年マテイキノヒヌ御文とは本願寺第八世蓮如が、民衆に浄土真宗の教義をわかりやすく説いた書といわれるものである。彼はここで人間の寿命について、いま時の「定命」（＝前世の因縁で定まっている命数、いわば寿命）を「五十六歳」と記している。そしてその年齢まで生き延びた人を、大変荘厳なこととしている。

室町後期の寿命を五六歳とした蓮如の根拠は不明だが、五六と具体的に端数で示すところから、これには何か根拠があり、当時の平均として信憑性のあるものと思う。天正一〇年（一五八二）六月二日、織田信長は本能寺の変で自害した際、「人間五十年、下天の内をくらぶれば、夢幻のごとくなり」と謡い舞ったといわれる。この舞は、室町期に出現した曲舞の一つ幸若舞の「敦盛」の一節で、信長が愛好したものという(3)。

この人間五〇年は、戦国期の人間の平均寿命を表現したものと一般的に理解されている。この話と蓮如の五六歳とを比すと近似しており、したがって蓮如のいうことは、当時の平均寿命を表現しているとみてよい（もちろん、データーにのっとった数値ではない。あくまで蓮如の把握する限りでの平均寿命である）。ちなみに南北朝～戦国期の天皇（後醍醐～後奈良天皇）の平均寿命は五四・四歳、室町将軍（足利尊氏～義昭）は三九・五歳である。天皇の平均寿命はほぼ蓮如のいう寿命に相当するが、将軍はそれよりはるかに短命である。

これは南北朝～戦国期の天皇が、政治・権力的世界から切り離され、政治的混乱に巻き込まれることなく、一生を過ごす事態となり、それに比して室町将軍は三代義満を境に権力の失墜をみ、政治的混乱に巻き込まれ、自然な死を迎えられなかった結果といえるのではないだろうか(4)。

次に資料的に大変むずかしい、庶民クラスの寿命をみてみよう。今試みに民衆仏教として著名な真宗の寺院、近江堅田本福寺住職の年齢を取り上げてみたい。同寺開基善道は三上の神職であったが、事情により同職をやめ紺屋を営み、やがて真宗と接し僧侶となり寺院を建立したという。本福寺には歴史学者の利用する戦国期の諸記録が残されている。このなかに「草案」という同寺歴代住職の事跡を記す記録がある。本記は近世初期の成立だが、その内容は戦国期の同寺の諸記録と共通する内容が多く、したがって戦国期の内容を伝えるものと考えてよい。「草案」の歴代住職（三代法住～八代明乗）の平均寿命は、六六・四歳である。これをみると在地の寺院住職の平均寿命は、天皇・将軍などに比して、はるかに長生きであることがわかる。一事例ですべての判断はできないが、在地寺院の方が政治的動向に左右されることが少なく、自然死を迎えられる可能性が高く、それゆえの長寿なのではなかろうか(5)。

六三歳となった蓮如は事例1で、当時の平均寿命を七年過ぎたことを強く意識している。平均寿命を二年越えた文明五年（一四七三）九月下旬第二日「蓮如御文」に、初めて「五十八歳」と年齢を記して以後、御文に年齢を記す点から、このような年齢への強い意識は、平均寿命を越えた頃からはじまるようである。

〈事例2〉文明五年一二月一三日「蓮如御文」
夫人間ノ体タ《(為)》ラクヲ、シツカ《(静)》ニ案スルニ……身体ハ芭蕉葉ニオナシ《(同)》、タ、イマモ无常ノカセ《(風)》ニアヒ《(遇)》ナハ、スナハチヤフレ《(破)》ナンコトハ、タレ《(誰)》ノヒト《(人)》カノカル《(逃)》ヘキ……多屋人数ノナカニ、松長ノ道林寺郷ノ公慶順ハ、トシ《(歳)》ヲイヘハ二十二歳ナリシカ、老少不定ノイハレニヤ、ノカレ《(逃)》カタキ《(難)》ニヨリテ、ツヰニ死去ス……今月四日ニマタ福田ノ乗念モ往生ス……抑乗念ハ満六十ナリ、松長ノ慶順ハ二十二歳ナリ……ワカキ《(若)》ハ、オヒ《(老)》タルニサキタツ《(先立)》イハレナレハ、アラ道林寺ヤナ、カレ《(彼)》モコレ《(是)》モ、オクレ《(後)》サキタツ《(先立)》人間界ノナラヒ《(習)》ハ、タレ《(誰)》モノカレ《(逃)》カタキ《(難)》ナリ

この御文には蓮如の死生観がよく表現されている。ここで彼は身体を芭蕉の葉になぞらえ、すぐ破れてしまう

（＝死ぬ）弱いもので、またそれは逃れられないものとしている。そして彼は越前吉崎御坊門前に住む多屋衆の一人、慶順の二二歳での死去を「ノカレカタ」いと理解し、それと福田の乗念が六〇歳で没したことと比し、若い者が老いたる者より先立つこと、後れ先立つことは、逃れがたい人間界の習いとしている。つまり蓮如は人間の寿命や死を老若にかかわらず、逃れがたい定められた宿命ととらえていることがわかる。

〈事例3〉文明一一年（一四九七）一二月日「蓮如御文」

文明十歳……今ハ六十四歳ソカシ、先師《存如》ニハ、年ニツマサ《勝》レリ……我身ノ今マテモ久ク命ノナカラヘ《長》タル事ノ不思儀《議》サヲ、又思ヒヨセ《寄》タリ

（中略）

不思議ニ今マテイキノヒ《生延》タル命カナト思ヘハ……又冥加ト云、旁以誠ニ命、果報イミシトモ可謂歟……六十有余ノヨハイ《齢》マテイキノヒシコト、ヒトヘニ仏恩報尽ノ儀、モマス〳〵コレアルヘキ歟

ここで彼は六〇歳を越え生き延びていることを、「不思議」「果報」「仏恩報尽」と評価し、そこに不思議な力が働いているように理解している。明応七年（一四九八）一一月二〇日「蓮如御文」でも、自分が八四歳まで「存命セシムル」ことを、やはり「不思議ナリ」としている。ここから蓮如が人間の寿命や死は定められたもので、人間の左右しえないもの、むしろそこには「不思議」な力の存在を感じているようにみえる。そこで次にこの点を他の資料より考察してみよう。

2　寿命と神仏

〈事例4〉『中右記』長治二年（一一〇五）一二月一一日条

常陸守経成朝臣来家中談云、生年八十五、而起居軽利、眼耳分明、近代公卿諸大夫中無比齢人、誠天之与寿也

〈事例5〉『台記』久安三年（一一四七）二月一三日条

今日入道（源有仁）左大臣薨、年四十五……此人而不長寿焉、大臣平生語曰、吾求長寿、故常念延命、誦寿命経、然猶不至五十、而薨、命有定、今不得増減之旨

事例4は、常陸守経成が八五歳となったことを、「天之与寿」＝天が与えたとするものである。事例5は、四五歳で没した源有仁が平生、長寿を求め延命を念じ寿命経を誦していたが、結局五〇歳にも満たず没した報に接し、記主は命には「定」があり増減はできないと語ったものである。この二事例から、寿命を人間の力ではどうすることのできないもの、「天」命と理解していることがわかる。

〈事例6〉『多聞院日記』天正一六年（一五八八）六月二一日条

今暁夜時分ニ、従関白（豊臣秀吉）桑山式部少輔御使ニテ、今度大政所様（秀吉生母天瑞院）御煩為除病延引祈念、一万石可被成御奉加間、別而可祈念之由、直ノ御折紙ニテ、追而三年、若ハ二年、実不成者、卅日成共、御延命之様、祈念憑思召ト在之

……神前ニ出仕

これは豊臣秀吉が、煩った母天瑞院の延命を神社に祈念させた事例である。秀吉は三年が叶わないなら、三〇日でもと延命を願った。天下統一をなし、権勢をほしいままにした秀吉でさえ、延命は神に頼る以外になかったのである。

〈事例7〉「普賢延命御修法記」(6)

後鳥羽上皇病気平癒の御修法が水無瀬殿でなされた時、生母七条院が「赤鬼神来奉取上皇御魂、入赤袋持去」「御夢想」をした。そして御修法第六日「同鬼来、自上皇御口、奉返入御魂」「御夢想」をした話

事例7は中世の生命観で注目すべき資料である。「赤鬼神」が人間の魂＝命を持ち去ることは、人間の命が神仏の支配下にあるとの認識を的確に物語っている。またその魂が入るのは、人間の口からと理解していたことも、この事例からわかる。

このように寿命を司るのが神ということは、上記諸事例の「天之与寿」の「天」や、また『今昔物語集』巻第二〇第四四「下毛野敦行従我門出死人語」(7)に、右近将監下毛野敦行が家族の反対を押し切り、隣人の死棺を自分の家の垣を壊してまで出棺させたことに、「天道此ヲ哀ミ」「九十計」まで生きることができた話の「天道」も、神の力を指すのであろう。

〈事例8〉「三帖和讃」九六(8)

阿弥陀如来、来化して、息災延命のためにとて、金光明の寿量品ときおきたまへるみのりなり

もちろん寿命は神のみの支配するものではない。親鸞はこの和讃で、阿弥陀如来が「息災延命のため」金光明寿量品を説いたとしており、延命を如来の力によるとしている。

後奈良天皇の日記『後奈良天皇宸記』天文四年（一五三五）一一月二三日条に「今日誕生日」として「寿命長穏」などを祈願し、寿命経を天皇が「朕之数被摺」、梶井宮に供養を命じた記事ある。ここでも経の力が命の問題とかかわっている。「朕之数」（年齢の数）だけ寿命経を摺らせ、それを供養するのは、経一枚一枚に命が宿ることと理解していたことを示している。命と仏教の深いつながりを物語るものであろう。

さらに注目すべきは、天皇が誕生日に祈願する点である。従来、誕生日に対する意識はキリシタンの影響によるものといわれている。だがこの事例ではキリスト教伝来以前の日本においても、すでに誕生日が意識されていたことになる。日本人の年齢の数え方は、年が明けると一歳を増すと理解されていた（つまり数え年）。しかしここにみる限り、誕生日をもって「朕之数」としているゆえ、誕生日が一つの歳の増し方を意味していると理解できる。この事例は今後年齢の考え方や誕生日の問題を考える貴重な資料だろう。

〈事例9〉『今昔物語集』巻第一三第二五「周防国基灯聖人誦法花語」(9)

（周防国基灯聖人）若クシテ法花経ヲ受ケ習テ、日夜ニ読誦シテ身命ヲ不惜ズ……年百四十余ニシテ、腰不曲ズ、起居軽ク、形皃極テ若クシテ、僅ニ四十計ノ人ノ如シ……世ノ人……「六根清浄ヲ得タル聖人也」ト云ケリ……現世ニ命長クシテ……此偏ニ、法花経ヲ読誦セル威力ノ致所也

これは一四〇余歳の基灯聖人が四〇歳ほどにみえるのを、法華経読誦の威力とする事例である。ここから当時の

人々が、仏の力で長寿となると考えていたことがわかる。これと同様な理解が、文永一二年（一二六五）二月七日「日蓮書状」（可延定業御書）[10]にある。そこには「法華経を行じて寿《いのち》をのぶ」や、自身の母を祈ると「現身に病をいやすのみならず、四箇年の寿命をのべたり」と、法華経の力で寿命が延びたとする。

つまり人間の寿命を司るのは中世では、神仏であったのである。少なくとも中世びとはそう理解していたのである。したがって「天」「天命」とは神仏やその力を意味したのである。

〈事例10〉『臥雲日件録抜尤』宝徳元年（一四四九）七月二六日条[11]
庵主《清水定水庵》曰、近時八百歳老尼、自若州入洛、洛中争覩、堅閉所居門戸、不使者容易看、故貴者出百銭、賤者出十銭、不然則不得入門也

事例10は入洛した八〇〇歳の老尼を観たい人々がその場所につめかけたが、門戸を閉ざして会えず、ついに貴賤とも出銭しても観ようとした記事である。新村拓「老いと病」[12]によれば、「人間の寿命限界は百十歳前後」という点から、八〇〇歳は事実ではないだろうが、これから身分の高低にかかわらず人々が、長寿を貴重とする意識の強さを示していることはわかろう。このことは先の文永一二年二月七日「日蓮書状」で、延命を「千万両の金に」も勝ると語ることに通じている。

長寿者を一目みようと群がったのは、寿命を神仏の支配するものと理解する社会において、長寿は神仏の加護を受けた証であり、それは貴重であり、会って神仏の加護に触れようとしたのであろう。

中世びとは上述のごとく、寿命を神仏の支配領域と理解し、延命などは人間の力で左右しえないと考えていた。

したがって中世びとは死ぬことを、事例1の蓮如のいう「定命」＝「寿命」＝「天命」＝神仏の計らいとして、一つの運命と理解していたのである。

吉田兼倶「唯一神道法要集」(13)の問答の一つに「随身ノ三宝加持（身体についての三つの重要な加持）トハ」との問いに、「第一ニハ寿命也」と答える箇所がある。また先掲の（文永一二年二月七日）「日蓮書状」に「命と申物は、一身第一の珍宝也」と、日蓮も命を一身第一の「珍宝」といっている。これらから中世びとにとって、命が大変重要なものであったことがわかるが、これはそれが神仏の領域にあったからであろう(14)。

〈事例11〉『義経記』巻八「衣川合戦の事」〈武蔵坊弁慶辞世(15)〉

六道の道の巷に　君待ちて

弥陀の浄土へ　すぐに参らん

〈事例12〉柴屋軒宗長『宗長日記』大永五年（一五二五）一一月一七日条「中御門宣胤辞世(16)」

ひがしなる　人をもにしに逢みんと

さらぬわかれも　すゑはたのもし

〈事例13〉『多聞院日記』天正一二年（一五八四）一〇月一六日条「馬借トヤ辞世」

メコトモヨ　アトニヲイメハヨモアラシ

馬借トツレテ　我ハ行ナリ

死に臨む者が、最後に残す中世の辞世三例を上記にあげてみた。辞世には、当時の死に対する意識が表現されていると考えたからである[17]。事例11の弁慶は死して浄土に参るといい残し、事例12の宣胤は避けられない死別も、あの世で「たのもし」＝希望を持ち期待できるとしている。事例13は馬借トヤが曲事を問われ自害する際に詠じた和歌で、ここでは死ぬことに負い目はなく、死出の旅立ちをするというものである。

他の辞世をみても意外にも死ぬ者が、死ぬ間際に「生」に執着していないのである。「生」へ執着しない辞世の事例は、中世びとが「死」を、人間の左右しえない神仏の領域で運命と理解していたことをよく示していよう[18]。

このように生命を神仏にゆだねる背景には、中世社会が合戦の時代であるとともに、厳しい自然環境下、強烈な自力救済社会であったことに、大きく起因していよう。つまりこの認識は「生きる」こと自体、一部のものを除き非常に困難で、常に死と接しているなかでは、神仏に自分の生死をゆだねざるをえない、という社会状況で成立してきたものと考えられる[19]。

二　近世の寿命観

1　寿命・延命と養生論

中世の寿命観は前記でみた通りであるが、近世ではいかなる変化を遂げるのであろうか。ここではその点を中心に考察してみよう。

〈事例14〉「西鶴織留」巻五―一「只は見せぬ仏の箱[20]」

楽隠居した年寄りの子どもが、「江州の多賀大明神へ長命いのるため」参詣する際、その親が「参詣する事無用」といい、「神を頼むまでもなし、人の命をながう望みならば、淫酒の二つをひかへ」と養生、平生の生活の慎みを説き、「何れの神に頼みかけたればとて、それは〳〵日もいき《生》のぶ《延》にはあるまじ」と語った話

この事例は、隠居老人の子どもが近江の多賀大社へ老人の長寿願いに参詣しようとした時、老人がそれを止めて、「神を頼むまでもなし」といい、長寿は「淫酒の二つをひかへ」と生活習慣の改善（養生）により可能と言い切ったものである。

ここには寿命に関して重要な二点がある。一つは多賀大明神に頼む子ども、つまり中世以来の伝統的な寿命・延命を神仏の領域と信ずる人の存在であり、もう一つは延命が神の力でなく人間の養生、つまり努力で可能になると考える人の存在である。後者は中世にはなかった理解で、寿命から神仏の影響が脱却している。

〈事例15〉貝原益軒『養生訓』巻第一[21]

養生の道なければ、生まれ付つよく《強》、わかく《若》さかん《盛》なる人も、天年をたもたずして早世する人多し、是天のなせる禍にあらず、みづからなせる禍也、天年とは云がたし、つよき《強》人は、つよき《強》をたのみてつつし《慎》まざる故に、よはき《弱》人よりかへつて早く死す、又体気よはく飲食すくなく、常に病多くして短命ならんと思ふ人、かへつて長生きする人多し、是よはきをおそれてつつしむによれり

貝原益軒は、若死を「天年」＝神仏の領域ではなく、その人が「つよきをたのみてつつしま」ないことに原因が

あるとしている。むしろ病人の方が短命と思い「つつしむ」ため、長生きするとしている。つまり人間の長・短命は「天年」でなく、人間の養生次第という認識がここよりうかがえる。

〈事例16〉根岸鎮衛『耳嚢』中巻　巻之六「長寿壮健奇談の事」[22]

熊本藩主留守居中川軍兵衛が長寿で没したことに関し、知人の秋山玄瑞が語るには、軍兵衛に長寿の方法を聞くと「何も養生の道ありともおぼへず、人は大酒・大めしを禁じ、淫事を除き候得ば、随分長生なるべし」と答えた話

これは軍兵衛が長生きの秘訣を、ただ暴飲・暴食を禁じ、「淫事」を避けることと語った話である。神谷養勇軒著『新著聞集』「一口残翁」[23]に、「日光山のふもとに、百余歳の老翁あり、みずから一口残と名つき侍り……（長生きの秘訣を聞くと）つねに食物を、一口づ、のこせしといふ心なればなり」と答えた話がある。これはいわば腹八分目のことで、やはり長生きは生活習慣でなせるとの理解である。

〈事例17〉松屋与清『松屋筆記』巻六一―四九[24]「長寿の人」

本朝長寿の人おほし、阿蘭陀人ハ三、四十に過ずして殂す、皆肉食のために、生を害せりと見ゆ、抑本朝ハ良米を食ひ、魚菜に富みて、唐土西域の鳥獣を、平常の食とする類に似ず

この事例に至っては、オランダ人は肉食のため、三、四〇歳で死亡するが、対して日本人の長寿は「良米を食ひ、

魚菜に富」むゆえと、西欧人と日本人との食生活の比較から長寿原理を考え、養生論を説いている。これは特に現代、健康のためには肉食はひかえ、魚・野菜・米などの和食の方がよい、とよくいわれていることに通じる。まさに現代の健康維持は、近世の養生論の再来なのである。

これまで示した事例や、これ以外の諸資料をみても、近世では長生きや延命は養生により可能との理解がほとんどであった。つまり近世びとは人間の努力で寿命を延ばす（悪くすれば短くする）ことが可能、寿命が人間の支配領域にあると考えていたのである。これは中世びとの認識と比すと、生命が神仏の支配領域から脱却した点で大きな変化で[25]、まさに網野善彦氏が主張する「神仏の権威の低落」である[26]。

俳句で有名な小林一茶の「父の終焉日記」では享和元年（一八〇一）五月、医者から見放された父の治病のため、「秘法仏力」（加持祈禱）を行おうとしつつ、積極的に医師を頼る姿が、同じく「おらが春」では結果的に文政元年（一八一八）に病没してしまった娘さとに、必死に疫病の神送りをしている姿がみられる。ここに一人格の内に中世以来の呪術的対応があるものの、近世の医学的対応がみられる[27]。

新村拓氏は「生殖観の歴史[28]」で、近世社会において医学やその技術の進展、合理的精神の発達などにより、子どもが「（神仏から）授けられるもの」から「（人間が）作るもの」へと変化したとされる。また人口史の立場から、一八世紀以降に人口停滞がみられる要因の一つとして、堕胎も含め民間での出産抑制が指摘されている[29]。つまり子どもを人間の自由意志・技術で制御できるようになった＝従来子どもの誕生は神仏の司る世界であったが、この段階では明らかに「いのち」が人間の力で左右できるものとなったということである。このように生命の操作が人力でなされている点からも、「神仏の権威の低落」は明白であろう。

このような変化がなぜ生じたのか。それは一つには近世社会における人権の進展があると思われる。塚本学氏の

「動物の生命とひとの生命」[30]ではこの点を以下のように説明している。一七世紀に入り徳川政権が日本社会に平和（近世的）をもたらした結果、以後、人命が簡単に奪われる危険が減少する傾向が認められるという。

この背後にあったのは、基本的には社会の底辺にあった人々の人権の向上であるという。譜代の下人という地位を脱けでていく可能性を強めていく時、主人もその生命を容易には奪えなくなった。このように近世社会における「人間本位」の風潮により、現世の人間に価値を認める感覚が強まり、宗教的、呪術的権威が力を失っていったという。人が生命を簡単に奪われなくなった背景には、百姓一揆や新たな作物の栽培と販路の開拓など、人々の並々ならぬ自己主張があるとも指摘している。つまり近世びとの日常生活が中世よりも向上したということである。

この生活の向上は人口史の角度からも肯定される。[31]研究に則せば、およそ一六〇〇年頃の人口は一二〇〇万人（一五〇〇～一六〇〇万人の説もある）、享保六年（一七二一）には約三〇〇〇万人とほぼ二倍に増加したという。人口増加の大きな要因は、戦国時代の終焉とその後の社会的安定が最も有力な考え方だが、それだけではこの増加の原動力とはならない。それは国内出生率が死亡率を上回る状況が一〇〇年以上にわたり続いたためである。

内戦の終了は平和＝社会の安定をもたらし、結婚や出産の増加＝人口増加をうながす。そして同時に戦国の社会的エネルギーを破壊から建設へ＝戦国時代に培われた土木技術が城下町＝都市建設を始めとする、耕地、堤防、溜池など生産のための社会的資本へと投下させる。この投下は食糧生産の安定と増大＝人口扶養力を生み、先の結婚・出産を保証する扶養力となった。

人口増加と活発な都市建設による市場拡大が需要増大をもたらし経済を刺激、一層の生産増大が達成され、人口増加を支えた。市場経済は農村にもおよび、百姓たちは利潤追求を求め、より多くの貨幣を獲得しうる、高い商品作物をできるだけ多く栽培した。

およそ大経営（おじ・おばの傍系親族、隷属的百姓を含む大家族）と夫婦家族単位の小規模経営の併存するこれまでの農業は、市場経済の拡大浸透や当時の農耕技術と耕地規模の制約により、水稲農耕にとり小規模経営が適当となり、やがて大経営から独立し、多くの夫婦家族（単婚小家族）が生まれ人口増加を実現したのであった。

〈事例18〉章花堂『金玉ねぢぶ草』巻之四「若狭祖母（はは）」[32]

「若狭、越前…五箇国の間を徘徊……一人の祖母有り、齢五十計りに見えて……我独り是（人魚の肉）を食して寿命数百歳を経たり」と彼女は答えたが、筆者は人魚の肉を食べると「不老不死の良薬」と言い伝えられているが、人魚の肉を食し長命となった人を他にしらず、「此の異女の長命なる説も定かには信じ難し」と結論づけた話

これは人魚の肉を食べたという数百歳の女性出現の話である。筆者はこのような話は他に知らないゆえ、信じがたいとしている。ここには近世びとの伝説を信じない態度がみられる。中世でも事例10のように八〇〇歳の老尼という似た記事があるが、異なるのは中世びとがそれを信じて会うために苦心したのに対し、ここでは事実として認めない態度である。

このように事実を求める態度は、科学の最も基本的姿勢である。このような科学的思考や態度の展開は、近世の生活向上による神仏へのストレートな依存度の低下も相まって、神仏の役割を中世社会より縮小させたものと思われる。人間本位の時代の到来が、人間の生命を神仏の領域から脱却させた要因の一つと思われるが、もう一つはこの科学的認識の成立ではないであろうか。

上記の養生論は、「養生論の著者は、おおく専業的な医家、ないしはこれに準ずるものであった」「医学上最高段階の技術と知識を、祖述したものではない。しかし、日用の疾病・健康・医療論は、専門的医学知識とまったく、無関係には存在しない。そこには、ある意味では、獲得された知識の現段階が、忠実に反映されていよう(33)」とのごとく、科学的認識に基づいており、その認識の展開が寿命と神仏のかかわりを弱めていったといえよう。

2　長寿を聞く側と長寿を話す側

近世社会においては寿命を人間が左右できるとの理解に達していたが、どのような人物が養生を叶え長寿となったのかをみてみよう。

〈事例19〉大田南畝『増訂一話一言』「長寿人姓名(34)」

山城国小原百姓
永禄八丑年出生　百八拾四歳　百助
同六亥年出生　百八拾六歳　同人妻
天正三酉年出生　百六拾四歳　同人悴
都合子供拾九人、総親類三百六拾三人
孫五十八人、彦三十六人、やしは子十八人
右之者とも去年公儀御目見被仰付候、於関東御扶持被下置候也
宝暦六年子八月日

〈事例20〉滝沢馬琴『玄同放言』巻之三中第四本〈第三二人事〉「寿算」[35]
三河百姓満平、慶長七年（一六〇二）出生
寛政七年（一七九六）没、一九四歳

〈事例21〉「信綱記」[36]
武蔵野の百歳余の百姓を松平信綱が呼び付け、信綱が「長命身の養生もいかやうにか」と尋ねれば、老人は「何事も不致候得共、只人はたて（立＝遊興・酒宴）を不仕かよきと」答える

事例19で宝暦六年（一七六五）の記録にみえる長寿者は、一八〇歳前後の山城国の百姓である。事例20でも三河国の百姓が、一九四歳の長寿として取り上げられている。事例21の武蔵野の百歳余りの老人も百姓である。これら人物が当時実在したかは不明だが、問題としたいのは、長寿者が決して著名人ではなく、名もない百姓という点である。先掲の日光山ふもとの「一口残翁」や、事例16の人魚の肉を食した女性のように、百姓に限定されないが、不詳の人物が長寿の事例は多い[37]。

むろん事例15の熊本藩留守居中川軍兵衛という武士もいるが、彼も事跡不詳であることに変わりない。つまり長寿者は百姓や不詳者・下級武士など、比較的著名でないものに多いといえよう[38]。

事例19・21をみると、「於関東御扶持被下置候」と、幕府や松平信綱が長寿の百姓を呼び付けたように、長寿者を呼び出す側は幕府など権力者が多く、長寿の秘訣を聞いたり、それに対し「扶持」を授与している。これは幕府など権力者が、長寿を貴重なものと認識していたことを示すが、単にそれを貴重と思い褒美を出したわけではない。

この背景には権力者側に長寿を全うできない現実があったため、その秘訣を聞きたかったのであろう。

常識的に天皇・将軍の権力者の方が生活上豊かで長生と思われるが、そうではなくむしろ権力者ほど、権力闘争や政治的混乱、また生活習慣上の不自然な生活により、その生命を縮めてきた可能性がある。徳川将軍家の事例になるが、東京芝増上寺にある将軍家とその関係者の墓が、昭和三三年（一九六八）から同三五年（一九六〇）にかけて、戦災修復のため発掘され、将軍たちの遺骸が調査された(39)。

その調査報告書によると、二代将軍秀忠は戦国期を生き抜いた鍛えられた身体とするが、六代家宣はかなりの猫背で歯の咬耗が五一歳にしては非常に少なく、永久歯萌芽当時の「切縁結節」（歯先端の小さな三つの山で、生活過程で摩滅する）が依然残ると指摘する。報告者はこれを「まったく驚異に値する」とし、江戸城の大奥の食生活は、よく精選調理された柔らかいものを常食にしていたと結んでいる。

九代家重は歯の特殊な咬耗から、一生の間、朝から晩まで歯ぎしりを繰り返していたと推定し、そして異常な歯ぎしりと、伝えられる彼の言動から、「精神障害または軽度の脳性小児麻痺」にかかっていたのではないかという。一二代家慶は長い顎で、その骨が細く華奢という。これも咀嚼力の弱さを示し、やはり柔らかいものなどを食していたことを物語る。また上下顎の骨体の萎縮、またはその発育不全も想定されるという。

第一二次長州征伐中、大坂城で急死した一四代家茂にいたっては、残る歯三一本中三〇本が虫歯であった。その内の数本は歯冠が完全になくなり、歯根に達するほどの空洞があいている。これは相当な痛みであったと思われる。彼の甘党は有名で、それがこの虫歯の原因となったことは想像に難くない。彼の死因は脚気衝心（脚気に伴う特有な病気で、急激な心臓機能不全、呼吸困難などを起こし一～三日で死亡）と推定されているが、その体調を崩した主因は異常な虫歯であったという。

このように将軍は武家の棟梁でありながら、実際は非常に弱い身体であったのである。食生活の贅沢、自ら動かずただ家臣に命令する生活、また権力闘争からくる精神的ストレスなど、将軍を取り巻く生活環境は決して健康的とはいえず、これが弱い身体を作ったのである。この病弱の将軍が自然死を迎えることはむずかしく、それゆえ一層の長寿を欲したのであろう。ちなみに徳川将軍一五代の平均寿命は五一・四歳で、これは戦国期の平均寿命とほぼ同じで、延びがないのは、それを示すものでなかろうか。

それに比して名もない百姓は当然贅沢はできず、日々労働に追われ、知らぬ間に身体を鍛錬し、病気になっても抵抗力で自然治療に任せる生活を送っていたであろう。確かに生きることに精一杯ではあったろうが、それだけ身体は丈夫であったろう。まさに上述の養生論を無意識に実践していたのである[40]。

矛盾しているようだが、最高権力者は名もない人々と比べて、生活習慣上、不健康な生活を送り、長寿を望む状況にあったのである[41]。

三　中・近世の死亡判定――気絶・脈絶・眠るがごとく――

寿命観の中・近世の相違は上記みてきたごとくであるが、前近代では「死」をどのように判定していたのかを諸資料をあげ、ここで指摘してみよう。

〈事例22〉『春記』長暦三年（一〇三九）一〇月七日条

参河守（源経相）……寅三剋計、気息（＝息）已絶了

〈事例23〉『善信聖人絵』〈西本願寺本「親鸞聖人伝絵」[42]〉
弘長二年（一二六二）一一月二八日親鸞死去に際し「つゐに念仏の息《き》たへをはりぬ」

〈事例24〉聖戒編『一遍聖絵』巻一一第三段[43]
正応二年（一二八九）八月二三日一遍死去に際し「出入りのいき《（息）》かよひ給もみえず」

〈事例25〉鉾田町史編さん委員会編『拾遺古徳伝』[44]
建暦二年（一二一二）正月二五日法然死去に際し「頭北面西にして念仏の息絶たまひ畢」

〈事例26〉『古今著聞集』巻第二―六三「源空上人念仏往生の事[45]」
建暦二年正月二五日法然死去に際し「頭北面西にして、ねぶるがごとくにして終り給ひにけり、念仏の音声とどまりて」

事例22の源経相の死亡判定は、「気息」＝息が絶えることで行っている。事例23・24・25・26は、いわゆる鎌倉新仏教開祖の死亡時の表現である。親鸞の場合は息絶えたとし、一遍も息が通わない＝息絶えたとしている。法然も「念仏の息絶」とある（事例26でも「念仏の音声とどまった」＝息絶えたとしている）。これらから中世での「死」の判定が、「息絶」えることであることがわかろう（図22）。多様な往生人をあげる『拾遺往生伝[46]』において死に際する表現を通覧すれば、「気絶えたり」という表現が多い[47]。この「気」とは「息」のことで、それが「絶」える

図 22　親鸞臨終シーン。
中世の死の様子がよくわかる（康永本『親鸞聖人伝絵』第四巻、東本願寺蔵）。

（「いきたえたり」と読む）のである。つまり往生伝でも呼吸の有無で死亡判定している。次の事例をみてもらいたい。

〈事例27〉「蓮如上人御一期記(48)」
蓮如往生に際し、明応八年（一四九九）三月二三日「（医者）御脈モナク候間、ハヤ御往生」、三月二五日「イカニモ閑ニ御ネ（眠）ムリアルカコトクニテ、無病無煩ニシテ、念仏ノ御息ハト（止）、マリ給」

〈事例28〉「実如上人闍維中陰録(49)」
本願寺八世実如死去前の大永五年（一五二五）正月一八日「御大事候、既之様ニ存候、御脈モ絶候ツル」

〈事例29〉『慕帰絵詞』(50)
観応二年（一三五三）正月一九日本願寺三世覚如往生に際し「医師を招請するに、永（脈）道も存《ながらう》の外にや」「眠るか如くして滅」

事例27の死亡判定で、息絶えるは上記と同じだが、注目すべきは医師が脈を取っている点である。つまり死亡判定は、脈の有無もその方法の一つであったということである。事例28の実如の死の判定でも脈を取り絶えたことを告げている。事例29の覚如もやはり脈を取っている。ここから中世社会の死亡判定が息絶えることと、脈の有無＝脈絶えることであるのは間違いなかろう。

〈事例30〉 近松門左衛門『心中二枚絵草紙』「心中」[51]

市郎右衛門と島が心中した時「つひに一息切断の、経絡六脈絶え〴〵に、息の通路ふつつと切れ、……一度に命は絶えてけり」

〈事例31〉 滝沢馬琴『玄同放言』巻之三中第四本〈第三三人事〉「尼妙円」[52]

妙円（武蔵酒井村新田百姓六右衛門の娘、俗名熊）の死に際し、「脈を診ふに、右の寸口（手首から一寸下の動脈の打つところ）は絶たり、終焉に程あらじとおもふに、呼吸《いき》を復して」

近世の事例30・31とも、息が切れた＝息絶えたことと、脈が絶えたことで死亡判定していることがわかる。つまり近世においても、死亡判定は中世と基本的には同じであったといえる。

事例29でさらに注目すべき表現は、「眠るが如く」死去するである。これは死んだ時の状態を指す表現で、現在でも使うこの表現は、中世から引き継がれたものであったのである。問題は眠るような状態を死と認識していた点である。現在の死の三徴候説は心蔵停止、呼吸停止、瞳孔散大だが、瞳孔は別にして、心蔵停止は脈の停止、呼吸停止は「息絶（気絶）」であるところから、現代までの死亡判定が、中世以来の方法と基本的に同ライン上にあることがわかろう(53)。

この「眠るが如く」の表現は、事例26・27の法然と蓮如の場合にも使用されているが、『拾遺往生伝』から同様な事例をあげれば、巻下26「前権律師永観」の「眠るがごとくに気絶えぬ」があげられる。死亡状態を「眠るが如く」の表現を使うのは、その状態が眠っている状態と変わらなかったからであろう。「永観」のも、「気絶」と「眠るがごとく」のセット表現からも、息絶えて眠るような状態は死亡と判断されていたのである(54)。

息・脈の有無と、眠るがごとく状態の死の判断では、実際死亡していないにもかかわらず（例えば、仮死状態）、死亡と判断されたこともあったろう。いわゆる死亡したが、のち生き返った蘇生譚は、この状態であったのではなかろうか。

〈事例32〉『古今著聞集』巻第一〇―三六九「新日吉小五月会の競馬に秦頼峰落馬の事」

秦頼峰落馬して「死にたりけるを……いき出でさせ給ひて候」となった。

事例32は落馬で死亡した頼峰が、「いき出でさせ」＝息を吹き返し蘇生した話である。この場合、中村禎里氏によれば(55)、脳震盪の疑いが強いというが、いずれにしてもこれは息の有無で死亡と誤判断された事例である。近世の事例29妙円も蘇生したが、彼女は脈により死亡とされており、これも脈での死亡診断の曖昧さを示す事例であろう。

以上のように中・近世社会では、気絶＝息絶える、脈絶える、状態として眠るがごとくが、死亡判定の基準であったといえよう。このような死亡判定のため、実際は生きていながら、死亡と判断された事例も多かったと推測できる。それが蘇生譚を作りあげた背景と考えた。息が絶えることを「気絶」＝きぜつ、と表現する点からも、気絶＝きぜつと、息絶える「気絶」とは区別されなかったのであろう。

中村禎里氏[56]によれば、前近代の日本人の間では「死と気絶との弁別はあまり明瞭でなかった」とされ、「しかも気絶のがんらいの意味は呼吸停止であるが、意識障害とも認識されているので、話はこみいってくる」、それゆえ蘇生話が多くみられるという。拝聴すべき指摘である。

おわりに

以上を簡単にまとめておきたい。中世では寿命を神仏の支配領域、人間の力の及ばないものと理解していた。したがって中世では「死」は運命であったのである。それが近世になると、養生により寿命を延ばすことができるとの理解が成立した。つまり人の命は神仏の支配からはなれ、人間の支配領域に入ったのである。これは中世社会に比べて、近世社会での宗教的権威の後退と考えた。この背景には、近世社会での人権の発展と自然科学の展開があると想定した。

近世では特に権力者が長寿の秘訣をさぐり、長寿側には名もない百姓が多かった。これは権力側が贅沢や不健康な生活習慣により、それだけ短命であったためとした。中・近世社会での死亡判定は、「気絶」＝息絶える、「脈絶」、状態として「眠るが如く」であった。この死の判定法は、その精度は別として現在まで行われていた方法であった。したがって前近代の判定では死亡していないが、上記の状態になれば、死亡と判断されたであろうと指摘した。またこの死亡判定の曖昧さが、蘇生譚を生み出す背景にあったともした。

中世びとは神仏に願う以外、寿命を延ばすことはできなかった。人間は寿命に対し無力であったのである。天下人豊臣秀吉でさえ例外ではなかった。そして寿命は近世に至り人間の支配下に入り、さらに現在に至っては、医学・医療の発展や、生活水準の向上、社会保障制度の充実などで、一層人間の左右可能な領域に入った。したがって平均寿命も年々延びてきている。

これは一見すると幸せに思えるが、中世びとに比べると現代人が、一層「生」に執着せざるをえなくなったことを意味している。つまり以前では死は神仏の領域で、一種のあきらめがあったのだが、現在では条件さえ整えば（金銭問題・医療設備など）、医療行為で延命が可能になった。延命法を認知しているだけに、死が近づいた現代人はその方法を可能な限り行おうとする。それがあたかも当然のことのように。逆にいえば、延命法を認知している以上、そうしなかった場合、後悔することになるのである。

福間誠之「現代医療と死」(57)の日本人死亡場所の統計分析では、一九五〇年は自宅が八八・九パーセント、病院など施設が一一・一パーセントであったが、一九九二年には自宅が二三・四パーセント、病院が七六・六パーセントとなり、特にがん患者は九三パーセントが病院で死亡しているという。

この指摘には自宅で死ねない現代人の実態がある。背景には病院で延命治療を受ける人の事例が、多く含まれているはずである。しかし自宅で死ねないのは、延命治療の人のみではない。養老孟司氏は高島平の団地の例をあげて、次のように指摘している(58)。

この大団地にお棺が入るだけの大きさのエレベーターがないため、仕方なくお棺を立てる話題をあげ、そして建築者に対し、「あれだけの人数が住む建物で、死者が出ないと考えていること自体が、はじめからおかしい……人が死ぬということすら考えなかった。……経済性のみを追った。これが現代社会であろう」と痛烈に批判している。

このように現代のマンションが、人間の「死」を想定していないとすれば――統計をとれば、自宅で最後を迎えたい人が多いはずであるのに――、現実には豊かな老後のマンションライフであっても、そこでは死ねず、病院などの施設で人生の終焉を迎えざるをえないのである。人間の最後を病院で迎えることに対し、延命治療など無理な行為はやめて、自然死を求める動きもみられる。

例えば、新村拓「医療史のなかの安楽死・尊厳死[59]」には、一九五〇年代から六〇年代にかけて急速に進歩した生命維持装置の開発によって、患者が回復の見込みのないままに、ただ生かされている状態＝人格的な存在としての人間の尊厳を著しく傷つけている状態が生じたため、「寿命とともに訪れる自然な死を求める尊厳死が一般の人の注目を浴びるようになった」とある。

延命法により長寿社会を実現させた現代において、それと逆行する、あたかも中世社会の「死」に対する認識のように、自然死が脚光を浴びるのは、現代人が「死」の不自然さに気づき始めた証拠ではなかろうか。「死」をみつめることは、「生」を考えることである。現代人は長寿社会に遭遇して、初めて「生」「死」の問題に真正面から取り組み出したのではなかろうか。この問題に取り組むためにも、「死」の歴史を明らかにしなければならない[60]。

政府や医師会が脳死を「死」と主張しても、日本の伝統にない脳死が、いまの日本人に簡単に受け入れられるとは思わない。臓器移植を待つ人のためにも、日本人が「死」をいかにとらえてきたかを明確にし、それをまず現代人に理解させることが必要である。この作業と努力なしに、横から持ち込まれた新しい「死」への理解はむずかしいと思われる。最後に次の事例をあげておこう。

〈事例33〉根岸鎮衛『耳嚢』中巻　巻之六「長寿の人格言の事」

出雲広瀬藩松平上野介直義の家士山川又右衛門が百歳余になり語ったことには、「人も長寿を願ひしは常なれど、長寿も程あるべし……いにしへの智音《知》は皆泉下《故人》の人となり、中年の知り人も残るものなく、何を語り何を咄さんとしても我のみ知りて人不知、誠や知らぬ国にあぶれぬると同じ事にて、心にも身にも楽しとおもふ事はなし、然れば、死したるも同じ事也」

ここには長生きしても結局知人もいなくなり、一人ぼっちとなってしまい、死んでいるのと同前で、長生き自体決して幸せではないという理解がうかがえる。これは長生きの矛盾をよくついており、生きる意味を考えさせるものである。いわば、一つの人生哲学といえる。近世のある武士が語った長寿の意味を、現在の長寿人である我々は、もう一度考えなければならないであろう。

註

（1）養老孟司『日本人の身体観の歴史』、法藏館、一九九六年、四一頁。

（2）堅田修編『真宗史料集成』第二巻（同朋舎出版、一九七七年）「諸文集」。以下「蓮如御文」は本資料集所収である。

（3）荒木繁ほか編注『幸若舞』、東洋文庫、平凡社、一九八三年。ただしこの話は信長最後でなく、奥野高広ほか校注『信長公記』（角川文庫、角川書店、一九六九年）首巻「今川義元討死の事」の今川義元討伐出陣時のものである。

（4）永原慶二氏は「応仁・戦国期の天皇」（石上英一編『講座　前近代の天皇』第二巻、青木書店、一九九三年）で、天皇の在位期間や退位の事由を分析し、同期の天皇が政治的世界から切り離され、皇位が無風状態であった点などを指摘している。

ここでいう平均寿命とは、ある程度生存しえた人物の平均をとっているのであり、事実上、人口全体や乳幼児での死亡年齢などは確認しえず、計算には入れられていない。したがってこれらを加えれば、実際はもっと低かったと考えられる。なお寿命や人口については、鬼頭宏『人口から読む日本の歴史』（学術文庫、講談社、二〇〇〇年）、立川昭二『江戸病草紙』（ちくま学芸文庫、筑摩書房、一九九八年）が大変参考になり有益である。

（5）本福寺や諸記録については、千葉乗隆『本福寺史』（同朋舎出版、一九八〇年）参照。なお同寺平均寿命の計算は没年の不明な六代明善は省いた。また歴代住職の年齢は「草案」記載にしたがった。

（6）『大日本史料』第四編之一五。承久元年九月二一日「普賢延命御修法記」。

（7）『今昔物語集』三、日本古典文学全集二三、小学館、一九七四年。

（8）名畑応順『親鸞和讃集』岩波文庫、岩波書店、一九七六年。

（9）註7資料一、日本古典文学全集二一、一九七一年。

（10）『日蓮文集』、岩波文庫、岩波書店、一九六八年。

（11）大日本古記録。

（12）『老いと看取りの社会史』、法政大学出版会、一九九一年、四八頁。

（13）『中世神道論』、日本思想大系一九、岩波書店、一九七七年。本書は室町中期の成立。

（14）新村拓も註12論文で、「古代・中世の人々の多くは死んだ年齢をもって『天命』と感じていた」（四八頁）と明らかにされている。氏の見解は本章作成に大変参考になった。

（15）日本古典文学全集三一、小学館、一九七一年。

（16）岩波文庫、岩波書店、一九七五年。

（17）辞世については、部矢祥子「辞世の成立と展開」（『和歌文学研究』六九、一九九四年）・「中世辞世の研究序説」（『高野山大学国語国文』二〇、一九九四年）参照。

（18）阿部謹也氏は『社会史とは何か』（筑摩書房、一九八九年）で、中世ヨーロッパの事例から、前近代の人間の寿命について、「人間は長い間、寿命を天命として受けとめ、それを延長しうるとは考えていなかった」（八二頁）と指摘している。

（19）この厳しい自然環境や自力救済社会などについては、藤木久志氏の一連の研究『豊臣平和令と戦国社会』（東京大学出版会、一九八五年）・『雑兵たちの戦場』（朝日新聞社、一九九五年）・『村と領主の戦国世界』（東京大学出版会、一九九七年）・『飢餓と戦争の戦国を行く』（朝日新聞社、二〇〇一年）など参照。

(20)『西鶴集』、日本古典文学大系四八、岩波書店、一九六〇年。本書は元禄七年（一六九四）成立。

(21) 岩波文庫、岩波書店、一九六一年。本書は正徳三年（一七一三）成立。

(22) 岩波文庫、岩波書店、一九九一年。本書は近世中期成立。

(23)『日本随筆大成』第二期五、吉川弘文館、一九七四年。本書は寛延二年（一七四九）刊。

(24) 市島謙吉編、日清印刷、一九〇八年。

(25)「続百一録」元文二年（一七三七）四月一一日条に中御門上皇の、そして「弘化諒闇記」弘化三年（一八四六）二月六日条に仁孝天皇の死去の記事があり、両事例（『古事類苑』礼式部二「葬礼二」）に、「養生叶わず」死亡との表現がある。これらは死の原因をすでに神仏の力でなく、養生によるものとの理解が成立していることを表している。

(26)『日本中世に何が起きたか』、日本エディタースクール、一九九七年、三七・一二二頁。

(27)『父の終焉日記・おらが春他一篇』、岩波文庫、岩波書店、一九九二年。

(28)『出産と生殖観の歴史』、法政大学出版局、一九九六年。

(29) 鬼頭宏『日本の歴史　文明としての江戸システム』第一九巻、講談社、二〇〇二年。現在でも子どもは「授かる」という表現をすると同時に、「子作り」という表現も用いているが、これは江戸時代中期以降「いのち」に対する認識が、神仏の手から人の手へと変化したことを背景に持つ表現だったといえよう。

(30) 朝日新聞社編『朝日百科　日本の歴史別冊　歴史を読みなおす』一八、同社、一九九五年。

(31) 註29前掲書。

(32)『近代日本文学大系』第三〇巻、国民図書、一九二七年。本書は元禄一七年（一七〇四）成立。

(33) 樺山紘一「養生論の文化」（林屋辰三郎編『化政文化の研究』、岩波書店、一九七六年）。

(34)『新百家説林蜀山人全集』巻四、吉川弘文館、一九〇七年。本書は近世後期の成立。

(35) 註23資料第一期五、一九七五年。本書は近世後期成立。

（36）『改定史籍集覧』新加別記七一。
（37）『広文庫』「長寿」項の諸事例から長寿者の身分を、管見の範囲であげておけば、山城国小泉村老人万平一八四歳（「長周叢書虚実見聞録」）・箱館在石切地村運右衛門の祖母一〇六歳（「休明光記」）・京都千本通火打売り吉久一一〇歳（「仮名世説」）・山城国木幡の里の百姓又次郎一二〇歳（「夜談随筆」）・奥州白石近在の農夫段平六七二歳（「雲錦随筆」）などで、全体的に百姓など著名人でない庶民である。
（38）もちろん常に百姓が長寿ではない。新村拓「老いを迎える年齢」（註12前掲書）によれば、近世後期の飛驒国の寺院過去帳分析では、一七七一～一八七〇年の百年間の某村の平均寿命は、時代や地方差があろうが、男性二八・七、女性二八・六歳という。
（39）鈴木尚『骨は語る　徳川将軍・大名家の人びと』、東京大学出版会、一九八五年。
（40）例えば、慶安の御触書にある、酒や茶の購入禁止や、雑穀の主食強要などは百姓の質素な生活を示している。
（41）この平均寿命とはある程度生存して後、没するまでの平均年齢である。しかし実際は産まれて間もなく没するものは多い。例えば、小林一茶は、初婚の妻きくとの間に生まれた四人の子どもを、すべて二歳以内で亡くしており、再婚の妻との間の娘やたのみが四六歳をまで生き抜いている。これは一茶一家が偶然に不幸であったのではない。近世後期での乳幼児の死亡率は、約二〇～三〇パーセントと非常に高率であり、子どもたちは日常的に死の世界に近い存在であったのである。
一茶と同時代の一一代将軍徳川家斉は、正妻・側室を含め四〇人ほどの女性との間に、五三人の子どもがあったが、二歳未満での死亡は二一人にものぼり、さらに一五歳以上生存したわずか二一人、四〇歳をこえたものは一二代家慶を含め七人にすぎなかった。一茶家族であろうが、最高権力者将軍であろうが、死亡率は変わらなかったのである。死亡率から考えれば、人生を全うすることは想像できないほど、困難であったのである。つまりすべての人間が「生き残る」こと自体が困難な時代＝死ぬことが日常の時代であったのである。それゆえ「いのち」は究極に重いものであり、さらに長寿は希有で、貴重だったのである。これらの点は立川氏註4前掲書参照。
（42）『真宗重宝聚英』第五巻、同朋舎出版、一九八九年。
（43）岩波文庫、岩波書店、二〇〇〇年。

(44)　同町、一九九四年。
(45)　新潮日本古典集成、新潮社、一九八三年。
(46)　井上光貞ほか編『往生伝・法華験記』、日本思想大系七、岩波書店、一九七四年。本書は長承元年（一一三二）成立。
(47)　事例は巻上四「内供奉安恵」・巻中一六「前常陸守源経隆」・巻中二三「射水親元」・巻中二五「鹿菅太」・巻中三〇「章行母尼」・巻中三二「尼妙法」・巻下二六「前権律師永観」・巻下二七「善法聖人」・巻下二八「聖金阿闍梨」である。
(48)　註2資料。
(49)　註2資料。
(50)　小松茂美編『続日本の絵巻』九、中央公論社、一九九〇年。
(51)　『近松門左衛門集』一、日本古典文学全集四三、一九七二年。
(52)　註35資料。
(53)　ただし現在では、心臓停止などは医療機器で計測しており、中世と比し判定レベルの精度が高いのは当然であるが、ここでいうのは死亡判定方法の不変性である。
(54)　その他同様な表現は、巻上一八「安助聖人」・巻中三一「尼妙意」・巻下二「峰延内供」・巻下七「太宰府聖人」・巻下二二「成務聖人」がある。
(55)　「日本人の生命観」（『図書』四九〇、一九九〇年）。なお二〇〇三年三月末、中村氏に直接お会いする機会をえた。その時、死に関する氏のご見解やご意見を拝聴した。氏は生物学の研究者だが、その視点は日本史研究に多大に役立つものであった。改めて多種の学術領域の研究者との交流の必要性を痛感した。
(56)　註55前掲論文。
(57)　宮田登ほか編『往生考』、小学館、二〇〇〇年、一四九頁。
(58)　註1前掲書、五七・五八頁。
(59)　註57前掲書。

（60）福間誠之氏は註57前掲論文で、「脳死状態の患者は人工呼吸器につながれてはいるが、外見上は元気なときとほとんど変わりなく、触れば温かく、脈拍もあり、皮膚はピンク色をしているので、医師から脳死であることを説明されても、そのような状態を見ている家族にしてみれば、直ちに死を受け入れることは困難である」（一五三頁）と指摘する。

また現代の生命の問題については、法律学の立場からみた、大谷實『いのちの法律学』（悠々社、一九九九年）が非常に参考となる。

第五章　死後の個性——他界で生き続ける死者——

はじめに

〈事例1〉『吾妻鏡』天福元年（一二三三）七月二〇日条
申刻内藤判官盛時頓滅、及子刻、蘇生、相語妻子云、如夢、迷行曠野中処、一僧来引手、仮令如土門之所出、思之程、蘇生云々、是寤寐奉帰敬地蔵菩薩者也

これは鎌倉期の蘇生事例である。この蘇生譚で注目すべきは、内藤盛時が蘇生した時、死後の出来事を妻子に語った点である。現代風にいうと臨死体験である。臨死体験は、現在臨死状況下における脳の機能低下によるものと解明されつつあるが、この事例から中世びとが僧のような誰か（この場合、蘇生を地蔵菩薩の力とする点から、僧は地蔵の化身であろう）が住むような、死後の世界（他界）がある、と考えていたことは明らかである。

つまり中世びとは現世と別の世界＝他界の存在を信じていたことは確実で、したがって死者が他界で何らかの生活を送っている、と考えていたことも間違いない。これは現代でも同じで、葬儀時、死者の生前の使用物品などを

棺中に入れ火葬する行為や、お盆に死者を迎え送る行事も、同じく他界で死者が生活するという理解に立った行為であろう。

中世びとにとって世界は一つでなく、現世と他界で構成されているとすれば、彼らを正しく理解するには、当然この二つの世界を考察する必要があろう。とすると、最大の問題は、中世びとが死者が他界でいかなる生活を送ると考えていたかである。さらにいえば他界で生活する死者の個性をどう考えていたかではなかろうか。

死者の個性を問題とするなら、生者の前に出現する幽霊を考察することは有益な方法と思われる。幽霊は死者ゆえ、その言動を分析すれば、死者の個性がどのように理解されていたかが明らかになると考える。幽霊ですぐ思いつくのは、番町皿屋敷のお菊の亡霊など、近世の幽霊たちであろう。その幽霊は怨みをはらすため出現し、相手に取り憑き殺すパターンが多い。例えば寛文元年（一六六一）の『因果物語』上―六「嫉深女死シテ後ノ女房ヲ取殺事」[1]には、江戸浅草海運寺全春が、七歳の時、彼の継母が亡き母に取り殺された話をしたことがみられる。同じように寛延二年（一七四九）刊『新著聞集』第一二「寃魂篇」[2]にも怨みをはらす幽霊の話がみられる。近世の幽霊のすべてが、怨みをはらす幽霊話ばかりとはいわないが、歌舞伎なども怪談の興業が人気を博していたように、やはり復讐する幽霊のイメージが強かったといっても大過なかろう。ちなみにこの怨みをはらす幽霊のイメージは、現代に通じている。

これら幽霊の行動をみる限り、ただ繰り返し恨みをはらすためのみの出現であり、その個性というものはあまり感じられず、没個性的である。とすれば、死者は没個性なのであろうか。平安中期以降、浄土教が展開し仏が住む極楽浄土の世界観が形成されると、浄土往生を遂げることを欲する行動が多くみられるようになる。当時の人々がその世界に往くことを欲する以上、その世界で生活する自分が没個性となると考えていたとは思えない。つまり死者をまったく没個性的に理解していたとは思えない。これは対極の地獄に堕ちた人々に対しても同じであろう。当然なにがしかの個性を中世びとは考えていたはずである。

しかし日本史研究では、歴史上の人物の生活や立場、個性などは研究するが、意外に死後の世界での生活に言及したものは少ない。あってもせいぜい極楽浄土に往ったとか、地獄で嘖まれている人々という程度である(3)。この点、すでに指摘されているヨーロッパ中世史とは、大きな相違といわねばならない(4)。

死者の個性の研究は、中世びとの生活や世界観を知る上でも、また現代の私たちが持つ死生観を理解する上でも必要な作業と考える。そこで本章ではこのような視点から、中世びとが死後の人間の個性をいかに考えていたかを明らかにしてみたい。

一　死者の姿

死者の個性を考える場合、死者が生前と比べ、どのように変わっているか否かが、まず問題となろう。ここでは特に中世での死者（幽霊）がいかなる姿で出現するのかに注目して考察してみたい。

室町期成立の御伽草子「小敦盛」(5)には、寿永三年（一一八四）、一ノ谷の戦いで討死にした平敦盛の幽霊と息子小敦盛の対面場面がある。そこには父敦盛が「なんぢは、いまだ見ぬ父を、かほどに思ひけるこそあはれなれ、なんぢ胎内にして、七月《つき》と申すに、一の谷の合戦に出で、熊谷が手にかかり、十六の年討たれて、この八年が間、他生の苦患、申すはかりなし」と語った箇所がある。

この父子再会場面の挿絵(6)には、折烏帽子に鉢巻、直垂姿で太刀を脇にかかえ座す、敦盛の様子が描かれている。

鉢巻を巻いている点から、この姿は出陣姿とみてよい。敦盛の幽霊が彼の最期の姿で出現することは、中世では死者の出現姿は死んだ時の姿、と考えていたことになる。死者が生前の姿で出現するのは、この話だけではない。

〈事例2〉『今昔物語集』巻第二七第二「川原院融左大臣霊宇陀院見給語」[7]

左大臣源融が亡くなり、住む者がいなくなった川原院を、その子孫が宇多天皇に献上した。天皇がそこに居していると、「日ノ装束直シクシタル人ノ大刀帯テ笏取」る姿で、融の幽霊が出現した話。

〈事例3〉『今昔物語集』巻第二七第二六「女見死夫来語」

相思相愛の夫婦がいたが、夫が病没してしまった。妻は三年間「死タル夫ヲノミ恋ヒ泣テ」いた。すると、「昔人ニ似タル」笛の音が聞こえ、「只昔ノ夫ノ音《こえ》」で「此レ開ケヨ」という声が聞こえた。怖ろしくて蔀から覗くと、「有シ様」（生前の時）の姿で立っていたが、女は男の体から煙りが出るなど怖ろしいように感じた。男は「極ク恋給フガ、哀レニアレバ、破無キ暇ヲ申シテ参リ来タル」と述べ消えた、という話。

一二世紀前半までに成立した説話の事例2では、宇多天皇の前に出現した源融の幽霊は、太刀を帯き笏を持つ束帯姿で描写されている。この姿は公家が天皇の前に出る時の正式な姿で、いわば生前の公家の最も常識的な姿である。事例3の死亡した男が「有シ様」で立っていた事例3は、死者が生前と同じ状態でいることを明確に示している。

室町初期成立の謡曲には死者出現話が多い。能は室町期に足利氏に保護され発展した芸能だが、権力者から庶民

図23　対談する生者（尊意・左）と幽霊（菅原道真・右）
どちらが幽霊か見分けがつかない（『松崎天神縁起』巻二、防府天満宮蔵）。

にまで広がった芸能ゆえ、ここにみられる話は、当時の普遍的な考え方や信仰などが表現されていると考えてよい。つまり謡曲は当時の死者観を明らかにしえる重要な資料なのである。そこで次に謡曲から数例をあげてみてみよう(8)。

「忠度」には、源平合戦での一ノ谷の戦いによって討死にした平忠度が、生前の姿で旅僧の夢中に現れ、自分の身の上を語る話があり、同じく「実盛」には、斎藤実盛の幽霊が鬢・鬚も白い老武者姿で、錦の直垂・萌黄匂いの鎧を着ていたと語られている。また「頼政」では、治承四年（一一八〇）平家に対し以仁王を奉じ、宇治川の戦いで敗死した源頼政の幽霊が、その時の様子を旅僧の夢中で語った際、「法体の身にて甲冑を帯し」と、敗死した時の姿で出現したとされている。これらはすべて討死した姿で表現されている。

鎌倉末期成立の『松崎天神縁起(9)』巻二では、比叡山座主法性坊尊意僧正を訪れた菅原道真の亡霊が、公家の正式な姿の束帯姿で出現する場面が描かれている。その絵をみても、どちらが死者か判別しがたく、生者の尊意とまったく変わらない様子で描かれている（図23）。

これら中世の諸資料に、死者が最期の姿や生前の常識的な姿で、関係者の前に出現するように表現・描写されているのは〃死者は死んだ時の姿のまま他界で生活する〃と考えていた、中世びとの死者観をよく表している。このように死者の姿の不変性を指摘したが、変わる場合もある。それは御霊信仰などであるが、これは特別な場合と考えるべきで、原則的には不変というべきである（この点は後述）。

現代でも死んだ人が枕元に現れたとか、夢に出現したなどの話をよく聞く。この場合、出現した死者は、死んだ時の年齢や姿のままで現れることが多い。例えば、亡くなった人がおじいさんの場合、出現する死者は老人の姿であり、決して子どもの姿では現れないごとくである。この話から死者が他界（あの世）では、死亡時のままで生活していると、現代人の死者観がうかがえるが、このような死者観は少なくとも中世に遡るものであることがわかろう(10)。

二　死者の個性——記憶から——

死者は姿の点で生前と変わらない状態で、他界に生きている＝表面的には生前と同じ、と中世びとは考えていた。では死者の内面＝生前の性格や個性は、死後どのようになると考えていたのであろうか。この点は本章の本旨であり最も重要なポイントである。

そこでここでは死者の記憶に注目してみたいと思う。なぜなら記憶は本人自身か否かを決定する重要な要素であり、したがって記憶の死後の変化を探れば、死者のアイデンティティーが生前のそれと、どのような関係にあるのかを明らかにしえると考えるからである。

先掲事例2には以下の話が続けて叙述されている。宇多天皇が源融の幽霊に遭遇した時、天皇が幽霊に「融ノ大臣《おとど》カ」と尋ねると、「然《さ》ニ候《さぶら》フ」と答えた。さらに天皇は出現の理由を尋ねると、幽霊はここは私の家で天皇が来られて気詰まりですと返答した。すると天皇は、この家は私が献上を受けたもので、「事ノ理ヲモ不知ズ、何《いか》デ此《かく》ハ云ゾ」と、大声で一喝すると、融の幽霊は消えたという。

幽霊が天皇の問いに、「然ニ候フ」＝自分は源融です、と返事したということは、幽霊が自分が誰かを自覚している証左である。つまり中世において死者は、没後も生前の自分であることを認知していたということである。

〈事例4〉『沙石集』巻六—一三「亡父夢に子に告げて借物返す事」(11)

亡き父が息子の夢に現れて、「それがし殿の物を、いく〳〵らかりて(借)、かへ(返)さざりし故に、あの世にてせめらるる、彼子息のもとへ返すべし」と告げた話。

事例4は、ある男の幽霊が生前「殿」に借財をして返済しなかったため、死後あの世で責められていると、息子に告げた話である。生前の金銭貸借を説明できることは、死者が生前の出来事を死後も記憶しているということである。先の『松崎天神縁起』には、菅原道真の亡霊が天皇に自分が不遇な目にあったことを述べたいと語ると、比叡山座主尊意が押しとどめた場面がある（図23）。これも生前の不遇な事態を、死者が記憶していた事例である。

〈事例5〉『看聞日記』応永二三年（一四六一）正月九日条

「北山女院（足利義満妻、日野康子）八日御夢想ニ、故北山殿（義満）有入御女院ニ被申様、近日之間御肝つふさる、事あるへし、雖然他所へ不可有御出」といい、夢中で義満が彼女にお祓いをする話。

この記事は亡き足利義満が妻の日野康子の夢に出現し、近く肝をつぶすようなことがあるから、よそへ出かけないようにと指示し、彼女にお祓いを行うと、のち義満の予言どおり「北山大塔七重、為雷火炎上」し、結果妻が難を逃れた話である。亡き義満が出現し妻の命を救った話は、死者が死後も妻を想う心を有していたこと、そして他界から現世を監視していたことを示す事例である。[12]

先掲の謡曲「頼政」では、宇治で敗死した源頼政の幽霊が、「宮（以仁王）は六度まで御落馬にて」と、以仁王の数度の落馬や、宇治川の「川波」と川の様子など、合戦時の様子を詳しく語る箇所がある。同「実盛」では、幽霊の斎藤実盛が「生国は、越前の者にて候ひしが、近年御領に付けられて、武蔵の長井に居住仕り候ひき」と、生前の生まれた国や住居を語る箇所がある。

「頼政」では死者が生前の記憶を細部にわたり鮮やかに保っているように、また「実盛」では死者が死の直前の記憶のみでなく、自分の遠い過去のことまで記憶しているように表現されている。

前記「小敦盛」には、討死した平敦盛の幽霊と息子「小敦盛」の対面時、敦盛が「一の谷の合戦に出で、熊谷が手にかかり、十六の年討たれて」と、敦盛は自分が誰に討たれ、何歳で死んだかなどを語る箇所があり、明らかに生前の記憶を維持していることがわかる。

これらの事例から死者が死後も生前の本人と自覚し、生前の記憶、それも生前の古い過去から死直前のことまで詳細に記憶していたことは明らかである。このように死者が生前の記憶を有していたことは、中世びとが死者を生前の本人と同じ、つまり死後も生前と同じ個性を有する、と考えていたことを表している。

三　死者の個性——特技・身体的特徴・性格などから——

死者は他界で生前の本人と同じアイデンティティーを有し生きていた。そこでここでは、記憶以外の事例から死者の個性の問題を考えてみたい。まず死者の特技についてである。

〈事例6〉『看聞日記』応永三一年三月一九日条

今暁夢想、大通院（栄仁親王、貞成親王の父）四絃灌頂被授下、其様深秘不可説也、調之様兼如推量也、印ヲ結給、委細不能記之、可有道之冥伽歟

〈事例7〉「忠度」

迷ふ雨夜の物語、申さんために魂魄（忠度の幽霊）に、うつりかはりて来りたり、さなきだに妄執多き娑婆（現世）なるに、なになかなかの千載集の、歌の品には入りたれども、勅勘の身の悲しさは、読人知らずと書かれし事、妄執の中の第一なり、されどもそれを撰じ給ひし、俊成（藤原）さへ空しくなり給へば……今の定家君に申し

事例6は貞成親王が夢で死んだ父栄仁親王に会った際、父より琵琶の奥義を受けた記事である。親王が亡父から琵琶奥義を伝授されたと記したのは、死者が死後も生前の特技（琵琶）を持ち続けると考えていたからであろう。

音楽の関係でいえば、事例3の亡夫出現時、「昔人ニ似タル」笛の音が聞こえたことも、死者は生前の特技を有する、との認識を示している。

事例7は先掲の平忠度の幽霊が旅僧の夢中に表れ、千載集に和歌が入集したが、勅勘の身のため、読人知らずで入集したことを語る場面である。彼が死後も勅撰集入集に非常に執着をみせる様子は、まさに死者が生前の特技を死後も維持していた証左である。

つまり中世びとは、このように死者が死後も生前の特技を持ち生き続ける、と認識していたのであった。次に身体的特徴や性格を示す資料からみてみよう。

〈事例8〉『今昔物語集』巻一四第八「越中国書生妻死堕立山地獄語」[13]

「我ガ母、何ナル所ニ生ヲ替ヘタリトモ、相ヒ見バヤ」「巌ノ迫ニ……悲ム母音《ははのこえ》ニテ、太郎ヲ呼ブ」「我ガ母ノ音《こえ》、不聞知ヌ人ヤ有ル」「正シク母ノ音《こえ》ニテ有レバ、可疑キニ非ズ」

これは死んだ母に会いたい兄弟が、昔から地獄があるという越中国立山に出かけ、そこで息子太郎が「母音」＝母の声を聞いたという話である。太郎が亡き母の声を聞き分けたことは、母の声が生前と同じであったということである。つまり死者は死後も声（＝身体的特徴）が不変であったということである。

この声の問題は、事例3で出現した亡き夫の声が「只昔ノ夫ノ音」ともあり、やはり不変であった。身体的特徴からみても死者は死後生前のままの本人であったのである。次に死後の性格についての事例をみてみよう。

〈事例9〉『今昔物語集』巻第二七第二五「人妻死後会旧夫語」[14]
「心様ナドモ労タカ」る（心優しい）妻を、京の家に残し、他の女性と他国へ赴いた夫（侍）が、任を終えて再度、京の家に帰ってくると、妻が「居タリシ所」に独りいた。妻は夫を「恨ミタル気色モ無ク」うれしげに迎え、その夜は「年来ノ物語」をして二人寝た。翌朝、侍が目を覚ますと、傍には骨と皮だけの妻の死体があった。驚いた夫が近所で話を聞くと、この夏に妻は病没していたという話。

病没していた妻が、生前と変わらぬ様子で昔いた場所におり、自分を捨て再び戻ってきた夫（侍）につもる話をしたところから、死者が生前と変わらぬ状態で生き続け、生者と交流を持つものと理解されていたことが、ここからわかる。さらに生前心優しかった妻が幽霊となっても、自分を捨てた夫を恨むこともなく許し迎え入れたことは、生前の性格が死後も維持されていたことを示している。

事例7「忠度」には「俊成さへ空しくなり給へば」と、和歌の友人藤原俊成が元久元年（一二〇四）に死去したことを、忠度の幽霊が語る場面がある。忠度はその俊成より一〇年前の寿永三年に討死している。その忠度が俊成の死去を知っていることは、他界に現世の情報が伝わっていることを意味している。

さらに忠度が現世の情報を注視するこの話は、他界より現世を監視している事例ともいえるであろう。亡き義満が妻の危機に出現した事例5は、死者が生者への思いやりを有する事例だが、「忠度」と同じく死者が現世の情報を他界で入手している事例でもある。

また小敦盛が思い続けやっと亡父と対面することや、事例3の女が「恋ヒ」て亡夫と再会するなどから、生者の思い（心）が、死者とつながっていることがわかる。つまり死者と生者は非常に近い関係にあり、生者の心を死者は他界で受け取っているのである。

このように死者が現世の情報を察知している点は、本願寺第三世覚如が書した、暦応二年（一三三九）一一月二八日「覚如置文」[15]で一層鮮明となる。そこには本願寺寺務について、継職者の遵守すべき条々のあとに、「若於令違犯之輩者、予（覚如）雖在浄刹（浄土）、廻眦於閻浮可与其罰」で結んだ一文がある。これは「予」＝覚如が浄土にあっても、浄土世界から「閻浮」＝人間界に「廻眦」＝眼をめぐらし、条々違犯者に罰を与えるという意味で、覚如が浄土から後継者を監視している意で、まさに上記事例を文書化したものといえよう。ただ事例5からわかるように、死者が他界から監視するのは、単ににらみをきかせているのではなく、何か事があれば、生者（関係者）に忠告・アドバイスを与えるためであった。

このように死者が現世を他界からみていることは、現世と他界が完全に断絶していないことを示すものである。先掲の源融の場合、宇多天皇が理をわきまえない幽霊の融を一喝するとかき消えたように、天皇と家臣との生前の身分関係が没後も続いていることがわかる。この事実は生者の現世と死者の他界が、断絶なく続いている証拠であろう[16]。

ある男が生前の借財で死後責められる事例4も、生前の出来事が死後の生活に影響を及ぼす点で、これも他界と現世の不断絶を示す事例である。現世と他界との連続性は、上述してきたように、死者が生者と交流すると考えられていた社会では、当然成立すべき世界観と理解できる。このように死者は他界で生前の特技や性格を保ち生き続け、現世の情報を得て見守り、そして必要に応じ現世に赴き生者と交流しメッセージを伝えるのであった。

四　固定化する死者の個性

ここまで死者の個性はその姿を含め、死後不変と指摘した。幽霊は残された者たちの側の忘れがたい記憶の投影である以上、本来、残された者からみれば、死者の個性が変化することはありえず、当然不変なものである。しかし御霊信仰＝怨霊化などで、姿が変化する場合もある。姿が変わるとすれば、それは個性も含め、生前の本人とは異なるのではないだろうか。次にこの問題を考えてみよう。

政変で非業の死を遂げた皇族・豪族が怨霊化し、天変地異や疫病流行をもたらすと考えられた御霊信仰は古代からみられる。怨霊化した人々は、生前と異なる姿＝鬼・雷神・物怪となる場合がある(17)。

例えば、保元の乱の敗者崇徳上皇の怨霊は有名だが、その姿は「足手ノ御爪長々ト生、御髪ハ空様ニ生テ、銀ノ針ヲ立タルカ如シ、御眼ハ鵄《とび》ノ目ニ似(18)」るというものであり、常態でない上皇の姿が表現されている。上皇の長い爪は配流時での生活の苦境を、銀針の髪や鵄の眼の状態は上皇の怒りを表現しているのであろう。

古代末期の保元の乱以降、宮廷の政争や地域戦が全国レベルに拡大し、合戦が総力戦の様相を呈してくると、関係者はもちろん、無関係者までもが合戦に巻き込まれる結果となり、数多くの死者を生んだ。したがってかつてとは比べものにならない程の怨霊を誕生させた。それゆえ権力者たちは、その鎮魂にやっきになり、鎮魂が重要な政策の一つとなったという(19)。

例えば、元暦二年（一一八五）七月の大地震の原因を怨霊とすることに関連し、『玉葉』同年八月一日条には「依源平之乱、死亡之人満国」と、死者が国に満ちていると表現されている。また鎌倉永福寺建立の目的は、鎌倉幕府による奥州攻略で滅亡した藤原泰衡や源義経以下数万の怨霊鎮魂であった[20]。

もう一つの死者の変化がある。それは死後、死者が虫や動物に変化する場合で、これは先の御霊信仰とも関係する。『源平盛衰記』巻第一〇「頼豪為鼠事」に次の話がある。

白河天皇が、当時延暦寺にしか認められていなかった戒壇設立を条件に、皇子誕生祈禱を三井寺頼豪に依頼した。皇子は誕生したものの、天皇はその約束を守らなかった。そのため憤死した頼豪は怨霊となり、延暦寺を滅ぼすため、「大鼠ト成」って、仏像や経論を食い破ったという[21]。

このように死者が怨霊化し、動物に変化した事例は確かに存在する。この他にも怨霊の虫や動物への変化伝承は、現在までも伝えられている。神野善治氏の研究[22]は多くの事例を紹介しており、そこから少しあげておけば（以下（　）内は地域、死者名）、長田蟹（尾張、源頼朝に殺害された長田忠致）・宇治川の蛍〈源氏蛍〉（山城、源頼政以下）・八幡蛍（遠江、武田・徳川両軍の兵）・善徳虫（若狭、僧侶善徳）などである。氏の事例は民俗学的分野に入るもので、すべて中世にまで遡ることが可能か否か何ともいえないが、頼豪の例のように中世に遡ることができるものもあろう。

このように非業の死を遂げた者の増加は多数の怨霊を誕生させ、上皇のように常態でない姿の死者や虫・動物を増加させたであろう。とすれば、先述した死者の姿が、生前と基本的には変わらないとの主張と矛盾することになる。

総力戦化した合戦での怨霊の増加は確かだが、常時合戦していたわけではない。死亡事由は大半が殺害・合戦被害ではなく、通常の状態で死亡（自然死・病死・事故死など）することが多かったはずである。怨霊化＝非常態姿の死者の出現はやはり非日常的死から発生するもので、特別なものと理解すべきである。したがって中世において死者は、基本的には生前の姿で生活していると考えられていたとみてよいであろう。

さらにこれは個性の問題についても、同じことがいえるであろう。多数の死者が出現し怨霊化すると、供養や鎮魂される場合、個々になされることなく、～の乱・合戦での怨霊たちという形で一括してなされるであろう。とすれば、そこには死者の個性は成立しにくく、敵や社会に害を及ぼす怨霊として、特定の個性しか付与されない、むしろ没個性の存在といえるであろう。

しかし怨霊化した人々は、生前の個性の変化というより、怨みをはらすという一点で活動するのであり、この怨みが除去されると怨霊ではなくなるわけで、生前の個性の変化とはいいがたい。また先述したように、怨霊化する死に方は特別な場合との点も考慮に入れれば、基本的には死者の個性は変化しないといえるであろう。

また怨霊ではなく、同様に死後動物に変化する場合もある。例えば、『古事談』第三には、「仁海僧正」の夢に「牛ニ成タル」亡父「上野上座」が出現した事例がある。この話は仏教の畜生界への輪廻思想を背景として成立している。これ以外にも、有名な道成寺説話にみる女性化身のヘビも同じ事例として指摘できよう。このように仏教思想に基づく死者の変化もあるが、これもやはり怨霊と同じく常時のことでなく特別な場合といえよう(23)。

このように死者が死後常態姿ではなく、変化する事例は確かにある。しかし怨霊による鬼神的変化や動物・虫化、畜生界への変化も、常に皆がそうなるわけではなく、やはり特別な場合と考えるべきであろう。したがって中世では死者姿、さらにその個性は不変と考えられていたことが、基本であったといえよう。

ただし時間を経ると、その個性は没個性化し、固定化の傾向をみせる。ある時点からみて、かなり過去の者が亡霊として出現する事例で、この問題を追ってみよう。

斎藤実盛は『平家物語』によると、寿永二年加賀国篠原の合戦で、木曾義仲軍により敗死したという(24)。彼の話は鎌倉中期成立の同物語から、およそ二百年後の次の記事にも表れる。

〈事例10〉『満済准后日記』応永二一年（一四一四）五月一一日条
斎藤別当真盛《サネ》霊於加州篠原出現、逢遊行上人、受十念云々

これは実盛の亡霊が敗死場所の「篠原」に出現し、それを遊行上人が鎮魂した記事である。ここにみられる実盛は、敗死地「篠原」をさまよう合戦の亡霊である。これは彼のイメージが二百年を経ても、合戦時の人間として認識されていたことを物語るものである。このイメージが、先述の謡曲「実盛」を成立させる。

付け加えると、実盛が稲の株につまずき倒れ敵に討たれた怨みにより、彼がイナゴなどの害虫（実盛虫）となり、稲を食い荒らすと信じられ、実盛の怨霊供養をして害虫退散の虫送り（実盛送り）の行事が、長く農村で行われてきた。このように民俗としても実盛は、合戦と結びつけられ脈々と語り継がれてきたのである。

生前の彼は武人であっても、当然のことながら合戦のみの生活ではなかったはずである。しかしみてきたように彼のイメージは、合戦の武人、その亡霊としての側面のみが伝えられている。ここには武人以外の彼の個性はみられない。

『古事談』第五には、平清盛が安芸守の時、高野山大塔造立中、「奥院之阿闍梨」と名乗る僧が出現し、清盛に不思議な告げ（やがて太政大臣となること）をした話がある。この僧は空海で、ここでの空海は没して数百年後も、不思議な力を持ち活動する僧としての側面が伝えられている。もう一例みてもらいたい。

戦国期の在地資料で著名な「本福寺由来記」(25)に、同寺三代法住の夢に親鸞・法然が出現した記録がある。その出

現状況は、「ウススミソメ《（薄墨染）》ノ衣メサレシ貴僧二人、私宅ヘ入御アリテ」であった。この話を聞いた法住の母妙専は、「二人ノタフトキ《（貴）》御僧ハ、一人ハ黒谷《（法然）》上人、一人ハ本願寺親鸞上人ニテオハシマシケルソヤ」と、断定して答えたのであった。

法住の夢中の人物を彼の母は、法然・親鸞と判断した根拠は何であろうか。この短い資料からの根拠としては、「ウススミソメノ衣」以外には考えられない。本福寺は本願寺の末寺で、戦国期には本願寺八世蓮如をよく支えた在地寺院であった。同寺には親鸞画像なども伝来しているが、この話の段階では法住は本願寺の傘下には入っておらず、画像は末寺化して以後、授与されたものであるゆえ、これらから親鸞のイメージを創ったとは考えにくい。

三百年程前の人物たちのことを、法住や母が知る由もない。にもかかわらず彼女が断定的に答えたのは、当時「ウススミソメノ衣」の貴僧は法然・親鸞、とのイメージが固定していたからに他ならない。ここでの彼らは具体的でなく抽象的な存在で、まさに没個性である。この場合は死者たちの特徴的容姿が、彼らの偉大な活動の象徴として、記憶伝達されてきたのであろう(26)。

『十訓抄』第四「可誠人上事」(27)には次のような話がみられる。和歌を好んでいた中世初期の人物、粟田兼房の夢中に、古代の柿本人丸が出現した。その姿を「年たかき人あり、直衣にうすいろの指貫、紅の下の袴をきて、なへたる烏帽子をして……左の手に紙をもて、右の手に筆を染めて物を案ずるけしき」と表現している。現在、よく知られている人丸の画像はまさにこの表現に合致している(28)（図15）。

平安末期の人物である兼房が、古代の人丸の姿を知る由もない。にもかかわらず、彼は夢中の人物を人丸となぜ判断できたのか。それは事例からみる限り、「直衣にうすいろの指貫」や「なへたる烏帽子」など、着衣や所持品であったろう。兼房が所持品などから判断できたということは、数百年前の人物のイメージが、ある特徴的容姿として中世にまで伝達されていたということである。

これらの事例は死者のイメージが時間を経ると、いかに伝達されるかをよく示している。つまり霊は残された者の忘れがたい記憶を背景に成立していると指摘したが、何十年、何百年経ると、死去した人物の記憶を残す関係者もいなくなり、記憶が伝達されても、死者の生前の特別な活動や特徴的な思想、代表的な容姿・言動・行動などのみがクローズアップされ伝えられていくということである。したがってこのような抽象的な特徴として伝えられ、個性の固定化、没個性となっていくのである。民俗学では死者の霊は死後一定の期間個性を残し、数十年を経ると、個性は消滅し祖霊へ昇華するとしている。まさに民俗学の指摘は、このような現実を基に成立したものと考えられる。

補足しておけば、先に記憶や個性保持の証明のために、実盛などを取り上げたが、ここでは彼の事例を戦う者のイメージのみが強調され没個性的とした。この点少し矛盾を感じるかもしれない。だが彼の事例には、死者が生前のことを記憶して語る場面も確かにある。このように死後時間を経て没個性化した死者の資料にも、生前の個性維持をうかがわせる箇所が読み取れるし、また死者の関係者が生存している間は、死者は個性的であったはずで、つまり本来的には、死者は個性的と理解されていたといってよいであろう。

おわりに

中世において死者は生前の記憶を持ち、特技を維持し性格も変えず保ち、他界で生き続けている、つまり死後も生前の本人と同じ（生前の本人と同じアイデンティティー）と考えられていた。死者はむしろ現世の情報を他界で入手し生者の生活を見守り、必要に応じ生者の前に出現し告知する優しさも有する存在であった。このように中世びとの世界観は生者の生きる現世と、死者の生きる他界で構成されていたのであるが、両界は完全に断絶してはいなかった(29)。

幽霊とは残された者たちの忘れがたい記憶の投影である。この原理が「死者は生前の姿で変わらず、生活している」との考えを生む原動力になったと考えられる。つまり残された者の記憶にある死者が、性格を変えることはありえないということである。

ただし合戦の総力戦化にともなう怨霊の増加は、死者を常態の姿でなくしたり、動物・虫へ変化させた。その場合の死は特別なもので、死者は個性的が基本であった。しかし死者が何十年、何百年という時間を経ると、死者の記憶を残す関係者もいなくなり、やがてその死者の特定のことのみが時代を超え伝達され、個性の固定・没個性化の傾向を招くとした。

いずれにしても他界に生きる死者は、ただ地獄で嘖まれる存在や浄土で安穏とする、抽象的な存在ではない。ましてや私たちがよく知る、額に三角烏帽子、白装束（死装束）をまとい、足のない、そして身体に血が滴る姿で現われ、怨み・愛執により人に復讐し呪い祟る存在ではなかったのである。ちなみにこの幽霊のイメージは近世に成立したもので、これもまた中世的なものとともに現代のイメージにつながっている。

近世の幽霊も資料からみて、確かに自己の記憶や個性などを有している。したがって通時代的に幽霊は個性を維持しているといえる。しかし近世の幽霊の大半は、非常に血なまぐさい姿で出現する。中世の場合、敗死した人物が幽霊として出陣姿で現れても、負傷した姿ではなく、まったく普通の状態で身体が表現・描写されているものと比すれば、中世と近世の相違はよく理解できよう(30)。ではなぜこのように死者の姿が、中・近世では異なるのであろうか。詳細はわからないが、次のような点も想定しえるのではなかろうか。

中世の幽霊たちの出現目的には、怨霊のように怨みをはらすための場合もあるが、全体的にみて生者への告知、供養などの依頼である。主たる目的がこのようなため、その姿が血なまぐさくなる必要はなかったのであろう。

近世ではどうかというと、当然告知のため出現する幽霊もいるが、幽霊話（番町皿屋敷など）を通覧すると、中世と異なり、私的な愛憎の果てに死者となった「怨めしや」の幽霊が大半である。その幽霊の主たる出現目的が怨みをはらすこととなったため、その怨みの強さの表現として、血なまぐさいイメージとなったのであろう。

幽霊の出現理由の変化が、中世と近世との幽霊の姿を変化させたのではなかろうか。この変化には中世から近世にかけての怨霊の変化も大きく影響しているであろう。また白装束の点は葬送儀礼の普及によるものであろう。

中世びとがこのような世界観を形成した原因の一つは、近代と比べて、低い医療技術水準や不十分な社会保障制度、生活の不安定さなどにより、日常的に死と接しており、死者が身近な存在であったためであろう。現代人が理解すべきはこの点である。この世界観のなかで、中世びとは思想や社会関係などを創造していったのである。

現代は高度な医療技術、社会保障制度の充実などで、長寿が実現しており、私たちは比較的死から遠ざかっている。したがって中世的な世界観からも遠い存在と感じさえする。しかし現在でも亡くなった人が生前の姿のまま枕元に立った話などを聞くと、厳然として中世的世界観が今に生きていると痛感するのである[31]。

死後の世界や幽霊の存在は、現代の科学的思考からみて否定されるべきものであろう。このような非科学的認識は民主主義にとって好ましいことではないが[32]、亡くした愛する人が死後も異なる世界で生き続けてほしい、という心の動きを一概に否定することはできないだろう。阿部謹也氏は、この点を『社会史とは何か[33]』で次のように言及している。

今日の私たちは建前上は死を肉体の消滅と考えようとしている。近代科学の成果をうのみにして、細胞の死とともに生命が終わると考えている。しかし私たちは、死者の棺のなかに生前大切にしていた杖や書物などを入れて、あの世で使用できるようにする。盆には迎え火をたき、死者の帰りをまつ。また死後の生まれ代わりを信じている人も意外に多いのである。

この指摘は近代合理主義的態度をとろうとする現代人と、依然中世的世界観を有する現代人との矛盾をよくついている。死を科学的立場で認識することは、宗教問題や生命倫理、脳死問題などで重要な問題であると思う。そのためにも日本列島の人々がいかなる死生観を有していたのか、なぜそのような認識となったのかを、歴史的に解明する作業がまず必要であろう。これはいまだ中世的世界観を有する、現在の私たちを理解する上でも重要な作業である。したがって今後、死の正しい歴史認識に努め、非科学的見地に寄りかかることのない、近代的な死の認識の確立が求められるべきであろう。

死者の個性の問題は、従来あまり研究されていない事情もあり、本章はその筋道をつけた程度の論考となり多くの課題を残した。例えば、中・近世での死者姿の相違の理由や、個性の不変性と死後変化する人々の個性の問題などだが、現状の能力ではこれらはすべて後考に期さざるを得ない。

註

（1）吉田幸一編、古典文庫第一八五冊、古典文庫、一九六二年。

（2）日本随筆大成編輯部編『日本随筆大成』第二期五、吉川弘文館、一九七四年。これ以外にも、高田衛校注『江戸

怪談集』上・中・下（岩波文庫、岩波書店、一九八九年）にも多くみられる。

（3）ただし死や往生についての研究は数多くある。例えば、千々和到「仕草と作法」（網野善彦ほか編『日本の社会史』第八巻、岩波書店、一九八七年）である。また上記論文の註参照。

（4）阿部謹也氏は『社会史とは何か』（筑摩書房、一九八九年）で、「個人のアイデンティティーの問題は全く無視されている。天国で個人が個人でありうる保証はあるのだろうか」（二九〇頁）、「普通の説話に出てくる死者は煉獄や地獄の苦しみに耐えるだけでせいいっぱいで、怒ったり、石を投げたりする力もゆとりもないかに見える。それなのにこの話では大変活力がある死者の群が描かれているのである。もうひとつ注目すべき点は教区民という意識が地獄まで通用し、地獄のなかでも現世の社会生活の単位がのこっているという点である。同じ章の一八話に死んだ騎士が地獄で自分が何を食べているかをみせに我家を訪れる話がある。……地獄で三度の食事がどのような形で出されるかを描いたものは他にはあまりみられない」（二九一頁）などと指摘している。このようにヨーロッパ中世史の立場からは、すでに興味深い研究がなされている。対して日本史研究がこの視点に希薄なのは、戦後、日本史研究が「社会発展史」を主軸に進められた結果、「人間」を歴史的に捉えるという視点が成立しがたかったためではなかろうか。しかし現在、社会史の展開とともに、「人間」自体にも研究の目が向けられている。

（5）『御伽草子集』、日本古典文学全集三六、小学館、一九七四年。

（6）挿絵は本文の補足物でなく、草子理解に不可欠な要素とする見解は、黒田日出男「御伽草子の絵画コード論」（同ほか編『御伽草子』、ぺりかん社、一九九〇年）参照。

（7）日本古典文学全集二四、小学館、一九七六年。

（8）『謡曲集』一、日本古典文学全集三三、小学館、一九七三年。

（9）小松茂美編『続日本絵巻大成』一六、中央公論社、一九八三年。

（10）注意すべきは、「小敦盛」の幽霊平敦盛が自分が没して「八年が間」と語るように、死後の世界にも現世と同様の時間があった点である。つまり時間が現世と同じく流れているのなら、死者も生者と同じく成長するはずである。しかしなぜ成長すべき死者が不変なのか。この点は熟考を要する問題である。

（11）筑土鈴寛校訂、上巻、岩波文庫、岩波書店、一九四三年。

(12) 酒井紀美『夢語り・夢解きの中世』（朝日選書、朝日新聞社、二〇〇一年）に、これらの子細が記述されている。
(13) 日本古典文学全集二一、小学館、一九七一年。
(14) 註7資料。
(15) 『真宗史料集成』第一巻、同朋舎出版、一九七四年。
(16) 註11資料巻六―一「説経師の強盗発心せしむる事」には、「生死断絶せざる程は、善悪の業に随て、六道のちまたに廻るべし」（成簣堂本）とあり、これは生死が断絶するものではないことをよく表現している。
(17) 関幸彦ほか編『怨霊の宴』、新人物往来社、一九九七年。柴田実編『御霊信仰』、民衆宗教史叢書第五巻、雄山閣出版、一九八四年。
(18) 『参考源平盛衰記』巻一二「教盛夢忠正・為義事」（『改定史籍集覧』編外三、臨川書店、一九八四年）。
(19) 久野修義「中世寺院と社会・国家」（『日本中世の寺院と社会』、塙書房、一九九九年）・「中世日本の寺院と戦争」（歴史学研究会編『戦争と平和の中近世史』、青木書店、二〇〇一年）、樋口州男「日本中世の内乱と鎮魂」（『歴史評論』六二八、二〇〇二年）。
(20) 樋口註19前掲論文。
(21) 註18資料。
(22) 「虫霊と御霊」（『季刊自然と文化』二五、一九八九年）。
(23) 中村禎里「ウマ・ネコ・ヘビ」（朝日新聞社編『週刊朝日百科　日本の歴史』六五、朝日新聞社、一九八七年）では、このヘビを憤死した女性の霊の象徴としている。ここで中村氏は『日本霊異記』以後の説話集に、死後ヘビのほか、ウシ・ウマ・イヌなどの家畜に転生する話が少なからずみられる点を指摘している。また本願寺八世蓮如作の文明五年（一四七三）八月二二日「御文」（註15資料第二巻「諸文集」一七、一九七七年）には、没した自分の娘見玉の魂が蝶となって、極楽世界に往った話も記されている。このように死者の昆虫化の例もある。これは娘が極楽に往生したことを蝶となった奇瑞で表現したもので、怨霊や輪廻転生以外でのヒトの動物化の例といえよう。
(24) その子細は『平家物語』巻第七「篠原合戦」「実盛」（日本古典文学全集三〇、一九七五年）に詳しい。
(25) 滋賀県大津市堅田本福寺所蔵。本資料は千葉乗隆編『本福寺史』（同朋舎出版、一九八〇年）に収録されている。

（26）中世において「人」をどのように判断したかについては、拙稿「中世における『人』の認識」（『歴史学研究』六九九、一九九七年、本書第Ⅰ部第四章）参照。
（27）『新訂増補 国史大系』一八。
（28）人丸画像は、東京国立博物館ほか監修『日本の美術 肖像画』八（至文堂、一九六六年）図版番号八一参照。
（29）中世において生者と死者は交流を持つといっても、簡単に会うことはできなかったであろう。しかし両者は互いに違う世界に住み、何かのきっかけで両界の通路（夢中・山中など）を通じ、交流をもっていたのである。
（30）幽霊の変遷については、諏訪春雄「幽霊と祟り」（『週刊朝日百科 日本の歴史』八九、朝日新聞社、一九八七年）・『日本の幽霊』（岩波新書、岩波書店、一九八八年）参照。
（31）死の問題について、中世の寿命などに言及した研究は、立川昭二『江戸病草子』（ちくま学芸文庫、筑摩書房、一九九八年）、新村拓『出産と生殖観の歴史』（法政大学出版局、一九九六年）、拙稿「中世における寿命と死」（『風土と文化』三、二〇〇二年、本書第Ⅱ部第四章）、また中村禎里「日本人の生命観」（『図書』四九〇、一九九〇年）参照。なお現代での幽霊や死者の話は、今野圓輔編『日本怪談集』〈幽霊篇〉（現代教養文庫、社会思想社、一九六九年）、松谷みよ子『現代民話考』Ｖ（立風書房、一九八六年）に数多く収録されている。
（32）非科学的な事象（超能力・オカルトなど）と現代社会の問題については、拙稿「数珠の緒が切れると……」（『日本歴史』六四二、二〇〇一年、本書第Ⅱ部第三章）の註2、『日本歴史』六四四（二〇〇二年）読者アンケート「日本史私の三冊」筆者執筆箇所で、自身の見解と参考文献をあげておいた。
（33）註4前掲書、八三頁。

〈付記〉本章作成にあたり、嵐義人・中村禎里先生から、参考文献やご教示を賜った。末筆ながら謝意を表したい。

第六章　信仰の経済——売買される聖なるモノ——

はじめに

近年、テレビ番組の影響により鑑定が流行している。この番組は視聴者の所蔵するいろいろな品物（掛軸・壺・絵画など）を、「鑑定士」と呼ばれる人々により、その品物の価値＝値段が発表され、その値段をみて、所蔵者も視聴者も一喜一憂する番組である。近年、古い品物を「お宝」と表現するのは、このテレビから出てきたものである。

私個人としても親鸞筆跡が本物か偽物か、あるいは名号が誰の筆跡か、掛軸の墨書は誰の字で何が書いてあるかなど、よく質問を受けるが、この流行の影響かその量も増加している。質問する側はそれが事実か否かが関心事であることは間違いないが、実際にはその価値つまり値段が重要な問題となっている。数年前、親鸞の六字名号を鑑定した。親鸞の名号が出回るはずもなく、見た瞬間偽物とわかった。依頼者は骨董業者で、偽の事実を伝えると、親鸞名号であったなら、三〇〇〇万円で売却するつもりであったという。業者は違うことがわかってよかったと感謝していた(1)。

驚くべき値段である。信仰に巨額な値段がついた典型的事例である。これを信仰が地に落ちたとも言い放つことは簡単だが、問題はそこにはなく、なぜこのような高額となるのかである。これは親鸞が鎌倉期の僧侶、民衆仏教の代表者で、その著名性に由来し高額となったことが第一であろう。この点、親鸞に限らず他の祖師たちも同様である。

しかし有名であることだけが主因ではない。前記のようにテレビが創った流行もその背景にある。さらにこれだけではない。研究者側にも実は責任もある。近年の博物館の展観はまさに一本山の国宝・重文というお宝総ざらい展示である。これは特に国立博物館がその傾向が顕著である。(2) このような展示を観た人は、文化遺産はこのようなもののみが価値あるもので、それ以外は価値がないかのような印象を持つことは否めない。

この結果、仏像や名号あるいは古文書にしろ、すべてが金額として換算され、金額の高低が文化遺産の価値の高低のようになってしまったのである。これは大変残念なことである。(3) 本来伝来してきたものは、有名人、古いもの、珍しいものに限らず、すべてに意味があり、現在の私たちに当時のことを伝えてくれ貴重なものである。価値とはそこにこそあるはずである。

本論は信仰対象や寺院に所蔵される宝物、僧位僧官などの礼金・売買時の金額を明らかにし、信仰や寺院活動を経済という観点で考えてみようというものである。信仰とは本来心の問題、観念的世界のことであるため、金銭という視点は馴染みにくいと思われるが、前述のような高額での売買をみれば、現実的にはそうではない。このような意味で本論は新たな視点の研究といえるだろう。

特に本論では戦国期本願寺を中心に取り上げる。本願寺は親鸞（一一七三～一二六二）を開祖とする真宗寺院の本山で、室町期に第八世蓮如（一四一五～九九）が出て教団は急速に拡大する。第九世実如（一四五八～一五二五）、第一〇世証如（一五一六〜五四）の時には全国規模の一大組織になり、戦国大名に比肩する勢力となった。第一一世顕如（一五四二〜九二）の時には天下統一を目指す織田信長と大坂で激しい合戦を繰り広げた。

戦国期本願寺を取り上げるのは以下の理由による。一向一揆に代表される本願寺は民衆と深くかかわりながら急速な勢力の拡大をとげた。それは急速な信仰の拡大を意味し、信仰と経済にかかわる実態を知る上で有益と考えたからである。さらに戦国期本願寺には証如の自筆日記『天文日記』（重要文化財）があり、その経済を知るには有効な史料が現存するからである。また諸本により名称が異なるが、本章では『天文日記』と統一しておく。

なお換算や物価変動などは、京都大学近世物価史研究会編『一五〜一七世紀における物価変動の研究』(4)を基本的に参考した。これについては以下、特に明記しない。

一　戦国期の国制と宗教活動の経済

1　戦国期の天皇と勅願寺・僧位僧官の値段

蓮如の登場以後、本願寺門徒は全国に所在するようになり、一大勢力の様相を呈した。そのなかで各地の戦国大名にとって加賀の一向一揆による富樫氏の敗北は衝撃であった。この結果、天皇や将軍、各大名が本願寺と友好関係を結ぶ動きがみられ、第九世実如・第一〇世証如は当時の権力者細川政元など、室町幕府との関係を深めたため、政争に巻き込まれ、天文元年（一五三二）に細川晴元により山科本願寺を焼かれた。証如は寺基を大坂に移転、大坂（石山）本願寺（現、大阪城近辺）が成立した。

特に戦国期の天皇は実権を将軍や大名に掌握されていた。巻き返しを図る天皇であったが、頼みとする旧来の政治勢力（天台・真言など旧仏教大寺院や五山系禅宗寺院など）は幕府との関係を深めていたため、頼ることができなかった。そこで目をつけたのが新興勢力の取り込みであった。天皇は室町・戦国期に急速に勢力を伸張した本願寺もその対象としたのである。現在本願寺に伝わる国宝・重文などはこの時期に朝廷から下賜されたものが多い。天皇はこの取り込み過程で下賜したのであった。

天皇・上皇は室町期を通じ、幕府より干渉を受け綸旨や院宣の発給が抑制され、天皇らは意志を直接示すことができなかった。その状況のなか意思を示すため、女房が天皇の口勅をうけて発給する女房奉書が多くだされるようになった。

天皇は室町幕府により行動を抑制されていたものの、文明年間（一四六七～八七）以降、勅願所（寺）(5)に指定する綸旨を多く発給している。その発給先はほとんどが地方寺院、しかも禅宗・浄土宗・浄土真宗など鎌倉仏教系の末寺、ないしそれらから除外された中小寺院であった(6)。綸旨のみならず各日記でも、同様な形で勅願寺が指定されているのが確認できる(7)。明らかに実質的権力を失った戦国期の天皇が、時代の変化に乗じて未開拓の新興勢力を取り込み、形成の挽回を図る動きと同時に、莫大な収入確保の行動である。これは勅願所のみではなく、官位叙任や国師号・禅師号・大師号なども同様に多発する。

本願寺が勅願所に指定されるのは実如の時である(8)。次代の証如は、天文五年（一五三六）二月二二日春に申し入れた勅願所の礼として、禁裏（後奈良天皇）へ樽を進上したが、その申し入れはこの時までにはまだ延引していた(9)。この際、証如が後奈良天皇に十合十荷を進上していた。後奈良天皇の日記『後奈良天皇宸記』天文五年二月二五日条に「本願寺光教（証如）十荷十合進上、武家へ遣之」と、二日後にはその献上物が天皇の手に渡っている。

証如が進上した「十合十荷」とは具体的なものを指すのか、固定化したものとなっているのかは判然としない。

『天文日記』天文一六年（一五四七）正月一四日条には「三合三荷」が「代弐貫百卅文」とみえ、十合十荷はこの三倍強で、単純計算して六〜八貫文の間となろう。[10] ここで注目されるのは、後奈良天皇が証如より得た「十荷十合」をすぐに「武家」（将軍足利義晴）に遣わした点であろう。室町期にはこのように、献納物や献納金は受け手が、次の受け手にそのまま流す行為を行う形で、一つの経済サイクルをなしており、これもその一事例である。[11]

同年閏十月四日本願寺は勧修寺家の知行返却の件を後奈良天皇の勅書で命じられた。証如はこれに不承引なら、勅願所や直叙法眼を召し放たれると語っており、本願寺はこの時点で延引されていた勅願所（寺）の指定を受けていたことがわかる。[12] 証如は天文六年（一五三七）四月に勅願所指定の礼「十合十荷」を朝廷に進上した。[13] それが同九年（一五四〇）二月以後では「恒例之十合十荷」[14]と、恒常的献納となっている。

青蓮院尊鎮親王の推挙で証如は大永八年（一五二八）八月までに、後奈良天皇より法眼の僧位を得ていた。[15] 証如一三歳であった。八年後、証如は再び親王を通じ法印昇進を申し入れた。[16] 天文五年一二月証如は僧官大僧都の申請文書を作成し、青蓮院坊官鳥居法印へ渡した。[17] その口宣案は同年一二月二七日に到来した。証如は大僧都昇進の礼について、親王から「禁裏へハ十合十荷まいり候物を、盆香合にて進上候て、可然由」[18]との指示を受けたが、結局、翌六年（一五三七）一月「緞子浅黄五貫余也一端」を朝廷に贈った。緞子五端は天文一七年（一五四八）では一三貫文となっている。[19] この大僧都成の時、おそらく僧官相当位である「法印」に叙されたものと思われる。

さらに証如は尊鎮親王を通じ、天文五年一〇月天皇・朝廷への接近を深め青蓮院の脇門跡を希望するが、叶わなかった。[20] 脇門跡成は成功しなかったが、後年天文一八年（一五四九）正月二六日、証如はついに権僧正となった。本願寺の歴代は「法印権大僧都」を極官としていたが、証如はそれを超えたのである。

証如はこの時三四歳であったので、「いまたとし（歳）もゆき候はぬ」[21]などと、朝廷においては勅許に異論もあったが、尊鎮親王の熱心な取り計いによりついに勅許された。『天文日記』天文一八年正月二〇日条に「僧正事、来（二月）二日以前御申沙汰有度之由被仰候」と、二月二日以前に僧正任官沙汰があると朝廷側から証如に伝達があった。二月二日とは実如二五回忌にあたり、天皇は法要前の任官を考えたのであろう。

拝官と勅書の礼は禁裏へ計四〇〇〇疋（銭四〇貫文）、尊鎮親王へ一〇〇〇〇疋（銭一〇〇貫文）、坊官大蔵法印理乗へ一〇〇〇疋（銭一〇貫文）であった[22]。証如は極官任官において、この一日だけで合計一五〇〇〇疋（銭一五〇貫文）を献納したのである。

『後奈良天皇宸記』天文四年七月二二日条に、濃州大夫が「修理大夫」任官を申請し勅許された時の礼金が一〇〇〇疋とみえる。修理大夫は従四位下で公卿ではない。権僧正は三位以上の公卿ゆえ、はるかに高価な価格となったと理解できる。ちなみに証如の子顕如が永禄二年（一五五九）一二月門跡に列せられた時、その礼金は『お湯殿上日記』同年一二月二七日条に「二万疋」（二〇〇貫文）とみえる。「門跡」となると、さらに高額となっていた。

このように戦国期には官位により礼金の高低があることは、すでに官位が商品として成立していたものといえるであろう。このことは勅願所・僧位僧官でも同様であったのである。

2　九条家・青蓮院尊鎮親王と本願寺

蓮如の子どもを中心に本願寺の相関関係を説明しておく。蓮如五男で本願寺第九世となる実如は高倉永継の娘（如祐）を正妻とした[23]。永継のもう一人の娘継子は後柏原天皇の妻となり、第三皇子（尊鎮）を産んでいる。後柏原天皇は勧修寺教秀の娘藤子も妻にして、次の天皇（後奈良）となる皇子を産ませている。つまり実如は妻如祐を通して、後奈良天皇や青蓮院尊鎮親王と姻戚関係となったのである。

長男光善寺順如は飛鳥井雅親の娘を妻と、六男顕証寺蓮淳は滋野井教国の娘（妙蓮）を妻としている。三男松岡寺蓮綱の妻は勧修寺教秀の娘だが、教秀はもう一人の娘藤子を後柏原天皇の妻としている。したがって蓮綱も実如と同じく妻を通じ、後奈良天皇・尊鎮親王と姻戚関係にあったのである。なお教秀のもう一人の娘は三条西実隆の妻となり、実隆との間に産まれた娘保子は九条尚経と結婚している。

四男光教寺蓮誓は正親町持季の娘を妻としている。蓮如一〇女祐心は中山宣親の妻となっており、八男教行寺蓮芸は中山宣親の娘を妻としている。(24) 一〇男願得寺実悟は西園寺公藤の娘を妻としている。また本願寺第一一世証如は庭田重親の娘重子と結婚しているが、重親は蓮如の孫、重子は曾孫である。

このように蓮如の子どもは多く公家の娘と婚姻を結んでいる。これらは当時の公家の家格（［　］内はおよそ昇進できる極官を示す）からみれば、高倉家＝半家《はんけ》［中納言］、滋野井家・庭田家・中山家・正親町家＝羽林家《うりんけ》［大納言］、勧修寺家＝名家《めいか》［大納言］、三条西家・正親町三条家＝大臣家［大臣］、西園寺家＝清華家［大臣］であるが、およそ羽林家が多い。

戦国期本願寺は公家社会とのつながりを婚姻関係で深めたが、本願寺と婚姻関係を結んだ公家たちは彼らの間で婚姻や養子関係で結ばれていたため、おのずから本願寺もそのネットワークに入り、社会関係が拡大したのである。

証如は享禄元年（一五二八）九月五日、九条尚経の猶子となることに成功した。この話は大永八年（一五二八）八月から始まる。証如は法眼になった際、九条家の猶子を所望したが、(25) 後奈良天皇はそれを認めなかった。(26) しかし享禄元年（大永八年改元）九月、ついに九条家が了承し猶子となった。(27) 本願寺は当主が羽林家の以上の公家と直接姻戚関係を結ぶことに成功したのである。以来、本願寺と九条家との親密な交際が始まる。(28) その礼として証如は柳十荷、折十合、太刀三〇〇〇疋（銭三〇貫文）を九条家に贈った。(29)

尚経の子稙通は前年に就任したばかりの関白・内大臣を天文三年（一五三四）一一月二一日に未拝賀で辞し摂津へ出奔し、証如を頼った。出奔原因の一つは「窮困」であったという。同五年（一五三六）五月稙通は証如に四方膳・大紋高麗縁（端）使用を免許した。証如はいったん辞退したが、やがてそれを受け入れた[30]。そして五月一二日稙通は関白二条尹房ともに本願寺を訪ねた。証如は両者を歓待し、両者から証如や母鎮永は銭一三〇〇疋などを贈られた。翌日鎮永が両者に五種一〇荷を贈り、一五日には証如が両者の許に参り四方膳・大紋高麗縁の免許も含め礼として、総計銭一一三〇〇疋（銭一一三貫文）という莫大な金銭を贈った[31]。

四方膳とは衝重《ついがさね》ともいい、折敷《おしき》の下に台を重ねたもので、その台の四方に格狭間（またはくり形）を透かした（開けた）膳である。これには親王・大臣は四つ（四方）、納言以下三位以上は三つ（三方）と格があった。また高麗縁とは両端の小口を覆うためにめぐらした高麗文の布帛を持つ畳をいう。そのうち大紋は親王・大臣が用いるものである。つまり稙通たちは証如に大臣格のしきたりを認可しようとしたのである。これは証如が九条家の猶子となったことにも原因があろうが、上記の莫大な礼金をみれば、「窮困」する援助の期待も背景にあったことは否めない。

さらに稙通は同年九月一三日には「本願寺系図」を作り証如に贈った。この系図は西本願寺に伝存する[32]。稙通自筆奥書には、親鸞と九条兼実との関係を示し、さらに証如が尚経の猶子となった縁由を明らかにするため、とその作成目的が記している。証如はこの礼に九月一四日銭一〇〇〇疋を進上した。

天文一五年（一五四六）八月二五日、稙通は証如へ「小児」（のちの顕如、当時四歳）のために「行平」という小刀の守刀を贈ってきた。証如は「行平」が九条家代々の守刀と知り拝領を遠慮した。稙通は再三贈与を申し入れたが、証如は固持の姿勢をくずさなかった。しかし証如は拝領していないにもかかわらず、その行為の礼に稙通に銭一〇〇〇疋を献上するのであった。つまり九条家は守刀を贈ることで援助を期待していたのであり、証如は拝受の有無にかかわらず、それを察し助力に応じたのであった(33)。

証如は以後も九条稙通に手厚い援助を施した。天文五年一二月四日には但馬尼子方への下向費用二〇貫文を、同八年八月七日堺在住中の稙通の困窮に際し銭二〇疋を贈っている。此以外にも稙通の播磨下向や参内にも費用を贈り、再三経済的援助を与えている。

稙通は流浪しつつも、弘治元年（一五五五）に従一位となるが、同年出家する。出家後、外祖父実隆やその子公条より『源氏物語』の秘伝や講義を受け研究を進め、天正三年（一五七五）注釈書『源氏物語孟津抄』全五四巻を大成した。稙通は「窮困」していたが、このように有職・古典学の公家学者として随一な存在でもあった。これは見方を変えれば、本願寺は公家学者を育てたのであり、さらに見通せば、現在に続く国文学の形成にも寄与したといえるだろう。

実如は永正一一年（一五一四）三月後柏原天皇第三皇子（尊鎮親王）が青蓮院で得度した時、二〇〇〇疋（銭二〇貫文）進上の功で青蓮院より香袈裟着用を許可され、さらに永正一五年（一五一八）三月尊鎮親王受戒時にも、一〇〇〇〇疋（銭一〇〇貫文）という巨額な銭を進上して紫袈裟の着用を許可されている(34)。

そして証如の代になり、天文五年（一五二六）九月下旬親王は「此方へ何事かなとおほしめし候へ共、不事成候間、鰭《ハタ》袖なしの御衣、黒染薄墨之のか候ほとに、それを愚身ニ被下候ハんするか如何にて候や(35)」と伝えてきた。しかし鰭袖無の着用はすでに去年免許されていたので、証如はこれを辞退したが、再度その免許を伝えてきた(36)。最終的には七年一二月九日証如も「鰭袖無色白」一領を拝領し、礼二〇〇〇疋を進上した(37)。

天文九年（一五四〇）正月二三日尊鎮親王は坊城・万里小路などの公家を随え本願寺に下向した。親王滞在中の動静はおよそ『私心記』[38]で明らかになる。翌日親王は後奈良天皇からの後柏原天皇宸筆「古今」（古今集か）や扇・引合紙などを贈り、証如は酒宴を催し歓待した。二六日親王に庭の観覧を催し、さらに三〇日には能を催した。二月一日親王は証如に金襴袈裟と紫衣とを贈り、証如の母に「慶寿院」と「鎮永」との名を付与した。そこで証如と慶寿院は礼として各々三〇〇〇疋（銭三〇貫文）を献じた[39]。

天文一五年（一五四六）八月七日尊鎮親王は適当な年齢として、証如へ「紫鰭袖無」衣を贈ってきた。証如は青蓮院門跡と同じ衣を着用することができないと再三固持するが、同月一〇日に親王から証如へまたまた着用すべきとの申し入れがあった。その際、紫衣は代々の衣とすべき由も伝えてきた。証如はついに断りきれず、拝領し、同月一七日この礼に三〇〇〇疋を献上した[40]。

本願寺はこれ以外にも公家・武家に諸礼金や臓物などを多数献上、贈与をしている。数例あげてみれば、天文五年五月八日に播磨赤松下野守政秀へ兵糧借用のためとして三〇〇〇疋、同年七月一七日に日蓮宗退治の協力要請として延暦寺に三〇〇〇疋、同一三年一二月二七日に斯波義信の扶助要求に銭五〇貫文、同一六年一一月三日に堺公方と称され将軍に準ずる立場にいた足利義維《よしつな》の助成要求に一〇〇〇疋などである[41]。

本願寺は次々と要求される天皇や公家への援助・献納を通じ、官位をあげ社会的存在を確固たるものにしていった。権力を失った戦国期の天皇がどうして存続できたのかを論議されることが多いが、その答えの一つは本願寺のような新興勢力の取り込みに成功し、その援助を得ていたからであろう。

二　戦国期の芸能と経済

1　国宝・重文の値段

西本願寺所蔵の法宝物のなかで、天皇宸翰和歌などが一括的にみられるようになるのは後柏原天皇のものからである。これは上述のように、蓮如・実如期に勢力を伸張し経済的基盤を固めた本願寺を、天皇や公家が姻戚関係をテコに取り込みを計り接近してきた結果であった。天皇や朝廷は経済的援助を得る代わりに、勅願寺指定、僧位僧官叙任とともに、多くの宝物も下賜した。この下賜は証如の時に多くなされた。ここでは礼金が判明する下賜品を取り上げる。

○伏見天皇宸筆家集（広沢切）一巻　重要文化財

天文八年（一五三九）六月九日、証如が後奈良天皇から尊鎮親王を通じて御盃一枚とともに拝領したものである(42)。名筆家伏見天皇（在位一二八七〜一三一七）御製家集の草稿が裁断分割されたもので、古筆愛好家の間で非常に珍重されてきた。本願寺に伝来するのは御製和歌九九首と七言二句との合計百首。広沢切の中で、東山文庫に次いで最も大量にまとまったものである。筆致も力強く豊潤で、広沢切の中で優品とされる。なお後水尾天皇筆と判断される末尾の奥書には「正安宸筆」と記され、「後伏見天皇」の筆と判定されていたこともあった。証如は同月二一日青蓮院を通じて礼を行い、天皇へ樽代二〇〇〇疋（銭二〇貫文）を進上した。

○栄花物語　一五帖　重要文化財

『栄花物語』は藤原道長の栄華賛美を中心においた歴史物語である。作者は赤染衛門とする説が有力である。その伝来本においては、古本系とその改修本とされる異本系、それに流布本系の三系統といわれる。本願寺所蔵本は流布本系に属し、室町中期の書写完本である。表紙に青色の打曇を用いた粘葉綴の枡形本である。各帖はそれぞれ別筆である。

近世の極書には第一帖目を近衛政家筆としている。政家の日記『後法興院記』文明一五年（一五三九）三月三〇日条に『栄花物語』を書写し、後土御門天皇に献上した記事があり、この本はそれに当たるのではないかともいわれている。本願寺には天文八年（一五三九）九月二七日に後奈良天皇から証如の母鎮永尼へ贈られ伝わったものである。同年一〇月一三日鎮永は天皇に礼として紅二斤、引合紙を贈っている(43)。

○尊円親王筆詩歌書巻（鷹巣法帖、鷹手本）一巻　重要文化財

尊円親王は鎌倉末期の青蓮院門跡。父伏見天皇の跡を継ぐ能書として名高く、特に書道の和様化につとめ、青蓮院流（のち「御家流」）を創始する。この書巻は「山花」以下一一題について漢詩と和歌とを書すもので、漢詩は楷・行・草の三体に書き分け、和歌は散らし書きとする。末尾に貞和五年（一三四九）九月二三日親王花押の奥書があり、詩歌が親王自作であると書している。字画を整え温雅な筆致で書され、見事な習字本となっている。奥書の後にさらに一紙を継ぎ、そこに尊鎮親王が、この書巻が尊円親王の真跡であること、「鷹手本」と号することを書している。ただなぜ「鷹手本」と称すのかは記されていない。

天文一七年（一五四八）四月一七日京都より庭田重保などが本願寺に来訪した時、重保は後奈良天皇から拝受し

た「鷹手本」を証如にわたした。重保らは数日泊まり天王寺・住吉などを歴覧し、証如からも歓待を受けた(44)。重保は証如の正妻重子の兄であった。四月二六日、拝借した「鷹手本」を重保を通じ返上し、重保に馬代として五〇〇〇疋（五〇貫文）を贈った。六月一〇日さらに証如は重保を通じ天皇に「為鷹手本御礼、唐糸十斤代廿貫、段子五端代拾三貫」（合計銭三三貫文）を進上した(45)。「鷹手本」は現在本願寺に伝存するので、この時に改めて下賜されたものと思われる。

〇三十六人家集　三七帖　国宝　付　後奈良天皇宸翰女房奉書　一幅

平安中頃、藤原公任《きんとう》が和歌の達人三六人を選定した。世にいう「三十六歌仙」である。その三十六歌仙の和歌約六千首を収載しているのが三十六家集で、一人ずつ別帖とされている。本願寺の家集は天永三年（一一一二）白河法皇の還暦祝に当たり、製作献上されたものと考えられる。

筆者は当代一流の能書家が選ばれたようで、筆跡から約二〇人と推定され、いずれも見事な筆さばきをみせる。特に料紙には雲母《きらら》摺型文様《すりかたもんよう》のある色唐紙や、色染の雁皮紙に飛雲《とびくも》や墨流しを施し、金銀箔を散らしたり、金銀で草花・蝶・鳥を描くものが様々に交用され、さらにそれに切り接、破り継、襲継《かさねつぎ》などの工作が加えられている。装飾料紙の限りを尽くした冊子本である。装丁は見開きの料紙を二つ折りにして、折り目近くを糊付けした粘葉装《でっちょうそう》である。

本願寺本は現存する三十六人家集の中で最も古く、文学・工芸・美術における平安朝貴族の美的世界を結集したものである。明治二九年（一八九六）八月の発見当初は『人麿集』『貫之集』『躬恒集』『伊勢集』『家持集』など三九帖であった。その内原本（平安期作成分）が三四帖、平安末期補写本（『兼輔集』）一帖、江戸時代寛文年間補写本

（『人麿集』上下『業平集』『小町集』）四帖であった。

本願寺への『三十六人家集』下賜は、『天文日記』天文一八年（一五四九）正月二〇日条に「従禁裏、以女房奉書卅六人家集令拝領、門跡経乗へ以御書被仰越候」とあるこの時であろう。その女房奉書には「法印（証如）そうし（草子）なとすき[46]」から、証如の好学を天皇が配慮した贈ったことがわかる。証如は同年年二月二五日に礼として綿一〇把と引合紙一〇帖進上している。[47]これは金銭換算すると、総計四貫五二〇文であった。

ところでこの三十六人家集は、本願寺第二一世明如と和歌道の知己であった御歌所大口鯛二（周魚、一八六四〜一九二〇）が遊覧に京都を訪れた際、明如が大口に本願寺の庫中調査を依頼し、明治二九年（一八九六）八月偶然に発見されたものであった。大口は一見して筆跡・料紙などが希有なものであることに気づき、大変驚き「かく貴き天下の宝物」と評したという。

発見した本を大口が数日調査していると、明如が『天文日記』を持ち出して大口にみせた。大口が偶然に一巻を開いたところ、前掲した天文一八年正月二〇日条の三十六人家集拝領の記事が目に留まった。大口はこの本が日記にいう「三十六人家集」と確信を持ち、明如に日記にみえる女房奉書の存在を尋ねた。そして前記女房奉書の所蔵も確認され、間違いなく後奈良天皇よりの下賜品『三十六人家集』と断定された。[48]

発見された当初三九帖は現在三七帖となっている。これは昭和四年（一九二九）武蔵野女子大学建設資金の寄付不足の問題に際し、『貫之集』下と『伊勢集』の二冊を分売したためである。分売は一口二万円で三二口、計六四万円でなされた。分売とは各帖の各丁を必要に応じて裁断し表裏を剝ぎ、小分けにしてそれを表装に仕立て、好事家に売却することである。当時分売には批判もあったが、大学開校の時期が迫り本願寺は苦渋の選択の中、分売に踏み切った。

分割された各表装幅は、本件の中心人物である三井財閥の大番頭益田孝（鈍翁）により拝領当時の本願寺の所在地「大坂石山」にちなみ、「石山切」と名付けられた。現在伝存品が三七帖であるのは、この本が上記の歴史を経たからである(49)。

現在、国宝として著名な三十六人家集に対する礼金が、総計四貫五二〇文であったことは、他の下賜品に比せば、はるかに安い。意外である。現在計り知れない価値と言われる家集は、戦国期での価値はそうではなかったのである。品物は同じでも、現代人と中世びとの価値が大きく異なることをよく示す事例である。

2　芸能と値段

連歌や村町の鎮守祭礼など、庶民信仰の場で上演された能楽や狂言など、民衆の生活に密着した文化が、南北朝〜戦国期に発達する。これらの文化は都と各地を結び、公家と庶民をつないだ。またこのような様々な芸能は、民衆の信仰や娯楽の場で演じられ、その意味でこの時代に初めて老若男女貴賤都鄙が融合・一体化した文化が形成されたといえる。現在、伝統芸能といわれるものはこの時代に形成されたものが多い。しかし連歌や和歌が一般民衆にまで普及しながら、この文化の融合・一般化の過程は公家主導の体系の枠内で深く広く浸透していった。同様のことは民衆の間から発展してきた能楽・狂言についてもいえる(50)。

その能とは通常、猿楽能を指し南北朝から室町初期にかけて発達、近世中期にほぼ様式の完成をみる芸能である。鎌倉時代から各地の寺社に縁を求め猿楽座が作られ、新たに能という歌舞劇を始めた。南北朝期、諸国猿楽座の中で、大和猿楽、近江猿楽が際だった。大和猿楽の中心は興福寺支配の四座（円満井・坂戸・外山・結崎の各座）で、これが後、金春座（金春流）・金剛座（金剛流）・宝生座（宝生流）・観世座（観世流）と呼ばれる。

結崎座率いる役者観世（後の観阿弥）は技芸抜群の上、工夫に富み、将軍足利義満の保護を受け京都に進出、座勢を伸長した。観阿弥の子世阿弥も能を一層高度な舞台芸術に育てた。近江猿楽は衰退。大和猿楽は観阿弥を先頭に他の三座も力を伸ばし、観世元雅（世阿弥の子）、金春禅竹、観世信光らが他の地方の猿楽を圧倒した。

本願寺では蓮如代、室町中期以降演能が確認できる。それを記す「第八祖御物語空善聞書」(51)には、まず蓮如が六月一三日「猿楽」（能）を催し、一四日堺衆（堺門徒）が能興行を希望して大勢で上洛、蓮如の息子実如が一五日にその興行を許可している。注目すべきは、演能は基本的に寺側の主催だが、堺衆が催した点である。つまり門徒＝民衆レベルが興行開催しえる立場にまで成長していたことである。以後本願寺は能を興行するが、これは民衆世界に展開する能をその教化として利用したものであった。

天文五年九月二六日、証如は大坂本願寺に来訪した観世大夫（元広）に面接し、銭二百疋の祝儀を与えた。この祝儀の多寡について証如は家臣下間頼慶に尋ね、頼慶は前住実如の時には二〇〇疋また三〇〇疋・五〇〇疋を遣わしたと説明した(52)。

この時期の日記『天文日記』『私心記』両書によると、当時本願寺に出入りした大夫には今春大夫（七郎・氏照・宗瑞喜昭、その子八郎・岌蓮喜勝）、大蔵大夫（道入）、宮王大夫（道三）、金剛大夫（氏正、その子春森）、観世大夫（四郎・元広、その子宗節・元忠）、春日大夫（道育・彦三郎、『天文日記』には春一大夫とみえる）、長命大夫、春藤六郎次郎などが確認できる。

本願寺は各座との関係も一律ではなく、時間を経る中でつながりを深めたのであろう。この関係を形成した背景は本願寺のみの要請からではない。天文八年九月二五日本願寺は金春大夫に、翌年二月二〇日観世大夫に、演能させた時の祝儀に各銭三〇〇〇疋を贈っている。応仁の乱を機として天皇・公家・室町幕府など、既存権力の凋落とともに能楽もその大なる支援者を失うこととなった。その結果各座は自己を保護してくれる新興勢力としての本願寺を見出したという、各座の立場がこの関係を形作ったのである。

さて能役者のうち『天文日記』に最も頻出するのは春一大夫（春日大夫道育）で、天文一三年以降はあたかも本願寺のお抱えの猿楽のようであった。同二一年三月九日証如は春日大夫に演能をさせ、「忍」でも見物した。二四日にこの出費の残額銭八五貫余を春一大夫に、春藤六郎二郎に一〇〇〇疋を贈った[53]。

春一大夫に次いで『天文日記』に頻出する人物は今春大夫喜昭と一郎喜勝父子である。天文八年九月二五日本願寺の寝殿において一〇番を演じ、証如は父子に銭三三〇〇疋を贈った。さらに二八日帰去するに際して、大夫が内々に所望したので、太鼓皮・小鼓皮の両種五枚をも贈与している。

天文一八年（一五四九）二月二日に実如二五回忌が結願した翌日、御影堂の庭に舞舞台が張られたが、雨天もあり六日に春一大夫の演能が催された。九日に慶寿院と正室重子、一〇日に総一家衆、一二日に総坊主衆、一四日に加賀衆主催で行われた。一五日に証如は六日の禄として銭二〇貫文を贈った[54]。

戦国期本願寺は能以外にも多様な芸能と関係を持ち、その芸能を活動に取り込んでいる。その内の一つは茶の湯である。大坂本願寺における茶湯の茶場は、『天文日記』天文六年一一月二一日条には「御堂……茶湯も如先規」や、一五年三月一五日条に「寝殿花見予調之……茶湯ハ西九間巽二畳以屏風立切、本式茶湯棚飭之」とあり[55]、およそ天文一五年の前半頃までの公式の茶湯は阿弥陀堂や寝殿で催されていたようである。その茶場は「数寄座敷」と呼ばれていた。

茶の湯の展開とともに、茶器などの茶湯の周辺にも価値が生ずるようになる。本願寺の家臣下間丹後法眼光頼（心勝）は天文一八年六月三〇日没し、遺物の茶壺（葉茶壺）が光頼妻より証如に献上された。しかし同壺が一〇〇〇〇疋という高価なものであり、光頼秘蔵という理由から証如はそれを光頼の子松千代に返還した。生前、光頼は価値を二〇〇〇〇疋と思っていたらしく、世上では三〜四〇〇〇〇疋などとも申し触れていた[56]。

幕府の日明貿易により唐物が大量に日本に導入され、美意識も含め唐物に対する志向が強く支配したが、足利義政の時代になると、それと王朝文化とが調和・融合の「和漢」の諧和が展開した。唐物ばかりではなく、備前・信楽物などの和物への価値の追求が始まった。それまで「書院の茶」で用いられた茶器はほとんどが青磁・天目などの唐物により占められていたのに対し、備前焼・信楽焼などの国産陶磁器が次第に高い評価を獲得するようになった[57]。

光頼が茶壺を秘蔵していたことは、本願寺の家臣にも茶の湯文化の浸透を示している。茶壺が備前か何かは不明だが、高価さを光頼が自慢していた点から、茶湯文化の展開にともない茶器の類にも評価が高まり、需要が急増していたことがわる。

室町期の日記には絵画や本尊など、美術品が売買される記事が多くみられ、美術品市場が成立していることが確認できる。東山御物の放出もこのような市場を前提になされた行為であるが、本願寺家臣の茶壺の高価さが強調されることは、本願寺も茶湯文化の進展と同時に美術品市場に包括されていることを示している。戦国期茶器が和睦の証に贈答されるのもこの関係を前提にしている。

さらにもう一つは蹴鞠である。天文七年三月一六日、証如は二楽院（飛鳥井雅量）と蹴鞠道の弟子契約をする。その際二楽院より「一紙」（免状）と八境図や葛袴・鴨沓を受けている[58]。証如は礼に太刀や金七両を贈っている。当時一両が三貫文[59]であることから計算して、金七両は銭二一貫文である。弟子契約としては高額である。その後証如は二楽院へ蹴鞠時の衣の色について尋ね、その返答や「可着香色之由、免状」と衣の色の免状まで受けている[60]。

飛鳥井家は歌道・書道・鞠道に秀でる家であり、雅康はその師範として活動した。現在本願寺には前記の免状は確認できないが、雅康書状は伝存する。また蓮如の長男光善寺順如は雅親の娘と結婚し、同じく一〇男願得寺実悟は飛鳥井雅康の猶子となっている。[61] このように本願寺と飛鳥井家とは深い関係にあった。証如が免状まで得たのは、寺格として公家社会の芸能を獲得しなければならなかったのであろう。

戦国期に展開する芸能は家職として確立しつつ、それを商品として売買されるようになる。本願寺は家伝の芸能を購入することになり、教団の展開に利用するのであった。これは本願寺が戦国期に展開した芸能を育てたとみることもできよう。

三　売買される信仰

1　名号の広がり

鎌倉期に成立したいわゆる鎌倉新仏教は、室町期には民衆世界に信仰を大きく拡大していた。これら信仰の拡大を知る具体的な形としては、名号[62]や仏画や祖師御影類などの信仰対象の拡散を確認すればよい。とすれば問題はその拡散がどのようになされたかである。例えば、親鸞は師法然から法然の影像を授与されたというが、師弟間のような関係のみで授与されているのではほとんど流布はしない。したがってこの原理とは異なる流布原理の想定が必要である。

民衆信仰の代表ともいえる真宗の場合で考えると、本願寺では蓮如が出て真宗信仰は各地に拡大する。その際、蓮如は信仰拡大手段として、名号や開祖親鸞御影、阿弥陀如来絵像などの授与を門徒や民衆に行った。

このような名号は道場の本尊として使用されてきたと考えられる。(63) 名号は全国的に伝来しており、その数も甚大に確認できる。これは次代の実如でも同様であり、実如筆の名号なども多く各地に伝存する。特に紺紙金泥の名号の紙背には「裏書」が貼付されることが多い。裏書とは名号や御影の紙背に貼付する料紙に、名号などの発給者（授与者）、発給年次、願主名（受取者）とその所在地などを記したものである。これは仏像の銘に相当する。裏書により名号作成者・同年代が判明する。

さて名号に限って大量流布の原因を考察すれば、まず第一に発給者が大量に墨書する必要がある。これについては次の三つの記録がある。一つは「一蓮如の御時は廿五日御斎前に名号を三百幅まて、あそはされ候……然ハ廿八日・十八日御斎前にも百幅、二百幅名号を被遊たる事」（「本願寺作法之次第」(64)）、二つには「（蓮如）仰ニ、我ホト名号書タル者ハ日本ニ有間敷ソト仰」（「蓮如上人御一期記」(65)）、三つ目は「蓮｜（如）、名号ヲ人ノ申サル、人ノ御礼ノツモリシヲ以テ、（大坂御坊）御建立ノ御坊也」（「拾塵記」(66)）である。

これらには、蓮如が行事の際に名号を百単位で書したことやみずから多く名号を書いたと語っていたこと、さらに名号授与の礼金で大坂御坊（後の大坂本願寺）が建立されたことが伝えられている。これら史料は戦国末期頃の成立で室町後期の事実を伝えているかは検討を要すが、名号の伝存状況をみれば、蓮如が豪語したように大量に書したことは事実である。したがってこれら史料はある程度の事実を伝えているとみてよい、と同時に授与による大量の礼金が本願寺に入ったことになる。

次に名号に対する需要があることが前提になる。蓮如が名号を大量墨書したとしても需要がなければ、当然流布することはない。現在の伝存事実からみて需要も多かったと判断できる。「本福寺由来記」(67)には次のような記録がある。蓮如が本願寺を訪れた本福寺法住とともに来訪した大夫に、「无导光ノ本尊（十字名号）ホシイカ」と尋ねると、大夫は「御本尊ノ御ワキニ御カ、リアリタルカ、ノソミ」と返答すると、蓮如は「ヤスキ事ヨトホヱ〳〵ト御ワライアリテ、スナハチ御ウラカキヲ」して大夫に付属した。

本福寺は蓮如を支えた近江の有力寺院で、同寺所蔵史料は戦国期の民衆世界を知る貴重なものとして著名である。この大夫は社人の子であったが、法住の子となった人物である。蓮如は大夫に名号が欲しいかと尋ねると、即座に大夫は欲しいと返答した。当時、名号希望者はこのように行われたのではないか考えられる。ここからみる限り、蓮如はその希望に沿って気軽に裏書をして授与している。

ただこれが事実としても、このような直接的関係では全国的拡大は期待できない。現在の蓮如名号は、蓮如が下向したことのない地域にも多くみられる。九州に本願寺の教線が伸張するのは一六世紀前半頃と考えられ(68)、展開していくのは蓮如以後である。しかし蓮如筆の名号が多く確認できる(69)。例えば臼杵市光蓮寺は寺伝によると、豊後の戦国大名大友氏ゆかりの横浜長門守時広を開基とし、寺号免許はさらに遅く慶長九年（一六〇四）と伝えるが、蓮如筆名号を所蔵している。

これは所蔵していた個人や寺院が、各地へ移動した結果とも考えられる。各地寺院の由来をみれば、移動して現在地に定着した内容を記すものもみられることはそのことを示すのであろうが、それだけでは説明がつかない場合も多い。やはり蓮如が赴いたことのない地域にまで名号が伝来するのは、市場流通ルートに乗り売買されながら、各地各人の手に渡ったとみるのが最も自然である。

これまでみてきた戦国期における本願寺と貨幣経済との深い関係をみれば、この想定は十分ありえることである。伝存する蓮如筆の大量の名号は、裏書のない墨書の名号である。裏書がないということは、特定の人物に蓮如が授与したことにはならず、誰の手に渡っても問題はないということである。この条件が販路に乗った原因の一つであろう。

　名号などの大量流布は、本願寺・蓮如に限定されることではない。当時の公家日記の記事に、名号や仏像記事が多くみられるようになるのはその証拠である。それを表1に示した。表をみると、天神名号・阿弥陀名号・観音名号と、数多く多種な名号の存在がわかる。特に天神名号（「南無天満大自在天神」と墨書された神号）が比較的多くみられるが、これは連歌開催時に懸ける作法であったことが多分に影響している。

　さらにNo.7では貞成親王が客僧に依頼して天神名号・阿弥陀名号を書かせている。No.11では浄喜なる人物が所望した天神名号を貞成親王が墨書している。注目すべきは、No.12に「阿弥陀名号一舗、本願院書遣了」と、本願寺第七世存如（蓮如の父）が、大乗院経覚より名号を書いてもらっていた点である。名号授与で勢力を拡大する本願寺がその名号を書いてもらっていたのである。これは名号が本願寺の専売特許でなかったことをよく示している。その作成者も僧侶に限らず親王のような俗人も墨書している。これら事実は名号が宗教的な聖なるモノでありながら、宗教者に限定されることなく作成されることを意味している。

　このように名号は諸人が所望し宗教者以外の者も作成していたことは、社会的に名号大量流布の大きな要因であったといえるだろう。

表1　公家日記にみられる名号や仏像

No.	年・月・日	事項
1	応永25・9・2	妙法院宮ニ所望申……次天神名号同所望
2	応永25・9・3	妙法院殿……天神名号同賜之
3	応永26・6・15	隆富・正永・祐誉律師等参、有月次連歌、頭人隆富也……天神名号奉懸妙法院御筆、脇絵二幅梅懸之

4	応永26・8・11	月次連歌、椎野殿御頭也、会席天神名号妙法院宮御筆、脇二幅……奉懸之椎野御本尊也
5	応永29・6・25	月次連歌、長資朝臣申沙汰、如例……人数如例、天神名号、脇絵二幅王阿筆松藤新調懸之、名号妙法院宮筆也
6	永享7・5・25	抑即成院ニ有客僧、書梵字事妙也云々、仍天神名号・阿弥陀名号令書、甚以妙也、可謂名人歟
7	永享7・10・2	大通院御筆天神名号幷啓釈筆唐絵等、表ほう新調出来了
8	永享7・10・3	次天神名号面々所望申、源宰相・源三位……等書遣、頗荒涼此興事也
9	永享8・2・25	会所懸名号
10	永享9・12・1	庭田有連歌、天神名号、予（貞成親王）染筆、浄喜所望申給之、表補新調
11	康正3・6・2	五字詩二舗・阿弥陀名号一舗、本願院（存如）書遣了、依所望也
12	文明8・1・26	自二尊院、春日大明神御筆、阿弥陀名号可拝見之由也
13	文明11・1・29	内府・勧修寺……等祗候、恵心僧都自筆、弥陀仏像被持参、各拝見之
14	文明11・2・19	名号和歌勧進之
15	文明19・2・28	名号事、申入親王御方了
16	明応元・10・20	参内、被遊名号連歌南無阿弥陀仏六字
17	明応7・3・9	抑天神名号先年親王御方幼少之時、御筆也、表背画、今日出来
18	明応8・4・13	以六字名号、被詠六首和歌、件御詠草下官（実隆）、令拝見之
19	文亀元・9・14	抑今日昨夜以六字名号、置句上、有御製和歌、可拝見之由、被仰下之
20	永正2・2・26	中御門亜相、天神名号染筆被送之
21	永正2・3・13	天神名号中御門大納言筆、表背絵出現
22	永正2・12・7	天神名号新調、中御門亜相筆、法楽和漢興行
23	大永4・6・6	晩頭開花院来臨、法然上人金字名号・同熊谷名号・一枚起請・被遣熊谷書状等、被見之
24	享禄4・8・8	法然上人法語・同一枚起請各掛字、北政所々望、田舎人所望云々、今日染筆了
25	享禄4・8・9	内府（九条稙通）所望天神名号絹小、今日書之

26	享禄5・2・12	法然上人自筆影□□□（乗三日）月、□（号）三日月御影云々、同名号等、宗善持来、拝見殊勝々々
27	天文2・5・11	万松軒（等勝）、明後日被下向土左（佐）云々、天神明（名）号、詩□□御所望、今日書進之了
28	天文3・3・16	椿慶所望観音名号事、内々唐紙二枚進上
29	天文3・3・18	観音名号被染宸筆、拝領自愛々々

註　出典は、No.1〜10が『看聞日記』（伏見宮貞成親王の日記）、No.11が『経覚私要抄』（興福寺別当・大乗院経覚の日記）、No.12〜29が『実隆公記』（三条西実隆の日記）である。

2　聖なるモノの値段

室町期に名号などが大量に流布する条件が整い、事実それらは流布していた。特に流布の拡大は市場ルートに乗る売買行為が根本的な原因があると想定したが、次にこの点を考察する。

鎌倉末期「（日蓮）聖人之本尊二舗」を「二貫五百文にて、綾小路大宮仁と〻めさせ給て候[70]」と、曼荼羅本尊が売買されている事例がある。二幅ゆえ、単純計算して一幅一貫二五〇文となる。すでに鎌倉期には聖なるモノは売買されている。

室町期の公家山科家家司大沢氏の日記『山科家礼記』文明二年一一月六日条に「予（大沢重胤）、天神名号三十疋ニ沽却」と、重胤は天神名号を三〇疋で売却している。三条西実隆の日記『実隆公記』文亀三年（一五〇三）四月二四日条には、「阿弥陀像」が「代物二〇〇疋」で、同じく永正五年（一五〇八）二月二四日条には「毘沙門」木像が売買されている。また実隆が足利尊氏の「地蔵像」を一五疋で売却した記事もある。

これは日記に現れた一部ゆえ、実際はもっと多く聖なるモノは売買されていたとみてよい。本願寺の場合でも確認できる。「本福寺門徒記」[71]は蓮如に帰依した真宗寺院の門徒記録で、室町期の在地の信仰生活を知る貴重な史料である。そこに「地下九門徒」の一つ「外戸の道場法覚」の孫「太郎九郎」が、祖父の「うつほ字の无㝵光御本尊」（十字名号）一幅を、近江「南市西の道場妙憐へ代銭八百文に売りて候」と、在地でも蓮如の十字名号が八〇〇文で売却されている。

聖なるモノが大量に制作、流布するのはこのような売買関係があったからに他ならない。本願寺の事例で「南市西の道場」と、市の存在が確認できる。商品が売買されるなら、当然市や商人などの存在は不可欠であろう。聖なるモノの売買に商人がかかわっている事例がある。『実隆公記』明応七年（一四九八）四月二六日条には、「土蔵」（土倉、高利貸業者）の「志乃《しの》」が室町将軍代々の重宝「半身布袋」（三幅一対）を、代銭二二〇〇疋（二二貫文）で、実隆に売却しようとする記事がある。さらに戦国期成立の「山科御坊事幷其時代事」には本願寺の阿弥陀堂「左右の脇にハ、夢中善導・法然上人の御影、此二幅は商人持て参、売申たる二幅也」[72]とみえ、本願寺は御堂に商人から買った御影を懸け、宗教施設の室礼を構成していたのである。

本願寺が購入したモノを御堂に安置することは、売買されたモノでも、その宗教性の価値は落ちることないことを示している。それゆえ商人がかかわり、流通に乗り、大量の聖なるモノが全国に拡大したのである。信仰の拡大には実はこのような商人の活動や流通機構が不可欠であったのである。

天正末期と推定される七月一二日「下間頼廉条目」[73]は、本願寺が勝願寺・康楽寺・浄光寺に対し、問題のある諸点を五ヶ条に述べたものだが、その三ヶ条目に「一御本尊・御名号為私、致沽却候儀、言語道断沙汰」と、本尊や名号売買を禁止する事実がある。本願寺が禁止するほど、本尊・名号売買がなされていたということであろう。前代から続くように、聖なるモノの売買は一層拡大していたのである。

名号など聖なるモノの値段は、日蓮曼荼羅は約一貫文、天神名号三〇文、阿弥陀如来木像二貫文、室町将軍代々の重宝半身布袋絵（三幅一対）二二貫文である。蓮如の十字名号は八〇〇文であった。布袋絵は三幅で二二貫文で、それも室町将軍家の重宝であることからの値段であろうが、単純計算で一幅七貫三〇〇文である。やはり他に比すれば高額である。

価値は各時代やその所蔵者の地位など条件により、差異がでることになるゆえ、額面のみで一律比較することはできないが、数貫文の間で推移しているようである。「山科御坊事幷其時代事」[74]に蓮如寿像代が「狩野に被書侍し」として「狩野に八千疋被下侍しと也」と、一〇〇〇疋（一〇貫文）として記されている。蓮如寿像が一〇貫文とは高額のように感じる。絵師が当時著名な狩野氏の一族ゆえか、寿像ということ自体に価値があるからか、高価になったのかは不詳である。

一〇貫文としてもこれがそのまま礼金ではなかろう。そこには当然内訳がある。その実態を知る貴重な事例が『私心記』永禄三年（一五六〇）一二月一四日条[75]である。ここには蓮如御影の支払い金額の内訳が確認される。それを整理すれば表2となる。

請取人	金額
顕如	礼金　一〇〇疋（一貫文）
下間上野	礼金　三〇疋（三〇〇文）
下間丹後	礼金　三〇疋（三〇〇文）
絵師	代金　七五〇文｛絹代　二五〇文 手間賃　五〇疋（五〇〇文）
表帽絵祐玄	手間賃　五〇疋（五〇〇文）
総　計	二貫五五〇文

表2　蓮如御影礼金内訳

総計が銭換算で二貫五五〇文だが、その内、一貫六〇〇文が本願寺への免物に対する礼金で、残りが絵師・表帽絵（表具師）の職人の手間賃、絹の材料費である。当時の絵師など職人の手間賃がわかる貴重な史料だが、本願寺の立場でみれば、礼金は職人の手間賃の倍以上を得ている。つまり本願寺は授与すれば、自動的に二貫文弱の利益を得ることができたのである。

名号などの礼金や売買値段を知る中世史料は多くはないが、黒河乗祐と志衆中へ、本願寺坊官下間了明が、名号などの礼金他上納金の請け取りを示した二月二五日「按察法橋下間了明奉本願寺御印書」(76)は、それを示す史料の一つである。年未詳文書だが、乗祐没年などから天正一五年（一五八七）以前の文書と考えられる。

そこには進上された名号礼金が「金子五両　御名号ノ御礼」と、金子五両とみえる。天正一五年の金一両の相場六貫二〇〇文であることから、五両では三一貫文となる。従来一貫文、二貫文であったことから比すれば、価格が大きく上がっている。

これより約一〇年後の「木仏之留」慶長二年（一五九七）七月二二日には、聖徳寺門徒上宮寺順勝が本尊木仏を免許された時の礼金は「銀子百七匁五分□□」とある。慶長三年（一五九八）の銀一匁は銭二八五・七文であり、一〇七匁（五分以下は省略）は三〇貫五六九文（少数一以下切り捨て）となる。

名号と木仏だが、聖なるモノとしての価格はほぼ同じである。ここでも前代からみれば、上がった価格のままに維持されており、この時期には聖なるモノの価格は上がっていたといえる。

一六世紀中頃から金銀山の開発がされて、金銀の増産が著しかった。これは戦国大名の領国中心の経済から商品経済が拡大発展して、やがて全国的経済へと進む過程に対応するものであった。大名たちは金銀山の開発に熱意を示したのは、軍用金として、知行宛行の限界を補うための論功行賞用として重要であったといえる。

金銀、特に銀の激増は一六世紀中頃からの日本の対外貿易の発展の基となったのであるが、一方これまでの通貨である銅銭に比較して、はるかに価値の高い貨幣として次第に通用されたという。

この時期には、甲斐・駿河・信濃や北陸地域の金山開発が進んだ地域の領主などは贈与物のみではなく、米・銭の代物として京都に送られた。本願寺は領国の加賀国能美郡より天文五年四月二〇日に金二〇両、河北郡の門徒たちより、同年七月一三日に二九両二朱、石川郡の門徒たちより、同年一一月一日に金京目二両一分余が年貢として上納されている。(77)

一六、七世紀はメキシコや中央アンデスを始め、世界的に銀の発見が相次ぎ、シルバー・ラッシュと呼ばれる銀ブームに沸いていた。アジア貿易においても銀が中心的貿易品となり、このなかで日本銀は世界の主役の地位を占めるようになっていった。しかし銀の産出量も慶長年間を過ぎ寛永年間に入ると減少に向かった。それと逆比例して銅産出量は増加し、一七世紀後半にピークを迎えたとされる。

みてきたように名号などの礼金は戦国期には銭でなされていたのであるが、それが戦国末期・近世初期に至ると銀でなされるようになる。これは銀の増産とともに、銅銭より価値の高い銀が国内に流通したため、銀遣い（銀建）となったもの思われる。(78)

名号などの聖なるモノが戦国末期にそれ以前より高額となったのは、銀の増産による通貨としての銀通用量が増加し、「これまで金一枚（一〇両）の代銭が、ほぼ三〇貫文、銀一枚（一〇両）が五～六貫文であったものが、金は殆ど半価に銀は三分一に下落した(79)」と指摘されており、それに比して名号などの量が増加しないため、一種のインフレ状況になったのではないかと推測する。しかし高額となる原因は銀量の増加だけとはいえない。需要と供給の関係も大きく影響する。

名号などの制作量＝供給量が少なければ、その物の価値が上がり高額となる。本願寺は顕如の時に、御影などを制作する絵所を創設したといわれる。(80)文禄三年（一五九四）二月一二日、絵所絵師の速水順了・表紙（表具屋）弥

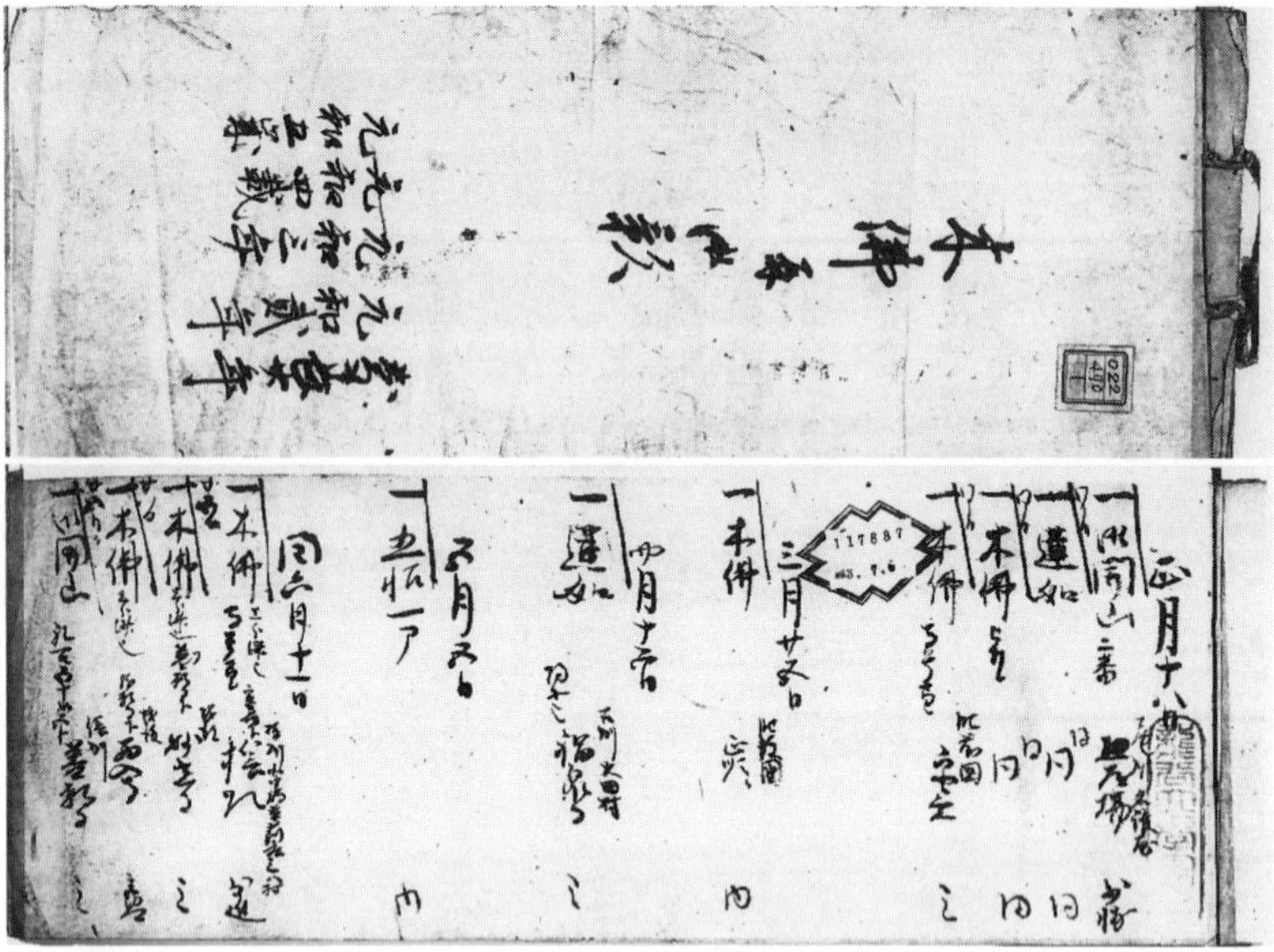

図 24　「木仏并御影」
御開山（親鸞）御影や木仏（木造仏像）等の免許の値段を記す（龍谷大学所蔵）。

左衛門が、准如代替に対する誓詞を本願寺に提出しており、本願寺内部に絵師職人をかかえている事実が確認できる[81]。本願寺は自立的に御影などの制作や表装ができる体制を整え、御影などの大量生産を可能としたのである。

「木仏并御影[82]」に元和三年（一六一七）四月一五日江戸宝重寺が親鸞御影を免許された、本願寺への礼金は銀三〇〇匁とみえる。元和三年の銀一匁は銭六六・七文であるので、換算すると二〇貫一〇文となる。

さらに一〇年後の寛永三年（一六二六）九月二六日「木仏御影様御礼入日記[83]」では、親鸞御影礼金は銀三〇一匁となっている。寛永三年の銀一匁は五五・六文であるので、三〇一匁は一六貫七三五文と換算できる。元和・寛永期になると、礼金（御影などの価格）は二〇貫文弱となって、前代の三〇貫文より価格が低くなっている。徳川政権は慶長六年（一六〇一）大判・小判など慶長金銀を作り、さらに開幕後の慶長一四年（一六〇九）金一両を永楽一貫文、金一両は京銭四貫文、銀五〇目と定めるなど通貨の安定を計った。このような銀通貨の安定や御影などの供給量の増加により、一定の価格が維持されることになったのではなかろうか。

聖なるモノは古くから確かに売買されていたが、室町・戦国期を通過して貨幣経済の浸透のなか、一層商品化を強め、経済変動でその礼金（値段）も上下するようになった。やがて近世初期に至り、それは信仰の対象でありながら、商品としての性格を強めたのである。

おわりに

戦国期本願寺の多様な宗教活動はみてきたように、巨大な経済に裏付けられたものであった。本論で取り上げた『天文日記』天文五年分に限ってみても、一年間に約四八〇貫文を支出している。室町幕府は財政難から収入源として守護出銭（諸大名の幕府分担金）を設定した。その額は「三ヶ国、四ヶ国守護千貫、一ヶ国守護二百貫」[84]であった。各大名は支配する分国数をおよそ基準として賦課されていたが、本願寺の支出額は二国持ちの守護に匹敵していた。

また寛正五年（一四六四）四月足利尊氏正妻赤橋登子百年忌仏事料が銭六〇貫文、第六代将軍義教二五回忌に銭三〇〇貫文の費用を足利義政は支払っている[85]。一寺院の本願寺は幕府の重要行事費用を上回る支出しているのである。

本論で取り上げたなかで、本願寺が一つのものに対し支払った金額で最も高額であったのは、証如に限定すれば、権僧正成での一五〇貫文であった。例えば、東寺領丹波国大山荘（丹南市）での、応永八年（一四〇一）一二月日

「丹波国大山荘年貢算用状」[86]をみれば、同荘の一年間の年貢納入高は五九余石（雑物除く）、貫高に直せば、およそ五九貫文となる。東寺は戦国期に向け在地未進により年貢を減少させるものの、本願寺は荘園の一年間の年貢額の三倍弱を即座に朝廷に献納していたのである。

鷲尾大納言隆康の日記『二水記』天文元年八月二四日条に「本願寺者及四、五代富貴誇栄花、寺中広大無辺、荘厳只如仏国云々、在家又不異洛中也、居住之者各富貴、家々耆（嗜カ）随分之美麗」と、本願寺とその寺内が富貴で栄華を誇る表現として有名である。また大坂本願寺顕如代となっても、永禄四年（一五六一）八月一七日「堺発パードレ・ガスパル・ビレラより印度のイルマン等に贈りし書翰」には本願寺は与える金銀多く、日本の富の大部分は「此坊（顕如）主の所有」[87]と表現することも有名である。

本願寺の繁栄を示す表現はこれまでにみた献上や贈与の事実をみれば、あながち誤っていないのである。このような富貴をもたらした社会的背景には、網野氏が、

商業についても、それぞれの商品に即し、化粧品の紅や白粉を売る商人が分化し、穀物・食品についても、餅、コメ、酒、野菜を売る商人がそれぞれに細かく分化し、専業化が見られる。そして十三世紀後半から動きはじめている信用経済が定着し、各地に両替屋が、広範に成立しており、十六世紀の列島社会は、「経済社会」ともいうべき状況になってきたといってよかろう。

と指摘されるように[88]、社会全体に貨幣経済が浸透し、商品経済が展開したことによるものである。本願寺がこのなかに適応しながら活動していたことにその根本的原因がある。この場合の経済活動は一般的なものではなく、本論

でみてきたように僧位官位・寺格、下賜品、芸能に対する宗教活動すべてに及んでいたのである。
宗教活動は宗教的ベールをかぶりながら、実態としては商品化し、すべて金銭に換算されていたのである。聖なるモノは多く売買され、その売買に商人が介在したこと、その礼金は職人の手間賃・材料費などが加えられたものであった。それは礼金というベールをかぶった価格であったのである。さらに聖なるモノの礼金が貨幣流通の動向などによりその額が高低するのも、商品化の証拠であろう。

信仰と商品化とは馴染まないように感ずるが、その結果が信仰の拡大をもたらしたのであった。しかしこれは反面、従来指摘されている「神仏の権威の低落[89]」であった。この低落は次の事例で理解できる。備前国岡山藩家中伊藤幸左衛門による親鸞真筆名号の東本願寺献納一件を、本願寺寺内町の麴屋利兵衛が情報収集して、本願寺に伝えた文書群が現存する。文書群の記録のなかに、その親鸞名号が写されているが、それは現在でもよくみる親鸞の「偽名号」である[90]。

調査に際して前述のような近世に制作された「親鸞筆名号」つまり「偽名号」に多く遭遇する。これには六字や十字名号であったり、花押が書されたり多様であるようにみえるが、全体的にみると花押も含め書体や形態は近似するものが多い。同様なものが多く、各地に見られることは、おそらくどこかの工房で作成され、商品として売買されてきたのであろう。この事実は名号を欲した人々が当時数多く存在した、つまり信仰の広がりを示すと同時に、その信仰を市場に商売が成立していることを物語っている。

京都願楽寺浄恵が明和二年（一七六五）に成稿した「真宗故実伝来鈔[91]」にも、同様な状況を端的に伝える記事がある。ここには親鸞の木像を古く見せて作り、親鸞作として偽作木像を売買する古道具屋が「多シ、不可信用」としている。信仰を商売とする者が多く、信仰の対象が明確に商品となっている事実が浮き彫りである。

井原西鶴が著した「世間胸算用」巻四[92]には、日蓮自筆の曼荼羅の売買をめぐる二人の人間の動きが描写されている。売る男は親の代からの曼荼羅を売り飛ばそうとし、また買う宇治の人は金銀にいとめをつけず購入しようと、曼荼羅を希求していた。この話のオチは宇治の人が浄土宗になり、この曼荼羅を手にも取らず、売る男のアテがはずれてしまったというものであった。

この売る側は親代々の曼荼羅であってもおかまいなく売り、売れなければがっかりし、買う側は自分にとって価値があるかどうかが問題となる。まさに信仰の対象でありながら、それは商品としての存在となっていたことがわかる。

信仰の商品化とは、本論でみた本願寺の宗教活動のように中世での貨幣経済の進展とともに確実に進行していたのであり、近世においてはさらに一層進展し商品としての性格を強めていったのであった。天保一一年五月「本願寺達書[93]」には免物に関する現状や取扱について記されている。その内に贋作で本願寺より免許のない不正の品がはなはだしく流布し、「釣利之徒類」（利益を求める者たち）が、贋物をもって僧俗を欺いている、と指摘する条がある。贋作で人を欺いても金銭を集める姿が浮き彫りにされている。「釣利之徒類」とはまさに信仰と金銭の関係を端的に表している。

「神仏の権威の低落」にはこの貨幣経済の浸透が背景にあったのである。現在、仏像や仏画などが高値で売買され、それを目当てに盗難さえ多く生じている。このような信仰を商品とする潮流は、本論で明らかにしたように、歴史のなかで時間をかけ形成されてきたものであったのである。

註

（1）「鑑定士」と称される人々の大半は、骨董屋や古書店の人々である。現在その「鑑定士」はあたかも文化人として扱われている。そしてブームはテレビのなかだけではない。テレビの影響で各地では、骨董市が頻繁に、さらに定期的に開催されるようになり、多くの骨董マニアが集っている。骨董市などは、従来、神社・仏閣の行事時に、境内などで開催されていたのであるが、今ではホールのような大きな会場で催されている。
私個人もよく骨董市に行くが、その物品の置き方、扱い方は決して良いとは思わない。物品と表現したが、それらのなかには文化遺産とすべきものが多くある。物品の横でジュースや食べ物を飲食する店主の姿をよくみる。文化遺産にかかわる人間ならとてもありえない行為である。文化人とは何であろうか。

（2）これは博物館自体、独立行政法人となり、採算性も重視せざるをえなくなったため、国宝・重文を大量に出陳し、集客を目指した結果ともいえる。

（3）古書目録も同様で、多くの文書・絵画などがみられるが、その価値、値段は、有名人や古いものが高価な値を付けている。しかしなかには偽文書と判断されるが、高額なものもみうけられる。

（4）読史会、一九六二年。

（5）勅願所（寺）とは天皇の勅願で建立された寺、もしくは綸旨により指定された寺をいう。勅願寺という名称は中世以後である。御願寺・勅願寺の明確な区別はみえていない。中近世通じて各宗派の大寺や霊験所、足利尊氏・直義発願の安国寺をはじめ、有力武将建立寺院などが勅願寺とされた。勅願寺には「今上皇帝聖躬万歳」「聖寿万歳」などの寿牌（先皇は位牌）を本尊の脇に安置し、天皇のために祈りがさされた。明治二年（一八六九）浄土宗関東十八檀林を勅願所としたのを最後に、七一年すべての勅願所と勅修法会は廃止された（西口順子執筆「勅願寺」項、『日本史大事典』四、平凡社、一九九三年）。

（6）富田正弘「嘉吉の変以後の院宣・綸旨」（小川信編『中世古文書の世界』、吉川弘文館、一九九一年）。

（7）脇田晴子「戦国期における天皇権威の浮上」上下（『日本史研究』三四〇・三四一、一九九〇・九一年）。

（8）本願寺史料研究所編『本願寺史』第一巻（浄土真宗本願寺派、一九六一年）、三九一頁。

（9）『天文日記』天文五年二月二二日条。本章での『天文日記』は、『真宗史料集成』第三巻（同朋舎出版、一九七五年）「天文御日記」を基本に用いた。
(10) ただし同じ「三合三荷」でも、代銭の金額の差がみられる。これはその物品による差であろう。
(11) 桜井英治「『御物』の経済」（『国立歴史民俗博物館研究報告』第九二集、二〇〇二年）。
(12) 『天文日記』天文五年閏十月四日条。
(13) 『天文日記』天文六年四月二八日条。
(14) 『天文日記』天文九年二月二一日条。
(15) 『実隆公記』大永八年八月七日条。
(16) 『天文日記』天文五年一〇月二八日条。
(17) 『天文日記』天文五年一二月二三日条。
(18) 『天文日記』天文六年一月一四日条。
(19) 『天文日記』天文一七年六月一〇日条。
(20) 『天文日記』天文五年一〇月三日・一八日条。辻善之助『日本仏教史』第六巻（岩波書店、一九五一年）、一四〇頁。
(21) 西本願寺所蔵「後奈良天皇宸翰女房奉書」。註8前掲書、四四四頁。
(22) 『天文日記』天文一八年二月二五日条・西本願寺所蔵「大蔵法印理乗書状」（証如上人極官文書の内）。なお、一〇〇疋は、銭一貫文（一〇〇〇文）である。
(23) 『実隆公記』長享二年六月一九日条「新黄門息女《妙蓮》……去々年嫁娶之」。また教国は正親町三条家から季国を養子に迎えている。
(24) 出家した宣親が聯航軒祐什と名乗って、蓮淳に和歌短冊や法印の口宣のことを子の康親に申し付けたなどを伝えた書状も現存する（西本願寺所蔵）。
(25) 『実隆公記』大永八年八月七日条。
(26) 『実隆公記』大永八年八月一一日条。
(27) 『実隆公記』享禄元年（大永八年改元）九月五日条。

(28) 辻善之助『日本仏教史』第六巻（岩波書店、一九五一年）、二〇五・二〇六頁、註8前掲書、四三八頁。
(29) 註27資料。
(30)『天文日記』天文五年五月八日条。
(31)『天文日記』天文五年五月一五日条。
(32) 西本願寺所蔵。
(33)『天文日記』天文一五年八月二五日条。
(34) 註8前掲書、三九二頁。
(35)『天文日記』天文五年十月三日条。
(36)『天文日記』天文五年一〇月一五日条。
(37)『天文日記』天文七年一二月一五日条。
(38) 同記は蓮如第一三男順興寺実従の日記で、『天文日記』同様、戦国期本願寺やその社会を知る有益な史料で、註9資料に収録されている。
(39)『私心記』天文九年二月一日条。
(40)『天文日記』天文一五年八月一〇日・一七日条。
(41) 註28前者前掲書、二〇二・二〇三頁。
(42)『天文日記』天文八年六月九日条。
(43)『天文日記』天文八年一〇月一三日条。
(44)『天文日記』天文一七年四月一七日条。なおこの三月分及び四月分は、翻刻された「証如上人日記」（上野寅三編『石山本願寺日記』、清文堂出版、一九六六年）、「天文御日記」（註9資料）では「年時不詳御日記」として、天文十六年に収録されているが、誤りである。詳細は省略するが、正しくは天文十七年である。
(45)『天文日記』天文一七年六月一〇日条。
(46)「後奈良天皇宸翰女房奉書」（西本願寺所蔵）。
(47)『天文日記』天文一八年二月二五日条。

(48) 飯島稲太郎編『国宝西本願寺三十六人集の研究』、書芸文化社、一九七五年。
(49)『東京日日新聞』昭和四年七月一三日記事「散りゆく卅六人家集」。
(50) 註7前掲論文。
(51)『真宗史料集成』第二巻、同朋舎出版、一九七七年。
(52)『天文日記』天文五年九月二六日条。
(53)『天文日記』天文二一年三月二四日条。
(54)『天文日記』天文一八年二月一五日条。
(55)『天文日記』天文一七年正月四日条。
(56)『天文日記』天文一八年八月二五日条。
(57) 桜井英治『日本の歴史一二　室町人の精神』（講談社、二〇〇一年）、二五五～二五七頁・註11前掲論文。
(58)『天文日記』天文七年四月二八日条。
(59)『天文日記』天文五年九月二五日条。
(60)『天文日記』天文八年八月四日・同九年三月五日条。
(61)「日野一流系図」（本願寺史料研究所編『本願寺年表』、浄土真宗本願寺派、一九八一年）。
(62) 名号とは仏名の南無阿弥陀仏の六文字（図19―1）や帰命尽十方无导光如来の十文字などを料紙に墨書したもので、文字数は九字や八字もある。またその文字や料紙は紺紙・金泥の場合もある。多くは表装などをされ現存する。
(63) 蓮如が継職初期に授与していた紺紙金泥の名号裏書には「道場本尊」の表現がみられる。例えば、守山市慶先寺所蔵「十字名号裏書」（図19―2）がある。なお名号の文字、特に墨書された文字が、誰の筆跡かを判定することは難しい。それゆえ研究者間でも相違する見解が生じることがある。
(64) 註51資料。
(65) 註51資料。
(66) 註51資料。
(67) 千葉乗隆編『本福寺旧記』、同朋舎出版、一九八〇年。

(68) 註8前掲書、四〇五頁。
(69) 大分教区臼佐組寺院史編集委員会編『大分教区臼佐組寺院史』、同組、一九九八年。
(70) 『鎌倉遺文』史料番号二五九八〇 正和五年（一三一六）閏一〇月六日「某請取状案」（「相模妙願寺文書」）。
(71) 註67資料。
(72) 註51資料。
(73) 本願寺史料研究所編『本願寺教団史料集』関東編（浄土真宗本願寺派、一九八八年）「古文書・銘文一四九 茨城県総和町 勝願寺所蔵」。
(74) 註51前掲資料。
(75) 註11資料。
(76) 福井県編『福井県史』資料編六、中近世四（同県、一九八七年）「一六 敬覚寺文書」。
(77) 『天文日記』天文五年四月二〇日・七月一三日・一一月一日各条。
(78) 小葉田淳「日本中近世の貨幣事情」（『貨幣と鉱山』、思文閣出版、一九九九年）、水本邦彦「鉱山の恵み」（『全集日本の歴史 徳川の国家デザイン』第一〇巻、小学館、二〇〇八年）。
(79) 小葉田淳「通貨と量・権衡について」（註4前掲書）。
(80) 真宗本願寺派宗務所文書部編纂課編『顕如上人伝』（同課、一九四一年）、一九六〜一九九頁。
(81) 拙稿「本願寺准如代替に関する誓詞について」（福間光超先生還暦記念会編『真宗史論叢』、永田文昌堂、一九九三年）。
(82) 龍谷大学所蔵。
(83) 龍谷大学所蔵。註8前掲書第二巻、一九六八年、四八九頁。
(84) 註11前掲論文。
(85) 註57前掲書。
(86) 『教王護国寺文書』八一一。大山荘は承和一二年（八三五）に立荘され、鎌倉期に田二五町・畠五町・山林で構成された荘園である。

(87)『耶蘇会士日本通信』上巻、異国叢書、雄松堂書店、一九六六年。
(88)網野善彦『日本社会の歴史』下、岩波新書、岩波書店、一九九七年、八五頁。
(89)網野善彦「境界に生きる人びと」(『日本中世に何が起きたか』、日本エディタースクール、一九九七年)。網野氏は南北朝の動乱以後、神仏の権威の低落化が始まるという。
(90)本願寺史料研究所保管文書。この偽名号は龍谷大学大宮図書館編〈展観図録〉『時を超える親鸞聖人像』(同館、二〇〇七年)に写真掲載されている。
(91)註51資料第九巻、一九七六年。
(92)『井原西鶴集』三、新編日本古典文学全集六八、小学館、一九九六年、四三九頁。
(93)註8前掲書第二巻、一九六八年、四六四～四六七頁。

おわりに

ふつうの人の生活に関連してまだまだ研究すべきこのようなことはたくさんあるのです。しかも本当の意味でのふつうに生きてきた人びとの生活の実態を偏りなく明らかにしないと、これから人間が自然にどう立ち向かっていったらよいかについても十分理解できないことになってくると思うのです。

これまで人間は自然に対して勝つことばかり考えてきたと思います。これは人間の社会のなかでも同じで、勝つことしか考えてこなかったところがあります。そして負けたものは目もくれずに捨てて、さっさと先に進むという進み方が、よしとされてきたと思うのです。しかし、私はむしろこれからは、負けて切り落とされてきた人間の生活、そのあり方をもう一度十分に考え直す必要があると思います。勝ってきた人間には絶対わからない世界が、負けた側の世界にはあるので、こうした負けたものの英知をこれから十分に活かして生きることが、二十一世紀において人間社会が崩壊しないために必要な姿勢なのではないかと思うのであります(1)。

この一文は網野善彦氏が歴史の研究者が取るべき方向性を示した箇所であり、肝に銘じる指摘であると思う。「序論第二章」でも述べたように、私が日本史研究を始めた時は社会発展史研究が盛んだった。社会発展段階の規定が研究の最も煮詰まった形と理解していた。これは日本社会が高度経済成長を通過し、進歩・発展こそが人類の幸福と理解していたことに他ならない。私も高度成長期に育った人間なので、決して裕福な生活ではなかったが、両親が地道に働くうち、テレビ・冷蔵庫・電子レンジなどが増えてゆき、豊かさを実感した一人である。

しかし進歩・発展の結果、豊かな社会の実現にもかかわらず、環境破壊（環境汚染＝公害、自然破壊＝動物絶滅）、凶悪な犯罪、戦争、宗教対立、失業問題、格差社会の拡大、少子化問題など、とても豊かとは思えない社会、世界が出現することになった。これらは核兵器や自然破壊など、人類社会を破滅させる問題を含んでいるため、決して看過しうるものではない。

網野氏が所々で力説してきた、人類が「進歩」と理解してきた行為は、実ははき違えていた「進歩」であり、多くのものを切り捨ててきた「進歩」であったことに、改めて気づかされるのである。歴史学の課題が、「人間の背負ってきた過去のなかで、現代を生きるために何を考えるべきか、現在のわれわれがどういう位置にいるのかを正確に認識し提示する」ものである以上、"進歩史観"の視野から脱落していた多様な世界を、余すところなくすくい上げ、それを人類史の中に位置づけて、新たな人類史像を描きだし、本当の意味の『進歩』を追求しなければならないのである。それでこそ「人類が自らの置かれている状況を正確にとらえ、未来を慎重に生き抜いていく」ことができるのである。

本書はこのような課題を受け設定したテーマであった。日常生活にとけこみ、しかも中世びとの生活を確実にとらえている神仏とのかかわり＝信仰と、人間として最も身近な問題である身体を、従来省みられることの少ない課題と考えたのである。

信仰とはそもそも観念的で心の問題であるゆえ、その歴史を追うことはむずかしい。しかし信仰は現在にも我々の身近に確実に存在する。それゆえ社会的意味を持ち研究の対象となるのである。しかし近代史学はナショナリズムの台頭とともに成立した過程もあり、当初から政治史（いわば治乱興亡史や事件史）が中心であった。現在でも政治史が歴史学の主流であることは変わらない。

このなかで宗教史や仏教史という枠組みは、どちらかといえば、宗教世界の権力争い、国家とのかかわり、教団形成、経済基盤など、政治・経済史の枠内にあったといっても過言ではない。したがって民衆の信仰をとらえる研究は多かったとはいえない。特に戦前は「民衆」という概念さえ危険視される時代であり、そのような研究が成立しにくいのも当然のことだったのである。現在では当たり前の「民衆仏教」という概念すらなかったのである(6)。民衆仏教にしても、従来の研究は国家との関係や祖師思想やその事実などに力点を置き研究しており、当時の民衆信仰が本当に描き出されていたかどうかは疑問である。

さらに近代史学はこのような政治史に規定され、資料としては多分に古文書や日記を重視してきた。確かにこれらは確実な事実を伝えている。事実は科学の基礎である。しかし信仰や日常生活は必ずしもそのような資料からのみで明らかにできるものではない。むしろ事実とはいえない、日本史研究の資料からは少し横にあった絵画資料や物語、由緒、伝承などが信仰史研究には重要なのであった。事実ではなくても、作者不明の荒唐無稽な物語や伝承などに、人々の願いや希望、信仰が込められ表現されているのであり、実はこれこそが豊かな歴史像を構築する好資料なのであった。

旧来の研究状況が信仰史や日常生活史の進展を抑えていたが、一九八〇年代の社会史の導入はこの状況に転機をもたらした。結果、日本史研究は政治史・経済史を基軸としない、新たな視点や領域に研究が及び、日本仏教史も従来の政治史・経済史従属からの視点ではない研究が進展してきた。本書ではそのような仏教史をあえて「信仰史」と位置づけた。

大隅和雄氏の言葉を借りれば、(7)「歴史というものは、世の中の移り変わりを明らかにし、その理由を説明したものと考えられている。研究者は、変化をできるだけ正確に捉え、精密に観測しようとして、変化をはかる時間の単位を短くし、五年、一年、月単位で変化を跡づける作業をすれば、綿密な研究として評価される。従って、変化を捉えやすい事象が、研究の課題としてとり上げられることになり、変化をおっかけることが、歴史の研究の目標になっている」のであり、旧来の仏教史などはまさに変化がとらえやすい、政治史などで扱われてきたのである。

さらに大隅氏の言葉を借りれば、「信心、信仰の推移を、短い時間の物差しではかろうとしても、変化は見えてこない」「信心・信仰というものは、……政治的な争いなどの非日常的なところというより、日常的な営みに密着したところにある」と、本書があえて信仰史とし、日常性を重視したのは大隅氏のこの指摘を受けてのことである。

本書での身体については自明のこと、不変・「小進歩」などとして、あまり変化のないものと理解されてきて、さらに神仏とかかわるものとも考えられず、従来切り捨てられてきたテーマであった。身体論は大きな変化を伴わない、より日常性の強い課題である。本書では、手や頸、頭部、顔、さらに遺骨まで取り上げた。そこから身体を取り巻く神仏の世界を明らかにした。これは中世社会の人々が医学的、生物学的に自身を理解していないところに主因があった。身体を理解していないことから、その説明を神仏に求めるのはよく理解できる。重要なのはその理解の仕方であり、それこそが当該社会の身体の文化的意味なのである。

神仏と人のかかわりでは、仏像、捨子、数珠、寿命と命、死後の人間、そして信仰と経済を取り上げた。仏像や数珠は、現代からみれば、聖なるモノとして信仰の対象と意識され扱われてはいるが、どちらかといえば信仰意識は薄く、モノ・物品との意識の方が強くなっている。数珠は数珠店以外でも売られ、また仏像などは骨董屋でも売買され、テレビ番組などでは値段が付けられている。ここには信仰の対象ではない、商品の側面が顕然としている。信仰と経済とは戦国期本願寺の宗教活動や聖なるモノがすべて金銭に裏付けられ、経済の動向でその価値が変化する点を明らかにした。このことは現在の聖なるモノを商品とみる源流であった。

捨子は当時の世界観とも大きく関わっており、捨子は捨てて殺す行為ではなく、生まれてきた元の世界（神仏の住む世界、他界・異界）に返す行為であった。この世界観は仏像を焼く行為が仏の世界に帰す作法であったことに通じるものであった。中世当時のこの様な世界観を明らかした一つが死後の個性であった。

本書では命の問題も意識して取り上げた。中世では命は神の支配する領域と理解されていたが、近世に入ると、長寿などが人間の力である程度達成しえるものとなり、神仏の権威はゆらぎをみせる。これは生命の誕生に関してもいえる。中世では仏説などで生命の発生が論じられていたが、近世において医師の間では、それは取るに足らないものとして否定され、医学的にその発生論が展開されている。これは医師のみではなく、民間にも理解されてきていた。まさに「神仏の権威の低落」である(8)。

このような身体における「神仏の権威の低落」は神仏とのかかわりでもみられる。仏像など聖なるモノが中世から近世にかけ売買され、明確に商品化されてくることや、捨子に対する意識の変化、死者の姿の変化など、神仏の世界から遠ざかっている事実はまさにそうである。

この典型は近世作成の「親鸞筆名号」（南無阿弥陀などの仏名を書いたもの）、つまり「偽名号」の流布である。これは古書目録や鑑定依頼のモノにも多くみられ、現状多数流布していると思われる。それらは全体的に同じようなモノが多い。どこかの工房で作成され、商品として売買されたと考えられる。信仰を商品として商売にする、これこそ「神仏の権威の低落」の最たるものであろう(9)。

この低落の背景には、合戦の時代の終焉とともに出現する近世の平和、そのなかでの戦国のエネルギーが生活に投入され、生活の安定、経済の展開、人権の向上、そして科学的思考の進歩が実現されたことがあげられるであろう。それが近代入り一層神仏が身体から薄れ、信仰が売買され、神仏の居場所がなくなる（神仏への畏敬の念の後退とでもいうべきか）時代に入ると考えられる。しかしそれは同時に人間が自分への理解を深め、人間自体の解明や人権の尊重の発展につながるべきはずであったが、現在ではむしろ生命の尊厳がますます後退しているようにさえ感じる。

私が生や死への研究の必要性を痛感したのは、一九七〇年代を境に若者層へのオカルトブームや神秘主義の蔓延（新々宗教への若者の加入増加、悪霊祓いによる高額な料金請求、オウム事件など）、死の問題（脳死と従来の死という二つの死）、さらに九〇年代に入り、理解不可能な若者層による殺傷事件が突如として発生し増加している（最近では「誰でもよかった殺人」がみられる）からである。身体から神仏が離れていくにしたがい、このような「いのち」などにかかわる、新たな問題が数々台頭してきたのである。

日本社会が敗戦後、高度経済成長を通過し豊かになり、教育的にも民主主義教育が普及し、科学的思考が定着しているはずの若者層に、なぜこのような非科学的思考や命に対する軽視意識が広がったのか。私はこの問題をどうしても歴史のなかから、その歴史的病理・矛盾を突きとめて、克服の方途を探りたかったのである。[10]

敗戦後、豊かさを実現してきた日本社会は、人間はどのようなものでも造り出すことができる、そして自然も生命も操作できると考えた。それが進歩であるとして。事実人類は宇宙に到達し、人間そのものを解き明かす遺伝子研究にまで及んでいるが、現実には社会問題や生命や自然の危機を招いている。

もし現在がその「進歩」の最たる形なら、それはまったく誤りであったといわざるを得ないであろう。今後歴史の研究がこれらの問題とどう対峙できるか、明快な答えは出せないが、私は信仰や身体の問題はある側面から、現代社会を理解する一助になるテーマであると考えるのである。

註

（1）網野善彦「ヒトと環境と歴史学」（網野善彦ほか編『ヒトと環境と文化遺産』、山川出版社、二〇〇〇年）、六六頁。

（2）一九七〇年開催の日本万国博覧会のテーマ「人類の進歩と調和」は、まさにそれをよく示している。

（3）註1前掲論文、四四頁。

（4）網野善彦「人類社会の壮年時代」（『「日本」とは何か』00、講談社、二〇〇〇年）、一九頁。

（5）本書は「切り捨てられてきた」側面を確かに強調するが、これまで「仏教史」「宗教史」領域のテーマ・課題として解明されてきた多くの研究成果を否定するものではない。それらを批判的に汲み取り「社会史」領域の諸課題とリンクさせ再構成することを当然念頭においている。このリンクこそ「真の意味での多様な歴史像」の構築を可能にすることはいうまでもない。

（6）これは戦前の小学校の教科書にも現れている。ここには現在、定番の鎌倉新仏教や民衆仏教の記述はない。これは敗戦後登場するものである。教科書と民衆仏教については拙稿「親鸞は知られていたか?」（光華会編『親鸞と人間』第三巻、二〇〇二年、永田文昌堂）参照。

（7）「中世の人々を訪ねて」（『〈日本の中世2〉信心の世界、遁世者の心』、中央公論新社、二〇〇二年）、二六五～二六七頁。

（8）新村拓氏は「生殖観の歴史」（『出産と生殖観の歴史』、法政大学出版局、一九九六年）で、近世社会において医学やその技術の進展、合理的精神の発達などにより、子どもが「（神仏から）授けられるもの」から「（人間が）作るもの」へと変化したとする。また鬼頭宏氏は人口史の立場から、一八世紀以降の人口停滞の要因の一つに、堕胎も含め民間での出産抑制を指摘する（『日本の歴史 文明としての江戸システム』第一九巻、講談社、二〇〇二年）。

つまり子どもを人間の自由意志・技術で制御できるということである。このように神仏の世界に属した生命の操作が人力の介入をみる点からも、「神仏の権威の低落」は明白であろう。

(9) これら名号は「偽モノ」として研究書などに掲載されることはないので、一般的に目に触れることはほとんどない。しかし当時の信仰を探るにはむしろ流布する「偽名号」などの研究には大きな意義があるはずである。したがって今後は真偽のみではなく、これら「偽」を取り入れた研究や資料集の作成が必要であろう。

(10) これは一九七〇年代のオイルショック以後の低経済成長社会となったことと、密接に関連する事態と考える。

初出一覧

初出論文はタイトル・内容を一部変更・補足・改訂している。

序論　「信仰社会史」へのアプローチ

第一章　日本仏教史成立の頃

新稿

第二章　信仰史の立場

新稿

第Ⅰ部　身体と信仰

第一章　「手」と「自筆」——聖なるモノとしての文字——

『風土と文化』創刊号、二〇〇〇年

第二章　頸に懸けるモノ——「守」をめぐって——

新稿

第三章　頭とその周辺——枕元に立つ者・置くモノ——

新稿

第四章　「顔」と「人」の認識——所持品・着衣・名乗り・声——

『歴史学研究』六九九号、一九九七年

第五章　生命・身体としての遺骨——親鸞遺骨墨書発見によせて——

新稿

第Ⅱ部　神仏と人とのかかわり

第一章　焼かれる仏像——モノかホトケか——

『歴史学研究』六七五号、一九九五年

第二章　子どもと神仏――捨子、境界の子――
『日本歴史』六一五号、一九九九年
第三章　仏と出会う――数珠の緒が切れたとき――
『日本歴史』六四二号、二〇〇一年
第四章　寿命と死――「いのち」の領域、神から人へ――
『風土と文化』三号、二〇〇二年
第五章　死後の個性――他界で生き続ける死者――
『日本歴史』六八六号、二〇〇五年
第六章　信仰の経済――売買される聖なるモノ――
新稿

おわりに
おわりに
新稿

あとがき

本書は二〇〇七年度博士の学位請求論文を一部加除・改訂したものである。本書は、当時本願寺史料研究所副所長だった金龍静氏に相談をして、氏の紹介で法藏館より出版する運びとなった。当初はもう少し早く出版する予定だったが、建前上忙しさもあり（本当は自己怠慢）、予定よりかなり遅れてしまった。

私は大学生の頃、荘園制や社会経済史の研究をしていた。この時、社会経済史を研究することが歴史学の王道で、その他は派生的なもの、付随的なものと考えていた。それゆえ信仰史や仏教史など研究しようとは夢にも思わなかった。

したがって本願寺史料研究所にお世話になってからも、社会経済史の視点で真宗史研究を考えていた。私自身は真宗史にも社会経済史からの切り込みが必要と考えたが、そこにあるのは社会経済史亜流のような貧困な結果であった。真宗史から明らかにしえるはずの、中世の民衆的世界や日常性、信仰生活はまったく見えてこなかったのである。

やがて職場の性格から古文書研究に興味を持ち、ややのめり込んだ時期もあったが、研究所では古文書のことを学んだだけではなく、中世～近代に至る生の資料に直接あたる経験をさせてもらい、資料の多様性や見方、扱い方、さらには調査でのノウハウ、所蔵者との接し方、人間関係などなど、書ききれないほどの勉強をさせてもらった。

研究者としてのベースはここで養われたといってもよい。

研究所では古文書に限らず、中世、近世に限らず、大きな時間の流れのなかで多種多様な資料に接した結果、社会経済史では見えてこない世界が見えてきた感じがした。まさに各時代に生きている「人」を中心に、いろいろな事象が取り巻いていることがよく理解できたのである。この見方は、現在の一つの潮流である「社会史」の人とモノの関わりを研究する視点とまさにリンクしており、本書の研究を貫く視点が「社会史」的内容であるのは、このためである。

近年は各学会に出席する機会も増え、その間にも多数の先生にご教示を賜り、現在の研究が成り立ったことはいうまでもないが、特に次の諸先生には大変お世話になった。

千葉乗隆先生（元龍谷大学学長・元本願寺史料研究所所長）には研究所研究員として自由な形での研究を許して頂いた。龍谷大学で学部・大学院ゼミ担当の平松令三先生は、学生時代から跳ね上がった学生の自分を、がまん強く指導してくださった。大学三回生であったゼミ発表の時、歴史理論を振り回していた自分に「歴史は事実から始まりますよ、史料を読み事実を導き出し、そこから考えることが大事ですよ」と言われた。若かったこともあり、先生のご助言を軽く見ていたが、研究を進めるうち、それが正しいことに確信をもった。この言葉はいまでも研究の礎としている。

私を研究所に誘って頂いたのは、首藤善樹先生（高田短期大学教授）であった。先生は資料研究のご指導や研究者として育成してくださった恩師である。

また当時龍谷大学教授であった上横手雅敬先生（京都大学名誉教授）には、押しかけてご教示を仰いだことも多く、ゼミ生でもないこの私に、丁寧にご指導をしてくださった。中世史をやっていようと、政治史をやっていようと、「研究者は何でもできないとだめ」という先生のお言葉が、心に響いている。

現在の若い学生を見ていると、研究に一点突破型を感じることも多い。やはり資料の多種多様性からみても、幅広い分野の知識からの総合判断としての歴史認識が必要であると考える。上横手先生のお言葉を今後も堅持し、広い視野からの身近な日本史の研究を続けたいと考えている。

偉そうなことを揚げ連ねたが、正直自分が博士の学位請求をするとは考えてもみなかった。請求時にも金龍氏が千葉先生や赤松徹眞先生（現龍谷大学学長・研究所所長）に相談をしてくれた。金龍氏は私の将来を考えて、博士号の取得を勧めてくれたのであった。私は龍谷大学へ申請することにした。

大学では平田厚志先生（龍谷大学教授）が請求を快諾して主査を勤めてくださった。平田先生は、私が大学二回生以来の恩師である。今回の博士論文も丁寧に読んで頂き、自分の言いたいことを私よりうまくまとめてくださっていた。副査は岸田裕之先生（広島大学名誉教授・龍谷大学教授）・大取一馬先生（龍谷大学教授）であった。

千葉先生は学位取得時には体調をくずし入院や自宅療養生活を送られていたが、その中わざわざお電話で「学位おめでとう」とお祝いの言葉をくださった。先生の声は弱々しかったが、本当にうれしかった。私は少しでも今までの恩返しができような感じがした。でもその千葉先生はすでに他界され、本書をお見せすることはかなわなかった。

序文を書いてくださった峰岸純夫先生は、私が若い頃、歴史学研究の第一線でご活躍されていて、研究目標とする先生の一人であった。その先生に序文を書いて頂くことができて、夢のようである。実は私は書いた原稿を一方的に先生に送り査読をお願いし、ご助言を頂いたことが数回ある。今から考えれば、失礼極まりないことであった。その礼を失した論文は本書に収録されている。この場をかりて、峰岸先生に失礼な行為へのお詫びと、序文執筆のご快諾賜ったことに、心よりお礼を申し上げたいと思う。

若い頃よりすでに時は流れ、お世話になった先生方が最近次々と亡くなられている。私はお世話になった先生方々に対し、この場を借りてお礼申し上げたいが、自分は少しでも良い研究ができてきたのか、自立した研究者となれたのだろうかと、自問自答することも多くなった。

金龍氏にはこれまでも言葉で言い尽くせないほどお世話になってきた。学位取得や本書出版も金龍氏抜きではなしえなかった。氏は一向一揆や宗教史の著名な研究者である。でも年下の私が偉そうに言っても、また失礼な物言いでもそれを受けとめてくれている。

私の研究に金龍氏の影響は大である。金龍氏は個性の塊の研究者で、面白く気さくな、そして人の話をまったく聞かない人だが、後進指導には本当に熱心で、研究や私事にも親身になってご助言をしてくれた。おそらく私以外にもお世話になった人も多いと思う。

最後になったが、ここでいつも金龍氏に話しかける関西弁の口調で、心よりお礼を言っておきたい。

　金龍さん、ありがとう

　たばこ吸いすぎ、めっちゃ身体に悪いで、長生きでけへんで

なお法藏館の西村明高社長、上山靖子さんにはお世話になり、また大変ご迷惑をおかけした。この場をお借りして、お詫びとお礼を申し上げたい。

私事の話を少し。私の父母も二〇〇一年正月と二〇〇三年一〇月に他界した。両親とも亡くした状況となったが、それと入れ替るように、娘野花《ののか》が母の他界した年の五月に誕生した。この子の存在が大きく私を元気づけてくれた。この命の引き継ぎが、寿命・生命の研究をする原動力となったことは言うまでもない。

妻祥子は龍谷大学の非常勤講師をして、自分の研究も進めなければならないところ、大変な子育てのなか、私をよくサポートをしてくれた。これら近親者の励ましがなければ、今の自分はないと思う。末筆になったが、心よりお礼を伝えたい。

二〇一一年九月二十日

著者しるす

大喜直彦（だいき　なおひこ）

1960年大阪生まれ。1989年龍谷大学博士課程国史学専攻単位取得退学。2008年3月博士（文学）。現在、京都ノートルダム女子大学非常勤講師、本願寺史料研究所主任研究員。
主な論文に「仏像の焼失」「中世の捨子」「死後の個性」など。また各地真宗寺院などの史料調査・研究も多くてがける。

中世びとの信仰社会史

二〇一一年一〇月三〇日　初版第一刷発行

著　者　大喜直彦
発行者　西村明高
発行所　株式会社法藏館
京都市下京区正面通烏丸東入
郵便番号　六〇〇―八一五三
電話　〇七五―三四三―〇〇三〇（編集）
〇七五―三四三―五六五六（営業）

装幀者　山﨑　登
印刷・製本　亜細亜印刷株式会社

ISBN978-4-8318-7674-4 C3021

索　引

I　事項索引

あ行——

か行——

Ⅰ　事項索引

さ行——

た行――

な行――

は行——

ま行――

や行――

ら行――

わ行――

II　人名索引

あ行――

か行――

な行——

は行——

ま行——

や行――

ら行――

わ行――